# 近代日本の課税と徴収

牛米 努 著

有志舎

# 近代日本の課税と徴収

《目　次》

## 第二編　営業税の導入と課税

# 序章

本書は、戦前期における国税の課税と徴収の仕組みについて考察するものである。

税が、国家および私たちの社会生活に不可欠なものであることは言うまでもない。それは戦前期においても同じである。明治憲法における三大義務は、兵役と納税、そして教育である。とりわけ戦前においては、国民の義務として兵役と納税が強調されてきた。戦後の日本国憲法では戦争放棄が明記されて兵役の義務は消滅したが、納税の義務はそのまま継承されている。しかし、改めて近代日本における税の仕組みについて考えようとするとき、私たちは、それほど多くの知識を持っていないことに気付かされるのではないだろうか。

これまで、税の歴史（以下、租税史とする）は、主に財政史の分野で取り扱われてきた。租税は財政の一分野であることから、それは当然と言える。そのため、大蔵省が編纂した財政史のシリーズは、租税史を研究する際には第一に参照しなければならない基礎的な文献といえる。とりわけ租税の巻は、税制を知る上では不可欠の文献である。財務省による財政史の編纂は現在も継続されているが、本書が対象とする戦前期に関しては、『明治財政史』、『明治大正財政史』、『昭和財政史』のシリーズがあり、それぞれ内国税や租税の巻がある。これら財政史の編纂には、税制の立案にかかる政治家や官僚の個人史料、主税局の歴史的な公文書など、膨大な史料が利用されている。ただ、財政史における租税への関心は、税制の成立過程と、その結果としての租税収入が基本であるように思える。これは財政史の観点からすれば、むしろ当然なのかもしれない。また、財政政策をめぐる研究も政治史研究などにおいて取り上げられるが、関心は税制をめぐる政治的な動向に集約される傾向にある。

こうした研究状況のもと、本書が主に考察の対象とするのは、税制や租税収入というよりは、それらの税の仕組み全体の問題である。税法の施行により税金が国庫へ納入されるまでには、課税対象の調査や課税額の決定、そして納税までの様々な過程が存在する。課税に不服があれば、納税者の不服審査請求も認められている。本書は、こうした課税から納税までの基礎的な税の仕組みを考察しようとするものである。当然、執行にあたる国税機関も考察の対象となる。税法の成立過程ももちろん重要で、それが執行の難易にも大きく影響する。そのため、本書では税法の成立過程も執行との関係から考察対象としている。意外におもわれるかもしれないが、こうした税の仕組み全体を歴史的に考察した研究は管見の限り存在しない。その一因は、現在の税制が、戦後の日本国憲法の制定やシャウプ勧告により大きく制度変更されており、過去の歴史を振り返る必要があっても、大抵は戦前まで遡る必要性に乏しいからと思われる。また、税制であれば制度的な沿革を遡ることは可能であるが、課税や徴収という税の執行に関しては別問題となるからである。

税金、とりわけ課税や徴収となると、「とる」「とられる」ということになる。しかも、「とる」「とられる」にどの漢字を使用するかも、人によって違うかもしれない。「税とは何か」という問いに答えるのは、専門家でも簡単ではないようである。そこで、ここでは『広辞苑』から、「国費・公費支弁のため、国家・地方公共団体の権力によって、国民から強制的に徴収する金銭など」とする定義を掲げておく。[*1] 公共の費用を賄うために税が必要であることを否定する人はいないであろう。公共の費用という面では、税は「社会の会費のようなもの」と説明されることもある。[*2] しかし、問題は後半の「権力によって強制的に徴収する」という部分で、これが「とる」「とられる」の源なのかもしれない。だが、これは学問的な定義であり、税務署が権力を振りかざして納税者から税を取り立てているわけではない。ただ、国民として納税が必要なことは充分に理解しているが、かといって、心の片隅に納得し切れない漠然とした「何か」を感じている。それが「とる」「とられる」の感覚なのかもしれない。そうした漠然とした「何か」を納得させるのが、税の公平な負担や適正な使途の要求なのではないかと、私には思えるのである。

こんなことを考えるとき、私は一冊の本を思い浮かべる。それは、昭和四年（一九二九）に刊行された『税の話』という本で、著者は大蔵官僚から衆議院議員に転じた勝正憲という人物である。[*3]この本の序文には、「『取らう』『取られまい』とする我が国の租税道徳の現状」に対し、「租税は我等の共同費用の分担に外ならない」のであるから、『租税は会費である』と云ふ心もち」で、国民全体で負担しなければならないと記されている。[*4]勝正憲は、東京税務監督局長時代に「税務行政の民衆化」を提唱した人物で、[*5]部下の税務官吏に対して「諸君は納税者をして少くとも納得して税を納める様に導かねばならぬ」と訓示するのを常とした人物である。「納得して納める税」の域に達するには、憲法の納税義務を振り回すのではなく、納税者が税に関する知識を持ち、税金の使途を監督するようになることが望ましく、そのためには税務行政を開放して官民協調を図る必要があるというのが勝の持論であった。勝が提唱した「税務行政の民衆化」は、大正十二年（一九二三）六月に大蔵省主税局の方針となり、東京日日新聞で広く一般に公表された。

現代にも通じるような施策が大正期から行われていたことに、意外な感じを覚える人は少なくないであろう。それは、心のどこかに、「税金は強制的に取られるもの」というイメージがあるからではないだろうか。とくに国民が主権者となる以前の、戦前期においてはなおさらであろう。税金については、それぞれの意見や考えがあるとおもうが、まず基本的な税の仕組みを知ることが大事であると考える。税法で税の制度的な仕組みは示されるが、実際の執行までは判らない。税の執行の問題は、財政や税制の歴史とは別に検討されなければならないのである。本書は、税の執行について、歴史的に検証しようとする試みである。

本書は、第一編の所得税、第二編の営業税、第三編の国税徴収の三部構成とした。そして、特論として災害による国税の減免制度を付け加えた。

以下、本書の構成に従って、概要を述べておきたい。

本書の第一編で取り上げたのは、所得税である。わが国の所得税は明治二十年（一八八七）に導入されるが、導入時の所得税は地租と酒税が中心であった税制の補助税と位置付けられていた。当初は個人所得のみを課税対象としたが、明治三十二年（一八九九）の全文改正により法人所得にも課税されるようになる。そして、大正期には地租に代わって直接税の基幹的な税となっていく。

第一章では、明治二十年の所得税の導入過程を検討した。ここでは、明治十七年の構想段階から導入までを松方財政との関係で検討した。財政史研究においては、後の所得税制との関係から所得税の類型が問題とされることが多いが、これを所得税導入期の財政状況のなかで歴史的に考察することを目的とした。

第二章で取り上げたのは所得調査委員会である。戦前における所得税は賦課課税であったが、納税者の申告―税務当局の調査―所得調査委員会の決議―税務署による決定という過程を経て賦課決定された。賦課課税というと、税務署が勝手に課税額を決定していたようなイメージを持つ向きもあるが、決してそうではない。所得調査委員会は、所得税納税者の選挙で選ばれた納税者の代表が、税務署の調査額をチェックして課税額の決定に至るのである。明治二十年（一八八七）の設置から昭和二十二年（一九四七）の申告納税制度の導入により廃止されるまで、約六十年間存在した所得調査委員会の活動を分析するなかで、所得税の賦課課税のあり方やその変化を考察した。

また、第三章では大正期における所得税の執行の転換について考察した。日露戦後から大正初年にかけて所得税や営業税の納税者が急増し、課税をめぐる納税者と税務当局との紛争が急増した。こうした税務官吏の「苛斂誅求」批判に対する税務行政の対応を検討したものである。

第二編は営業税である。第一章では、第一編の所得税と同様に営業税の導入過程を考察した。営業税が地方税から国税に移譲されるのは、税務署創設と同じ明治二十九年（一八九六）である。そのため国税営業税の導入が税務署創設の理由とされてきたが、これを明治二十年代初頭の営業税法案の段階から再検討した。

第二章は、大正三年の営業税調査委員会の成立過程の考察である。導入当初の国税営業税は、業種ごとに複数の外形標準を組み合わせて課税する仕組みである。当初の営業税は営業者の申告─税務署の調査─税務署による決定という過程を経て課税された。営業者の申告内容を税務官吏が調査して決定する仕組みで、そのため税務官吏には調査権が与えられていた。所得税との大きな違いは、調査権と調査委員会の有無にある。ここでは、営業税の執行という側面から、営業税調査委員会の成立過程について検討した。

第三編は国税の徴収である。第一章は税務署の創設で、明治十年代から税務署創設の明治二十九年までを歴史的に考察した。従来の税務署創設に関する研究は、制度的な沿革を年表風に並べ、税務署創設時の財政事情や税制改正を理由として創設されたとするものが多い。しかし、税務署の創設過程は、明治維新以来の府県の徴収と大蔵省の監督という体制全体を検討しなければならないのである。

第二章では、国税徴収委任制度により市町村に徴収委任された直接税のうち、主に所得税と営業税、それに地租について、戦前期における徴収の仕組みと問題点を考察した。国税徴収委任制度は、明治二十二年の国税徴収法に規定され、昭和二十二年の改正により廃止される制度である。この制度は、本来は国が行わなければならない国税の徴収を市町村に委任し、その代わりに市町村に交付金を交付するという制度である。納期限までに市町村が徴収できなかった国税は税務署に引き継がれ、税務署による滞納処分が行われることになる。こうした国税徴収の仕組みを歴史的に考察することで、近代日本の国税徴収の特徴を解明することが可能になると考える。

以上、本書は、所得税、営業税、そして国税徴収の三部構成とし、これにより近代日本における課税と徴収の制度的特徴を明らかにしようとするものである。現在の申告納税制度とは異なる賦課課税制度を考察していくことになるが、そこからは今日と同様、国税の執行にあたり、課税の公平や税務当局の対応など、解決しなければならない様々な課題があったことを知ることができるであろう。このような課税や徴収の仕組みは、当然ながら歴史的に形成されてきたものであり、納税者との関係性のなかで形成されてきたものでもある。そしてそれは、言うまでもないことであるが、現在の私たちと別世界のものでは決してないのである。

なお、特論として、最後に災害と国税の減免に関する論考を掲載した。阪神淡路大震災や中越大地震、それに東日本大震災など、各地で自然災害による被害が頻繁に発生している。平成二十七年（二〇一五）の関東・東北の集中豪雨や平成二十八年の熊本地震、平成二十九年の九州北部豪雨など、自然災害の脅威をこれほど身近に感じている時代はないように思える。こうしたことを踏まえて、災害減免法の歴史的な変遷を明らかにすることが必要と考え、特論として掲載することとした。

註

＊1　新村出編『広辞苑』第六版、一六四六頁（岩波書店、平成二十年）。

＊2　財務省のホームページでは、税の意義と役割として「税は『社会の会費』です」と記している。税は公的サービスの費用を賄うもので、その費用を広く公平に分かち合うことが必要であるという意味で、税は「社会の会費」と説明している（http://www.mof.go.jp/tax_policy/publication/brochure/zeisei2507/01.htm）。また、国税庁のホームページでも、平成二十八年度『私たちの税金』で、「税金は、民主主義国家の国民にとって、共同社会を維持するための、いわば会費である」と記している（https://www.nta.go.jp/shiraberu/ippanjoho/pamph/koho/tenji/pdf/03.pdf）。

＊3　勝正憲『税の話』（千倉書房、昭和四年）。この本は、版を重ねるだけでなく、税制改正に合わせて改訂され、戦後まで刊行され続けたヒット作品である。

＊4　税が会費であるという説明に対しては、今日でも財政学者などから反論が出される。勿論、勝も租税の本質として、「国家の権力に依て徴収すると云ふことである。租税は決して寄付金などのやうに、お頼みして集めるものでは無い」と明記している（同書、

一三頁)。

＊5　勝正憲「大正十二年を迎へて」『財務協会雑誌』第三巻、第一号(大正十二年一月)。同誌は、東京税務監督局の機関誌である。勝局長は年頭の挨拶で、「税務行政の民衆化」を提唱している。「知らしめずして拠らしむ可しとなすが如きは時代錯誤の妄想」と断言し、「得心の行く納税」のために積極的に官民協調を図るべしと主張している。また、「税務調査の科学化」として、「科学的な調査方策の樹立」の必要性を訴えている。「税務行政の民衆化」方針は大蔵省主税局の方針となり、新聞紙上では「徴税の民衆化」と報じられた(「東京日日新聞」大正十二年六月十日)。

# 第一編

# 所得税の導入と課税

# 第一章　所得税の導入

## はじめに

明治二十年（一八八七）に導入された所得税については、戦前から財政学の分野で研究が進められてきた。そのなかで関心を集めてきたのは、後進資本主義国である日本における「早熟な」所得税制の導入という問題であった。とりわけイギリス税制からプロシア税制への転換が、資本主義の形成や明治立憲制との関係で論じられてきた。従来の研究を総括した林健久氏は、「原蓄期の租税収入をおぎなうために、まだ土壌が整備されているとはいえないのに制度だけが早激に移植されたとみるのが妥当」と、当時の財政事情のなかで所得税の導入を検討し、日本の近代化の特殊性のひとつと位置付けた。[*1] 林氏は、不平等条約のもとで関税収入は主要財源とはなりえず、地租改正により安定的な収入を確保することでわが国は租税国家として歩み始めたとされる。そして財政需要の増大に対応するため、酒税や煙草税のような消費税が増税され、さらに軍備拡張を契機として所得税が導入されたとした。

林氏の研究は、今日においても所得税導入期の研究水準を保持しているといってよい。それは、財政史や外交史の分野から精緻な分析が進められている、近年の松方財政研究においても、税制については依然として林氏の前掲書が参照されていることからも証明される。しかしこのことは逆に、松方財政の研究の進展にもかかわらず、当該期の税制についてはは研究が進展していないということでもある。そこで本章では、従来の所得税史研究を基本史料に立ち戻って再検討し、当該期の税制問題として所得税の導入過程を分析しようとするものである。以下、基本史料を中心に、簡単に研究史を整理しておきたい。

所得税の基本史料を用いた研究は、戦前の阿部勇氏の研究を嚆矢としている。阿部氏の研究が所得税史において最初に言及される理由は、大蔵省文庫所蔵「松方家文書」所収の、明治十七年十二月所得税則を紹介したことによる。[*2]続いて、汐見三郎氏が明治十七年十一月のルードルフの収入税法律案を紹介し、比較財政学の立場から明治二十年所得税法とドイツ所得税法の「密接なる関係」を指摘した。[*3]そして戦後、高橋誠氏が、イギリス税制に範を取った大蔵省案から伊藤博文等の「憲法制定グループ」によるプロシア税制への転換を指摘した。[*4]高橋氏は大蔵省文庫所蔵の所得税則（修正案）を発掘すると同時に、明治十四年の東京府会の「実入税」建議を紹介するなど、戦前の研究を総括しその後の研究の枠組みを呈示した。高橋氏は、早熟な所得税の導入理由を、国会開設以前の「駆け込み」と松方税制のもとで強まる租税負担の不公平に対処するための税制整備の二点から説明されている。[*5]その高橋氏が分析できなかった「転換」後を中心に、明治二十年所得税法の直接的な成立過程を分析したのが前述の林健久氏である。林氏は、阿部・汐見・高橋の三氏が分析した諸草案とは別に、明治二十年一月の大蔵省草案と閣議原案、それに元老院での二度に渡る修正を比較・分析した。[*6]そして「草案」が各国税制の検討にもとづいて作成されているものの、戸主合算制や総合課税方式、前三か年平均による所得算出方式、調査委員会制度など、日本の所得税法はプロシア税制に強く依存していると結論付けた。林氏は、内的な要因から所得税導入を説明しようとした高橋氏の研究を実証に基づかない見解と批判し、輸入制度であり内的な要因との関係性はないとした。そして、財政上の問題から新税導入が必要となり、松方デフレのもとで地租負担の過重が叫ばれるなか、「公平」な税制改正への一歩として所得税が導入されると考えたほうがよいと結論付けたのである。筆者は林氏の視点に全面的に賛成であるが、この見解についても歴史的な検証は必要となる。

こうした財政学における所得税導入史研究の整理から指摘できることは、以下の点である。個々の草案の分析視角が、明治二十年所得税法のモデルの検証に力点が置かれており、イギリス型の分類課税方式とプロシア型の総合課税方式の二項対立になっていることである。近代国家の主要な税制となる所得税であるがゆえに、類型に関心が集まるのであろうが、所得税が税体系の中心となるのは十九世紀末から二十世紀に入ってからのこととされており、この時期におけるモデルの検証にどの程度の意味が見出せるのかは疑問である。大蔵省は、欧米の税制を取捨選択しながら所得税法草案を作成しており、日本の所得税をイギリス型やプロシア型と単純に理解することが正しいのかという素朴な疑問もある。また、所得税導入の要因を当時の時代状況と併せて検証することも重要である。林氏の研究は明治十七年草案と明治二十年法との関係性が明確でなく、その意味で明治十七年の草案作成段階から明治二十年の公布までを通した所得税法成立過程の解明は、いまなお課題のまま残されているといってよいのである[*7]。

本章では、こうした課題へのアプローチとして、まず基本史料の検討から始めたいと考える。松方家文書の所得税関係史料の原本が所在不明というだけでなく、今日においてもなお基本的な史料についての誤謬も少なくない。また、基本史料の検討も充分とはいえない状況にある。迂遠なようであるが、基本史料に立ち返って所得税の導入過程を再検討することが、この課題を解明する近道であると考えている。

## 第一節　明治十七年所得税法案の再検討

### 1　大蔵省の所得税則案

大蔵省文庫所蔵「松方家文書」には当該期の所得税関係史料がまとまって収録されていたが、現在その原本は所

**表1 「松方家文書」第37号所収の所得税関係史料一覧**

| 松方家文書 | 年　月　日 | タ　イ　ト　ル | 作　成 → 宛　先 | 備　考 |
|---|---|---|---|---|
| 第37号－4 | 明治17年12月 | 所得税則施行之儀ニ付上申<br>同上御布告按<br>所得税則<br>所得税収入予算表<br>所得税則説明 | 松方大蔵大臣→三条太政大臣 | 阿部195～211頁 |
| 5 | 明治17年12月 | 所得税法修正ニ際シ府県市町村費附加ヲ禁ズベキ理由 | | |
| 6 | | 所得税ニ対シ地方税附加禁止ノ可否問答 | | |
| 7 | 明治7年12月 | 所得税法案ニ対スル意見 | 田尻稲次郎 | |
| 8 | | 所得税法修正案 | | |
| 9 | | 所得税法修正案説明并ニ参照 | | |
| 10 | | 区町村ニ於テ所得税附加税ヲ賦課スルヲ得サル訓令及説明 | | |
| 11 | | 所得税届出三等以上人名調 | | 阿部227-232頁（1等2等のみ） |
| 12A | 明治17年12月 | 収入税法案<br>財産等級税考税（説カ？）<br>産業税則 | カール・ルードルフ<br>ルードルフの口述筆記（伊東巳代治） | 汐見248-259頁 |

※「松方家文書目録」『近代諸家文書集成総索引』（ゆまに書房，昭和62年）による．備考は阿部勇『日本財政論』租税篇，汐見三郎『各国所得税制論』の略．このうち，「松方家文書」第37号の8と12Aについては，『所得税』1～5を参照のこと．

在不明である。同文庫の松方家文書は、関東大震災後に財政史編纂のため寄贈され、事項別・年代別に整理されたものである。[*8] 原本所在不明分四冊のうち、導入期の所得税や営業税関係史料がまとめられているのが第三七号文書である。松方家文書目録から不明原本に所収されている導入期の所得税関係史料一覧を作成すると、表1のようになる。枝番が原史料のまとまりと考えられるが、このうち阿部・汐見両氏により紹介（抄録も含む）されている部分は備考に示したとおりである。

「松方家文書」第三七号の四（以下、「松方家文書」三七―四と記す）が、イギリス型とされる大蔵省案である。「松方家文書」三七―八がその修正案で、高橋氏が分析された史料と同一内容と考えられる。「松方家文書」三七―五からは明治十七年（一八八四）十二月に修正案が作成されたように読める。しかし市が地方団体となるのは明治二十一年（一八八八）の市制・町村制においてであり、この史料の作成年代には疑問がある。[*9] 市制・町村制施行後、市町村には所得税附加税が認められているので、その過程で作成されたと推測される。それはともかく、ここでは所得税導入に際して附加税の議論があったことに注目しておきたい。地方税との関連は、高橋氏が東京府の「実入税」に言及したものの、所得税の議論のなかでは継承されてこなかった視点であり、附加税については問題とされたこともない。これについては所得税則（修正案）の検討のなかで触れたいと考える。また、これらの大蔵省関係史料とは別個にルードルフの収入税法律案があることにも注意しておきたい。

松方家文書所収の三つの草案は、いずれも大蔵省の所得税草案がプロシア型へ「転換」する明治十九年三月以前の作成である。明治二十年所得税法の原案は「転換」後に作成された大蔵省案であり、閣議を経て元老院に回付され、それぞれの過程で修正を受けて成立している。[*10] つまり「転換」以前の草案は、成立した所得税法とは直接の関係はないのである。しかし、これらの草案を所得税導入過程にどう位置付けるかは、また別の問題である。従来の研究の不充分性は、この関係をイギリス型からプロシア型への転換という枠組のなかでしか評価できなかった点にあるのである。

では、三つの草案のうち、まず大蔵省の所得税則から具体的に分析していきたい。

明治十七年十二月の、所得税則の閣議提出理由は次のとおりである。「今ヤ国費ノ増加ヲ要シ漸次新税ヲ興サ、ルヲ得サルノ時ニ方リ、先ツ人民歳入ノ割合ニ応シテ税金ヲ納メシムル方法タル所得税ヲ施行シ、以テ漸ク富民ノ負担ヲ増サンコトヲ図ルハ、蓋シ賦税ノ平準及事実ノ妥当ヲ得ルノ道ニ於テ一歩ヲ進ムルニ庶幾ン乎」[*11]。歳出増加のため新税導入が必要であること、新税は人民の所得に応じた負担を実現し得る所得税が適当であること、富者の負担を増加して将来の税制改良の第一歩とすることの三点が掲げられている。増税策の中心であった酒税などの間接税は、「上に軽く下に重い」欠陥を有しており、その不平均を修正するため中等以上の人民に課税する所得税は、「一ノ補助税・償補税トモ云フヘキモノ」と位置付けられている。大蔵省が構想する所得税は、財政の中心を構成する税制ではなく、地租と酒税を中心とする現行税制の補助税なのである。

所得税則の特徴は、イギリス型の分類所得税方式にあるとされている。所得のうち、「商工業及商工ニ類似セル諸業ノ所得並労銀」、「貸預及其他ノ金穀ヨリ生スル所得」、「学術技芸ニ関スル諸般ノ所得」については申告制である。この三種類の所得は、「総テ所得高ヲ調査スルニ頗ル困難ナルヲ以テ」、納税者から戸長を経由して郡区長に申告するとされている。課税対象は前年一月から十二月までの所得で、五月・八月・十一月・翌年二月の四期に分けて納税する。営業の「盛衰」により所得額は変化するので、前年の所得に課税するほうが過去数年間の平均よりも「稍々公平」とされている。

**表2　明治17年所得税則の税率表**

| 所得の種類 | 所得額 | 税率 |
|---|---|---|
| 商工業等諸業の所得並労銀 | 500～650円 | 2.0% |
| 金穀の貸与等からの所得 | 650～900円 | 2.5% |
| 学術技芸に関する諸般の所得 | 900円以上 | 3.0% |
| 公債証書の利子<br>諸会社利益配当<br>官府よりの俸給手当等<br>公共よりの俸給手当等<br>人民相対による給金手当等 | 500円以上<br>（源泉徴収） | 3.0% |

※阿部『日本財政論』租税篇196～197頁.

また、「公債証書ノ利子」、「諸会社利益配当金」、「官府ヨリ受ル俸給手当金及賞勲年金」、「公共ヨリ受ル俸給手当金」、「人民相対ノ約定ニヨリ雇主ヨリ受ル給金手当賞与金及之ニ類似セル諸般ノ所得」については、給与者等が源泉徴収して納税する仕組みである。課税額は表2のとおりで、「中等以下ノ民」の負担を軽くするため所得額五〇〇円以上を課税対象とし、二%から三%まで三段階の単純累進税率が採用されている。源泉徴収分は煩雑さを避けるため一律三%である。

申告分については調査委員会制度が採用され、申告制を担保するようになっている。これはモデルとされるイギリスの所得税には存在しない。所得税納税者は、戸長を経由して郡区長に申告書を提出し、郡区長が所得額を決定する。その際、郡区長の諮問に応ずる調税委員（調査委員）が選定される。調税委員の役割は、「官民ノ権衡ヲ維持」するためと、納税者の実状を知るためとされている。官吏の俸給などを除くと所得高の調査は「頗ル困難」であり、申告内容は納税者に身近な戸長がチェックし、調税委員への諮問を経て郡区長が決定する手順である。申告内容を戸長が不当と認定した場合には、その理由書が郡長に提出される。

調税委員は複選法により納税者から選出されるが、所得税則には区町村会議員から選挙する方法もあるとしか説明されていない。調税委員の任命は、郡長の判断だけでは所得額の決定に「不測ノ弊害ヲ醸成スルノ恐アルガ」ためで、特に異議がない場合には諮問に欠席してもかまわないとされている。欠席の場合は郡長の決定を認めたと判断され、欠席を認めることで逆に「事務ノ渋滞」が回避できるのである。調税委員設置の意図は、もっとも困難とされる所得額の決定にあたり、官吏である郡区長と納税者との摩擦を少なくするところにある。調税委員の欠席を容認する規定も、郡長の決定に問題がなければ、それでよいのである。なお、郡長の決定に不服の場合は府県知事に再調査を請求することが可能であり、再調査の際は必要があれば「帳簿及物件」の検査が行われることになっている。

こうした所得税の基本的な理解は、当時の大蔵省で「バイブル」とされた、ルロア・ボリュー著『租税論』の影響を強く受けたものである。「元来一般ノ歳入税ハ間税負担ノ不平均ヲ修正スルカ為メニシテ、中等以上ノ人民ニ課スル者ナリ」という同書の立場は、そのまま所得税則の提案理由になっている。[*12] 高橋氏も指摘するように、ボリューはイギリス所得税を高く評価し、後述するプロシア財産等級税には批判的であった。[*13]『租税論』は、所得の調査・把握が困難なこと、勤労にもとづく「一生ノ歳入」と資本にもとづく「永世ノ歳入」とでは負担の軽重が必要なこと、その国富の分布を考慮して免税点を設定しなければ税収は小額になること、を所得税の困難と指摘している。さらに所得税を初めて導入しようとする場合、「頗ル難事ナリ、決シテ軽挙躁行スヘカラス」と付け加えられている。大蔵省は所得税則の説明において所得把握の困難性を繰り返し述べているが、それは勤労による所得とそれ以外の所得を区別して課税することが重要と考えていたことを示しているのではないだろうか。大蔵省は、調査能力の不備により所得を分類して把握することが困難であると所得税導入に慎重な姿勢を見せていた。しかし、明治十九年三月の「転換」により、所得を「綜合的」に把握し一律に課税する税制を選択したことになる。これは、本来所得の種類ごとに把握できるのがベストではあるが、新税導入の必要性から「総合」所得に課税する方式を選択したと評価することができるのである。

また、同書では、所得高の把握方法には納税者の申告と政府の査定の二通りあり、どちらを主とするかは「国民ノ性質」によるとされている。前者はイギリス、後者は国民が「専制」に慣れているプロシアが例に掲げられている。大蔵省の所得税則は、「官（の査定）と民（の申告）の権衡」を図って調査委員会制度を採用したことになるのである。

しかし大蔵省案のもっとも特徴的な点は、土地と家屋からの収入を免除する規定にあるのであるが、この点は収入税法律案との比較のなかで改めて検討したい。

## 2 ルードルフの収入税法律案

次に検討するのは、明治十七年（一八八四）十二月に伊藤博文に提出された収入税法律案である。[*14] この案は、カール・ルードルフが一八五一年のプロシア財産等級税を基本に、日本の実情を勘案して起草したもので、結論としては制度取調局草案と評価すべきものである。

まず、制度取調局について概要を記しておこう。制度取調局は、明治十七年三月に立憲政体創設の準備として宮中に設置された機関で、法律・規則の創定及び改廃と、職制の創定及び改廃について太政官の職掌を取扱うことになった。[*15] 制度取調局の設置により、各省が上申する法令案等は次のような手続を経て審議されることになる。すなわち各省が立案した法律案等は、主管参議検印のうえで制度取調局に提出され、同局の「審閲」後に参事院へ回付される。そして参事院の審査を経て内閣に提出され、天皇の裁可を得て元老院へ回議される。同院の決議は内閣に提出され、天皇の裁可を得て公布という手順になる。制度取調局で修正意見が出されたものは内閣の決議を経て修正され、それから参事院へ回付される。修正に至らない場合でも、制度取調局は参考意見を付して参事院に回付することが可能であった。なお、参事院は政府の法案起草・審議機関で、元老院は議会（上院）に擬せられた機関である。

制度取調局長官には伊藤博文が就任し、宮内卿を兼任した。伊藤が最初に着手したのが、国会開設に備えた上院（貴族院）対策としての華族制度の創設であった。[*16] そして御用掛として寺島宗則（宮内省出仕）・井上毅（参事院議官兼図書頭）・尾崎三良（参事院議官）・伊東巳代治（太政官大書記官兼伊藤参議書記官）・金子堅太郎（太政官大書記官兼元老院権大書記官）など、太政官書記官や参事院議官から選抜された人員が配置され、法制や機構改革に大きな影響力を有することになった。[*17] 当然、大蔵省が閣議提出する新税法についても、伊藤博文を中心とする制度取調局の審査がなされることになる。

制度取調局の所得税調査は、伊藤の指示を受けた伊東巳代治がルードルフへ諮問する形で行われた。カール・ルードルフは、憲法調査のため滞在したドイツで伊藤が指示して雇い入れた内務顧問である。[*18] ルードルフ案もまた、「貧富各其力ニ応シテ納税ノ負担ヲ穏当ナラシムルニハ、此財産等級税ヲ設クルニ如カス」とあるように、所得税導入を貧富に応じた負担とする点で大蔵省と同一認識に立っている。[*19] 制度取調局は最初からプロシア法を検討しているが、それがルードルフのプロシア財産等級税の説明を伊東巳代治が口述筆記した「財産等級税講説」なのである。[*20]

ルードルフの説明によれば、プロシア財産等級税は一八五一年に導入され、一か年の歳入一〇〇〇ターレル以上に課税される「財産等級税」と、それ以下の「等級税」に分れている。[*21] この説明を実際の条文に照らしてみると、これは一八七三年の改正法で、一〇〇〇ターレル以上の者に所得税を課税し、それ以下の者には別に低額の等級税を課税するとなっている。プロシア所得税の税額表は表3のとおりである。

一〇〇〇ターレルを課税最低額とし、所得額により四〇等級を定め、それぞれの等級ごとの税額が設定されている。最高額である四十等級の二十六万ターレルを超える場合、所得額二万ターレルを増加するごとに税額も六〇〇ターレル宛増加する。課税額は税率ではなく定額である。第一級の場合、一〇〇〇ターレルであっても一一〇〇ターレルであっても、一二〇〇ターレル未満なら所得税額は同じ三〇ターレルである。なお、所得税の税額は収入総額の三%を越えないとされており、実際に各等級の最低所得額にもとづいて税率に換算すると、すべての等級がほぼ三%に相当している。また、所得税の課税等級は、長期の病気や多額の負債、非常の災害などを「酌量」して一等級を減税することができるとされている。

**表3　プロシア所得税法（1873年改正）の課税額一覧**

| 等　級 | 所　得　額 | 税　額 | （税率換算） |
|---|---|---|---|
| 第1級 | 1,000～1,200ターレル | 30ターレル | (3.0～2.5%) |
| 第2級 | 1,200～1,400ターレル | 36ターレル | (3.0～2.6%) |
| 第3級 | 1,400～1,600ターレル | 42ターレル | (3.0～2.6%) |
| ⋮ | ⋮ | ⋮ | |
| 第11級 | 4,000～4,800ターレル | 120ターレル | (3.0～2.5%) |
| 第12級 | 4,800～5,600ターレル | 144ターレル | (3.0～2.6%) |
| ⋮ | ⋮ | ⋮ | |
| 第16級 | 8,400～9,600ターレル | 252ターレル | (3.0～2.6%) |
| 第17級 | 9,600～10,800ターレル | 288ターレル | (3.0～2.7%) |
| ⋮ | ⋮ | ⋮ | |
| 第32級 | 80,000～100,000ターレル | 2,400ターレル | (3.0～2.4%) |
| 第33級 | 100,000～120,000ターレル | 3,000ターレル | (3.0～2.5%) |
| ⋮ | ⋮ | ⋮ | |
| 第39級 | 220,000～240,000ターレル | 6,600ターレル | (3.0～2.8%) |
| 第40級 | 240,000～260,000ターレル | 7,200ターレル | (3.0～2.6%) |

※以下，所得額2万ターレル毎に税額600ターレルを増加．史料では第40級の所得額の上限が23万円になっているが，26万円の誤植と思われるので訂正した（『孛国税務類纂』による）．

所得額は、町村戸長から納税人名簿と歳入額が郡長に提出され、郡会から公選された賦課委員が決定する。決定額の不服申立は賦課委員になされ、不採用の場合は県会から公選された委員に訴え出る仕組みである。納税は月ごとに行われる。歳入は「外面ヨリ家産ヲ概算スルモノ」で、収入の内容により三種に分類されている。第一種は土地の利益で、自作収入や借家料など土地からの収入すべてを含む。第二種は、金銭貸借の利子、公債の利子、会社株券の利子等、「財本ヨリ生スル所ノ歳入」すべてである。第三種は商工業による利益で、官吏俸給なども含まれている。一種と三種は前三年間の平均収入が課税対象となる。これが財産等級税の概要である。一方、一〇〇〇ターレル以下の等級税は、日常生活にも窮する細民をも網羅するため廃止が議論されていると説明されている。歳入額により十二等級に区分され、一五〇～二二〇ターレルの場合は一ターレルの

「等級税」となる。等級税は細民への苛税として反対論も多く徴収も困難であるが、免税措置により実質的には廃止状態であるとしている。ルードルフは、富者に課税する財産等級税は良法であるが、細民へ課税する等級税は悪法として日本での不採用を訴えている。また財産等級税についても、日本で導入する場合は課税最低額を三〇〇～五〇〇に引き下げても良いが、「唯々細民ヲ苦メザル様注意」が肝要であると強調している。また、プロシア財産等級税法は所得額決定に調査委員方式を採用しているが、それでも「毎年納税者中其賦課ノ額ニ就テ紛議ヲ起ス者ノ数平均一割ヲ以テ数フ」と付け加えている。それは同法が導入後三十年を経て改良されているにもかかわらず、「賦課ノ割合」が穏当でないからである。近年、ドイツ連邦内のザクセンで施行された財産等級税は、プロシア法をもとに改良された良法と評判なので、日本で所得税法を導入するならこの条文を検討するよう薦めている。

このルードルフの口述が行われたのは、明治十七年十一月二十二日である。この間の事情は、「財産等級税考説第二篇」により明らかとなる。[*22] 伊東から口述筆記を受け取った伊藤は、ルードルフに財産等級税法の起草を命じ、さらに細かな質問点を伊東に指示した。明治十七年十一月二十四日、二度に渉って行われた伊東とルードルフの問答は、伊藤の税制上の考えをも示す興味深いものである。以下、概要を説明しておこう。

伊東の質問の要点は、「時昔ヨリ今日ニ至ルマテ業ニ既ニ取リ尽シタル地所又ハ酒・煙草ニ、此財産等級税ヲ賦課スルハ頗ル難事ナラント思惟ス」という認識に要約されている。過重な地租や酒税を負担しているところへ、さらに財産等級税を一律に賦課することを危惧しているのである。ルードルフは、日本各地の巡回調査を踏まえるとドイツ税法の直移入は不適当であるとして、日本においては収入額四〇〇円で税額一円を課税最低限とし、「小百姓」を免税とする考えを示している。そして、すべての収入に課税する法の精神からして土地を免税対象とすることには同意できないと回答している。伊東は、政府の公債証書の利子と地主の純益を引き合いに出して、リスクなく利益を保証される財本家と重税の下にある地主とでは同じ収入でも天と地ほどの格差があるとして、こうした現状についての見解を求めた。ルードルフは、まず収入の把握についてドイツ国内の調査方法を説明し、ここで一旦中断する。夜になって鹿鳴館に場所を移して再開された口述でルードルフは、「一般農工商ノ資力ニ応シテ財産ノ上ニ賦課スル」等級税の原則を示し、財本家に対しては収入税とは別に資本税を導入して公債証書の所有者等へ課税することを提案した。そして土地収入への課税が不可能な状況であるなら、「例外トシテ当分ノ中免除」することも止むなしと回答している。ルードルフは、これは例外的措置であり永久的な免除には強く反対し、逆に地租等を減税して収入税を一律に適用する方法もあると提案している。また、ドイツでは資本税導入を検討中であるが、参考資料がないのが遺憾であるとも付け加えている。

伊東巳代治が重ねて土地の免税について質問しているのは、伊藤博文が「暫ク土地・酒ノ類ハ等級税ヲ免除シテハ如何ト云ハレタ」からである。伊藤の指示を受けた伊東は、改めて土地と酒造の免除が可能かどうかを念押ししたのである。ルードルフは、土地については一時的な免税措置を認めたものの、酒については間接税であるから土地と同一視できないとしている。伊東は、日本の酒類取引の慣行により酒造家と問屋の決算が翌年になるため、間接税であっても酒造家が幾分の税を負担していると説明している。酒類造石税は重要な国税であり急には減税できないため、造石税を存続するかわりに等級税を免除したいとし、草案脱稿後に改めて議論することで終わっている。

こうした諮問を通じて十一月二十九日に収入税法律案が脱稿し、十二月に伊藤に提出されたのである。[*23] このとき伊東は、ルードルフの口述筆記である「財産等級税考説」第一篇・第二篇と、収入税を補う資本税の参考資料としてロエスレル所有のババリアの資本利得税法と産業税則を添付した。[*24] 伊東は、資本税はすぐに日本に移入しても支障ない税法であり、収入税法律案についても検討の上で意見を上申したいと付け加えている。

ルードルフの収入税法律案は、土地・資本・営業からの利益が四〇〇円以上ある日本人（家族がある場合は戸主に合算）に課税する内容で、税額表は表4のとおりである。

**表4　ルードルフ収入税法律案**

| 等　級 | 所　得　額 | 税　額 | （税率換算） |
|---|---|---|---|
| 第 1 等 | 400 ～ 500 円 | 1 円 | （0.25 ～ 0.20%） |
| 第 2 等 | 500 ～ 600 円 | 2 円 | （0.40 ～ 0.33%） |
| 第 3 等 | 600 ～ 700 円 | 3 円 | （0.50 ～ 0.42%） |
| ⋮ | ⋮ | ⋮ | |
| 第 10 等 | 1,300 ～ 1,400 円 | 26 円 | （2.00 ～ 1.85%） |
| 第 11 等 | 1,400 ～ 1,500 円 | 31 円 | （2.21 ～ 2.06%） |
| 第 12 等 | 1,500 ～ 1,600 円 | 36 円 | （2.40 ～ 2.25%） |
| ⋮ | ⋮ | ⋮ | |
| 第 14 等 | 1,700 ～ 1,800 円 | 48 円 | （2.82 ～ 2.66%） |
| 第 15 等 | 1,800 ～ 1,900 円 | 54 円 | （3.00 ～ 2.84%） |
| 第 16 等 | 2,000 ～ 2,200 円 | 60 円 | （3.00 ～ 2.72%） |
| ⋮ | ⋮ | ⋮ | |
| 第 35 等 | 10,000 ～ 11,000 円 | 300 円 | （3.00 ～ 2.72%） |
| 第 36 等 | 11,000 ～ 12,000 円 | 330 円 | （3.00 ～ 2.75%） |
| ⋮ | ⋮ | ⋮ | |
| 第 54 等 | 80,000 ～ 90,000 円 | 2,400 円 | （3.00 ～ 2.66%） |
| 第 55 等 | 90,000 ～ 100,000 円 | 2,700 円 | （3.00 ～ 2.70%） |
| 第 56 等 | 100,000 ～ 110,000 円 | 3,000 円 | （3.00 ～ 2.72%） |

※以下，所得額 1 万円毎に税額 300 円を増加する（『所得税』3 による）．なお，同史料は汐見『各国所得税制論』の引用史料と同文である．

課税額は第一等の四〇〇～五〇〇円が一円というように、十～十一万円の三〇〇〇円まで五十六等に区分された「等級税」である。これ以上は、一万円増加するごとに税額も三〇〇円増加する仕組みである。各等級の「等級税」額を税率に換算すると、第一等は〇・二五％、第二等は〇・四％と徐々に〇・二％程度増加し、第十五等の所得額一八〇〇～一九〇〇円の等級以上は一律三％になっている。ルードルフはプロシア財産等級税を基本にしつつも、比例税ではなく累進税としたのである。プロシア税法の直輸入ではなく、日本の実情に合わせて作成されたルードルフ収入税法律案の特徴は、四〇〇円未満の「小百姓」の免税と累進税率の採用にあったといえる。

賦課方法は、以下のとおりである。郡区に収入事務局（委員長は郡区長もしくは県令の任命）を設置し、県会・区会において公選された納税義務者六名を収入税事務局員とする。府県には府県事務局（委員長は府知事・県令もしくは大蔵卿の任命）を設置し、府県会の公選による府県委員十名を任命する。郡区収入事務局は所得税の賦課・決定を行い、府県事務局は異議申立を裁決する。郡区収税委員長は、戸長に財産及び収入の調査報告を求めることができる。納税は九月・十二月・三月・六月の四期である。

ルードルフの収入税法案は、収入の種類を土地・資本・営業から生ずる収入としており、基本的にはプロシア法を踏襲している。また、第一等から第十二等（収入額四〇〇円から一六〇〇〇円）までは、「家計ノ有様ヲ斟酌」して一等ずつ等級を減税することができるとされているが、これも災害や病気・負債などを斟酌して課税等級を一ランク引き下げるプロシア法と同様である。そのうえでルードルフは、地租や酒税の免除を考えている伊藤の要望を受け入れ、「地租ヲ軽減シ、或ハ其他改正ヲ行フマテ」土地収入への課税を免除し、また酒造所収入も同様に免除できる特例を設定したのである。

このように、ルードルフ案はプロシア財産等級税を基本にして、制度取調局長官伊藤博文の「尊諭」に基づいて起草された所得税法草案ということになる。しかし大蔵省案と異なるのは、この段階では施行を視野に入れたものではなく、所得税の検討資料として作成されたものだったのである。

## 3 明治十七年草案の歴史的背景

大蔵省及び制度取調局の両案に共通しているのは、五〇〇円または四〇〇円の免税点を設定して、それ以下の階層への課税を免除していることと、土地からの収入の課税免除などである。大蔵省案が家屋税導入を予定して家屋からの収入を免除していることや、伊藤博文が地租だけでなく酒造や煙草などの間接税負担者をも免除対象と考えるなど、免税の内容は必ずしも同じではない。しかし免税規定の設定には、当時の租税負担状況についての共通認識が前提とされている。とりわけ両草案が作成された明治十七年は、松方デフレの影響により米価下落が著しく、地租負担が例年以上に重く圧し掛かっていたのである。

所得税導入の背景となる松方財政とは、明治十四年政変後に大蔵卿に就任した松方正義が断行した紙幣整理優先の緊縮財政である。[*25] 松方は、内閣に対して紙幣整理には今後五年間の忍耐が必要であるとし、各省の経費節減と国民の騒擾の鎮静を求め了承されている。[*26] 紙幣整理の強力な推進による紙幣価値の回復は、物価を低落させて不景気を招き、一時的に農工商業者に困難を感じさせる。松方は、こうした「国民怨嗟の声」に対して内閣がブレない保証を閣議で取り付けたのである。そして明治十五年度予算編成において、財政困難の救済は紙幣整理にあるとし、各省の事業拡張を一切中止し、明治十四年度予算額を定額として三年間維持することが承認された。[*27] 松方は五年間の予算据置を三年間に短縮して各省の不満を抑えるとともに、四年後の明治十八年度からの予算増額を約束したのである。

こうしてスタートした松方財政の最初のハードルは、明治十五年七月の壬午事変による海軍皇張問題である。壬午事変は朝鮮有事における海軍の弱体ぶりを露呈させ、清国に対抗しうる海軍皇張が叫ばれたのである。こうしたなか、松方は当初の紙幣整理優先策を堅持し、政府も増税による軍備皇張費の捻出策を選択した。明治十五年十二月に松方が提出した意見書は、酒造税と煙草税、米商会所及び株式取引所仲買人税の増税分を年間七五〇万円と見積もり、これを海軍皇張費に充てるもので、「軍備部方式」と称されている。[*28] 軍備部方式は、年間の海軍皇張費を四五〇万円とし、その財源として明治十六年度より明治二十三年度までの八年間、毎年七五〇万円を計上する。各年の余剰額は準備金のなかに新設された軍備部に積み立て、後年に増加する軍艦の維持費などに充てる計画である。軍備部方式の採用は、軍備皇張費を増税の範囲内に抑え、経費節減分を紙幣消却に充当する、あくまで紙幣整理を優先するものであった。

しかし増税の結果は、予想に反して増収とはならなかった。増税の中心は酒類造石税で、清酒一石は二円から四円に倍増され、自家用料酒も免許制となり、年間一石以上醸造する場合は酒造税則により課税されることとなった。増税により自家用料酒の過醸が予測されるため、自家用料酒の制限を厳しくし、既存の酒類業者を保護しようとしたのである。密造に繋がりやすい酢醸者や醤麹営業者への罰則も強化された。酒造税は明治十三年にも増税されており、このときは高知の自由民権運動家植木枝盛が主唱した「酒屋会議」が計画されるなど、増税反対が政治運動化する動きも見られた。そのため内務省は、増税策への各地の反応を報告させ警戒にあたっている。[*29] 府県知事からの報告では、明治十六年十月の造石税増税を控え、小規模営業者の廃業や増税への苦情などもあるが、造石高の減少には繋がらな

**表5　増税税目の予算決算額**

| 年度＼税目 | 酒（類）造税 | | 煙　草　税 | | 米商会所・株式取引所仲買人税 | | 合　　計 | | |
|---|---|---|---|---|---|---|---|---|---|
| | 予算額 | 決算額 | 予算額 | 決算額 | 予算額 | 決算額 | 予算額 | 決算額 | 差　額 |
| 明治13年度 | 5,965,029 | 5,511,335 | 348,674 | 292,881 | | | 6,313,703 | 5,804,216 | -509,486 |
| 明治14年度 | 10,441,766 | 10,646,163 | 348,674 | 276,332 | | | 10,790,440 | 10,922,495 | 132,055 |
| 明治15年度 | 10,446,956 | 16,329,623 | 348,674 | 280,849 | | | 10,795,630 | 16,610,472 | 5,814,842 |
| 明治16年度 | 16,711,635 | 13,490,730 | 974,199 | 2,154,211 | 932,956 | 328,518 | 18,618,790 | 15,973,459 | -2,645,331 |
| 明治17年度 | 16,813,612 | 14,068,132 | 1,588,200 | 1,294,315 | 272,181 | 394,273 | 18,673,993 | 15,756,720 | -2,917,273 |
| 明治18年度 | 1,084,711 | 1,053,465 | 1,283,753 | 905,086 | 309,735 | 163,824 | 2,678,199 | 2,122,375 | -555,824 |
| 明治19年度 | 14,843,039 | 11,743,777 | 1,501,084 | 1,235,814 | | | 16,344,123 | 12,979,591 | -3,364,532 |
| 明治20年度 | 13,697,723 | 13,069,807 | 1,244,002 | 1,590,751 | | | 14,941,725 | 14,660,558 | -281,167 |

※『法規分類大全』第40・41・43巻及び『法令全書』明治23年・明治25年より作成した（単位：円，円未満切捨て）．

いとの見通しが出されている。民権系の新聞は、海陸軍皇張のための増税策であるため「止むを得ない」との論調が多く、前回のときのような全国的な増税反対や酒造家による減税請願運動などの政治的な動きはないとしている。[*30]煙草印紙税もまた同様で、消費者に転嫁できる間接税であることと、軍備拡張の目的であるため大きな反対の動きとはならないと見られている。

増税の結果は、表5のように四税の収入予算額を大きく下回るものであった。酒造税は、明治十六・十七年度とも予算額を三〇〇万円前後下回っている。明治十三年度増税の際、明治十四・十五年度の収入額が予算額を上回ったのとは対照的である。明治十六年度の四税の収入は、煙草税は増収となったものの、酒造税は増税および一般商業の不振により「大ニ其新醸ヲ節減シ」、米商会所及び株式取引所税も仲買人税の導入により「一時其営業ヲ中止シ、又ハ営業ノ萎縮ヲ来ス等」で減収となったのである。[*31]とりわけ造石税の場合、「犯則者二千三百人余、税金不納者五百人、其税金十三万三千円余ノ巨額ニ達シタリ」と、不納者と不納金額が増大した。[*32]煙草税もまた、煙草印紙税方式による増税前の駆け込み需要で初年度は増収となったものの、翌年度からは減少に転じている。[*33]原因は不景気による民間需要の落ち込みであり、松方デフレの影響が深刻化するなか、政府の間接税増税路線は行き詰まりを見せるに至ったのである。

明治十六年十二月、大蔵省は酒造税等の犯則証憑確保のための家宅捜査を認める布告を出し、さらに主税局―府県収税課（収税長・収税属）を新設して徴税機構を整備し、間接税の検査強化を図った。[*34] しかし増税は脱税と犯則取締のイタチゴッコを加速させる結果となり、間税検査強化も収税の苛酷さとして批判の対象になっていくのである。

予想外の減収により大蔵省が打った最後の手段は、会計年度の改定と定額予算制の一年延長であった。明治十七年十月の会計年度の変更請議は、従来の七月～六月の会計年度を四月～三月に変更することで、主要な収入を占める地租と酒造税を年度当初と年度末に収入できるようにするものである。[*35] これにより、年度始めの歳入不足を準備金から立て替え、後の収入から返却するという財政体質を解消できるのである。税収の基礎である地租のうち、大部分を占める田租の納期は十二月半ばと翌年二月末である。もう一つの柱である造石税の納期は四月・七月・九月末の三期で、七月と九月の二期分は慣例として前年度会計に繰り入れられてきた。会計年度変更の主要な目的は、この七月と九月の造石税二期分を納期の年度の収入とすることである。明治十七年度に明治十八年七月と九月納期分を繰り入れ、明治十九年度から四月・七月・九月の三期分とも十九年度の収入に繰り入れるのである。会計年度の変更により明治十八年度は七月～三月までの九か月間に短縮されるだけでなく、同年度の造石税は皆無となる。造石税収入の欠如は軍備部方式を破綻させることになるが、海軍皇張の新財源は明治十九年の海軍軍事公債条例により担保されるのである。明治十八年度は三か年間の定額予算措置が終了する年度であるが、定額制を一年間延長して明治十九年度を財政改革の初年度としたいというのが大蔵省の意見であり、これは閣議で承認された。こうして明治十八年度予算は、前年度の九か月規模となり歳出は極力抑えられたのである。

会計年度の変更により定額制が一か年延長になったものの、明治十九年度以降の新たな財源が必要であったことには変りはない。所得税は、そのための財源として政府が導入を決定した新税だったのである。

しかし、この時期は松方デフレの影響が深刻化しており、新税導入には大きな抵抗が予想された。米価下落と金融閉塞が、農民の地租負担を増加させるとともに、資金融通の担保となる土地価格の低下を招き、担保物権である土地の公売処分や身代限処分の増加が社会問題化していたのである。各地で農民による集団的な負債騒擾が多発し、「借金党」や「困民党」などと新聞で報じられている。「近来物価低落、随テ金融梗塞シ世上一般不景気ヲ訴フル、（中略）要スルニ農民ハ殊ニ本年ノ風害ニ依リ秋穫上損耗ヲ生シタルヲ以テ地租延納ヲ企図シ、小作米減額ヲ地主ニ迫リ、或ハ債主ニ対シ負債延期ノ強談ヲ試ムル等、所々ニ集合スル義、各府県ヨリ続々報告有之」と、地租の延納や小作米減額、負債の返済猶予や利子減額などを求めて集団で債主や役所に掛け合う事態となっていたのである。[*36] 表6は、明治十六年末から同十七年末までの負債騒擾のうち、内務省から太政官に提出された府県知事からの報告一覧である。[*37] 北は青森県から南は宮崎県までの三府十三県で、十名から千名以上の農民騒擾が多数報告されている。ちなみに、明治十七年十一月の事例は、鎮圧に軍隊が出動した秩父事件である。

明治十七年二月、内務卿山県有朋から、政党が新聞や請願書の頒布等により各地で地租軽減運動を呼びかけている実態が内申されている。[*38] 自由党の方針は、「将来物品税が二〇〇万円以上になったら、地租の税率を一％まで引き下げる」という地租改正条例第六章による地租減税の請願運動の展開である。そして減租請願の正当性を、地租改正法公布時の天皇の上諭に求めたのである。「賦ニ厚薄ノ弊ナク、民ニ労逸ノ偏ナカラシメン」という言葉を、公平画一な地租負担の実現の根拠とする論法は、政府にとってやっかいなものであったに違いない。地租改正法は「億兆ノ人民安危ノ関スル」重要事項であるとの認識の下、議会に擬した地方官会同の審議を経て、さらに天皇の勅命をもって頒布された経緯がある。[*39] 一口に課税の公平といっても方法は一様ではないが、松方デフレのもとで政党が地租軽減を政治課題に据えるようになったのである。こうしたなか明治十七年三月に地租条例が制定され、地租改正の成果は固定された。しかし将来の減税及び五年毎の地価修正規定は消滅したが、直ちに地租制度が安定したわけではなく、地押調査終了後の特別地価修正の実施まで、法的な不安定さが残されたのである。[*40] 政党の地租軽減運動は、物価下落の

## 表6　明治16～17年の負債騒擾等一覧

| 年 | 月　日 | 地　域 | 騒擾の内容等 |
|---|---|---|---|
| 明治16年 | 3月3日 | 群馬県北甘楽郡下高田村外10余村 | 生産会社への返金義務不履行のため脅迫等の密議 |
| | 11月3日 | 石川県能美郡辰口村大長野村外95か村 | 約100名が負債の利子逓減・元本年賦返済の債主への説諭を戸長役場・郡役所に歎願のため集合（後日，200～300名が再集合） |
| | 11月9日 | 大阪府葛下郡某村 | 小作人約100名が小作米減額を地主に要求のため集合 |
| 明治17年 | 3月31日 | 福島県菊多郡上遠野村・深山田村近辺 | 貧民300名余，代表者3名を立て負債永年賦を債主に談判 |
| | 9月5日 | 神奈川県南多摩郡 | 8月以来負債免除を度々債主に掛け合い，御殿峠に集合の人民210名逮捕 |
| | 9月 | 埼玉県秩父郡飯田村近傍 | 8月以降，窮民が債主に負債の返済延期を脅迫のため諸所に屯集 |
| | 11月 | 埼玉県秩父郡・群馬県南甘楽郡 | 秩父事件（負債民の蜂起を軍隊が鎮圧） |
| | 11月4日 | 宮崎県西臼杵郡上野村外5か村 | 負債延納等7か条の請願で郡役所に推参，その他各所に凡300名ずつ集合 |
| | 11月7日 | 茨城県久慈郡太田地方 | 約100名が負債延納を開産会社に談判 |
| | 12月7・8日頃 | 静岡県志太郡前島村組合，遠州・両駿地方 | 無利息据置・年賦割済の談判のため各所に集合（鎮撫中） |
| | 12月10・11日 | 千葉県埴生郡大室村 | 約30名が小作米減額を地主に請求 |
| | 12月12・13日 | 千葉県印旛郡寺崎村近傍 | 約50名が小作米減額を地主に要求して集合 |
| | 12月14・15日頃 | 石川県羽咋郡子浦地方44か村 | 諸所に集合して小作米減額を地主に請求 |
| | 12月15・16日 | 新潟県南蒲原郡中条村 | 20～30名が小作米減額のため集合 |
| | 12月15・16日 | 新潟県南蒲原郡松橋村 | 約100名が小作米減額を地主に請求のため集合 |
| | 12月16・17日 | 埼玉県北埼玉郡砂山村 | 約70名が頼母子講に付元戸長役場へ集合 |
| | 12月17日 | 新潟県南蒲原郡真野代新田外13か村 | 人民総代が学校費延納請願のため戸長役場に集合 |
| | 12月18日 | 静岡県志太郡前島村及び築地上下村等 | 小作人約200名が散田米引方を地主に談判，不調につき郡役所へ向かう |
| | 12月19日 | 埼玉県北埼玉郡持田村 | 約10名が頼母子講に付集合 |
| | 12月20日 | 埼玉県北埼玉郡下新田村 | 頼母子講の発起人を脅迫に付重立の者を引致 |
| | 12月21・22日 | 千葉県海上郡小舟木村 | 小作人24～5名小作米減額請求のため東光寺に集合 |
| | 12月21日 | 岡山県邑久郡神埼邑 | 村民多数が減税又は小作米減額請求のため成願寺に集合 |
| | 12月21日頃 | 青森県北津軽郡2か村 | 地租延納請願のため村民が2度集合 |
| | 12月23日 | 岡山県南方村 | 約60名共有林売却資金で地所を借受，その地所を抵当として借金消却の請願のため集合 |
| | 12月24日 | 東京府南葛飾郡二ノ江村 | 60～70名小作米減額請求のため集合 |
| | 12月24日頃 | 京都府久世郡田井村・下津屋村等 | 各村2～3名宛が小作米減免発起のため集合 |
| | 12月25日 | 東京府南葛飾郡東船堀村 | 50～60名小作米減額請求のため集合 |
| | 12月25日 | 山梨県北巨摩郡穴山村 | 多人数小作米減額請求のため集合 |
| | 12月25日 | 千葉県山武郡菱沼村 | 約30名納租延期請願のため法華寺に集合 |
| | 12月25日頃 | 静岡県志太郡上小杉・上新田・上泉3か村 | 200名戸長役場に歎願のため集合 |
| | 12月25日・28日 | 千葉県長柄郡刑部村 | 約100名小作米減額請求のため集合 |
| | 12月25日・28日 | 千葉県長柄郡腰当村・長尾村 | 小作米減額請求のため集合 |
| | 12月26日頃 | 石川県羽咋郡兎田村外40余村 | 義倉金分取のため集合して該委員に迫る |
| | 12月26日頃 | 石川県鳳至郡和田村 | 数十人小作米減額又は貢租米貸与を村内富裕者に強請 |
| | 12月26日頃 | 石川県能美郡粟津村外14か村 | 各村総代2名ずつ負債延期を戸長役場に請願 |
| | 12月28日 | 京都府紀伊郡鳥羽村 | 小作米減額請求のため戸長役場に集合 |
| | 12月29日 | 千葉県千葉郡長作村 | 約80名小作米減額請求のため集合 |
| | 12月29日 | 千葉県東葛飾郡西海村 | 約100名小作米減額請求のため集合 |
| | 12月30日 | 千葉県下総国中野村 | 小民約40名小作米減額請求のため集合 |

※国立公文書館所蔵「公文録」2A-10-公3468，3494，3695，3705，3713.

**表7　土地の公売処分一覧**

| 内訳／年度 | 不納金額（円） | | | | 不納人員（人） | | | | | 1人当の金額(円) |
|---|---|---|---|---|---|---|---|---|---|---|
| | 合計 | 地租 | 地方税 | 区町村費 | 合計 | 地租 | 地租・地方税・区町村費 | 地方税・区町村費 | 不詳 | |
| 明治16年度 | 25,889 | 19,900 | 3,506 | 2,483 | 33,845 | 16,025 | 5,344 | 12,169 | 307 | 0.76 |
| 明治17年度 | 30,533 | 19,511 | 7,467 | 3,555 | 70,605 | 34,228 | 9,184 | 26,479 | 714 | 0.43 |
| 明治18年度 | 26,423 | 15,998 | 4,528 | 5,897 | 108,055 | 56,869 | 17,635 | 32,865 | 686 | 0.24 |
| 明治19年度 | 10,656 | 6,359 | 2,422 | 1,875 | 61,256 | 17,381 | 12,403 | 29,618 | 1,854 | 0.17 |
| 明治20年度 | 6,403 | 2,484 | 2,708 | 1,211 | 35,096 | 9,235 | 5,912 | 19,668 | 281 | 0.18 |

※『日本帝国第8統計年鑑』（内閣統計局，明治22年）より作成.

ため地租負担が増大する農民層の支持拡大を目的とした政治運動である。しかし自由党や改進党が解散するなか、各地で頻発する負債騒擾は、立憲政体の実現を求める政党の論理とは必ずしも一致しない独自な運動として展開された。そして政党が意図した地租軽減運動は、後の大同団結運動や初期議会期に引き継がれることになるのである。

さらに地租問題は、滞納処分による土地の公売件数の増加をもたらした。租税不納者処分は、明治十年第七十九号布告により課税財産の公売処分により徴収する規定であった。[*41] 地租は土地、酒造税は製品（酒類）または醸造器械等が対象となり、売買譲与した場合はその物件の買受・譲受先から徴収した。質入中の土地は質入主が納税するのであるが、債主からの徴収を申し立てた場合には質地を公売処分とした。公売に応札がない場合は官没となった。滞納金額の先取特権は、公売費用、国税、地方税の順で、明治十四年以降さらに備荒儲蓄金、土木費などと続くことになった。明治十七年にはそれまで課税制限がなかった区町村会費も、地方税同様に区町村会の議決により課税されることになり区町村税化した。そのため先取特権は国税—地方税—町村費（協議費）という順序になり、公売処分は国税徴収を委任された郡区長が行ったのである。

表7は、当該期における土地の公売処分の一覧である。土地の公売処分は、金額及び人員とも地租から地方税、そして区町村費へと拡大していることがわかる。しかも次第に公売処分は低額化の傾向を示している。

**表8　公売処分の理由一覧**

| 年　度 | 貧　困 | 怠慢等 | 合　計 | 不　明 | 貧困の割合 |
|---|---|---|---|---|---|
| 明治16年度 | 24,048人 | 9,318人 | 33,366人 | 479人 | 72% |
| 明治17年度 | 54,508人 | 14,887人 | 69,395人 | 1,210人 | 79% |
| 明治18年度 | 86,690人 | 19,816人 | 106,506人 | 1,549人 | 81% |
| 明治19年度 | 44,387人 | 16,697人 | 61,084人 | 172人 | 73% |
| 明治20年度 | 22,052人 | 13,044人 | 35,096人 | 0人 | 63% |

※『日本帝国第8統計年鑑』（内閣統計局，明治22年）より作成．

また表8に示したように、公売処分の理由として「貧困」が六〇～八〇％にも上っている。しかも土地価格の低下により、公売処分の増加とともに官損や官没も増加したのである。公売処分を管掌する地方官からは連名で、法的には公売の告示及び着手後の納税を認めざるを得ず、これが納税意識の低下を助長し、かつ地方庁の徴税処理を煩雑にするとともに、公売への応札が減少して税収が減少していると指摘されている。そして防止策として、公売物件を徴税物件に限定せず不納者の財産すべてを対象とすること。さらに滞納日数に応じて科料（延滞税）を徴収することが上申されているのである。[*42]

そのため政府は、明治十七年十月から十二月にかけて、租税滞納規則・未納税処分規則を参事院で審議するなど対応策の検討に入っている。詳細は不明であるが、未納租税徴収規則の原案は、未納者の家屋にある財産をすべて差し押さえ、その所有の如何を問わず公売処分に付す内容だったようである。これにたいして参事院は、財産の所有権の問題とともに、「甚（だ）苛酷」であるとして、自他の所有が判然としない財産は差し押さえるが、後に他人の所有が確認されれば本人に返還するとの修正案を松方に提示し、基本的な同意を得ている。[*43] ただ、官没の増加による収入減少というだけに止まらず、先祖伝来の土地を喪失させる現行の滞納処分の弊害が憂慮されるなど、容易には決着がつかず、最終的には明治二十二年の国税滞納処分法の制定に至るのである。

以上、所得税草案作成時の歴史的な背景について検討してきた。これにより以下のことが指摘できる。海軍皇張のための間接税の増税路線が松方デフレの影響により行き詰まり、直接税の新税導入が必然化したこと。酒税を中心とする間接税は貧富の差による負担の均衡を欠くため、間接税の補完税として中等以上の階層に課税する所得税が、新税として選択されたということである。明治十七年の大蔵省草案が、「現行税法ニハ単ニ其率ヲ増シ以テ歳入ノ増加ヲ求ムルノ道ナキノミナラス、漸次改良セサル可カラザルノ時期ニ臨メリ」と所得税導入理由を説明しているのは、現状では地租や酒税などの間接税にはもはや増税の余地はないとの認識を率直に示したものだったのである。また、所得に応じた公平な負担とは、とりわけ明治十四年度以降の地方税負担の増加のなかで強まってくる考え方である。こうした納税者の要求も、所得税が適切な新税と評価された理由だったと考えられる。

ただ当時は、米価下落により農民の所得が落ち込み地租負担が加重になっていた時期である。自由民権派による地租軽減運動や各地で頻発する農民騒擾、それに土地公売処分の増加など、それぞれ法制度の改正を含む対処が政府に求められていた。こうした現状認識のもと、中等以上の階層を対象とする三%程度の軽微な課税とし、その上でさらに地租や間税の過重負担に配慮した政策的な免除規定が設定されたのである。

しかし明治十七年十二月の二つの所得税草案は、その後、施行に向けて具体的に検討された形跡はない。もともと二つの所得税草案は、会計年度改定と定額予算制延長の決定後に作成されているので、明治十九年度予算編成を睨んだ新税案である。しかも閣議提出の形式を整えている大蔵省案はともかく、ルードルフ案はまだ素案の段階である。政府部内で所得税導入は合意されたが、それが具体的に進まなかったのは、十二月に勃発した甲申事変の影響によるものと考えざるを得ない。ひとつは甲申事変により新たな財政措置が必要となったこと、二つには財政通の参議である伊藤や井上が甲申事変の跡始末に追われたためである。外務卿井上馨は全権大使として朝鮮に赴き、両国の約定締結に追われている。宮内卿伊藤博文もまた、その事後処理のため全権大使として清国に出張している。伊藤が天津条約を締結して帰国するのは、明治十八年四月二十八日である。こうした政治的・財政的な理由が明治十七年草案を一旦「棚上げ」させ、改めて明治十九年度予算編成のための新税案が検討されることになるのである。

## 小括

松方財政は紙幣整理を最優先課題とする緊縮財政であり、そのために明治十五年度から三か年の定額予算制が施行された。壬午事変後の海軍皇張問題においても政府は、酒造税などの増税分の枠内に軍事費を限定する軍備部方式を採用し、あくまでも紙幣整理を優先させる緊縮路線を堅持した。しかし松方デフレの影響により増税路線は破綻し、定額制が期限切れとなる明治十八年度予算編成に苦心することになる。そこで大蔵省は、明治十九年度からの会計年度の改定を決定し、明治十八年度の定額制の継続を断行したのである。

会計年度の改正と定額制延長は、二つの問題を引き起こすことになる。一つは、酒類造石税の収入年度の変更により、明治十八年度は酒類造石税が皆無となり、軍備部方式が破綻したことである。ただ、海軍皇張費については、紙幣整理の進展により低利の軍事公債発行が可能となったため、明治十九年から海軍軍事公債により手当てされることになる。もう一つは、定額制延長により内務省の土木費国庫支弁再開要求が強まったことである。政府の緊縮路線は、明治十四年度から土木費などの国庫補助を全廃するなど、地方財政に大きな影響を与えていた。地方税負担の増加は、地方税の公平な負担を求める輿論を引き起こし、地方議会では公平な税負担や地方財政への国庫補助要求も起こってくる。とりわけ収入に応じた租税負担要求は、所得格差の大きい都市部を中心に唱えられてくる。東京府の戸数割が家屋税に改正されたのは、家屋の構造や立地条件などの外形標準を課税標準とすることで所得に応じた課税を実現し、さらに家屋所有者に課税することで徴税手数や徴税費を抑えようとの意図があったのである。

明治十七年末に作成されたふたつの所得税法案は、新たな会計年度のスタートで、尚且つ予算拡大が見込まれる明治十九年度を睨んだものであった。松方デフレの影響により地租と酒税を中心とする現行税制が行き詰りをみせ、現行税制の補助税として選択されたのが所得税であった。所得税は収入に応じた負担を国民に求めることが可能な税目であり、欧州においても戦費調達のために導入されていた。ふたつの所得税法案の存在は、現状において導入可能な新税が所得税であるとの認識が、政府内で共有されていたことを示している。そして免税規定にみられるように、松方デフレ下の社会情勢の認識もまた共有されていたのである。

甲申事変により所得税導入問題は一旦「棚上」となるが、朝鮮事件の決着後、明治十九年度予算編成のなかで、所得税問題は改めて検討されることになる。そしてそれは、紙幣整理終了後の緊縮財政の転換をも含む、新たな財政政策のなかで行われることになるのである。

## 第二節　所得税導入過程の歴史的検討

### 1　明治十九年度予算と新税導入問題

明治十八年度予算は定額制を延長した九か月分となったが、明治十九年度の予算編成における歳出増加は必至であった。とりわけ甲申事変後、海軍だけでなく陸軍も大幅な予算要求をはじめた。そのため大蔵省では、財源確保のため様々な新税法案の検討が行われた。そして大蔵省は、所得税の次に考えていた家屋税を先に導入しようとしたのである。

明治十八年二月二十四日、大蔵省は家屋税則案と、絹布税則・醤油税則・菓子税則の三つの間接税案を提出し、参事院の審議にかけられることになった。[*44] 大蔵省は家屋税の明治十九年一月一日施行を目指しており、家屋調査に十か月必要であるとして緊急の裁定を求めている。家屋税則では、「曾テ所得税施行ヲ可トスルノ儀モ有之ト雖、該税ハ我国現今ノ情勢ニ照スニ極メテ煩雑最施行シ易カラサルノミナラス、収入モ亦些少ナリトス」との提案理由が述べられている。わが国の現状では、所得税は煩雑で施行が容易でなく、税収も少ないことが所得税導入の難点とされているのである。大蔵省は、財政拡大要求に対応するため、家屋の大小などを課税標準とし、多少とも貧富の差に応じた課税が実現でき、しかも「簡便且多額」の税収が期待できる家屋税を優先したのである。なお、所得税については、大蔵省内でふたつの草案の比較検討がなされていたと推測できる。

家屋税則は参事院で廃案となったが、その審議過程は不明である。家屋税導入は地方税改革と密接な関係を持っており、内務省との事前協議が必要であった。すでに東京府の区部では、地方税戸数割の課税標準を家屋の坪数や構造、地価に求める家屋税を明治十五年度から施行していた。[*45] これは農村部と異なり貧富の格差の大きい大都市部で公平な課税を行うためには、収入に応じた課税法が必要であるとの建議により実現したものである。吏員も少なく所得調査に手数がかかるため、家屋および立地などの外形標準により戸数割を賦課し、家屋の所有者に課税することで住民の移動が頻繁な都市部での戸数割の徴収を簡易にすることが家屋税への改正理由である。戸数割を家屋税に改正する動きは、明治一七年度から神奈川県（横浜）、同十八年度からは愛知県（名古屋）と大都市部に広がっていく。[*46] こうした地方税改革の動向は、明治十四年度から府県庁舎や監獄の新築修繕費などを地方税支弁とすること、土木費国庫補助の停止、その財源として地租附加税を五分一から三分一へと増加するという地方税規則の改正（明治十三年太政官布告第四十八号）に端を発していた。政府の緊縮財政により地方税負担が増大し、その対策が必要になっていたのである。ちなみに高橋氏が「下からの所得税案」と称した東京府会の「実入税」建議も、この家屋税案と同時期に府会に出されたものである。両建議とも、地方税負担の増大のもとで収入に応じた税負担の実現を掲げて提起されたのである。[*47]

大蔵省の家屋税則には、地方税の家屋税および戸数割を廃止し、その代替財源については改めて上申するとされている。しかし地方税の三つの財源のひとつを廃止するのであるから、地方財政への影響は甚大である。地方税を管轄する内務省との充分な調整が不可欠であるが、国庫補助を巡る両省の確執もあり簡単には実現し難いものであった。これでは参事院の審議も進まなかったと考えられる。

この時期の内務省は、山県有朋が卿に就任し、地方財政の悪化に苦慮する府県の道路や治水など土木費の国庫補助再開を求めていた。内務省の国庫補助要求は、知事と対立する府県会対策としても重要であった。内務卿山県有朋の見解は、明治十八年二月の「地方経済改良ノ議」に端的に現れている。[*48] 山県の主張は、農民の撫育救済に必要な地方経済改良策の前提として、国税・地方税・区町村費を併せた土地への課税が重く、とりわけ区町村費は土地以外の税源がないこと。不納者処分法が課税物件の公売処分を規定しているため、土地の公売により生産の基盤を喪失すること。農家の家計が逼迫していることの三点を指摘している。そして救済策として、土地の税負担の軽減と代替財源としての新税導入、地方公費（区町村費）の節減を提起している。土地の負担軽減をはかるため、土地課税の制限を地方税だけでなく区町村費にまで拡大する必要があるとした。また新税は「専ラ中等以上ノ人民ニ賦課」して租税の土地偏重を是正することとされ、たとえば地方営業税を国税化し地方税をその附加税とすることにまで言及している。地方営業税の課税については負担の平等を巡って課税方法の試行錯誤が続いており、地方財政面からも国と地方を通した税制改革の必要性が認識されていたのである。

地方公費の節減は区町村費支弁費目の整理を含むもので、土木費の国庫補助再開など国と地方の財政支出の見直しをも迫るものであった。山県の建議は、同年八月、内務・大蔵両省による区町村費の地租七分一以内への制限として実現する。[*49] 区町村費の節減は、支出項目を見直して神社祭典費や神官の給料などを公費から除外し、また学務・衛生委員の給料や村総代手当の廃止、小学校費の削減などに及んでいる。区町村費の削減は、土地に賦課する租税を軽減して農事振興を図ることが目的であるが、同時に国税収入を増加して地方への国庫補助を再開するプランでもあった。山県の内務省は、緊縮路線は基本的に認めつつも、土木費の国庫補助の増大を要求している。紙幣整理の完了が見えてきた段階において、大蔵省および内務省から国税と地方税を通した税制改革が提起され、それは新会計年度からの予算増額が予告されていた明治十九年度予算編成において、具体的に検討されることになるのである。

明治十九年度の予算編成は、明治十八年九月から本格的に開始された。八月に政府は、政費節減による陸海軍皇張と機構改革の推進という財政計画の大綱を決定し、内閣制度創設へ向けた動きが加速された。明治十九年度は明治十七年度より四〇〇万円の減収が見込まれていたが、各省からは、海軍皇張費に加えて「陸軍卿ヨリハ砲台建築之儀、内務卿ヨリハ道路治水之儀ニ付夫々請求之費途も不少」という状態であった。[*50] 政費節減と土木費の国庫補助要求とは相反する政策のようであるが、工部省の解体と内務省による土木費の一元的管理などの機構改革と併行することで政費節減は可能である。[*51] そのため明治十九年度予算は、機構改革と密接に関連して編成作業が進められたのである。

表9は、大蔵省が作成した明治十九年度予算案である。作成時期は、明治十九年度の予算編成作業が本格化する明治十八年九月以降から、十二月の内閣制成立頃までと考えられる。この予算表は、地方税支弁費目のうち府県庁舎建築修繕費や府県監獄費などを国庫支弁としており、地方への国庫補助拡大が前提とされている予算案である。そして内務省が要求する土木費を国と地方のどちらから支弁するかで、甲乙両案が作成されている。財源としては、甲案は家屋税、乙案は所得税と営業税である。これらの三税は、それぞれ附加税等により地方の財源も認められており、国税収入の増加とともに地方財源を拡大する内容である。営業税はもともと地方税であり、営業税規則の収入額が現行税額である。

高橋氏が紹介した所得税則修正案が、このときの所得税法案であることは言うまでもない。「従価税」（単純累進税率）の適用や土地家屋からの収入免除など、基本的な部分は明治十七年の所得税則と同一である。[*52] 修正案の税率は表10に示したが、異なる点は、まず課税最低額を五〇〇円から三〇〇円に引下げて税率一・五％の等級（三段階から四段階）を追加し、税収を一四四万円から二三〇万円にする増税案となっている点である。また、官府・会社の俸給や公債利子等の配当など、明治十七年の所得税則では源泉徴収とされた所得もすべて申告制となり、同居家族の所得は戸主に合算になっている。この二つは所得税則の大幅な修正点と見ることができる。さらに、所得調査委員について

**表 9　明治 19 年度予算案**

国庫負担分

| 支出予算 | | | 収入予算 | | |
|---|---|---|---|---|---|
| 費目 | 甲案 | 乙案 | 税目等 | 甲案 | 乙案 |
| 土木費 | 0 | 2,320,180 | 家屋税 | 5,907,387 | |
| 郡区吏員給料旅費等 | 2,499,970 | 2,499,970 | 所得税 | | 2,209,832 |
| 諸達書及掲示諸費 | 173,741 | 173,741 | 営業税 | | 3,216,543 |
| 府県庁舎建築修繕費 | 35,465 | 35,465 | 監獄囚徒傭工銭収入概算 | 700,000 | 700,000 |
| 府県監獄費 | 3,392,452 | 3,392,452 | | | |
| 同建築修繕費 | 148,952 | 148,952 | | | |
| 計 | 6,250,581 | 8,570,762 | 計 | 6,607,387 | 6,126,375 |
| 内国税徴収費概算 | 200,000 | | 営業税規制 | | 2,444,387 |
| 合計 | 6,450,581 | 8,570,762 | 合計 | 6,607,387 | 8,570,762 |
| | | | 収入超過 | 156,805 | 0 |

地方税支弁分

| 支出予算 | | | 収入予算 | | |
|---|---|---|---|---|---|
| 費目 | 甲案 | 乙案 | 税目等 | 甲案 | 乙案 |
| 警察費 | 4,128,646 | 4,128,646 | 地租附加税 | 12,341,443 | 12,341,443 |
| 同建築修繕費 | 65,122 | 65,122 | 船車税附加税 | 634,994 | 634,994 |
| 土木費 | 2,320,180 | 0 | 雑種税 | 1,508,702 | 1,282,396 |
| 区町村土木補助費 | 511,647 | 511,647 | 警察費国庫補助 | 1,207,485 | 1,207,485 |
| 府県会議諸費 | 274,980 | 274,980 | 家屋税附加税 | 2,853,693 | 0 |
| 衛生及病院費 | 274,835 | 274,835 | 所得税附加税 | 0 | 1,104,916 |
| 教育費 | 1,068,375 | 1,068,375 | | | |
| 区町村教育補助費 | 342,686 | 342,686 | | | |
| 郡区庁舎建築修繕費 | 37,572 | 37,572 | | | |
| 救育費 | 39,378 | 39,378 | | | |
| 浦役場及難破船諸費 | 894 | 894 | | | |
| 勧業費 | 101,194 | 101,194 | | | |
| 戸長以下給料旅費 | 4,184,004 | 4,184,004 | | | |
| 地方税取扱費 | 31,425 | 31,425 | | | |
| 特別費 | 126,877 | 126,877 | | | |
| 予備費 | 321,998 | 321,998 | | | |
| 合計 | 13,829,818 | 11,509,638 | 合計 | 18,545,517 | 15,362,949 |
| | | | 収入超過 | 4,715,699 | 3,853,311 |

※「松方家文書」26－4により作成（単位は円，円以下は切捨て）．

**表10　所得税則修正案の税率**

| 所得額 | 税率 |
|---|---|
| 300 ～ 450 円 | 1.5% |
| 450 ～ 650 円 | 2.0% |
| 650 ～ 900 円 | 2.5% |
| 900 円以上 | 3.0% |

※「松尾家文書」31-3（『所得税』5による）.

は区町村会議員である所得税納税者の互選と明確化され、補欠委員選出規定も加わるなど詳細になっている。調税委員規定の詳細化は、細部まで詰めきれていなかった部分を明確にする必要性と同時に、課税対象を下方修正した増税案であったことが理由と考えられる。すべて申告制になったため全体の申告数が増加するだけでなく、課税対象が下方修正されたことで第四等級の納税者数の増加とともに、所得額決定への不服申立も増加することが予測されたからであろう。

　この修正案には、収入予算説明書が添付されている。[*53] 基礎数値は明治十七年の所得税則説明書と同じであるが、たとえば商工業および類似する諸業について、五〇〇円以上の場合には資本金高の十分一と見積もっているが、三〇〇円以上だと二分一になっている。学術技芸に関する所得では十分一から三分一など、それぞれ所得の種類ごとに収入見積りが修正されている。高橋氏が紹介した史料は出典を欠いているが、松尾家文書であることは、この収入予算説明書からも裏づけられる。同草案が明治十七年草案よりも課税範囲を拡大した増税案になっているのは、地方税支弁から国庫支弁に変更になる費目の財源とされたからである。所得税則修正にあたり区町村の附加税を禁止する訓令案が存在することもこれで説明できる。明治十八年十月に区町村費の削減と地租附加税の制限がなされたばかりで、所得税の区町村附加税が認められないことは当然である。そして附加税については、市制・町村制において改めて検討の俎上に上ることになるのである。

　大蔵省の試算によれば、家屋税は所得税と営業税を合わせた収入額より多く見積もられている。また、甲案には家屋調査のための内国税徴収費が計上されているが、所得税・営業税の乙案には新規の計上はない。家屋税の場合、国税徴収費により収税属を増員して家屋調査を実施する必要があるが、所得税の調税委員（調査委員）は所得額決定の諮問に必ずしも出席が義務付けられていないので、とくに旅費等は必要とされなかったのであろう。この予算表から判断すれば、大蔵省は所得税よりも賦課・徴収が容易で税額も大きい家屋税を第一案、所得税・営業税を第二案と考えていたと思われる。国税と地方税を通した改革をともなう予算案を可能にするためには、内務省との協議が不可欠である。しかし土木費の国庫補助をめぐり、「内蔵両省数年間の紛議今に結了不立到」という状態が続いていた。[*54] そのため内務卿山県有朋と大蔵卿松方正義は、それぞれ予算編成についての意見書を作成し、伊藤を含めて互いの妥協点を探っていたようである。このことは、大蔵省が作成した表10の予算案が、最終的には土木費をふくめた国庫補助費目を拡大した案になっていることからも窺える。国税と地方税を通した税制改革には、まだ両省の協議が必要だったのである。

明治十九年一月、大蔵省はこれまで内務省との併管であった地方税を同省の専管とする建議を提出した。[*55] 租税の賦課徴収について、国税・地方税の区別なく大蔵省の管掌とすることが目的である。大蔵省建議の背景に、明治十九年度予算編成にかかわる税制改正プランがあったことが想定できる。これに対して内務省は地方財政を監督する立場から大蔵省の専管に反対するとともに、逆に地方税規則そのものと、営業税・雑種税、戸数割のそれぞれについて根本的な改革案の提示を大蔵省に求めた。地方税改革の必要性は両省の認めるところではあったが、すぐに実現する可能性は少なかったのである。

このようななか明治十九年三月、大蔵省は地方費の国税支弁を拡大する予算案を放棄し、明治十七年度並とする予算編成を求めたのである。ここに国と地方を通した税制改革は撤回され、大蔵省の所得税則修正案もまた廃案となったのである。

## 2　明治二十年所得税法の成立過程

明治十九年三月、大蔵大臣松方正義から総理大臣伊藤博文に、明治十九年度予算編成の閣議請議が提出された。松方は各省の予算請求額を認めれば約一四〇〇万円の歳入不足になり、新税導入か請求額の大幅削減の二者択一しかないと現状報告した。新税導入による拡大予算案については、前述のとおりである。しかし将来の財政拡大は止むを得ないとして、内閣制への改革により正確な予算の見積もりができない本年度は、明治十七年度予算を基準に予算を編成し、新規事業は明治二十年度以降に譲ることを求め、その間に新財源を確保するとしたのである。[*56] ここで大蔵省が計画している新財源とは、登記税及び所得税の導入と煙草税改正である。大蔵省は、「登記税ハ直間二税ノ欠漏ヲ補フニ最モ適当ナル性質ノ者」であり、ほぼ草案も完成しているので、早急に閣議決定を経て明治十九年度から施行したいとしている。一方、所得税については「徴収ノ基額ヲ調査」することが極めて困難であるとしつつも、「普魯西国等財産等級税ハ其賦課徴収ノ法最モ簡易」で「能ク我カ目下ノ時勢ニ適応」しているので、直に調査に着手して明治二十年の導入を目指すとされている。また煙草印紙税の改正については、フランスやオーストリア等に倣って専売法の導入を検討し、明治十九年度中の発令（明治二十一年度施行）を目指したいとしている。この三税について、煙草は「有害無益ノ消費物」への課税であり敢えて物議を醸すことはないとの、従来どおりの間税増税論が示されている。また、登記・所得の両税は、「曾テ賦税ノ及ハサル財産」への課税であり、国費負担の権衡上「亦幾分カ公平応分ニ帰セシムルノ正理アリ」と記されている。登記税と所得税は、これまで非課税であった「財産」への課税という税法改良方針に沿って説明されている。その上で、所得税については賦課徴収が簡易なプロシア型が「時勢ニ適応」しているとして、明治二十年からの導入が目指されたのである。

この新税導入案は、家屋税又は営業税・所得税の導入を検討していた大蔵省にとっては、大きな政策転換と言わざるを得ない。定額予算を実質二年間延長させてきた大蔵省にとって、明治二十年度は確実に財源を拡大しなければならない年である。そのためには、内務省との折衝が不可欠で先行きが見えない家屋税や営業税は、新税として適当ではなかったと考えられる。登記税は明治十五年から内務省と草案の検討がなされていたが、当時は司法省との間で検予算は明治十七年草案並の一四五万円余である。

プロシア法に範をとった所得税法が新たに立案されることになったのである。ちなみに、この法案による所得税収入なしに税制改正案を提出できるのである。こうして明治十九年度予算成立後に、明治二十年度の早期導入を目指して討が進められていた。[*57] 所得税導入も政府決定事項であり、この二税と煙草専売制であれば、大蔵省は内務省との関係

こうして作成されたのが明治二十年一月に閣議提出された所得税法草案であるが、閣議提出書には、新税導入理由として巨額の海防費および北海道物産税減税の経費補充と説明されている。[*58] そして将来の歳入増加のために所得税を導入することが、富者の負担が甚だ軽く「貧者ニシテ或ハ富者ニ幾数倍ノ重税ヲ負フ」現行税制改良の第一歩であると強調された。この草案は、「英澳普諸国等ノ一般収入ニ向テ課税スルノ精神ヲ採用」し、土地と家屋からの収入免除規定を削除したことが、それまでの大蔵省案との大きな相違点である。フランスの動産税やアメリカの資本税など収入の一部に課税する方式は、平等を欠く課税法であると同時に、煩雑な割に収税額が僅少であるため日本には向かないとしている。又、地租の過重を理由に土地収入を免税することは所得課税の「本旨」に背くとして、従来の免除規定は削除されたのである。次いで、イギリスやオーストリアなどの「類別課税法」は慣行として定着しているため「煩擾ノ憂」も少ないが、わが国の現状では「類別ノ難キノミナラス、目下亦其必要ヲ見ス」として、所得の種類による分類課税方式は否定されたのである。松方デフレから脱して一般に景気回復が実感されるようになった社会情勢の変化が、こうした転換の背景にあることは間違いない。

大蔵省草案には、表11のように所得額による十九等の課税等級と、それぞれの「等級税」が設定された。各等級の「等級税」額を税率に換算すると〇・一％から三％に相当し、ルードルフ案と同じ累進税になっていることがわかる。

大蔵省草案は、「従価税」（税額課税）から「等級税」（定額課税）になってはいるが、ルードルフ案と同様にそこに累進性が加味されているのである。ルードルフ案との相違は、所得金額二十万円以上はすべて六〇〇〇円の税額に

**表 11　明治 20 年大蔵省原案の税率表**

| 等　級 | 所　得　額 | 税　額 | （税率換算） |
|---|---|---|---|
| 第 1 等 | 200,000 円以上 | 6,000 円 | （3.0% ～　） |
| 第 2 等 | 150,000 円以上 | 4,200 円 | （2.8 ～ 2.1%） |
| 第 3 等 | 100,000 円以上 | 2,600 円 | （2.6 ～ 1.7%） |
| 第 4 等 | 70,000 円以上 | 1,750 円 | （2.5 ～ 1.8%） |
| 第 5 等 | 50,000 円以上 | 1,200 円 | （2.4 ～ 1.7%） |
| 第 6 等 | 30,000 円以上 | 690 円 | （2.3 ～ 1.4%） |
| 第 7 等 | 20,000 円以上 | 440 円 | （2.2 ～ 1.5%） |
| 第 8 等 | 15,000 円以上 | 315 円 | （2.1 ～ 1.6%） |
| 第 9 等 | 10,000 円以上 | 200 円 | （2.0 ～ 1.3%） |
| 第 10 等 | 7,000 円以上 | 133 円 | （1.9 ～ 1.3%） |
| 第 11 等 | 5,000 円以上 | 90 円 | （1.8 ～ 1.3%） |
| 第 12 等 | 3,000 円以上 | 51 円 | （1.7 ～ 1.0%） |
| 第 13 等 | 2,000 円以上 | 32 円 | （1.6 ～ 1.1%） |
| 第 14 等 | 1,500 円以上 | 22 円 50 銭 | （1.5 ～ 1.1%） |
| 第 15 等 | 1,000 円以上 | 14 円 | （1.4 ～ 0.9%） |
| 第 16 等 | 700 円以上 | 9 円 10 銭 | （1.3 ～ 0.9%） |
| 第 17 等 | 500 円以上 | 6 円 | （1.2 ～ 0.9%） |
| 第 18 等 | 400 円以上 | 4 円 40 銭 | （1.1 ～ 0.9%） |
| 第 19 等 | 300 円以上 | 3 円 | （1.0 ～ 0.8%） |

※第 1 等の 20 万円以上は，すべて 6,000 円の等級税額である（「公文類聚」第 11 編，第 26 巻による）.

固定されている点であろう。プロシア型の「等級税」は、細分化した等級を設定することで所得への比例性を保持する方式である。等級の金額幅が広いと等級引下げ欲求が生じ所得の隠蔽などの弊害が起こるが、細分化し過ぎると調査手数が煩雑になる。弊害は税率との関係もあるので、新税導入にあたり煩雑さを避けるため十九等級とし、「等級税」も一%から三%相当額の低額に設定したと説明している。さらに、所得税の課税対象者は、世間の信用と名誉を重んじるので、とくに問題とはならないだろうと付け加えられている。申告制と調査委員制度については、プロシア及びババリアの制度を参酌したとされている。

会計年度の変更と定額制の一年延長で乗り切った明治十八年度ではあるが、翌十九年度も新税導入の見送りにより実質的に定額制が維持された。財政拡大の主要因であった海軍皇張費を軍事公債で賄うことになったため、機構改革を理由に緊縮財政の維持が可能となったのである。直接税の新税導入が見送られたのは、松方デフレの影響から景気が回復しなかったためと、内務省との税制改革の協議がまとまらなかったことが理由と考えられる。マクロデータからは明治十七年が景気の底で、翌十八年からは回復傾向を示すとの指摘もあるが、景気回復が一般に実感されるまでには至っていないのである。[*59] 一般に景気回復の実感が出てくるのは、明治十九年後半から明治二十年にかけてとされている。このことが、明治二十年所得税法の原案において土地からの収入の免除規定が削除された最大の理由であり、分類所得税方式からの「転換」を可能にした要因でもあったのである。

大蔵省草案は、若干の字句の修正があったものの、ほとんど変更なく一月二十二日に閣議決定された。そして明治二十年一月二十八日、元老院に回付された。元老院の審議は二月二日に開会され、冒頭で大蔵大臣松方正義の趣旨説明がなされた[*60]。内閣からは、政府委員として説明にあたる法制局参事官二名以外に、伊藤総理大臣秘書官伊東巳代治と法制局参事官曽祢荒助が傍聴を許可されている。伊藤秘書官である伊東の出席は、ルードルフ案作成への関与だけではなく、同二十五日に孝明天皇二十年式年祭のため京都に出張していた伊藤の意向があるように思える。総理大臣伊藤博文もまた、所得税法の成立は気に懸けていたのである。

松方の趣旨説明では、海防費増加のための新税導入の必要性と、貧富両者の課税の公平を図ることの二点が強調されている。さらに政府委員として出席した法制局参事官岩崎小二郎は、所得税は税率の変更により便宜に税額を増減し得る税であり、国家非常の際は増税せざるを得ない。所得税は「国家ニ対シテ其富裕家タル本分ヲ尽スコトヲ得セシメン」と、海防費用捻出のための所得税負担による富裕層の国家への貢献を訴えた。そして地租・営業税との「重複」や施行調査の煩雑さなどの想定される反対意見に、所得税は所得の一部分ではなく三〇〇円以上の所得すべてに課税する「公平不偏」な税法であること、数年後には円滑な取り扱いとなることなどを、あらかじめ反論している。そのうえで、所得税は「所得高ト課税率トヲ制限」した軽微な課税であることを強調している。そして政府原案が所得一般を課税対象としていることが、課税の公平さを図るためとされているのである。

元老院では、開会初日に修正建議が出され調査委員への附託が多数決で可決された。附託建議の提案者である尾崎三良は、内閣原案の一番の問題点が課税方法にあると主張している。すなわち、所得額に応じて負担割合が高くなることで課税の公平性が担保されるが、原案は「立案ノ主旨ニ齟齬」すると指摘している。原案だと各等級の上限に位置する所得階層のほうが一等級下位の所得階層よりも、所得が多いにも関わらず負担割合が低くなっていること、それに所得額二十万円以上の税額は一律六〇〇〇円であるため、高額所得者ほど負担割合が低下することになる。尾崎は、原案のままでは「等級税」から「従価税」に修正しても問題点は解消されず、とにかく「累進ノ算法」としなければならないと主張している。また、会社への課税について、配当に課税するため積立金等が非課税となる点なども修正点と指摘している。元老院では、政府が提起した課税の「公平性」を強める観点から修正意見が出され、所得税否定論者である津田真道を除くほぼ全会一致で可決されたのである。

元老院の附託調査委員の議論については、委員であった議官尾崎三良の日記が刊行されており、概要を知ることができる。[*61] 調査委員会は翌二月三日に開会され、ここで修正の論点が整理されたと思われる。翌日には大蔵省から担当者二名が参加し、内閣委員の岩崎小二郎・股野琢と調査委員との協議が開始された。七日、調査委員の山口尚芳と三浦安の二名が松方に面会し修正点を申し入れている。調査委員会の申入れ事項は翌日の閣議に報告され、京都の伊藤へ電信にて協議したうえで回答することとなった。十日には、松方が元老院へ出向いて調査委員と審議を行っている。主要な審議事項は以下の五点である。

一は、銀行諸会社の所得については、配当を受けた株主に課税し、会社に対しては「配当セザル利益」すなわち積立金等に課税すること。二は、税率の等級を五段階とし「従価税」とすること。三は、納期を九月と三月の二期とし本法に明記すること。四は、施行を七月一日に延期すること。五は、北海道も課税対象地とすることである。一には内閣委員の岩崎小二郎が反対したが、二は松方と調査委員全員が賛成している。二月十八日、大蔵省および大蔵大臣との協議を経て第一次修正案が作成され、所得税法調査委員会は終了した。修正点のうち、課税等級および税率と施行期日の延期については閣議の了承済である。第一次修正案の税率は表12のとおりであるが、これは第二次修正案においても当然変更されず、明治二十年所得税法として実現する。

大蔵省および内閣は、この二点以外については基本的に元老院の審議に委ね、「成ル可ク急速ニ議決スルヲ望ム」

と早期の議定を求めた。二月十六日付の伊藤から松方宛の書簡には、「所得税之事も、元老院議決之趣、好都合之事ニ奉存候」とあり、松方の尽力に感謝を表している。[*62] 内閣としては、元老院の所得税法調査委員との協議を終えた段階で、基本的に所得税導入の目途が立ったと判断しているのである。

こうして調査委員会が作成した第一次修正案は、二月二十二日に元老院に提出され審議が再開された。内閣法制局参事官股野琢は、修正案の要点である十九等級を五等級に減少し等級ごとの「等級税」を「従価税」とすること、施行期日を四月一日から七月一日に延期することの二点は大蔵大臣および閣議の承認を得ており、その他の条文についても大蔵省と協議済であると説明している。第一次修正案作成過程で、会社の積立金等への課税に反対した法制局参事官岩崎小二郎は再開後の元老院には登場せず、政府説明はもうひとりの政府委員股野琢が担当した。政府委員に続き山口と三浦の両委員が修正案の説明を行っている。

第一次修正案は、調査委員である三浦安が「原案ハ多ク孛法ニ則リ、修正案ハ較ヤ英法ヲ取レリ」と説明しているが、冒頭から再修正建議が出されるなど波乱含みのスタートとなった。[*63] しかし冒頭での再修正建議は否決され、第一次修正案を原案として逐条審議が開始された。争点となったのは課税所得の範囲を規定した第二条の第一項・第二項である。条文の不備を指摘して再修正を求める建議が度々出され、それに調査委員が反論するも、審議の先行きが見えないほど紛糾した。退席者も次第に増えている。そして調査委員の説明の食い違いなどもあり、審議を早める理由で再度の修正が可決されたのである。調査委員からは、最初から完全な税法は無理なので二～三年以内に改正するとか、精細な所得調査をしなければ所得額は不明であるから暫くは簡易な課税法を施行すべきなどの意見が出されるが、反対意見は収まっていない。第一次修正案の審議は、二日間空転したのである。

**表12　明治20年所得税法の税率表**

| 等　級 | 所　得　額 | 税率 |
|---|---|---|
| 第1等 | 30,000円以上 | 3.0% |
| 第2等 | 20,000円以上 | 2.5% |
| 第3等 | 10,000円以上 | 2.0% |
| 第4等 | 1,000円以上 | 1.5% |
| 第5等 | 300円以上 | 1.0% |

※『法令全書』明治20年.

再調査委員会は二十四・二十五日に開催されたが、混乱の元になった第一次修正案は廃棄され、新たに原案の修正がなされた。林氏は第一次修正案を再修正して第二次修正案が作成されたと理解しているが、第一次修正案は廃棄され、原案に戻って新たに第二次修正案が作成されたのである。第一次修正案の中心的な争点となった法人課税規定が、あっけなく原案に戻っているのは、そのためである。第二次案の主要な修正点は、もっぱら所得調査に関する内容である。所得調査委員や常置委員に認めていた帳簿書類の検査や関係人への尋問は削除され、納税者への尋問に留められた。そして所得調査委員には調査内容の守秘義務を追加するなど、調査の苛酷さを緩和する内容に修正されたのである。

三月一日に開会した元老院では、津田真道から営業による収入の免除を求める修正意見が出された。所得税法廃案論者である楠本正隆など、商業振興を理由に同意する議官も少なくない状況で、修正調査委員と議論が戦わされた。津田の修正案は賛成少数で否決されたが、出席者三十七名中賛成者は十五名もおり、大差で否決されたわけではなかった。こうして第二読会は、所得調査員の条文で若干の議論があったものの、あとはスムーズに進行した。第三読会で再度、津田は修正意見を提出して自説の財政論を演説したが、当然のように否決された。こうした元老院における審議を経て、所得税法案はようやく成立したのである。

元老院での所得税法案の審議過程を見ると、第一次修正案は、税率と施行時期の修正以外は元老院の審議に委ねられていたことがわかる。第一次修正案を巡る混乱のなかで、調査委員や政府委員からは、最初から完全を期しがたいとか、二～三年後の改定などを理由に早期可決を求める意見が出されている。これまで元老院の審議内容については、法人課税問題などの課税議論にのみ関心が集中していた。しかし既述の審議経過を見れば、政府・大蔵省や調査委員の関心は、条文の細部の検討ではなく早期導入の一点にあったことがわかるのである。

## 小括

以上、所得税モデルの「転換」の経緯から、明治二十年所得税法が成立するまでを述べてきた。これをまとめると、以下のようになる。

明治十七年末の所得税草案が一旦「棚上げ」になると、大蔵省は家屋税導入案を提出した。甲申事変後の財政拡大要求に対応するため、所得税よりも施行が容易で多額の税収が期待できる家屋税導入が意図されたのである。家屋税は地方税改革にまで踏み込むものであったが、国と地方を通した税制改革の必要性は内務省も認めるところであった。そのため家屋税だけでなく、営業税や所得税法案も地方税附加税を伴って立案されていた。しかし地方税の所管を巡る対立もあり、明治十九年度の予算拡大を意図した税制改革案は成立しなかったのである。

明治十九年度予算は、機構改革を理由に明治十七年度並予算となり、定額予算制はもう一年延長されることとなった。これにより明治二十年度予算の拡大は、大蔵省にとって必須の課題となった。そこで内務省との協議が必要な地方税改革をともなう税制改革路線は撤回され、実現度の高い登記税および所得税の導入と煙草税の改正が選択されたのである。所得税則修正案は廃案となり、かわりにプロシア型所得税への「転換」がなされたのである。それまで大蔵省は所得の分類ごとの把握が最も困難であると、所得税の執行に慎重な姿勢を保ってきた。プロシア型への「転換」とは、所得把握が困難な分類課税方式の放棄であり、それは明治二十年の所得税導入を確実にするための「転換」だったのである。

明治二十年所得税法の成立過程については、既に記したとおりである。これまで元老院の審議内容がわかっていたため、法人課税などをめぐって分析がなされてきた。しかし政府および大蔵省は、元老院調査委員との事前協議で課税方法と施行時期の延期について閣議了承し、早期の成立を表明した以外は元老院の審議に委ねていた。しかし元老院の第一次修正案は、法人課税をめぐって大きな混乱を引き起こす結果となった。そのため第一次修正案を廃案にして、改めて第二次修正案が作成されるが、ここでは混乱の原因となった法人課税規定については何ら触れられることがない。課税技術論は別にして歴史的に元老院の審議過程を見れば、元老院調査委員の修正点を基本的に政府が了承した時点で、所得税法の正否には決着がついていたのであり、元老院での議論が空しく感じられるほど政府の意向どおりに成立したといえるのである。

## 結びにかえて

明治二十三年四月に作成された政務調査報告草案には、所得税の現状について以下のように記されている。[*64] すなわち、日本の所得税収入は西洋諸国と比較して少額である。その原因は施行後まだ日が浅く、納税者が実額を申告しないからである。所得税は脱税や虚偽の申告がなければ、貧富に応じた課税を実現できる良税だが、この弊害により税収が上らないという欠点があるのだ、と。一方でこの報告草案は、日本における地租の過重を指摘しており、地租軽減策を講じる必要性も指摘している。これらは目前に迫った帝国議会の開会に向けたものであるが、当然、こうした税制改革策については大蔵省においても検討されている。世論が昂揚し帝国議会で問題となることが必至の地租軽減や、所得税導入時にセットとして論じられていた資本税、そして所得税そのものの改正、さらには営業税など地方税と関連する税制改革など、議論は多岐に及んでいる。初期議会期には政府と民党の対立により税制改正は全く実現しなかったが、それは税制改革の動きがなかったことを意味するものではない。しかし、その全体像はほとんど明らかになっていないのである。

所得税についていえば、細かな議論を先送りして導入されたツケは税収が上らないことに端的に現れている。こうした事態に、大蔵省が税制および執行体制において、どのように対応しようとしていたのか。これらについては、第一編第二章において検討したい。

註

＊1　林健久『日本における租税国家の成立』二九五頁（東京大学出版会、昭和四十年）。

＊2　阿部勇『日本財政論　租税篇』一九五〜二一一頁（改造社、昭和七年）。同書は経済学全集第五十三巻である。阿部氏はこの本を「未定稿」とし、翌年に『日本財政論　租税』（改造社、昭和八年）として改訂版を刊行した。そのため、同書の二三六〜二七〇頁にも同じ松方家文書が引用されている。

＊3　汐見三郎他三名共著『各国所得税制論』二四七〜二六〇頁（有斐閣、昭和九年）。なお、汐見氏の研究が出された当時、カール・ルードルフ（Carl Rudolph）は、東京大学法学部や司法省のお雇いとして活躍した同じドイツ人のオットー・ルードルフ（Otto Rudorff）と同一視されていたが、別人であることが確認されている。しかし、今日もなお一部で両人が混同されているようなので、蛇足ながら訂正しておきたい。

＊4　高橋誠「初期所得税制の形成と構造」『経済志林』第二十六巻第一号、四七〜八三頁（昭和三十三年）。イギリス型からプロシア型への変更については、すでに雪岡重喜「所得税創設の事情と創設当時の所得税」『財政』第二十一巻第九号、二三〜二八頁（昭和三十一年）や池田浩太郎「わが国所得税制度の創設」『金融経済』第二十二号、一〜二一頁（昭和二十八年）および同「わが国所得税の創設とその社会的条件」『経済研究』第六号二四〜五八頁（昭和三十一年）で指摘されている。高橋氏は、この「転換」も含めて内的な要因との関連を主張されるが、内的要因に基づかない輸入制度と見る林健久氏の批判がある。なお、高橋氏が「下からの所得税法案」とした東京府の「実入税」については、同氏が典拠とした『東京市財政史稿』第六輯（東京市財務局主計課、昭和十六年）の編纂者である安藤春夫氏の著書『封建財政の崩壊過程』三〇二〜三一〇頁（酒井書店、昭和三十二年）がある。

＊5　高橋氏の研究を高く評価し、明治十七年から同二十年までの所得税導入過程を改めて分析したものに、藤井誠一「創設期所得税法の基本的性格」『経済研究』第四集、八三〜一六八頁（大東文化大学大学院経済学研究科、昭和五十七年）がある。藤井氏は、イギリス型の大蔵省案とプロシア型のルードルフ案の二項対立的視点に立ち、明治憲法をはじめプロシアの法制度を取り入れて形成された国家制度に倣い、所得税もプロシア型になったと結論付けられている。しかし、所得税と参政権の問題等も含めて実証性は乏しいと言わざるを得ない。なお、一連の研究史を整理し、元老院の所得税法審議や当時の外国税制、そして執行体制までを検討

した織井喜義・山本洋「創成期の所得税叢考」『税務大学校論叢』20（税務大学校、平成二年）がある。執行面までを視野に入れた視点は興味深く労作であると評価するが、関連史料を整理しきれないまま羅列した感が強い。

＊6　林『日本における租税国家の成立』二九四～三三五頁。

＊7　本章では、所得税の導入過程を中心に考察するが、同時期の税制構想については、牛米「松方財政下の税制構想」（近代租税史研究会編『近代日本の形成と租税』有志舎、平成二十年）を参照いただきたい。

＊8　大森とく子「大蔵省資料と財政史編集―行政文書の収集・整理・保管の軌跡―」『びぶろす』第三十四巻二号、三頁（昭和五十八年）。なお、これらの諸家史料は、現在は大蔵省文庫から国立公文書館に移管替えになっている。

＊9　なお、田尻稲次郎の意見書の年代が明治七年になっているが、これは明治十七年の誤りである。後述するルードルフの収入税法律案と同様、現在もなお一部で誤って理解されているので訂正しておきたい。田尻稲次郎は、明治四年から同十二年までアメリカに留学中で、明治十七年十二月当時は大蔵省権大書記官として調査局（議案局兼務）に勤務している（大蔵省百年史編集室『大蔵省人名録―明治・大正・昭和―』九九頁、大蔵財務協会、昭和四十八年）。また、明治十七年所得税則の作成者を田尻稲次郎とする見解があるが、これを実証する史料はいまのところ存在しない。

＊10　国立公文書館所蔵「公文類聚」第十一編、第二十六巻。原案が修正成立したときの閣議資料である。この史料は林氏が使用した『法規分類大全三十八』租税門八と同内容であるが、本章では「公文類聚」を使用する。

＊11　以下の記述は、すべて阿部『日本財政論―租税―』二四〇～二四一頁による。

＊12　租税局翻訳『租税論』下巻、三〇頁（博聞社、明治十九年）。

＊13　高橋「初期所得税制の形成と構造」五七～五九頁。『租税論』下巻、四八～四九頁。

＊14　汐見氏が紹介したルードルフ案は「松方家文書」であるが、これと同文と考えられる史料が、税務大学校税務情報センター租税史料室『所得税関係史料集』史料3に収録されている（以下、『所得税』三と記す）。同史料集には、伊東巳代治がルードルフとのやりとりを記した史料も収録されている（『所得税』一・二）。

＊15　『法規分類大全十』官職門一、三〇一～三〇二頁（原書房、昭和六十三年）。なお、同局については『国史大辞典八』（吉川弘文館、昭和六十二年、鳥海靖氏執筆分）も参照のこと。

＊16　坂本一登『伊藤博文と明治国家形成』（吉川弘文館、平成三年）。

＊17　「明治十八年一月十日改制度取調局職員録」『明治期職員録集成（マイクロフィルム版）』第五十五巻（日本図書センター、平成二

年)。

＊18　カール・ルードルフ(Carl Rudolph、以下ルードルフと記す)は一八四一年プロシア生まれのドイツ人で、行政官補や郡長として地方行政に携わり、内閣の地方政治科顧問として招聘された。明治十七年から同二十年まで滞在し、帰国後は県参事官や県知事を歴任した(ユネスコ東アジア文化研究センター編『資料御雇外国人』四六一頁、小学館、昭和五十年)。ドイツで人選にあたった公使の青木周蔵は、彼を評して「稍々リベラールにして optimist に相見へ候得共……其内政治務的之見込は七独三仏之思想」であると書き送っている(『伊藤博文関係文書』一、六三頁、塙書房、昭和四十八年)。若干フランス流の思想を有している点が、ややリベラルということなのであろう。横浜港到着は明治十七年三月十五日である。制度取調局の命により、明治十七年七月から九月にかけて地方状況視察として北海道・東北、信越・関東の諸県を巡回している(国立公文書館所蔵「公文別録」明治十七〜十八年太政官第三巻)。国立公文書館所蔵「公文録」二A—一〇—公三八四六および三八四七)。ルードルフは、プロシア内務省の組織や職務、市町村制について伊藤博文の諮問に応えるとともに、草案も多数起草している(『秘書類纂』法制関係資料・上巻、秘書類纂刊行会、昭和九年を参照のこと)。

　なお、ルードルフが伊藤博文に収入税法律案を提出した日付は「一八七四年十一月二十九日」であり、ルードルフの伊藤宛書簡でも「一八七五年の施行」となっている。そのため収入税法律案を明治七年(一八七四)とする論文等も今なお存在するが、ルードルフの滞日期間や伊藤博文の経歴(宮内卿就任が明治十七年三月、伯爵授爵は明治十七年七月)を考えれば、明治十七年であることは明白である(『枢密院高等官履歴』第二巻・明治ノ二、三三二頁、東京大学出版会、平成八年)。これも一部で混乱があるので明記しておきたい。

＊19　『所得税』一。以下の記述は、この史料による。なお、この史料は『秘書類纂十五』財政資料・上巻、五四五〜五五三頁(原書房、昭和四十五年)に収録されているが、原史料により校正し直したものである。

＊20　一八五一年に公布されたプロシアの財産等級税(Klassen- und Klassifizierte Einkommensteuer)は、「階級税および階層別所得税」とも称され、ドイツ帝国成立後の一八九一年に改正されるまでの基本法であった(佐藤進『近代税制の成立過程』二五五頁、東京大学出版会、昭和四十年)。また、一八五一年法が近代的所得税とは言えなかったことは、諸富徹「ドイツにおける近代所得税の発展」(宮本憲一・鶴田廣巳編著『所得税の理論と思想』税務経理協会、平成十三年)で指摘されている。

＊21　一八七三年改正法「孛国等級税及ヒ所得税法」および賦課徴収については、『孛国税務類纂』(主税局、明治二十年)および『独孛税法』第二編(主税局、明治二十三年)を参照した。なお、刊行された『秘書類纂』では、一〇〇〇ターレル以上を財産等級税、

以下は等階税となっているが、原本では「等階税」は「等級税」となっている。
＊22 『所得税』二。
＊23 『所得税』三。汐見氏が紹介した「松方家文書」三七―一二Aと同内容の史料である。
＊24 ババリアの資本利得税法と産業税則を英訳したのはピートン・ジョードンで、添付資料はその和訳である。ジョードンは制度取調局設置以来のお雇い外国人であるが、経歴等はわかっていない（国立公文書館所蔵「公文録」二A―一〇―公三八四七）。
＊25 松方財政については、室山義正『松方財政研究』（ミネルヴァ書房、平成十六年）を参照している。
＊26 徳富猪一郎編『公爵松方正義伝』乾、八四二頁（公爵松方正義伝記編纂会、昭和十年）。
＊27 徳富『公爵松方正義伝』乾、八七五～八八〇頁。
＊28 室山義正『近代日本の軍事と財政』（東京大学出版会、昭和五十九年）、高橋秀直『日清戦争への道』（東京創元社、平成七年）。
＊29 国立公文書館所蔵「公文別録」明治十五～十六年、内務省第一巻。
＊30 一部で酒屋会議のメンバーによる酒税減額の請願も行われているが、酒造業者の請願内容は増税による酒造業の衰退や自家用料酒の取締強化を訴えるものが多い（『明治建白書集成』第七巻、筑摩書房、平成九年）。
＊31 「大蔵卿第十回年報書」一七頁『大蔵省年報』第四巻（日本図書センター、昭和六十一年）。
＊32 『明治財政史』第六巻、一三〇頁（丸善、明治三十七年）。
＊33 「大蔵卿第十一回年報書」九頁。
＊34 牛米「国税徴収機構形成史序説」『税務大学校論叢』39（本書第三編第一章に収録）。
＊35 「松方伯財政論策集」四八六～四八七頁および四九四～四九七頁（『明治前期財政経済史料集成』第一巻、原書房、昭和五十三年）。会計年度改定と軍備部廃止、そして海軍公債条例については、室山『松方財政研究』二〇三～二一一頁を参照のこと。
＊36 国立公文書館所蔵「公文録」二A―一〇―公三七一三。
＊37 全国の負債農民騒擾については、稲田雅洋『日本近代社会成立期の民衆運動―困民党研究序説―』四九～九六頁（筑摩書房、平成二年）、困民党研究会編『民衆運動の〈近代〉』（現代企画室、平成六年）で具体的に分析されている。
＊38 国立公文書館所蔵「公文別録」機密探偵書、明治十六～十七年、第一巻。
＊39 『関義臣文書・地租改正方法草案―明治六年地方官会同資料―』七九～八〇頁（税務大学校租税資料室、平成五年）。
＊40 牛米「明治二十一年の地籍条例案について」『租税史料館報』平成十七年度版、二七～三四頁（平成十八年）。

＊41　租税の滞納処分に関しては、小柳春一郎「明治期の国税滞納処分制度について」『税大ジャーナル』14（税務大学校、平成二十二年）を参照のこと。
＊42　国立公文書館所蔵「公文別録」上申建言録三。
＊43　伊藤隆・尾崎春盛編『尾崎三良日記』上巻、三八一〜三八二頁（中央公論社、平成三年）。
＊44　国立公文書館所蔵「諸雑公文書」二A―三七―雑一〇六五および一〇六六。
＊45　安藤『封建財政の崩壊過程』三〇二〜三二五頁。
＊46　国立公文書館所蔵「公文録」二A―一〇―公三六九二および三九一九。
＊47　『地方税規則後の東京府税制（其の二）』六〇〜六六頁（東京市財務局主計課、昭和十六年）。なお、太政官布告第四十八号については、長妻廣至『補助金の社会史―近代日本における成立過程―』（人文書院、平成十三年）を参照のこと。
＊48　『近代日本地方自治立法資料集成』二（明治中期編）、明治十八年の史料2（弘文堂、平成六年）。以下、『自治二』一八―二と記す。
＊49　『自治二』一八―一〇。
＊50　国立国会図書館憲政資料室所蔵「井上馨関係文書」、明治十八年六月三日付井上馨宛松方正義書簡。
＊51　地方補助政策と内閣制については、御厨貴『明治国家形成と地方経営』第一章（東京大学出版会、昭和五十五年）に依拠している。
＊52　『所得税』五。同史料集では、失われた「松方家文書」ではなく、同じ大蔵省文庫旧蔵の「松尾家文書」を収録している。
＊53　『所得税』四。
＊54　明治十八年七月十六日付伊藤博文宛山県有朋書簡（『伊藤博文関係文書』八、一一三〜一一四頁）。
＊55　大山梓編『山県有朋意見書』一五九〜一七〇頁（原書房、昭和四十一年）。
＊56　「松方伯財政論策集」四〇九〜四一〇頁。
＊57　登記税については、福島正夫「旧登記法の制定とその意義（一）（二）」『国家学会雑誌』第五十七巻八号および十号（昭和十四年）、同「日本における不動産登記制度の歴史」『法律時報』第二十四巻三号（昭和二十七年）を参照のこと。
＊58　国立公文書館所蔵「公文類聚」第十一編、第二十六巻。
＊59　室山『松方財政研究』二六六〜二六九頁。
＊60　『元老院会議筆記』後期第二十六巻、一五一〜一五二頁（元老院会議筆記刊行会、昭和五十七年）。以下の記述は、特に断らない限りすべてこの史料による。

＊61　以下の記述は、『尾崎三良日記』中巻、八八〜九三頁（中央公論社、平成三年）による。
＊62　『松方正義関係文書』第六巻、四二九〜四三〇頁（大東文化大学東洋文化研究所、昭和六十年）。
＊63　『元老院会議筆記』後期第二十六巻、一八〇頁。
＊64　「報告草案」参（国立国会図書館憲政史料室所蔵「伊東巳代治関係文書」二〇二）および国立公文書館所蔵「諸雑公文書」三A―四三―雑一三八二による。

# 第二章　所得調査委員会にみる賦課課税

## はじめに

昭和二十二年（一九四七）の税制改正により、所得税に申告納税制度が導入された。申告納税制度の採用により、それまで個人の所得金額決定における諮問機関であった所得調査委員会（以下、調査委員会とする）は廃止となった。調査委員会の廃止については、「地域ボス」による賦課課税への介入を許す制度であるとして、GHQが強く主張したとされている。[*1]一方、日本側では、「政府決定論者」である前尾繁三郎（改正時の主税局長）は廃止に抵抗はなかったと回顧しており、平田敬一郎（前尾の次の主税局長）は「あれが一種の違った意味における民主的な組織」と述べている。両者の発言を正確に理解するため、昭和二十一年八月の第九十回帝国議会における主税局長池田勇人の発言を引用しておきたい。[*2]

納税者ニ其ノ所得ノ賦課ガ適正デアルト云フコトヲ納得シテ貰ヒ、又喜ンデ納メル程度ニナッテ戴ク為ニハ、民間ノ実際知識ノオアリノ方ニ、決定ニ対シテ十分御参与ヲ願ヒタイト思ヒマシテ、只今所得調査委員ノ制度ヲ置イテ居リマス

要するに、民間の所得調査委員が所得税の賦課課税に参与することにより、納税者が適正な課税だと納得できる制

度が、所得調査委員会制度なのだと主税局長は説明しているのである。これが平田の言う「一種の民主的な組織」の意味である。さらに池田主税局長は、所得調査委員会を強化するための個人的な意見として、職能代表や納税者の実状に精通している者の官選による増員にも言及している。これは当時の調査委員会が「無用ノ長物」化しているとの批判への回答である。現行の調査委員会は、収賄事件や知己の税額削減などの弊害が多いと述べられている。質問者は納税者の立場に立った「民主的な徴税委員会」の必要性を主張しており、これに対して職能別代表などの事情精通者を「官選」により増員することで、より納税者の実情にあった適正な課税を実現できるようにしたいと見解を述べたのである。これに対して前尾の「政府決定論者」の意味は、形骸化した調査委員会を前提に、税務署の調査段階における事情精通者の参与により適正な課税を実現するという考え方である。いずれにしても、所得税納税者の公選による所得調査委員会制度が所期の目的を果たせていないことを理由に、調査委員会に職能代表などの事情精通者を官選して梃入れするか、税務署の調査段階で事情精通者の意見を聴取して調査を充実強化するか、この時期には二つの改善策が出されていたのである。

上記の調査委員会に関する質疑は、昭和二十一年税制改正における議論の一端であった。しかし、この時期、調査委員会制度の廃止を含む、昭和二十二年度における「根本的な税制改正」への積極的な関与がGHQからなされていた。[*3] 提示されていたのは、予算申告納税制度であった。予算申告納税制度はアメリカが戦時下の一九四三年に導入した制度で、インフレの促進により前年度所得を課税標準とする実績課税では予算確保に支障が出ること、また源泉課税との不公平が生じることなどが導入理由であった。[*4] 通常の経済状態なら前年所得へ課税する賦課課税分と、その年の所得に課税する源泉課税分との間に不公平は生じないが、異常なインフレの下においては上記のような問題が生じるのである。これは敗戦前後の日本やドイツでも同じであったが、ドイツでは申告納税制度のもとで調査委員会制度が存続されたように、予算申告納税制度の導入と調査委員会の存廃は別の問題であったことにも注意が必要である。[*5]

つまり、予算申告納税制度の導入が、調査委員会の廃止を必然化したわけではないのである。このように問題を整理すると、所得調査委員会制度の廃止についても、まだ検討すべき問題が残されているように思える。しかし、ここでは、予算申告納税制度導入が検討されていた時期、それまで個人所得税の賦課課税における諮問機関である調査委員会の形骸化が問題視されていたことを指摘するに留めたい。

本章の課題は、明治二十年の所得税導入以来存続してきた所得調査委員会制度が、どのように変遷してきたのかを明らかにすることにある。先述の池田主税局長の答弁に接したとき、形骸化の内容やその改善策など、私たちはその実態をまったく知らないことに気付かされる。所得調査委員会は個人所得の賦課課税における諮問機関とされているが、制度面の研究はあるものの、その実態はまったく不明なのである。[*6] 申告納税制度が定着した今日、賦課課税制度の研究にいかほどの意義を見出せるか疑問を呈する方もいるかもしれない。しかし、昭和十五年法により賦課課税分と源泉課税分に大別された所得税のうち、今日の申告所得税に引き継がれているのが賦課課税分である。所得税導入時から存在した所得調査委員会制度は、わが国の所得課税の歴史そのものであり、戦後の申告納税制度へと直接的に連なるものである。所得税の歴史を考えるとき、税制の研究だけでなく賦課課税の実態をも明らかにしていく必要があるのである。

所得調査委員会制度は、所得税導入時の明治二十年（一八八七）から約六十年間存続した。本章は所得調査委員会制度の実態を、それぞれの時代のなかで検証することを目的としている。その際、調査委員会制度にとどまらず、所得税の賦課課税のシステム全体についての基礎的な考察を行うことを意識した。取り扱う時期は、主税局の統計データが利用できる明治三十年代後半から昭和十年頃までが中心となる。制度的には、税務署が所得税を取り扱うようになる明治三十二年法から考察するが、それ以前の府県管掌時代については史料の関係から必要な限りで言及するに止めた。また、戦時体制下についても、史料的制約から廃止までの見通しを述べるに止まった。なお、所得調査委員会は個人所得だけでなく、時代により営業収益税（大正十五年公布）、資本利子税（同）、臨時利得税（昭和十年公布）の個人分の賦課課税も担うようになるが、ここでは個人所得税に限定して考察していることをお断りしておきたい。

## 第一節　統計からみる第三種所得税

ここでは、主税局統計年報書のデータを使用して、第三種所得税の賦課課税の全体を俯瞰してみたい。項目により異なるものの、主税局による全国統計は税務監督局が設立される明治三十五年（一九〇二）以降に作成され、日中戦争が開始される昭和十二年（一九三七）以前までが詳しく、それ以降は簡略化されている。そのため、日露戦争前後から日中戦争前までの、申告から決定、そして審査請求までが分析の対象となる。

### 1　申告率の推移

第三種所得税の賦課課税において、最初に行われるのが申告である。納税義務者には申告の義務があり、申告により所得調査委員の選挙権を得ることができる。ただ、明治三十二年法により申告書は税務署にとって単なる参考資料に過ぎなくなり、申告の重要度は低くなった。しかし大正二年改正で申告奨励の方針転換がなされ、大正九年法により諸控除申請と申告書の提出をセットにした申告奨励が推進されるのである。[*7]

表13は、第三種所得の申告額と決定額の一覧である。主税局統計年報書で数値が確認できるのは、明治三十六年度から昭和十四年度までである。納税者数（決定数）は、日露戦後と第一次世界大戦後に急増し、昭和恐慌期の減少を経て昭和十年代に再び増加に転じている。備考に示したように、大正二年度に免税点は三〇〇円から四〇〇円となり、さらに大正七年度に五〇〇円、大正九年度に八〇〇円、大正十五年度には一二〇〇円に引上げられる。免税点の引き

表 13　第三種所得の申告額と決定額

| 年　度 | 申　告　額 | | | | 決　定　額 | | 備　考 |
|---|---|---|---|---|---|---|---|
| | 人　員 | 割合 | 所得金額 | 割合 | 人　員 | 所得金額 | |
| 明治 36 年度 | 390,934 | 60% | 198,895 | 54% | 648,976 | 366,931 | |
| 明治 37 年度 | 372,770 | 53% | 190,703 | 48% | 700,540 | 395,264 | |
| 明治 38 年度 | 396,339 | 52% | 193,121 | 45% | 755,339 | 424,492 | |
| 明治 39 年度 | 374,645 | 45% | 193,899 | 41% | 827,521 | 466,218 | |
| 明治 40 年度 | 447,923 | 48% | 233,877 | 45% | 917,077 | 519,460 | |
| 明治 41 年度 | 470,598 | 41% | 257,129 | 40% | 1,124,594 | 640,135 | |
| 明治 42 年度 | 556,475 | 45% | 301,413 | 43% | 1,231,467 | 689,722 | |
| 明治 43 年度 | 467,824 | 37% | 261,133 | 37% | 1,256,535 | 698,004 | |
| 明治 44 年度 | 528,509 | 41% | 285,137 | 40% | 1,275,718 | 708,101 | |
| 大正 1 年度 | 485,985 | 36% | 276,139 | 36% | 1,342,071 | 765,425 | |
| 大正 2 年度 | 414,902 | 41% | 261,701 | 41% | 956,346 | 633,415 | 免税点 400 円，勤労所得控除等 |
| 大正 3 年度 | 309,956 | 31% | 217,089 | 32% | 979,020 | 662,589 | |
| 大正 4 年度 | 288,329 | 29% | 200,971 | 31% | 968,618 | 635,348 | |
| 大正 5 年度 | 289,142 | 30% | 207,481 | 30% | 957,068 | 641,196 | |
| 大正 6 年度 | 427,179 | 41% | 310,178 | 41% | 1,023,695 | 779,869 | |
| 大正 7 年度 | 285,879 | 27% | 293,766 | 27% | 1,027,320 | 1,018,070 | 免税点 500 円 |
| 大正 8 年度 | 334,428 | 24% | 354,728 | 24% | 1,387,485 | 1,470,358 | |
| 大正 9 年度 | 297,907 | 27% | 432,454 | 22% | 1,314,701 | 1,872,656 | 免税点 800 円，家族扶養控除 |
| 大正 10 年度 | 801,378 | 50% | 1,027,479 | 40% | 1,575,307 | 2,516,632 | |
| 大正 11 年度 | 727,772 | 41% | 1,026,820 | 36% | 1,749,084 | 2,823,441 | |
| 大正 12 年度 | 812,713 | 43% | 1,233,235 | 39% | 1,880,326 | 3,120,721 | 生命保険料控除 |
| 大正 13 年度 | 816,697 | 44% | 1,262,932 | 41% | 1,850,017 | 3,033,200 | |
| 大正 14 年度 | 923,660 | 48% | 1,350,401 | 42% | 1,898,621 | 3,150,683 | |
| 昭和 1 年度 | 584,303 | 52% | 1,107,637 | 43% | 1,104,191 | 2,541,543 | 免税点 1,200 円 |
| 昭和 2 年度 | 503,637 | 50% | 1,016,566 | 42% | 1,002,616 | 2,405,678 | |
| 昭和 3 年度 | 476,771 | 50% | 1,047,085 | 45% | 946,688 | 2,309,889 | |
| 昭和 4 年度 | 458,957 | 47% | 1,051,533 | 44% | 957,046 | 2,365,516 | |
| 昭和 5 年度 | 492,170 | 52% | 1,091,614 | 48% | 938,925 | 2,266,395 | |
| 昭和 6 年度 | 407,770 | 52% | 879,459 | 47% | 782,814 | 1,843,003 | |
| 昭和 7 年度 | 384,685 | 52% | 836,834 | 50% | 732,934 | 1,664,848 | |
| 昭和 8 年度 | 378,137 | 47% | 809,662 | 44% | 796,840 | 1,824,241 | |
| 昭和 9 年度 | 426,966 | 48% | 912,304 | 43% | 876,917 | 2,074,610 | |
| 昭和 10 年度 | 430,274 | 45% | 944,997 | 41% | 941,604 | 2,263,085 | |
| 昭和 11 年度 | 421,493 | 40% | 994,646 | 39% | 1,030,360 | 2,513,881 | |
| 昭和 12 年度 | 464,683 | 41% | 1,136,545 | 38% | 1,131,096 | 2,922,857 | |
| 昭和 13 年度 | 685,274 | 41% | 1,562,878 | 40% | 1,657,609 | 3,819,402 | 免税点 1,000 円 |
| 昭和 14 年度 | 825,060 | 43% | 1,883,069 | 39% | 1,880,326 | 4,561,768 | |

※単位：人員は人，金額は千円．割合は，決定額に対する申告額の割合．
出典は各年度の『主税局統計年報書』．

上げや諸控除の適用により、納税義務を免除される小所得者は増加する。それを考えると、第一次世界大戦後の納税者数の急増がいかに顕著だったかがわかる。また、昭和十三年の支那事変特別税法により免税点が一二〇〇円から一〇〇〇円に引き下げられたことにより、納税者の急増を招いている。昭和十五年度以降はデータがなくなるが、戦時体制下の増税路線における納税者数の増加には注意する必要がある。

納税者の増加に伴い申告数もまた増加するものの、その割合は納税者数の増大にともなって次第に低下し、第一次世界大戦後には二〇%台にまで下降する。大正二年度は少額所得控除や勤労所得控除が初めて導入された年であるが、控除申請と所得申告とは特に関連付けられていなかった。大正九年法で申告書の提出が諸控除適用の前提とされたため、申告率は四〇～五〇%台に上昇したのである。ただ、後述するように申告率の上昇は、必ずしも申告内容の正確性をともなうものではなかった。

## 2　調査・決議・決定

表14は、第三種所得税の納税者数、所得金額、所得税額について、それぞれ税務署の調査額と調査委員会の決議額、そして政府の決定額を一覧にしたものである。

まず確認できるのは、税務署の調査額に対し調査委員会が削減決議を行い、その決議額を若干上回る金額で政府決定されているという事実である。個別の増減は勿論あるが、全体として調査委員会が税務署の調査額を削減する役割を果たしていることは明瞭である。調査委員会の削減度合いを知るため、表14の右端に調査額に対する決議額の割合を掲げた。所得税額について時系列で追ってみると、明治三十六年度は九一・三%で、明治後半期は九〇%台前半を推移している。決議額の割合は徐々に高くなり、明治四十四年度を境に九〇%台後半に上昇し、大正九年度には九八%に達している。そして昭和元年度以降は九八～九九%台を推移しているのである。調査委員会側から見ると、

**表 14　第 3 種所得税の調査額・決議額・決定額の割合**

| 項目 / 年度 | 税務署の調査額 | | | 調査委員会の決議額 | | | 政府決定額 | | | 調査額に対する決定額の割合 | | |
|---|---|---|---|---|---|---|---|---|---|---|---|---|
| | 納税人員 A1 | 所得金額 A2 | 所得税額 A3 | 納税人員 B1 | 所得金額 B2 | 所得税額 B3 | 納税人員 C1 | 所得金額 C2 | 所得税額 C3 | 納税人員 (B1/A1) | 所得金額 (B2/A2) | 所得税額 (B3/A3) |
| 明治 36 年度 | 660,939 | 391,342 | 6,071 | 649,001 | 366,812 | 5,607 | 648,976 | 366,931 | 5,610 | 98.1% | 93.7% | 92.3% |
| 明治 37 年度 | 710,181 | 417,872 | 11,090 | 700,980 | 395,018 | 10,356 | 700,540 | 395,264 | 10,372 | 98.7% | 94.5% | 93.3% |
| 明治 38 年度 | 766,843 | 447,220 | 16,692 | 755,478 | 424,394 | 15,391 | 755,339 | 424,492 | 15,416 | 98.5% | 94.8% | 92.2% |
| 明治 39 年度 | 837,490 | 487,907 | 17,698 | 777,288 | 466,036 | 16,798 | 827,521 | 466,218 | 16,810 | 92.8% | 95.5% | 94.9% |
| 明治 40 年度 | 930,804 | 547,770 | 20,036 | 916,811 | 519,150 | 18,687 | 917,077 | 519,460 | 18,712 | 98.4% | 94.7% | 93.2% |
| 明治 41 年度 | 1,148,663 | 676,618 | 24,964 | 1,118,924 | 636,858 | 23,053 | 1,124,594 | 640,135 | 23,187 | 97.4% | 94.1% | 92.3% |
| 明治 42 年度 | 1,253,279 | 728,017 | 26,638 | 1,225,161 | 686,834 | 24,584 | 1,231,467 | 689,722 | 24,734 | 97.7% | 94.3% | 92.0% |
| 明治 43 年度 | 1,275,623 | 734,118 | 26,456 | 1,255,636 | 697,167 | 24,736 | 1,256,535 | 698,004 | 24,774 | 98.4% | 94.9% | 93.0% |
| 明治 44 年度 | 1,289,465 | 731,312 | 26,223 | 1,275,677 | 708,084 | 25,077 | 1,275,718 | 708,101 | 25,078 | 98.9% | 96.8% | 95.6% |
| 大正 1 年度 | 1,354,023 | 785,927 | 28,551 | 1,342,023 | 765,324 | 27,539 | 1,342,071 | 765,425 | 27,551 | 99.1% | 97.3% | 96.4% |
| 大正 2 年度 | 965,093 | 653,330 | 23,784 | 956,342 | 633,397 | 22,768 | 956,346 | 633,415 | 22,769 | 99.0% | 96.9% | 95.7% |
| 大正 3 年度 | 986,040 | 680,515 | 24,961 | 979,020 | 662,585 | 23,932 | 979,020 | 662,589 | 23,933 | 99.2% | 97.3% | 95.8% |
| 大正 4 年度 | 974,270 | 649,642 | 23,673 | 968,534 | 635,252 | 22,803 | 968,618 | 635,348 | 22,807 | 99.4% | 97.7% | 96.3% |
| 大正 5 年度 | 960,647 | 656,314 | 24,983 | 955,781 | 640,347 | 24,164 | 957,068 | 641,196 | 24,191 | 99.4% | 97.5% | 96.7% |
| 大正 6 年度 | 1,026,458 | 799,973 | 37,512 | 1,023,653 | 779,227 | 35,335 | 1,023,695 | 779,869 | 35,450 | 99.7% | 97.4% | 94.1% |
| 大正 7 年度 | 1,029,864 | 1,035,479 | 63,432 | 1,027,319 | 1,017,328 | 61,589 | 1,027,320 | 1,018,070 | 61,734 | 99.7% | 98.2% | 97.0% |
| 大正 8 年度 | 1,391,377 | 1,495,396 | 86,219 | 1,387,484 | 1,470,277 | 83,557 | 1,387,485 | 1,470,358 | 83,569 | 99.7% | 98.3% | 96.9% |
| 大正 9 年度 | 1,318,313 | 1,892,223 | 56,228 | 1,314,701 | 1,872,645 | 55,186 | 1,314,701 | 1,872,656 | 55,187 | 99.7% | 98.9% | 98.1% |
| 大正 10 年度 | 1,581,070 | 2,541,041 | 95,725 | 1,574,321 | 2,513,269 | 93,972 | 1,575,307 | 2,561,432 | 94,356 | 99.5% | 98.9% | 98.1% |
| 大正 11 年度 | 1,752,918 | 2,847,138 | 108,912 | 1,748,829 | 2,822,976 | 107,354 | 1,749,084 | 2,823,441 | 107,443 | 99.7% | 99.1% | 98.5% |
| 大正 12 年度 | 1,882,611 | 3,139,188 | 125,206 | 1,880,322 | 3,120,612 | 123,841 | 1,880,326 | 3,120,721 | 123,854 | 99.8% | 99.4% | 98.9% |
| 大正 13 年度 | 1,853,054 | 3,052,958 | 117,651 | 1,849,980 | 3,032,487 | 115,698 | 1,850,017 | 3,033,200 | 115,776 | 99.8% | 99.3% | 98.3% |
| 大正 14 年度 | 1,903,274 | 3,174,048 | 123,728 | 1,898,311 | 3,148,982 | 122,280 | 1,898,621 | 3,120,721 | 122,423 | 99.7% | 99.2% | 98.8% |
| 昭和 1 年度 | 1,105,757 | 2,557,091 | 117,853 | 1,104,191 | 2,541,498 | 116,966 | 1,104,191 | 2,823,441 | 116,978 | 99.8% | 99.3% | 99.2% |
| 昭和 2 年度 | 1,006,175 | 2,428,035 | 117,977 | 1,002,613 | 2,405,536 | 116,619 | 1,002,616 | 1,405,678 | 116,636 | 99.6% | 99.0% | 98.8% |
| 昭和 3 年度 | 950,263 | 2,329,185 | 112,516 | 946,655 | 2,309,424 | 111,621 | 946,688 | 2,309,889 | 111,677 | 99.6% | 99.1% | 99.2% |
| 昭和 4 年度 | 960,065 | 2,381,121 | 116,890 | 957,046 | 2,365,516 | 116,086 | 957,046 | 2,365,516 | 116,090 | 99.6% | 99.3% | 99.3% |
| 昭和 5 年度 | 942,789 | 2,284,487 | 111,197 | 938,925 | 2,266,395 | 110,269 | 938,925 | 2,266,395 | 110,269 | 99.5% | 99.2% | 99.1% |
| 昭和 6 年度 | 786,153 | 1,858,863 | 87,240 | 782,814 | 1,843,003 | 85,524 | 782,814 | 1,843,003 | 85,524 | 99.5% | 99.1% | 98.0% |
| 昭和 7 年度 | 736,016 | 1,677,069 | 74,329 | 732,934 | 1,664,848 | 73,759 | 732,934 | 1,664,848 | 73,759 | 99.5% | 99.2% | 99.2% |
| 昭和 8 年度 | 801,806 | 1,843,652 | 84,321 | 796,840 | 1,824,241 | 83,447 | 796,840 | 1,824,241 | 83,447 | 99.3% | 98.9% | 98.9% |
| 昭和 9 年度 | 884,649 | 2,101,332 | 102,097 | 876,917 | 2,074,610 | 101,032 | 876,917 | 2,074,610 | 101,032 | 99.1% | 98.7% | 98.9% |
| 昭和 10 年度 | 949,889 | 2,292,494 | 110,847 | 941,604 | 2,263,085 | 109,516 | 941,604 | 2,263,085 | 109,516 | 99.1% | 98.7% | 98.7% |

※各年度の『主税局統計年報書』による．単位：人員は人，金額は千円（千円以下は切捨て），割合の小数点 2 位以下は切捨てた．

調査額の削減率が徐々に減少していることになる。昭和八年度以降、調査委員会の削減率は徐々に増加に転じつつあるが、昭和五年度から同十年度までの決議額と決定額が同額であることは注目される。調査委員会による削減額が、そのまま政府決定されているのである。これについては本章第三節で改めて検討する。

以上のような所得税額における傾向は、納税人員と所得金額においても、ほぼ同様である。明治三十六年度の納税人員と所得金額の割合を比較すると、納税人員は九八・一%、所得金額は九三・七%で、調査委員会の削減率は税額において最も高いことがわかる。この傾向は昭和十年度まで同様である。税務署の調査額と調査委員会の決議額の割合が初めて九九%を超えるのは、納税人員が大正元年度、所得金額が大正十一年度、所得税額で昭和元年度である。九九%という数値に特別な意味はないが、統計データから見ると税務署と調査委員会の関係は時代が降るごとに安定していくように見える。しかし、昭和十一年度以降、この項目が統計からなくなるため、残念ながら昭和十年代の推移は不明である。戦時体制下において第三種所得税の賦課課税に変化が現れるのかどうか大いに興味があるが、史料的な制約により断念せざるを得ない。

### 3　調査委員の定員

次に、調査委員の定数について述べていこう。表15に、各年の所得調査委員の定員の推移を示した。調査委員会は税務署単位に設置されているので、参考として納税者数と税務署数を掲げた。調査委員の定員は、主税局統計年報書にはない項目であるが、調査委員会のあり方を検討するうえで重要と考えて集計した。ただし、府県管掌時代の明治二十年の総数を集計することができなかった。七名以下の基準は示されているものの、府県ごとに定員が定められているため、道府県すべての調査委員会規定から集計しなければならないからである。

調査委員の定員は明治三十二年法および大正九年法とも五名であるが、大正十五年改正で七名に増員される。ただし、調査委員会ごとの実際の定員は、納税者の増減や管内の広狭などにより大蔵大臣が定めるため、調査委員会により幅がある。

調査委員の定員は大正二年まで減少が続くが、これは税務署の減少と軌を一にするものであり、政策的な意図が働いているわけではない。また、明治三十八年改正で市区の調査委員会が独立するので、税務署数より調査委員会数のほうが若干多くなる。市区の調査委員会の独立は納税者の増加によるものであるが、市制施行地に必ず調査委員会が設置されるわけではない。

市区調査委員会の独立は納税者の増加によるものであり、また郡部の調査委員会は税務署の統廃合により管轄区域が拡大するので、ともに調査委員一人当りの納税者数は増加することになる。このような納税者の増加や管轄区域の拡大は、調査委員の事情精通者としての役割を変化させることになると思われる。

第一次世界大戦後の定員の増加は、納税者の増加に対応するものである。さらに大正十五年改正により調査委員会は、第三種所得税に加えて個人の営業収益税や資本利子税の調査も行うことになる。なお、昭和十年代以降は、納税者に対する調査委員の割合が減少傾向にあると指摘することができる。この時期に調査委員会の弊害が叫ばれるのは、こうしたことも一因と考えられる。

**表 15　所得調査委員及び第三種所得税納税者数**

| 年　　月 | 調査委員定員 | 税務署数 | 納税者数 | 調査委員の割合 |
|---|---|---|---|---|
| 明治 32 年 4 月 | 2,693 人 | 520 | 342,721 人 | 0.78% |
| 明治 38 年 4 月 | 2,625 人 | 501 | 755,338 人 | 0.34% |
| 明治 42 年 11 月 | 2,292 人 | 493 | 1,231,467 人 | 0.18% |
| 大正 2 年 6 月 | 2,234 人 | 388 | 956,346 人 | 0.23% |
| 大正 10 年 5 月 | 2,407 人 | 388 | 1,575,307 人 | 0.15% |
| 大正 15 年 9 月 | 3,158 人 | 345 | 1,104,191 人 | 0.28% |
| 昭和 2 年 9 月 | 3,161 人 | 345 | 1,002,616 人 | 0.31% |
| 昭和 5 年 10 月 | 3,190 人 | 345 | 938,925 人 | 0.33% |
| 昭和 10 年 9 月 | 3,277 人 | 348 | 941,604 人 | 0.34% |
| 昭和 13 年 9 月 | 3,383 人 | 360 | 1,657,609 人 | 0.12% |
| 昭和 15 年 10 月 | 3,413 人 | 360 | 2,785,378 人 | 0.12% |
| 昭和 16 年 4 月 | 3,411 人 | 364 | 3,125,135 人 | 0.10% |
| 昭和 17 年 9 月 | 3,557 人 | 376 | 4,327,259 人 | 0.08% |
| 昭和 20 年 9 月 | 3,460 人 | 369 | 6,027,336 人 | 0.05% |

※調査委員数は法規集等，納税者数と税務署数は『国税庁統計年報書』第 100 回記念号（国税庁，昭和 51 年）による．但し，昭和 16 年分以降の第三種所得税納税者数は，分類所得税と総合所得税の賦課課税分の合計である．税務署数は，その年の 3 月または 4 月現在の数値である．

## 4　調査委員会の再調査

第三種所得税は、原則として調査委員会の決議により政府決定される。しかし、この決議が不当な場合、税務署長は再調査を命じることができる。ここでは、このような再調査について検討しておきたい。

表16は、調査委員会の再調査等の一覧である。主税局統計年報書から再調査等のデータが判明するのは、明治四十四年度から昭和十四年度までである。調査委員会が定員不足等で不成立となった場合や、所得調査書の調査未了分については即政府決定となるが、これらは「不成立」の項目にまとめた。

明治四十四年度における全国の再調査数は一件、大正元年度は不成立を入れて五件である。これ以前の再調査数が判明しているのは、東京税務監督局管内（東京府、埼玉県、千葉県、群馬県）分で、明治三十八年度が松山署（埼玉県）、同三十九年度が八王子署（東京府）と松山署・忍署（埼玉県）、同四十一年度が東金署（千葉県）である。[*8] 明治三十九年度の場合、松山署は再調査の決議額で決定されたが、忍署は再調査も不当として政府決定になっている。八王子署は再決議による決定と政府決定の金額の割合は半々位であった。また、丸亀税務監督局管内（四国四県）では、明治四十一年度の高松・丸亀・観音寺（香川県）と八幡浜（高知県）の四署がわかっている。[*9] 丸亀署は市部と郡部の両方が再調査になっているが、八幡浜署のみが再調査も不当として政府決定になった。税務署長が命じる再調査というと、税務署の調査額を調査委員会に押し付けるイメージがあるが、再調査の決議額で決定される場合も多く、必ずしもそうではないようである。

明治四十四年度以前の再調査が判明しているのは僅かであるが、後年と比較しても決して少ない数ではなく、むしろ多かったと見ることができそうである。なお、明治四十四年度から大正元年度の再調査の理由は、「正当ノ理由ナクシテ」（観音寺）とか、「故ナク削減」（高松市部）とある。安塚署の不成立は調査委員の欠席、宇治山田および松

表 16　所得調査委員会の不成立および再決議

| 年　　度 | 調査委員会不　成　立 | 再　　調　　査 | |
|---|---|---|---|
| | | 再決議で決定 | 再決議不当に付政府決定 |
| 明治 44 年度 | | | 観音寺署（香川県） |
| 大正 1 年度 | 安塚署（新潟県） | | 宇治山田署・松阪署（三重県），高松署（市部，香川県），高千穂署（宮崎県） |
| 大正 2 年度 | | | 兵庫県 |
| 大正 3 年度 | | | 三重県 |
| 大正 4 年度 | | | 青森県，奈良県 |
| 大正 5 年度 | 宮崎県 | | 奈良県 |
| 大正 6 年度 | 岐阜県 | 京都府，和歌山県，石川県，富山県 | 滋賀県，福島県，青森県，愛知県 |
| 大正 7 年度 | | 奈良県，滋賀県 | 愛媛県，福岡県 |
| 大正 8 年度 | | | 千葉県，滋賀県 |
| 大正 9 年度 | | | 青森県 |
| 大正 10 年度 | 岐阜県 | 京都府 | 青森県，福島県，山形県，茨城県，三重県，滋賀県，大阪府，島根県，山口県，香川県 |
| 大正 11 年度 | 福岡県 | 岐阜県，滋賀県 | 青森県，福島県，茨城県，岡山県，香川県，徳島県 |
| 大正 12 年度 | 静岡県 | 香川県 | |
| 大正 13 年度 | 大阪府 | 和歌山県，滋賀県 | 三重県，福井県，京都府，香川県，愛媛県 |
| 大正 14 年度 | 富山県 | 秋田県，広島県，愛媛県，鹿児島県 | 三重県，大阪府，兵庫県，香川県，徳島県 |
| 昭和 1 年度 | | 鹿児島県 | 奈良県，大阪府 |
| 昭和 2 年度 | 北海道 | | |
| 昭和 3 年度 | 佐賀県 | 和歌山県，岡山県 | |
| 昭和 4 年度 | | 福井県 | |
| 昭和 5 年度 | | | |
| 昭和 6 年度 | | | |
| 昭和 7 年度 | | | |
| 昭和 8 年度 | 富山県 | | |
| 昭和 9 年度 | | | |
| 昭和 10 年度 | | | |
| 昭和 11 年度 | 鳥取県，和歌山県 | | 和歌山県，大阪府，島根県，愛媛県 |
| 昭和 12 年度 | | | |
| 昭和 13 年度 | | | |
| 昭和 14 年度 | | | 府県名不明 |

※各年度の『主税局統計年報書』による．調査委員会不成立は明治 32 年法第 30 条，大正 9 年法第 51 条による．再調査は明治 32 年法第 31 条，大正 9 年法第 52 条によるが，調査委員会の再決議額で決定したものと，再決議額を不当として政府決定したものと区別した．

阪両署は調査委員の家族分を不当に削減した事例である。[*10] 理由は不明であるが、安塚署の場合は調査委員による抗議のサボタージュであろう。

表16を見ると、再調査等は大正初年に減少し、第一次大戦以降は再び増加するものの、昭和期には激減していることがわかる。但し、同一府県で複数の調査委員会が再調査となっている場合があるので留意が必要である。それでも、府県数だけで言えば、大正十二年度を例外として大正十年度から大正十四年度までに集中しているのが特徴的である。統計年報書には、とくに再調査の理由は書かれていない。昭和期に入ると、昭和四年度の福井県を最後に、昭和八年度の富山県を除けば、昭和五年度から十年度まで再調査の事例はない。これは前述の調査委員会と税務当局との「円満な」関係の反映であるが、その実態は後述するように調査委員会の形骸化の現われだったのである。事実、調査委員会の「善導」を命じた昭和十一年の主税局通牒により、一府五県で再調査となっているのである。

## 5 審査請求

調査委員会の決議および政府決定により第三種所得税の賦課課税がなされるが、政府決定に不服がある場合には審査請求や行政訴訟が認められている。表17は、審査請求件数と訴願・訴訟、それに誤謬訂正の一覧である。審査請求結果については、その内訳も掲げておいた。

審査請求件数は日露戦時から戦後にかけて急増するが、それ以後は急減し、大正三年度には四桁から三桁に減少する。大正元年度の増加は、鉄道職員の手当に第三種所得税を課税する初年度にあたっていたことが理由で、[*11] これを不当とする審査請求は「理由なし」として全て退けられている。審査請求の内容は様々であると思われるが、後述するように、日露戦後は税務署の「苛斂誅求」批判が強まった時期であり、それが審査請求にも反映されていると考えられる。

**表 17　第三種所得税の審査請求等の人員**

| 年　　度 | 審査請求人員 | 審　査　結　果　内　訳 | | | | 訴願および訴訟 | 誤謬訂正人員 |
|---|---|---|---|---|---|---|---|
| | | 更正人員 | 無資格 | 更正理由なし | 未決 | | |
| 明治 36 年度 | 2,866 | 1,123 | 455 | 1,287 | | 18 | 1,072 |
| 明治 37 年度 | 4,020 | 1,711 | 743 | 1,566 | | 15 | 1,080 |
| 明治 38 年度 | 4,190 | 1,779 | 699 | 1,725 | | 22 | 1,471 |
| 明治 39 年度 | 4,307 | 1,211 | 373 | 996 | 1,707 | 20 | 5,844 |
| 明治 40 年度 | 2,036 | 664 | 160 | 449 | 763 | 21 | 9,761 |
| 明治 41 年度 | 5,190 | 1,310 | 223 | 1,722 | 1,935 | 20 | 16,837 |
| 明治 42 年度 | 5,280 | 1,237 | 253 | 1,945 | 1,845 | 20 | 16,142 |
| 明治 43 年度 | 3,054 | 829 | 216 | 908 | 1,101 | 11 | 18,832 |
| 明治 44 年度 | 1,965 | 1,029 | 354 | 582 | | 5 | 17,170 |
| 大正 1 年度 | 5,256 | 1,367 | 277 | 3,612 | | 141 | 17,220 |
| 大正 2 年度 | 1,475 | 589 | 100 | 592 | 194 | 303 | 10,814 |
| 大正 3 年度 | 906 | 576 | 109 | 221 | | 33 | 7,399 |
| 大正 4 年度 | 895 | 500 | 120 | 274 | 1 | 6 | 7,244 |
| 大正 5 年度 | 689 | 397 | 113 | 179 | | 24 | 7,013 |
| 大正 6 年度 | 562 | 352 | 54 | 156 | | 5 | 8,507 |
| 大正 7 年度 | 492 | 255 | 26 | 211 | | 16 | 11,065 |
| 大正 8 年度 | 409 | 193 | 26 | 187 | 3 | 15 | 15,361 |
| 大正 9 年度 | 202 | 108 | 22 | 72 | | 15 | 13,655 |
| 大正 10 年度 | 700 | 300 | 19 | 380 | 1 | 96 | 24,885 |
| 大正 11 年度 | 767 | 411 | 16 | 337 | 3 | 46 | 24,774 |
| 大正 12 年度 | 466 | 235 | 17 | 214 | | 29 | 28,660 |
| 大正 13 年度 | 501 | 256 | 22 | 220 | 3 | 16 | 40,077 |
| 大正 14 年度 | 588 | 319 | 11 | 247 | 11 | 21 | 41,632 |
| 昭和 1 年度 | 361 | 162 | 15 | 166 | 18 | 28 | 23,339 |
| 昭和 2 年度 | 523 | 235 | 19 | 241 | 28 | 53 | 30,859 |
| 昭和 3 年度 | 495 | 254 | 19 | 209 | 13 | 52 | 24,724 |
| 昭和 4 年度 | 247 | 113 | 4 | 123 | 7 | 43 | 24,729 |
| 昭和 5 年度 | 371 | 114 | 7 | 223 | 27 | 64 | 26,319 |
| 昭和 6 年度 | 236 | 92 | 4 | 87 | 53 | 51 | 22,408 |
| 昭和 7 年度 | 182 | 70 | | 84 | 28 | 32 | 22,670 |
| 昭和 8 年度 | 187 | 53 | 1 | 75 | 58 | 30 | 25,284 |
| 昭和 9 年度 | 213 | 44 | 4 | 86 | 79 | 43 | 28,230 |
| 昭和 10 年度 | 826 | 346 | 1 | 374 | 105 | 19 | 29,296 |
| 昭和 11 年度 | 260 | 38 | | 61 | 161 | 24 | 64,402 |

※各年度の主税局統計年報書による（単位は人）.

明治後半の審査請求の多さを考えるうえで、主税局長目賀田種太郎の明治三十五年のインタビューは注目される。目賀田は、税務官吏に執務上の錯誤がある場合や、官民の間に意見の衝突がある場合には、税務管理局への歎願や陳情をせずに、速やかに行政訴訟や訴願をするよう勧めている。[*12] 審査請求制度は整えられているのだから、歎願や陳情などに無駄な経費と時間を費やさないで法に従って審査請求しなさいということである。納税者の歎願や陳情は多かったようで、決定後の事務混雑の一因にもなっていたのである。

また、前年と比較して明治三十六年度に審査請求件数が増加した理由として、従来は事前に申告額の修正をさせる慣行であったのが、調査委員会の決議に基づいて決定するようになったためと説明されている。[*13] 明治三十二年法により申告の事前修正がなくなり、申告に拘わりなく賦課課税されるようになったことが審査請求増加の要因だったのである。審査請求の増加は徴収成績にも影響する。明治三十五年分所得税においては、審査請求中のものが、「誤解若クハ反抗ノ意志ヲ以テ共同的滞納ノ挙」に出ていると指摘されている。[*14] 税法は審査請求中であっても納税しなければならない規定であるが、誤解や反発により共同的な滞納に繋がっているというのである。明治四十四年度の主税局統計年報書は、前年に比して審査請求が減少した理由を、調査の周到さに加え、「多数連合」して審査請求する弊害を一掃した結果だと説明しているが、[*15] それは納税者へ個別に課税内容の説明を行った結果である。このことは、審査請求のなかには正当な理由のないものが少なくなかったことを示している。更正理由なしとあるのが、それである。

審査請求の増加は新たな問題を引き起こした。それは日露戦後の数年間の、未決件数の突出した多さである。未決分は翌年度以降に処理されるが、請求件数が多すぎて事務の渋滞が起こっているのである。ちなみに明治四十年度には前年度未決分一五三六人分が処理されたが、新たに七六三人分の未決が発生している。[*16] このような審査請求のあまりの多さは、税務署の事務渋滞を招くだけでなく、滞納の原因ともなるので早急な改善が必要となる。

さらに、所得額決定後の誤謬訂正件数も見逃すことができない。誤謬訂正は、主に複数の税務署による重複決定で、一部単純な計算ミスも含むようである。明治三十四年改正で、複数の税務署で重複決定された場合は、住所地以外の決定を取り消せるようになった。所得税の場合、納税地の変更が他の税目よりも頻繁で、納税成績にも影響を与えるからである。誤謬訂正もまた日露戦後に急増するが、第一次大戦期を除けば一定度の割合で推移している。ただ、最後の昭和十一年度は前年度より大幅に増加しており、これ以降の推移が気に懸かるところである。転居の際は税務署に届け出ることになっているのだが、なかなか浸透していないこともあり、誤謬訂正の改善は難しかったようである。

## 小括

以上、申告、調査委員会の決議、調査委員の定員、再調査、審査請求の五つの項目について検討してきた。先ず確認しておきたいのは、調査委員会は基本的には税務署の調査額を削減する役割を果たしてきたという事実である。ただ、調査委員会による削減率は、時代が降るに従って徐々に小さくなっている。そして、これらのデータを総合的に判断すると、日露戦争と第一次世界大戦が大きな画期となっていると指摘できる。その主要な要因は納税者の急増であるが、審査請求は明治末年以降に減少し、再調査は昭和期に減少する。その後、昭和期に入ると税務当局と調査委員会の関係は一見安定的に推移するが、実際は調査委員会の形骸化が指摘される状況であった。そしてそれは、調査委員会制度の必要性の議論に発展していくのである。

統計データの分析から、所得税の賦課課税に関して、日露戦後と第一次世界大戦後に大きな変化が生じていることが明らかとなった。以下、この時期に焦点を当てて具体的に分析していくこととしたい。

なお、このようなデータを、どのように読み解くか。それは大きく難解な問題であり、筆者の手に余る問題でもある。しかし、これまで検討されることがなかったデータを明治から昭和まで提示することで、今後の所得税史の研究の一助となると考えている。表を多数掲載しているため、繁雑な部分もあるが、ご容赦いただきたい。

## 第二節　明治後期の所得調査委員会

### 1　賦課課税と調査委員会

#### (1)　賦課課税の仕組み

最初に、第三種所得税の賦課課税の概要を示しておきたい。ここでは主に明治三十二年法に基づき、適宜に明治二十年法にも言及して説明する。[*17] なお、明治三十二年法では税務管理局長が所得額を決定したが、明治三十五年の税務監督局官制と税務署官制により税務署長が決定することになった。ここでは、税務署長による決定の説明をしている。

まず、納税義務者から所得金額申告書が四月末日までに税務署に提出される。納税義務者は、年間三〇〇円以上の所得がある者である。第三種所得税の課税標準は総収入額から必要経費を控除した年間予算額で、公社債の利子や給与等はその年の収入予算額であるが、田畑所得は前三年の平均予算額によるとされている。明治二十年法では公社債等の利子や給与以外はすべて前三年の平均予算額であったが、その理由は単年度予算額だと当初の申告額に増減が出て官民共に手続きが繁雑になるため、前三年間の実績を踏まえた平均予算額にしたと説明されている。[*18] そのため災害等による減免税以外は一切年内の増減は認めず、予算額を確実にできるとされているのである。明治二十年法を審議した元老院では、三年平均だと繁雑になるので前年の所得金高とする修正案が出されて議論になった経緯がある。[*19] 前年所得をもとにした実績課税になるのは、後述するように大正十五年改正からである。

明治二十年法では無申告者への科料が規定されていたが、明治三十二年法では制裁規定がなくなった。ただ、明治三十一年五月の第十二回帝国議会に提出された政府案には、無申告および不正申告は一円九十五銭以下の科料とすると明記されていた。この法案は議会の解散により審議未了のまま廃案となったが、同年十一月の第十三回帝国議会に提出された政府案には、当初から無申告等の制裁規定はなかったのである。[*20]

当時、税務管理局長であった上林敬次郎は、この改正を厳しく批判している。すなわち、申告の義務を掲げているにもかかわらず、無申告や不正申告の制裁規定がないのでは納税観念にも影響する。そして、「収税官吏ニ与フルニ十分ナル調査検索ノ権限ヲ以テスルコトナク」、納税者の逋脱に対して何の制裁もなくして「税務執行ノ完全」を期すことはできないのだ、と。[*21]その結果、俸給所得以外の資産や営業による所得の「逋脱者頗ル多ク」、「適実ノ課税ヲ受クルコトハ、殆ト全ク之ナキニ至レリ」という状態であるという。上林は、この当時の所得税が地租と酒造税の「補填税」であること、そして正確な所得調査は事実上不可能であることなど、調査の限界を認めている。しかも予算課税であるから「適実ノ課税」は無理なのだが、あまりにも逋脱者が多すぎるのは法律の不備以外のなにものでもないと断言している。[*22]その結果、申告は調査委員の選挙資格を附与するだけのものと自嘲しているのである。正確な申告を義務化するための制裁規定や、申告内容を確認するための調査権限の強化が明確に指摘されていることは興味深い。以後、日露戦後から昭和期まで、主税局はこの課題を一貫して追求していくことになるからである。

明治三十二年法により「申告書ハ所得決定ノ参考」に過ぎなくなり、税務官吏は申告の有無に拘わらず各人の所得に注意が必要と指示された。[*23]申告に脱漏や誤記があっても訂正の必要はなく、税務官吏の見込みをもって調査した所得額を調査委員会に送付するとされている。市町村長とは無申告や不実な申告の防止策が協議されているが、無申告者には説諭しか対応策はなかった。明治三十二年の東京税務管理局管内（東京府、埼玉県、千葉県、群馬県）の期限内の申告割合は、納税義務者の二〜三割程度であった。[*24]同局では、期限後の申告であっても四月末日付での申告と認め、調査委員の選挙権保護に努めている。

税務署の調査には、所得の種類ごとに作成された標準率が用いられた。多数の納税義務者を少数の税務官吏が実地に調査することは不可能なので、所得標準率により所得を推計するのである。標準率の作成は、税務署創設以前の明治二十六年から行われている。[*25]松本税務管理局は、管内の納税義務者について国県市町村税額や営業税調査書類などを調査し、所得の種類ごとの標準率を作成するように指示している。[*26]たとえば田畑の所得については、市町村又は大字ごとに一反歩当りの収穫・小作米・米価を調査し、必要経費を控除して地価一〇〇円に対する所得標準率を作成するのである。また、俸給や給料等については役所や会社に照会して取り調べる。所得標準率は五月二十日までに税務管理局に報告され、そして税務署の所得下調査は六月三十日までに終了することとされている。

調査委員会の会期は八月三十一日までだが、とくに会期の規定はなく、遅くとも八月一日までに開会するよう指示されている。税務署の所得下調査が六月末に終了することになっているので、実際の調査委員会は七月中に開会されている。もっとも、府県管掌時代は六月から七月にかけて開催されているので、一か月ほど会期が遅くなっている。[*27]

調査委員会は税務署長が招集し、まず調査委員の互選により会長が選出される。税務署長は調査委員会に所得調査書を提出し、調査委員会の調査が開始される。調査委員会は会期内に第三種所得額を決議し、これにより政府決定がなされる。ただし、税務署長が決議額を不当と判断した場合には、十五日以内の再調査を命じることができた。再調査による決議額も不当とされた場合には、政府決定となる。また、調査委員会が不成立の場合や、調査委員会の調査未了分についても政府決定となった。不成立というのは、事故により会長選出ができなかったときや、調査委員の出席が定員の過半数に達しなかった場合などである。

所得額が決定されると、税務署から個々の納税者に第三種所得額決定通知書が発送される。所得税の第一期納期限は九月三十日なので、それほど余裕があるわけではない。決定通知書を受け取った納税者は、納期限までに市町村役場等で納税する。しかし所得の決定に異議がある場合には、通知書受領後二十日以内に税務署長に不服の理由を記して審査請求をすることができる。審査請求は、税務監督局内に設置される所得審査委員会で決議される。所得審査委員会は、管内の所得調査委員から互選される委員四名と、政府委員三名（通常は税務監督局長、税務監督官、直税部長）で構成され、民間委員が過半数を占めるようになっている。審査請求の結果に不服がある場合には、さらに訴願または行政訴訟をすることができる。

以上が、明治三十二年法による第三種所得税の賦課課税の概要である。

## (2) 調査委員会の役割

このような第三種所得税の賦課課税において、調査委員会が如何なる役割を担っていたのか、ここでは当時の法解釈に基づいて検討しておきたい。

調査委員会の制度的沿革を検討した大村巍氏は、基本的性格は諮問機関だが、明治三十二年法以前は「決議機関としての強い権限を持っていた」と指摘している。[*28] その根拠は、明治二十年法に「調査委員会ノ決議ニ拠リ……各納税者ノ所得税等級金額ヲ定メ」と規定されていることにある。これに対して明治三十二年法は、「第三種ノ所得金額ハ所得調査委員会ノ調査ニ依リ政府之ヲ決定ス」となっている。決議と調査の違いであるが、大村氏は明治二十年法の「決議ニ拠リ」との条文に強い拘束力を認めているのである。しかし、これは条文の文言だけからの解釈にとどまっており、実際に両者がどう違うかも明確ではない。なお、明治三十二年法の条文は、その後の大正九年法、昭和十五年法に基本的に受け継がれていく。

先に登場した上林敬次郎は、明治三十二年法を、「調査委員会ハ第二次ニ於ケル調査機関ニシテ、其ノ決議ハ実ニ所得金額決定ノ基本ト為ルモノナリ」と説明している。[*29] 第一次調査は税務署が独自に行う所得調査で、これに基づいて所得調査書が調査委員会に提出される。調査委員会は第二次の調査機関であり、その決議は政府決定の基本とされている。若槻礼次郎もまた、「普通ノ場合ニ於テハ、政府ノ調査委員会ノ決議額ト異ナリタル決定ヲ為スコト能ハサルモノトス」と、上林と同様の解釈をしている。[*30] この二著は、当時信頼できる数少ない釈義書と評されているので、これが一般的な解釈と考えてよいだろう。[*31] 税務署の一次調査をもとにした、調査委員会の二次調査の決議により政府決定されるのが原則なのである。調査委員会の決議が、政府決定に対する拘束力を持っていることは重要である。もちろん最終決定権は政府にあるが、これは明治二十年法でも同様である。上林は、明治二十年法と明治三十二年法の調査委員会は、「其ノ組織権限モ亦殆ト相同シ」と記している。[*32]

明治二十年法では、郡区長が調査委員会の決議に関して意見があるときは、府県知事に上申することができた。この場合、府県知事は、知事の諮問機関である府県常置委員会（後に参事会）の決議により処分するとされている。明治二十年法における調査委員会の権限を考察する場合には、条文の解釈だけではなく、調査委員会決議が常置委員会でどのように処理されたか、件数や処分内容を検討する必要があろう。もっとも上林は、条文には上述の規定があるにも拘わらず、「実際ニ於テハ全ク納税義務者ノ申告ト調査委員会ノ決議トニ依リテ所得金額ヲ決定シ、府県知事又ハ郡長ハ、申告又ハ決議以外ニ調査シ決定スルコトナカリシ」と述べている。[*33] また若槻は、従来の所得申告では、税務署が納税義務者と認めた者を召喚して「実否を尋問し」、申告書を提出させるか、または修正させたと記している。[*34] 郡区長の一次調査の段階で申告の有無や申告内容がチェックされていることを考えれば、ほとんどの調査委員会が郡区長の調査額の通りに決議していたと推測しても大過ないように思われるが、なお実証が必要である。

そもそも、わが国の所得調査委員会制度は、欧米の租税制度とりわけプロシアとババリアの制度を参酌して導入されたものである。[*35] 導入時の説明では、イギリスは人民の申告により、ドイツは調税委員の評定により所得の決定がなされるが、これは両国の「政治風俗」を反映している。わが国では所得調査の便がなく、かつ「創始ノ際」なので人民の申告に拠らなければならないとされている。さらにわが国では、調査委員を設置しなければ調査は不可能であり、郡区長などの官吏には一任できない。その理由は、調査が所得税賦課課税の基本となること、さらに官吏の調査は精密だが苛細に渉るので「民情ヲ傷ルノ嫌ヒ」があるとされている。官吏の「苛細」な調査による民情の悪化を避けるため、調査委員会制度が導入されたのである。

この点について上林は、以下のような踏み込んだ独自の解釈を行っている。調査委員会の「法理上ノ理由」は、少数の吏員が短期間に不充分な資料によって行う税務署の調査を、各人の所得の実況に通暁している調査委員が点検して適当な所得額を算出することにあるとされている。しかし、調査委員が個々の所得の実況に精通しているわけではなく、社会上の地位や生活状態から権衡を図っているに過ぎない。この点では税務署の調査と同じであるものの、税務署の調査より短期間であるから、却って実際の所得との誤差が大きくなる場合もある。また、調査委員が自己の負担軽減のため不当な決議をする場合も少なくないので、必ずしも「法理」通りには機能していないのだと指摘している。しかしながら上林は、それでも調査委員会が維持されてきた理由は、全く行政上の必要からであると断言している。行政上の必要性は二つある。一つは、所得調査は人民の最も忌諱するところで、調査の精密は期しがたい。まして納税者は、税務官吏の「苛察ヲ鳴シテ」負担軽減を謀ろうとする。所得調査委員会は、このような納税者の感情を緩和するために有効な制度であるというものである。二つは、税務署の調査は、税務官吏の調査資料の多少や調査の難易などにより、納税者間の権衡を失うことが避けられない。そこで事情に通暁する調査委員が、専ら納税者間の権衡を保持する役割を担うのである。[*36] つまり上林は、税務署による統一的な調査を基本に、事情精通者である調査委員が納税者の代表としてその権衡をはかるものと考えており、調査委員会の最大の役割は、納税者の賦課課税に対する「苛察」の感情の緩和であると述べているのである。上林の言うように行政上の理由からしか調査委員会制度を位置付けられないかどうかは別にして、調査委員会制度が賦課課税における納税者感情の緩和と納税者間の権衡保持にあるとする見解は、税務行政の第一線に立つ者の実感を反映していると考えられる。

このような調査委員会の解釈は税務当局のものであるが、一般には納税者の代表が政府による苛酷な課税をチェックする機関と理解されていたようである。その点について、営業税への調査委員会制度導入をめぐる議論を紹介しておきたい。

複数の外形標準を組み合わせて課税する営業税は、申告に対する収税官吏の認定等に営業者の批判が噴出し、マスコミを中心とする全国的な反対運動が展開された。[*37] 明治三十一年の議員提案理由では、「調査委員ニ於テ審査ヲ致シマスレバ、公平ニヤルト云フコト」と述べられている。[*38] 営業税の課税標準の審査を、収税官吏ではなく調査委員に任せることで公平性が確保できるという主張である。明治三十二年十月の第八回全国商業会議所連合会には、北関東の四つの商業会議所連名による、調査委員会導入建議の貴衆両院への請願が提出されている。[*39] これには、「一ハ以テ申告ノ虚偽ヲ防止シ、一ハ以テ認定ノ苛察ヲ除去」すると、営業税調査委員会制度導入の目的が明記されている。調査委員会には、政府の「苛酷」な賦課課税をチェックする役割が求められていたことがわかる。なお、営業税に調査委員会が導入される大正三年の帝国議会では、「所得税ニ於ケルガ如クニ、調査委員ノ如キモノヲ置キマシテ、サウシテ成ルベク納税者ト税務当局トノ間ノ感情ヲ融和シテ、円満ニ此税ヲ取ルト云フコトニ致シタイ」と、大蔵次官が発言している。[*40] 調査委員会は、納税者の代表が課税評準の決定に参与することで円満な課税と徴収を実現できる、いわば賦課課税への合意を得るシステムなのである。

### (3) 調査委員の選挙

調査委員および補欠員は、納税者の選挙で選出される。当選者は「正当ノ事故」なく辞退できない規定である。若槻によれば、調査機関の成立を迅速にする目的から当選者の義務としたと説明されている。[*41] 明治三十二年法により、調査委員会は税務署単位に設置された。調査委員および補欠員の定員は各五名であるが、納税者数などにより大蔵大臣が増減する仕組みである。実際の定員は四～九名で、全調査委員数は二六九三名である。明治二十年法では調査委員会は郡区役所単位に設置され、定員は調査委員が七名以下、補欠員は五名以下とされた。実際の定員は三～七名であるが、納税者数や区域の広狭などにより府県知事が定めたので調査委員数の全国統計はない。東京府の区部は明治二十年が八十三名、明治三十二年は四十五名である。複数の区を管轄する税務署単位に定員が定められたことにより、東京府の区部は半減したのである。山形県や福岡県も明治三十二年のほうが減少しているが、茨城県や長野県・宮崎県などは逆に増加している。

調査委員の選挙は複選制で、市区町村単位で選出された調査委員選挙人が、管内の所得申告者のなかから選出する。立候補制ではない。選挙被選挙人の資格は、管内に居住する所得申告者である。選挙人の定員は申告者十名に一名の割合で、その上限は二十名である。申告者が十名以下であっても、選挙人一名は必ず市区町村から選出される。明治二十年法による選挙資格は、これに二十五歳以上の男子という制限があったが、明治三十二年法では撤廃され、欠格条項に該当しなければ外国人や女性にも選挙権が拡大された。投票は記名制であるが、選挙人は調査委員及び補欠員の定員分の候補者名を記載できる記名連記制である。

調査委員選挙が複選制・記名連記制をとるのは、調査委員が偏った地域から選出されることを防ぐ意図があった。明治三十一年の所得税法改正案の説明で、税務署の管轄に市と町村がある場合、単選制（直接選挙）にすると「町村ノ人ハ這入ラス、市ノ人ノミガ調査委員トナッテ、或ハ事情ニ暗イ人ガ町村ノ人ノ調査ヲスル様ニナリマスカラ、複選法ガ必要デアリマス」と述べられている。[*42] つまり、管内の所得調査に従事する調査委員は、地域の事情に明るい事情精通者であることが望ましく、そのためには管内の市町村から万遍なく選出される必要があったのである。明治二十年法でも、複選法の趣旨は明確に説明されている。[*43] すなわち、調査委員は少数なので、普通選挙法（直接選挙）だと当選者が特定町村に偏る傾向がある、と。複選法は、これを避けるために採用されたのである。

東京市内の所得調査委員を分析した鈴木芳行氏は、明治二十年の第一回当選者のうち、町村選挙人の約三六％、調査委員の約六六％が区会議員経験者であると指摘している。[*44] さらに調査委員の約四二％は、府会議員も兼職しているのである。区会議員は家屋税（都市部での戸数割に該当する）などの地方税の調査に従事し、区内の事情に精通した存在である。意図的に区会議員から調査委員を選出しようとしたかどうかは別にして、調査委員に区会議員が多数選出されていたというのは重要な指摘である。区会議員をはじめ地方議員が多数調査委員に当選していることが、地域の納税者代表であるという調査委員の性格を明確に表現していると考えるからである。

明治二十年は、議員といえばまだ府県会や町村会などの地方議員しかいない時代である。帝国議会や市会・郡会の開設、それに納税者の所得内容などにより調査委員の職業も変化していくと考えられるが、その実態は不明である。

## 2　日露戦後の調査委員会

### (1)　明治三十八年改正と調査委員会

明治三十二年法による調査委員会の改正が提起されるのは、日露戦時の明治三十八年改正においてである。明治三十七年と翌三十八年の二次にわたる非常特別税法による増税は、公債等に多くを依存する戦費の利払いを確保するためのものであった。[*45] そのため早期の税収確保が目指された。このときの改正について大蔵省は、「現行所得税法中、調査委員会ノ組織其ノ他ニ関シ実施上不便ヲ感スルモノアルヲ以テ、之カ補正ヲ為サントスルモノ」と説明している。[*46] 具体的な内容は、都市部と農村部が一緒になった調査委員会だと調査上不便であること、所得の秘密保護のため調査委員会の調査を省略し得ること、調査委員定数増減の際の選任・退任法と任期の設定、調査委員会の会期制限、税務官吏の間接調査を認めることなどである。税収の早期確保のため、調査委員会を含めた調査期間の短縮が意図されていることがわかる。

改正案の第一点は、会期の設定である。調査委員会の会期を一律十五日間に制限し、従来は八月三十一日までだった決議期限を八月十五日まで短縮・制限する内容である。また、再調査期間も十五日以内から五日以内に短縮するとなっていた。これまでの調査委員会の会期に関する規定は、遅くとも八月一日までに開会し、八月三十一日までに決議するというだけであった。開会日の規定は税務署長の義務規定であり、税務署長には調査委員会の調査期間を確保する義務があったのである。調査委員会は、実際には七月初め頃から開会されるため、最長五十七日間かかった事例もあったという。[*47] そのため会期は六～七月の間の十五日以内とする大蔵省訓令が、明治三十二年以前に出されているという。[*48] 一律十五日とする会期短縮案は、この訓令が根拠と説明されている。しかしこの案は衆議院で、多くの納税者を抱える調査委員会では調査の精密を欠くという理由で、納税者数に応じて三十日以内から十日以内までと修正された。これにより、納税者数五〇〇〇人以上は三十日以内、三〇〇〇人以上は二十五日以内、一〇〇〇人以上は二十日以内、五〇〇人以上は十五日以内、五〇〇人未満が十日以内となったのである。再調査期間も、五日以内を七日以内に修正して可決された。

**表 18　東京税務監督局管内の会期日数**

| 年　度 | 実　数 | 法　定 | 割　合 |
|---|---|---|---|
| 明治 37 年度 | 728 日 | | |
| 明治 38 年度 | 594 日 | 750 日 | 79.2% |
| 明治 39 年度 | 642 日 | 750 日 | 85.6% |
| 明治 40 年度 | 662 日 | 785 日 | 84.3% |
| 明治 41 年度 | 719 日 | 790 日 | 91.0% |
| 大正元年度 | 1,588 日 | 1,675 日 | 94.8% |
| 大正 2 年度 | 1,181 日 | 1,685 日 | 70.0% |
| 大正 3 年度 | 1,130 日 | 1,590 日 | 71.0% |
| 大正 4 年度 | 919 日 | 1,600 日 | 57.4% |
| 大正 5 年度 | 828 日 | 1,600 日 | 51.7% |
| 大正 6 年度 | 999 日 | 1,595 日 | 62.6% |
| 大正 7 年度 | 1,040 日 | 1,630 日 | 63.8% |

※租税史料室所蔵，各年度の「局報　直税編　彙報」(東京税務監督局) より作成した．割合は，小数点第2位以下切捨て．東京税務監督局の管轄は，明治 41 年度までは東京府，埼玉県，千葉県，山梨県．大正年間は，それに神奈川県，栃木県，茨城県，群馬県が加わる．

表18に、東京税務監督局管内における調査委員会の会期日数の一覧を掲げた。明治四十二年度から四十四年度までは残念ながら不明である。衆議院の修正により、前年の実数より法定の会期日数のほうが増加しているのは興味深い。会期制限により、明治三十八年度は前年度より約二〇％程度会期が短縮されている。明治三十七年度において会期が三十日より長い調査委員会が四例あるが、石和税務署（山梨県）の五十六日というのが特異である。会期制限により、このような長期の事例はなくなるものの、必ずしも大幅な

会期短縮には繋がっていない。埼玉県内の調査委員会には、休会日も入れて全日程を消化する傾向が強く見られ、会期短縮は容易ではなかったのである。東京局の事例だけではあるが、会期短縮が顕著になるのは第一次大戦期で、大戦後には再び会期が延びる傾向にあることを指摘しておきたい。

第二点は、会期制限で削減した経費により、市部や区部にも独立した調査委員会の設置を認めることである。これは、都市部と農村部では所得内容に差があり調査上の不便が多いことと、市部の納税者の増加が理由であった。税務監督局からも、納税者の増加を理由に調査委員の増員要請が出されていた。さらに市部の調査委員会の独立については、各地の商業会議所からの要望が強かったのである。明治三十六年六月に開催された第十二回商業会議所連合会には、下関商業会議所等から市に独立した調査委員会を設置する案が出され、貴衆両院への請願が可決されている。[*49] 提案理由には、市部の納税者から徴税の不当を訴える声がしばしば聞かれるのは、市部選出の調査委員が一〜二名と少数で充分な審査ができないからとある。職種も多様で納税者も多い市部の調査委員会を独立して、「過重ノ税」の賦課から市民を救うと謳われている。同様の建議は、翌明治三十七年の臨時会や第十三回大会でも採択され、市部の調査委員会の独立と調査委員の増員が総理大臣および大蔵大臣に建議されている。帝国議会では調査委員の定員増加は認められなかったが、市部調査委員会の独立は可決された。これにより新たに二十三の調査委員会が設置され、実質的な調査委員の増員となったのである。

この第二点に関わって、調査委員の任期設定の改正があった。現行の任期は四年で、二年ごとの半数改選である。そのため新たに定員を増減しようとしても、任期が区々になり事実上不可能になっていたのである。たとえば、六名の定員だと三名宛の半数改選となるが、増員する二名も四年任期だと半数改選に支障がでるのである。任期途中での改選は、権利剥奪との批判を受けることになる。そのため四年任期と二年任期の委員を各一名選出できるようにすることで、従来の選挙制度のもとでの増減が可能になるのである。調査委員の任期短縮や任期途中での退任の場合は抽籤で決定する規定も加えられているが、これは問題なく可決されている。

第三点は、営業の秘密保持のため、調査委員会の調査を希望しない場合は政府決定できるという規定である。若槻主税局長の答弁をまとめれば、外国人から商機の秘密を保持するため調査委員の調査を好まないとの意向が示されたため、希望すればそれが可能になる条文を入れたということのようである。調査委員には守秘義務があるが、調査委員の調査そのものを回避し、その代わり政府の決定額を受け入れるというものである。これは衆議院でも議論になり、調査を望まない者が多数になれば調査委員会は無用になるとの懸念が出された。さらには、調査委員会は調査額の削減だけでなく権衡による増額もしているので、調査委員会の調査を希望しないというのは増額を嫌うということかとの疑念も出されている。終には、調査委員会を経ずに税務署長の「手加減」により低額の決定を受けようとする企てではないかとの意見も飛び出した。もともと外国人を対象にした例外規定から発したものであるが、議員たちも改正の趣旨を計り兼ねたようで、結局この条文は否決された。

第四点は、税務署の調査権限に関するもので、税務官吏に納税義務者と取引のある者への質問および帳簿書類の呈示を認める間接調査に関する内容であった。所得税法では税務官吏による納税義務者への質問は認められており、改正案は取引相手に対する間接調査も認める内容である。帳簿書類の検査権は納税義務者にも認められておらず、間接調査においても衆議院で否決されたが、質問権のほうは可決されたのである。ちなみに大正期に入ると、納税者本人への直接的な帳簿検査権が要求されていくことになる。

第五点は納期の改正である。非常特別税による増税で、九月と三月の納期限を、九月・十月・一月・三月の四期に分割する内容である。納期限は営業税や地租等を勘案して設定されたが、第一期と第二期が接近しすぎているとの理由で、第二期の十月を十一月に修正して可決された。

この明治三十八年改正案は、所得税の納期限繰上げの検討のなかで提起されたものであった。大蔵書記官（内国税課長）菅原通敬は、第一期納期限の九月から八月への繰上げを検討したが、すべての調査を完結するのが不可能であるため、止むを得ず従来どおりになったと発言している。[*50] 当時の税務署の事務は、前年の十一月から十二月までは営業税の調査で、一月末日が営業税の課税標準の申告期限である。一月から三月までは営業税に「忙殺」されるが、この時期は酒税などの間税検査の最終期でもあり、税務署が一年中で最も繁忙を極める時期である。営業税前期の納期限は五月末日で、営業税が一段落すると今度は所得税である。四月の所得税申告期から調査に着手しても、五月から六月の二か月間は下調査に費やされる。調査委員会は七月から開会するが、法定期限である八月一日の開会でさえ「困難ヲ感ジテ居」るとされており、とても一か月早めて七月一日に開会することは不可能だというのである。明治三十二年法以前には、調査委員会は六～七月の開催であった。それが次第に遅れて七月になり、八月一日開会も懸念される状況だというのである。納税者の増加が主たる要因と考えられるが、税務署の調査が完了しないため、第一期の納期限を九月から八月に繰上げることができなかったのである。

このように見てくると、調査委員会の会期制限や市部の調査委員会の独立だけでなく、外国人の意向を汲んだとされる調査委員会の調査回避もまた、スムーズな課税と納税を実現する意図から出たものだったことがわかる。納期限繰上げは、調査委員会の会期や税務署の調査期間だけでなく、申告から納税までの第三種所得税の賦課課税システム全体に波及するものである。そしてそれは、日露戦後に滞納の増加が問題化するなかで、徴収成績との関係で見直しが進められることになるのである。

### (2) 調査委員会の決議状況

所得調査委員会については、日誌の作成が義務付けられているものの、今日確認できる日誌は少ない。先に表14で調査委員会の削減率を示したが、調査委員会そのものの実態はほとんどわかっていないのである。明治三十九年の税法審査委員会では、現行の調査委員会は政府の調査額を削減する傾向が強いと、その弊害を指摘する意見が多くだされている。[*51] ここでは、明治四十一年分の兵庫県出石税務署管内の調査委員会日誌から、日露戦後の調査委員会の実態を見ておきたい。[*52]

出石税務署の調査委員会は七月二十九日に招集され、午前九時五十分に調査委員全員が揃った。署長は挨拶のなかで、本年の所得標準調査および方法について簡単に説明し（所得標準書は配付済）、会長選出ののち開会した。そして税務署から所得調査書が調査委員会に提出され、委員から人数分の写が請求されている。税務署は翌日の配付を約束しているので、ここまでは開会初日の定例化された進行と見ることができる。そして調査委員は別室において打ち合わせを行い、十六時四十分に散会となった。明日以降の調査方針の打ち合わせであろう。翌三十日から田畑所得標準について税務署と調査委員の間で具体的な議論が交され、会長から集落の字別に標準率の割引歩合交渉もなされている。税務署長も、ある程度の削減を認めているが、「予期額ニ達セサルトキ」は再議するとし、調査委員会もこれに同意している。「予期額」とは税務監督局の見積額であろうか。歩合割引後の最終的な税額見積もりが出た時点で、改めて協議するということと考えられる。三十一日から八月四日までは町村単位で順に決議がなされ、五日以降は後回しの分や大資産家の決議がなされている。そして会期最終日の八月七日、税務署調査額を約一三・八％削減する決議書を提出して閉会し、最後に署長が挨拶をして散会となっている。この年の出石税務署の調査額は、米価騰貴に加えて新規の所得を見積もったことにより、前年決定額の約四〇％増であった。それを調査委員会が削減したものの、最終的には前年度決定額の二一・三％増で決定したのである。

こうした出石署の事例は、当時の一般的な調査委員会の実態を示していると考えられる。議論になったのは田畑所得標準率で、各大字の事情を踏まえた減額要求が出されている。また、米価高騰や自家用燃料・養蚕所得などの新規見積もりの妥当性も、前年額との比較を含めて議論されている。調査委員会の削減要求は、所得標準率や地域の個別事情の勘案をめぐって行われており、調査委員会に期待された本来の役割を果たしているといえる。

明治三十八年の長崎県島原税務署の調査委員会もまた、署長による調査書の概要説明、所得標準率の質疑、町村ごとの調査・決定という進行であった。[*53] 調査委員会の「調査」の実態は、地域や所得の種類などについての権衡をはかることだったのである。

表16の検討で明治四十四年以前は再調査が多かったと結論付けたが、日露戦後における調査委員会の改善策について、明治四十二年の京都税務監督局を事例に検討しておきたい。[*54] 同局では、「今日ノ行政ハ、須ラク民ヲシテ知ラシメ、以テ拠ラシムルノ措置ヲ緊要トス」との方針のもと、調査委員会に対しても秘密事項以外は調査に関する情報を開示し、税務当局の調査の公平・適実さを説明するとともに、調査委員の意見も充分に聴取して適確に対応することを指示している。その結果、「一部少数ノ委員ヲ除クノ外、税務当局者誠意ノ存スル所ヲ認領シ、従来ニ於ケルカ如キ附会ノ理由ヲ以テ徒ニ調査額ノ削減ヲ試ミムトスルノ弊害ハ幾分改善ノ緒ニ就キ、大体上健全ナル決議ヲ見ルニ至リシ傾向ヲ実現セリ」と報告されている。税務署と調査委員会および調査委員の意思疎通をはかることで、徒に調査額を削減するような弊害を幾分改善できたとしているのである。さらに続けて、賦課課税後についても、「例年決定通知ヲ発シタル後十数日間ハ、納税者中往々税務署ニ出頭シテ決定額ノ内容ニ関シ説明ヲ求メ、又ハ決定ノ不当ナルヲ詰ル者アルヲ例トス」という状況であり、これらの納税者への応接を親切叮嚀にして意思の疎通に努めるよう指示している。納税者への懇切丁寧な対応は、審査請求の減少を計るだけでなく、納税思想を普及し、将来の税務行政に大きな便益があると説明されている。決定後についても、個々の納税者に懇切丁寧に説明することで審査請求の減少や納税への理解を得る努力がなされているのである。

京都局の様々な改善策のなかには、所得標準率の統一時期や調査委員会の開会時期の繰上げなども掲げられていた。管内各税務署間の標準率の権衡を得るための署長や主任による協議を六月から五月に早め、これにより調査委員会の開会及び決定通知の発送時期の繰上げを図るのである。また、特殊事情がある場合には標準率に拘泥せず適宜斟酌すること、納税者の理解のもとでの申告内容の訂正や問答書の作成なども掲げられている。問答書は申告に関する「自認的答弁」の記録で、納税者に税務署の調査額を是認させる重要な策とされている。申告をもとに納税者への照会等をおこない、充分な説明により課税額への理解を得るということである。こうしてみると税務当局の調査委員会および納税者への施策は、調査額や課税額について叮嚀に説明したうえで理解を得ることが基本であった。調査委員会や納税者の理解を得ることが、円満な賦課課税を可能にし、円滑な納税をはかる近道であったのである。

また、明治四十三年の神奈川県横浜税務署でも、「多数納税者ノ所得額ヲ理由ナク修正決議スル弊風」の改善に着手したと報告されている。[*55] 同署もまた京都局と同様、調査委員会において調査内容や調査方針などを叮嚀に説明している。その結果、調査委員会が多数の納税者について修正を試みるも、署長等の説明で、特殊の理由があると認められる分の修正に止まったという。このように税務当局は、調査に関して説明を尽くすことで、調査委員会による「理由なき削減」などの弊害を是正するとともに、納税者の理解を得ようとしたのである。

日露戦後の調査委員会は、税務当局の対応の転換により改善が図られていくが、制度上の問題点も指摘されていたようである。明治四十年の税法整理案審査会では、所得調査委員会の弊害を矯正するため、「委員ノ選挙及会議ノ組織」の改善が必要と指摘されている。[*56] 具体的な内容は不明であるが、おそらく後述するような選挙方法や会長の選任等のことではないかと考えている。

### (3) 大正二年改正と調査委員会

日露戦時における増税路線を契機に、所得税の賦課課税の見直しが開始されるが、それはまず税収確保を優先した徴収成績の改善を梃子にしたものであった。日露戦後の税務行政の課題として掲げられていたのは、①租税徴収の困難、②逋脱犯の増加、③滞納者取り締まり、④税務官吏の官紀振粛である。[57] これらの背景にあったのは、非常特別税撤廃などの減税要求と、税務官吏の「苛斂誅求」批判であった。所得税の滞納増加の原因の一つに負担の加重があったことは、税務当局も認めるところであった。日露戦争時の非常特別税が戦後も継続されたままだったからである。これに加えて、市町村の徴税体制の不備や、金利主義、納税観念の欠乏、課税への不服などが同時に指摘されており、その対策が急務とされた。金利主義とは、公売処分直前まで納税せず、その間の金利を稼ぐというものである。明治四十四年の延滞税の導入や市町村への交付金の増額は、こうしたことを背景になされたものである。延滞税の目的は、納税資力を有するにも拘わらず、故意に滞納する弊習を矯正することであった。また、国税徴収交付金の拡大により、市町村に徴収体制の強化が促されたのである（なお、第三編第二章を参照のこと）。

大正二年改正案では、所得税は本来申告税であるとして、誠実な申告の是認方針が打ち出された。そして、それを担保する手段として、無申告や帳簿検査などの制裁規定が盛り込まれた。しかし、それらの制裁規定は衆議院で否決され、給与等の支払調書の提出義務と、支払調書への交付金規定だけが成立したのである。

このときの調査委員関係の改正は、調査委員の選挙権の要件に前年の所得税の納税が追加されたこと、投票方法が調査委員および補欠員の半数を記載するようになったこと、調査委員の任期が四年になったことである。税法整理案審査会が指摘したように、選挙法の改正がなされている点に注目したい。これまでの記名連記制は調査委員と選挙人の定員分の氏名を書くことができたが、これが定員の半数に制限されたのである。これは制限連記制と称されている。申告奨励策を受けて、調査委員の選挙権には申告義務があることが強調されている。また、第二期以降の納期限が、十一月三十日が同月十五日のように、それぞれ半月繰上げられた。なお、納期限の半月繰上げは、一般の取引観念との相違や、滞納の増加などの弊害を惹起し、大正七年改正で元に戻されている。[58]

大正二年の第三十回帝国議会には、犬養毅等の国民党が、独自の所得税法改正案を提出していた。同党の主張は大規模な減税案であったが、そのなかに所得調査委員会を諮問機関から決定機関に改正するとの項目があった。[*59] 税務官吏の苛斂誅求を、人民の代表者である調査委員が防止するという主張である。これは調査委員会に賦課課税を任せるもので、主税局長菅原通敬は国家の課税権を盾に認めないとしている。[*60] そして、民間の代表である調査委員会の決議により政府決定するので、実態は決定機関と変らないと説明しているのである。議会も基本的にはこうした理解に立っているようで、とくに大きな議論には発展していないが、この議論は大正九年にも繰り返されている。

## 小括

明治三十二年法による第三種所得税の賦課課税は、税務署の第一次調査をもとにした、所得調査委員会の第二次調査による政府決定が原則であった。調査委員会の決議は政府決定に拘束力を有しており、それ故に課税結果に対する納税者の理解も得られるのである。調査委員会の役割は、税務署の所得標準による統一的な所得推計に対して、事情精通者として地域や個人間の権衡をはかることであった。そのため調査委員の選出には、特定の市町村への偏在を防止できる複選制と記名連記制が採用されたのである。そして地域の納税者代表である調査委員が所得税の賦課課税に参与することで、円満な賦課課税が期待されたのである。

しかし、日露戦後の改善例からわかるように、調査委員会の実態は税務署の調査額を削減する機関と看做されるようになっていた。調査委員会の弊害とされた「理由なき削減」とは、事実に基づかない一般的な負担軽減要求ということである。納税者の増加や税務署の統廃合による管轄区域の拡大は、調査委員の事情精通者としての役割を低下させるのであり、それをカバーしようとしたのが「理由なき削減」決議ではなかったかと推測している。こうした変化は、日露戦時以降顕著になっていったと考えられる。

明治三十二年法により申告書は参考とされ、申告や申告内容の修正を求められることはなくなった。しかしそれは、四月の申告額とは異なる決定を、九月に納税者が受け取ることを意味した。その多くは申告額より多い金額と考えられるので、納税者の税務当局への不審や不満は高まり、決定に対する質問や審査請求などが増加することになる。決定額への疑問や不満・不服は徴収成績に直結するだけでなく、調査委員会に対して「理由なき削減」を迫る圧力ともなるであろう。そのため調査委員会は、調査額の削減機関と称されるようになったと思われるのである。ただ、この時期の所得調査委員会の実態は、府県管掌時代と同様、具体的にわかっているわけではない。[*61]

日露戦争による未曽有の増税は、明治三十二年法のもとでの所得税の賦課課税の修正を余儀なくさせた。明治三十八年改正の狙いが納期限の繰上げにあったように、租税収入の早期確保が目的であった。そのなかで調査委員会もまた、会期短縮のため会期制限や市部の独立などの修正がなされ、調査委員選挙の簡素化もはかられたのである。市部の調査委員会の独立は都市部の商工業者の要望によるものであり、これ以降所得税の賦課課税への商業会議所の関与は強まっていくのである。

日露戦後に顕在化したのは、所得税の滞納問題であった。その理由は、過重な負担というだけでなく、納税意識の欠如や怠慢、金利主義、課税への不服などであった。日露戦後における増税路線の継続は、減税要求や税務官吏の「苛斂誅求」批判を強めた。そのなかで行財政改革による税務監督局および税務署の統廃合が断行され、明治四十二年には職員数も大幅に削減された。「苛斂誅求」批判や職員の減少は審査請求の急増を招き、事務渋滞による大量の未決事案を発生させた。そこで主税局は、所得税の賦課課税の見直しに着手するのである。それは所得申告や税務署の調査、調査委員会をも含む、申告から納税までの賦課課税システムを対象とするものであった。その過程で、所得税は申告税と改めて位置付けられ、誠実な申告の是認方針が打ち出されたのである。ただ、衆議院で制裁規定が否決されたため、申告奨励策は納税者への説諭を唯一の手段とせざるを得なかった。そのため税務当局は、納税者の協力を求める姿勢に転換し、納税観念の向上を訴えていくことになるのである。

調査委員会の見直しのなかで強調されたのは、調査委員会や調査委員と税務当局との意志の疎通をはかり、税務署の調査額についての丁寧な説明による円満な課税の実現である。同時に納税者に対しても叮嚀な対応が求められた。調査委員会の削減率の低下や再調査・審査請求の減少は、こうした改善策の成果と言えよう。そして「円満な課税」の基礎にある、税務署の調査能力の向上のなかでは、各種の所得標準率の改訂や申告内容を賦課課税に反映させることなども指示されるようになった。申告奨励策により、標準率一辺倒から脱却し、納税者の個別事情を勘案した、よりきめ細かい調査が税務当局に要請されるようになったのである。

## 第三節　第一次世界大戦と所得調査委員会

### 1　税制改正と調査委員会

#### (1)　大正九年法と「課税の公平」理念

大正九年の税制改正では、所得税と酒税を中心とする増税が行われた。大正七年度、所得税の税収は酒税を抜いて初めて国税収入のトップとなり、税制および税収において中核的な位置に据えられた。同年の改正は、第一次世界大戦による経済情勢の変化に対応するものであったが、税制整理については臨時財政経済調査会の審議に待つこととされた。所得税については、大正九年に全文改正され、同十五年に補正の改正が行われた。

大正九年法の施行にあたり主税局は、現行の所得税法は、幾多の不備により「課税ノ公平、負担ノ権衡」が不充分であるとし、「社会政策ノ加味」による改善整理を行ったと説明している。[*62] とりわけ、小所得者の負担軽減と大所得者の負担増により、「実際ノ担税力ニ適応シタル課税」が意図された。日露戦後の税制や税務行政の改善のなかで、あらためて所得税が申告税と位置付けられたことは既述の通りであるが、国民の所得に応じた負担の実現という考え方もまた、所得税本来の性格から説明されるものであった。大正九年法の執行においては、所得に応じた負担は国民の義務であり、その円満な施行においては「国民ノ自発的申告及協助ニ待ツニ非サレハ、到底其ノ目的ヲ達スルコトヲ得ス」と、国民の自覚と協力が前提とされたのである。[*63] 国民が政府に協力すべき義務とは、第三種所得税については、誠実な申告、申告とセットになった諸控除申請、支払調書の提出などである。政府案には調査に協力する義務も掲げられており、その義務を果たさない者への罰則として制裁規定も定められていたのである。しかし、支払調書に関する項目以外はすべて衆議院で否決されたため、より国民の納税観念に訴える方策がとられるに至るのである。そして、所得税の執行方針が官民協調路線をとり、国民の自覚と協力を訴えたことは、税務官吏の応対など税務行政の大胆な改善を必然化した。そしてそれは、大正十二年六月に主税局が公表した「税務行政の民衆化」方針として税務行政全体に波及していくことになるのである。[*64]

このような状況のもと、税務署の調査だけでなく調査委員会の公平性にも社会的関心が高まっていく。堀内正作は、調査委員会を「納税者の選良を以て組織せる国家機関」と位置付け、情実に左右されずに「課税の公平円満を期す」ことが必要であるとしている。[*65] 往々にして調査委員会は民間代表として調査額の削減のみを図る傾向にあり、税務当局からは逆に課税の公平を阻害する「有害無益」の存在と批判されることもあった。しかし、これは運用上の弊害であり制度上の欠陥ではない。むしろ納税者の代表を所得調査に参与させる調査委員制度は、「立憲行政上善美の制度」であると評されている。堀内は、調査委員の民間代表としての利害の主張に理解を示しつつも、不当な削減などの弊害を戒め、国家機関の一員として課税の公平を図ることを調査委員に求めているのである。

ここでの説明は、税務当局の立場からする理想の調査委員会制度論といえる。しかしこのことは、逆に調査委員会の公平性というものの難しさを示しているといえる。以下、「課税ノ公平」を軸に、賦課課税の変化を追って行きたい。

大正九年改正に際して東京税務監督局は、第三種所得調査の一般方針のなかで、「課税ノ充実ト公正トヲ図リ、円満裡ニ良好ナル成績ヲ収ムルコト」に努力するよう通達した。大戦景気から一転して不況になったことへの警戒感のもと、不況期には「課税ノ過当」を原因とする「民ノ怨声」が大きくなることが懸念されている。[*66] それを防ぐためには、所得の実態を捕捉し「応能課税」の実を挙げることが必要とされた。東京局の「応能課税」が、主税局の「課税の公平(=負担の権衡)」と同義であることは言うまでもない。

東京局が注意を払っていたのは、不況のもとでの商工所得課税であった。納税者間の権衡を欠くことは「物議ノ固」であり、「調査粗漫ノ議」を免れないだけでなく徴税にも影響する。そのため営業者については、同業者の生活状態に注意するとともに、「事情精通者及嘱託員等ノ意見ヲ参酌シ」、業界内の位置を勘案して権衡を保持するよう指示したのである。同業者内における営業者のランクに注意して、同業者内での権衡を図るとの指示である。嘱託員とは、主に営業所得の調査において税務署が委嘱した同業組合長などの業界関係者である。大戦後に急増する商工所得の賦課課税にあたり、商工団体や商工業者の関与が必要とされていたのである。

大正九年法により、調査委員の選挙は間接選挙から直接選挙に改正された。調査委員の選挙制度は、大正二年改正で定員の半数に投票する制限連記制になったが、複選制・記名連記制などの基本的な部分に変化はなかった。これが無記名一人一票の直接選挙になったのである。選挙権も、管内に居住する前年の所得税納税者で、その年の申告書を提出した者と規定し直された。得票順の当選や、立候補制ではなく、当選者は特別の理由がない限り当選を辞退できないなどの規定は、これまでと同じである。当時、直接選挙は普通選挙と称されており、衆議院議員選挙において納税要件を撤廃する普通選挙運動が盛り上がりをみせていた。そのため調査委員選挙制度もまた、公平性の観点から直接選挙(=普通選挙)への改正が必然と考えられたようである。

もともと複選制や記名連記制は、納税者の代表である調査委員が特定の地域に偏らないようにする目的で採用されていた。調査委員会が、管内の事情精通者による調査額のチェック機能を果たすためには、なるべく広い地域からバランス良く調査委員が選出されるのが望ましいからである。しかし、現行の間接選挙は特定候補者への投票運動を容易にするとの批判があり、一部でそのような弊害が認められたという。[*67] こうした弊害を防ぐために、選挙制度改正の請願が毎年のように衆議院に提出されていたのである。

大正八年一月の大阪商業会議所の意見書には、調査委員の普通選挙や納税者数に応じた定員、それに同業組合等からの委員選定の要望が示されている。[*68] 同年の全国商業会議所連合大会では、民間の審査委員は各府県一名宛とすること、調査委員の定員を最低五名とし、納税者一〇〇〇人を増加するごとに一名増員すること、調査委員会に納税者への質問権を附与するなどの決議がなされている。[*69] 間接選挙や記名制限連記制の弊害を訴えていたのは、全国商業会議所などに結集する商工業者だったのである。日露戦時には商工業者の増大を背景に都市部の調査委員会の独立を実現したが、大戦後は直接選挙制度の導入を含め調査委員会における商工業者の発言力を強化しようとしたのである。大正九年の直接選挙制に続き、大正十五年改正では定員が五名から七名に増員された。実際の定員は三〜十五名までと幅があるが、これにより所得税納税者に占める調査委員の割合は倍近く増加した。その背後には大戦後に増加した商工業者や業界団体の要望があったのである。

業界団体の要望は選挙制度改正に止まらず、業界代表委員の選出や、納税者への質問権など調査委員会の権限強化も要望されていた。このような商工業者の要望の一部については税務当局においても必要性が認識されており、すでに業界団体等からの意見聴取などにより営業者の苦情を予防する措置がとられていた。主税局が主催した大正十三年五月の全国司税官会議は、税務行政の円満な執行に関する改善策について、第一線の税務署長と初めて協議を行った会議であった。[*70] ここで出された第三種所得税や調査委員会に関する意見は、①課税最低限の引き上げ、②二市以上の調査委員会の合併、③調査委員の職業別選挙、④会期の半減と調査委員の倍増、⑤税務署長を調査会の会長とすること、⑥納期限の大幅短縮、⑦無申告者には審査請求権を付与しない、⑧税務官吏への帳簿検査権付与、⑨署長への銀行調査権付与、⑩団体諮問の導入などである。これらを見ると、所得税納期限の大幅繰上げを目的に、調査委員の職業別選挙、調査委員会の会期短縮や手数の簡素化、税務官吏の調査権限強化を図る意見が多かったことがわかる。

これら第一線の税務署長の意見は、調査委員の職業別選挙や団体諮問など、調査委員会に業界団体の要望を取り入れる傾向が特徴的である。団体諮問は営業税で行われていたもので、賦課決定の繰上げを図る税務当局にとって、課税後の異議申立が多い所得税の円満な執行のためにも、業界団体の意見を聞く必要があったのである。その一方で、調査委員会の会長を税務署長にすることや会期短縮など、調査委員会における税務署の主導権確保の意図も見える。業界の意見を聴取し、それら業界間の課税の権衡を図るためには、調査委員会は業界団体の利害の調整の場としての性格を強めることになる。そうした調査委員会における利害調整のためには、税務署主導の運営が必要とされたのである。さらに調査委員会の「恣意的」な決議を防止するには、税務当局による正確な所得調査が必要であり、そのためにも税務官吏の調査権限強化は必須なのである。調査委員会に対する税務当局の認識は、以上のようなものであったと考えられる。

戦後不況のなかで「課税の公平」理念が掲げられ、一等国の国民としての自覚と国民の義務が強調された。そのなかで税務当局に要請されたのは、負担の権衡による円満な課税の実現であった。なかでも重要視されたのは商工所得課税であった。業界内における営業者の権衡だけでなく、業界間の権衡保持が要請されるようになった。そのため所得調査への営業団体等の参画は、営業団体と税務当局の双方の要望により拡大されたのである。大正九年と同十五年の調査委員に関する制度改革は、こうしたなかで実現されたのである。

### (2) 大正十五年改正と実績課税

大正十五年改正では、所得税の補完税として地租と営業税を修正し、資本利子税を創設することとされた。そして、所得税の納期限を含む賦課課税の繰上げが実施された。これにより申告と控除申請の提出期限は、四月末日から三月十五日に繰上げられた。三月十五日の申告期限に間に合うよう、申告書や申告注意書は二月末までに送付することとなり、調査委員会の会期は八月三十日から五月三十一日に、第一期の納期限も九月三十日から七月三十一日に繰上げられた。調査委員会は四月二十日以後の開会とされ、会長選出や休会日・公休日も会期に含むこととして会期の短縮が図られたのである。ちなみに五月三十一日は、営業税調査委員会の会期最終日であった。申告時期や調査委員会の会期繰上げにより、調査委員の四年ごとの改選は十月に実施されることになった。

納期限の繰上げには、以下のような経緯があった。税制改正の過程で、営業収益税と資本利子税は、所得調査委員会の調査による賦課課税となり、納期や審査請求なども所得税と同じにする方向で検討されていた。だが、そうすると営業税の第一期納期限が六月三十日から九月三十日に繰下げられることになり、租税収入が年度後半に集中する結果となる。そこで第一期納期限を五月三十一日に繰上げることで、重要な租税収入である所得税などの早期収納を図ったのである。[*71] 納期限の繰上げは、これ以降も検討が続けられているが、実際に繰上げられるのは戦時体制下においてである。

大正十五年改正では、納期限の繰上げだけでなく実績課税主義が導入された。従来、第三種所得の課税標準は前三か年の平均予算とされていた。それが改正により、山林所得などを除いて原則前年所得による実績課税になったのである。課税標準を前年の実績主義とした理由は、所得の種類により異なる課税標準を統一して申告の手数を簡単にするためと説明されている。[*72] また、実績課税にすることで課税標準がわかり易くなり、公平な課税が実現できるとも説明されている。

ただ、実績課税への改正には、別の理由もあったと考えられる。それは表16で指摘した、大戦後の調査委員会における再調査の増加である。

### 表19　大正11年分の再調査及び政府決定事例

| 府　県 | 調査委員会名 | 税務署の調査額 | | 調査委員会の再調査決議額 | | | 政府決定額 | | |
|---|---|---|---|---|---|---|---|---|---|
| | | 人員 | 所得金額 | 人員 | 所得金額 | 所得金額削減割合 | 人員 | 所得金額 | 所得金額削減割合 |
| 茨城県 | 水戸（市部） | 212 | 627,820 | 212 | 565,536 | 9.9% | 212 | 627,820 | 0.0% |
| 滋賀県 | 大津（市部） | 824 | 1,918,228 | 821 | 1,830,430 | 4.5% | 821 | 1,830,430 | 4.5% |
| | 大津（郡部） | 3,332 | 5,144,135 | 3,332 | 4,882,036 | 5.0% | 3,332 | 4,882,036 | 5.0% |
| | 彦根 | 1,785 | 3,330,796 | 1,769 | 3,098,714 | 6.9% | 1,769 | 3,098,714 | 6.9% |
| | 長浜 | 608 | 1,426,010 | 608 | 1,354,309 | 5.0% | 608 | 1,354,309 | 5.0% |
| | 今津 | 536 | 917,855 | 512 | 851,336 | 7.2% | 512 | 851,336 | 7.2% |
| 青森県 | 弘前（市部） | 194 | 632,873 | 194 | 608,964 | 3.7% | 194 | 632,873 | 0.0% |
| | 弘前（郡部） | 1,868 | 3,506,538 | 1,868 | 3,087,756 | 11.9% | 1,868 | 3,506,538 | 0.0% |
| 福島県 | 棚倉 | 21 | 335,319 | 21 | 206,410 | 38.4% | 21 | 335,319 | 0.0% |
| 岐阜県 | 多治見 | 3,024 | 4,175,744 | 2,684 | 3,372,735 | 19.2% | 2,684 | 3,372,735 | 19.2% |
| 岡山県 | 倉敷 | 52 | 455,898 | 52 | 393,715 | 13.6% | 52 | 448,440 | 1.6% |
| 香川県 | 高松（市部） | 62 | 503,567 | 62 | 443,429 | 11.9% | 62 | 477,273 | 5.2% |
| 徳島県 | 徳島（市部） | 58 | 1,166,068 | 58 | 915,803 | 21.4% | 58 | 1,107,247 | 5.0% |
| 福岡県 | 遠賀（八幡市） | 81 | 387,459 | | | | 81 | 387,459 | |
| 合　　計 | | 12,657 | 24,528,310 | 3,193 | 21,611,173 | 11.8% | 12,274 | 22,912,529 | 6.5% |

※『所得税』52②より作成．人員は人，金額は円．原史料に数値の合わない箇所があるが再計算した（小数点第2位以下切捨て）．遠賀税務署管内の八幡市調査委員会は，調査未了につき政府決定となった．なお，この数値は速報値であり，『主税局第49回統計年報書』の最終数値とは異なることをお断りしておく．

表19は、大正十一年分の再調査等の事例について、税務署の調査額と調査委員会の再決議額、それに政府決定額を一覧にしたものである。再調査決議額の削減割合は調査額に対する決議額であり、政府決定額の削減割合は決議額に対する決定額の割合である。

まず、大津税務署以下の滋賀県各税務署と弘前税務署（市部・郡部）について見てみよう。滋賀県の場合、大津商業会議所において県内の所得調査総委員会が開催され、農業所得についての対税務署策を協議していることが確認できる。[*73] 県内の調査委員の連繋のもとで税務署との協議がなされたようで、いずれも再決議額で決定している。最初の決議額は調査額を若干削減した額であったが、再調査で削減率はアップしている。弘前税務署の場合は、市部は「比較的順調円満」に進行していると報じられているが、郡部は税務署の原案に対して大修正を加えたとある。[*74] その理由は、春の田畑標準調査の際、調査委員からも代表をだして税務署と共同調査を実施したにも拘わらず、その結果が無視されたことへの反発であった。郡部は、税務署の「反省を促す」ため再調査覚悟の大幅削減を決議し、市部もこれに同調したようである。[*75] しかし「反省を促す」ための大幅削減は認められなかった。この年の青森県内では、田畑所得が争点になった青森税務署（郡部）が最終日の徹夜の折衝で閉会にこぎつけ、再調査と報じられた八戸税務署も何とか閉会という状況であった。[*76] 滋賀・青森両県の再調査は、どちらも田畑所得を巡って再調査となった事例である。ただ、その結果は対照的で、協議に応じなかった弘前税務署の場合は再決議も否認されたのである。再調査の対象の多さから見て、多治見税務署の場合も同様に田畑所得を巡るものと推測される。

倉敷税務署の場合は、申告書を精査した結果、若干名について権衡上問題ありとして再調査になっている。再調査には三名の調査委員しか出席せず、納税者から修正の理解が得られた分については再決議し、残りは調査委員会原案のまま決議したとされている。[*77] しかし調査委員会の原案は不当とされ、政府決定になったのである。争点が不明であるが、再調査人数の少なさから一部の営業所得を巡るものと推測される。遠賀税務署（八幡市）の場合は、貸座敷業全員と料理屋・医師など特定業種の八十一名分が再調査未了のまま政府決定になっている。[*78] これは遊郭関係者の営業所得をめぐるもので、政治的な動きが推測される事例である。

大正十一年に、田畑所得を巡る再調査が多かったのには訳があった。それは、同年分の田畑所得標準率が「ベラボウに高かった」からである。[*79] 高かった理由は、田畑所得の課税標準が前三年の平均値だったからである。大正八〜十年の高騰時の米価をもとに標準率が見積もられ、しかも大正十一年は米価低落の年であったため標準率の高さが際立ったのである。大正十年分に再調査が多いのも同様である。順に課税されていく理屈ではあるが、異常な米価高騰などがあった場合、課税標準の米価が納税時と大きく異なるので重税感が増すのである。これが田畑標準率をめぐる再調査が多くなった理由であり、大戦後の米価高騰時に特徴的な事例だったのである。それを証明するように、実績課税導入後、再調査は急減するのである。

ただ、営業所得については、これ以降も再調査の事例は続いている。たとえば昭和三年の再調査は和歌山県新宮税務署と岡山県岡山税務署（市部）の二例であるが、どちらも営業所得に関するものである。新宮税務署は、木材業者の調査額を昨年並みに削減したため再調査になっている。[*80] 岡山税務署（市部）も営業所得をめぐるもので、商工会議所に属する市内の商工業者一〇〇余名が税務署に押しかけ警官隊が出動する騒ぎになっている。[*81] 税務署の調査額は昨年比一〜二割増しであったが、調査委員会が協議に応ぜず、会期を残して昨年並みに削減決議したことから再調査となった。再調査に抗議するため、多数の営業者が押しかけたのである。

実績課税により、大戦後の特殊な理由による田畑所得を巡る問題は沈静化した。しかし、大戦後の経済変動により課題を抱えたのは、むしろ商工所得のほうであった。ここにも、大戦後の特殊な事情があったのである。

大正十一年頃、東京税務監督局内の一部職員により、所得標準率無用論が唱えられた。「先年或署から標準率無用論が提唱された」とか、「標準率の廃止と云ふ事は、曾て、署長又は有力な課長や局員によりて、提唱されたのを聞いた事は一再ならぬ」と記されている。[*82] 従来の所得調査の中心である所得標準率は、各種所得の平均値で所得を推計するものであり、ときに実態との乖離が生じる。そのため個々の事情を勘案して権衡を保持するのが、税務署は勿論、調査委員会の役割のひとつであった。しかしそれは、「平静順当」な場合であって、元来標準率は「波瀾曲折のある場合には適用すべきものではない」[*83]。「波瀾曲折」の場合に必要なのは「実査主義」なのである。標準率無用論とは、標準率の実態との乖離や、多様な営業者に一律に適用することの不可能を理由に、実地調査による課税を主張するものだったようである。しかし、すべての実地調査が不可能なことは明白であり、結局は標準率の適用方法の改善等により適正な課税を実現することとされたのである。

標準率無用論は、ある意味、公平な課税を追求するうえでの理想論と考えてよい。東京局でこうした議論が起こったのは、東京税務監督局長勝正憲が所得標準率による推計は理想的な方法ではなく、それが税務批難の焦点であると改善の必要性を公言していたからと考えられる。ただ、勝局長の真意は、標準率で算出した所得が実況に適しているかどうかを詳細に観察し、「公平課税・適実課税」の実を挙げることにあったのである。

大戦後における再調査の増加は、従来の方法では課税の公平を保持できない状況に立ち至ったことの現れであった。田畑所得については実績課税により鎮静化した。だが、商工所得については標準率の見直しや選挙制度改正がなされたものの、商工業者や団体の更なる参与が検討されていくのである。

## 2 調査委員会の役割低下

### (1) 申告奨励と賦課課税

申告奨励は、大正九年法で所得税の執行方針として改めて位置付け直された。しかし制裁規定が衆議院で否決されたため、諸控除申請は申告と同時に行うとの税法上の規定を根拠に、税務当局は無申告者の控除申請を認めない方針を打ち出した。申告の有無は、「納税者ノ苦情、徴収成績ノ良否及調査委員会ニ対スル関係等ニ於テ重大ナル影響」があるだけでなく、経済情勢が変化している現状においては、商工所得課税の円満を期する上での「殊更有力ナル武器」であり「安全弁」なのだと東京税務監督局は明言している。[*84] 申告奨励もまた、大戦後の経済変動への対処のなかで、所得税賦課課税のスタートとしての重要な位置を与えられたのである。そして、前年に比して大幅に所得が増加する者、毎年苦情を訴える者等への叮嚀な説明により、決定後の苦情をなくし「課税ノ円満」を期すとしている。

大正十年の東京局の執行方針では、「逐年租税ノ社会的感触鋭敏ヲ加フルノミナラス」、改正法施行により「此ノ傾向一層濃厚」を加えていると、社会全体の租税への関心が向上していることが指摘されている。[*85] そのなかで、納税者の誠実な申告が是認されるかどうか、関心が高まっているのである。そのため東京局では、申告書を軽視せずに納税

**表 20　大正 11 年分・昭和 9 年分第三種所得の申告是認状況**

| 税務監督局名 | 納税者数 A | 申告者数 B | 申告率 B/A | 申告是認数 C | 是認率 C/B | 控除申請数 D |
|---|---|---|---|---|---|---|
| 東　京 | 471,973<br>241,795 | 245,839<br>204,024 | 52.0%<br>84.3% | 97,914<br>36,260 | 39.8%<br>17.7% | 151,210 |
| 大　阪 | 367,344<br>210,042 | 125,911<br>110,697 | 34.2%<br>52.7% | 18,956 | 15.0% | 128,719 |
| 札　幌 | 57,888<br>26,461 | 22,449<br>21,312 | 39.3%<br>80.5% | 5,391<br>3,062 | 23.6%<br>14.4% | 17,781 |
| 仙　台 | 137,232<br>46,697 | 47,909<br>37,647 | 34.9%<br>80.6% | 5,758<br>3,551 | 12.0%<br>9.4% | 66,024 |
| 名古屋 | 304,537<br>113,540 | 123,893<br>109,689 | 40.6%<br>87.8% | 9,012<br>8,885 | 7.2%<br>8.1% | 115,901 |
| 広　島 | 192,151<br>73,662 | 76,066<br>55,374 | 39.5%<br>75.1% | 22,060<br>6,450 | 29.0%<br>11.6% | 118,088 |
| 丸　亀 | 79,562<br>28,646 | 22,413<br>15,450 | 28.1%<br>53.9% | 2,863 | 12.7% | 38,944 |
| 熊　本 | 275,318<br>108,020 | 89,308<br>94,706 | 47.0%<br>87.6% | 12,317<br>6,945 | 13.7%<br>7.3% | 106,466 |
| 合　計 | 1,886,005<br>848,863<br>(622,716) | 753,788<br>648,899<br>(531,899) | 39.9%<br>76.4%<br>(85.4%) | 174,271<br><br>(66,090) | 23.1%<br><br>(12.4%) | 743,113 |

※上段が大正 11 年分（『所得税』52①），下段が昭和 9 年分（『税』第 13 巻第 2 号）である．昭和 9 年分の大阪局の是認数は不明である．なお，（　）は大阪局を除いた道府県の合計である．割合は，小数点第 2 位以下切捨て．

者の主張を充分に聴取し、不審や誤解等については懇切に説明するよう指示していたのである。

諸控除申請と申告をセットにすることで、大正から昭和期にかけての申告率は四〇～五〇％を推移するようになるが、これはあくまでも申告率であって申告是認率ではない。給与所得等については支払調書により正確な把握が可能である。しかし、商工庶業所得についての申告をどの程度是認できるかは、税務当局に対する社会の信頼度の問題としても重要であった。

表20は大正十一年と昭和九年の申告是認割合を税務監督局別に集計したものである。申告率は納税者に占める申告者の割合で、是認率は申告者に占める申告是認数の割合である。全納税者数に対する申告是認数の割合となると、当然ながらその比率はもっと低下する。管見の限り、全国の是認数がわかるのは

大正十一年分だけで、昭和九年分は大阪局分を欠いている。是認率の全国平均は大正十一年分が二三・一％で、大阪局を除いた昭和九年分は一二・四％である。申告率が倍近く上昇しているにも関わらず、申告是認率はほぼ半減している。申告数が減少しているのは、大正十五年改正により免税点が一二〇〇円に引上げられたからである。昭和六年の『税』には、近年の申告是認率は二割強に過ぎず、その大部分は家族扶養控除を申請する小所得者であると指摘されている。[*86]免税点の引上げにより控除申請とセットになった小所得者の申告が減少したことが、大幅な是認率低下の要因と考えられる。

明治三十四年の東京税務管理局管内（東京府、埼玉県、千葉県、群馬県）の申告状況をみると、申告是認率は五四・六％で、税額の是認率も五〇・八％である。[*87]明治三十二年法以前は事前に申告の有無や申告内容がチェックされていたので、まだ是認率も高かったと考えられる。しかし大正七年分の全国の申告是認率は三八・六％で、納税者数に対する是認率は一〇・八％に低下している。[*88]税務当局は、日露戦後から所得の種類や調査額に応じた是認範囲を定め、誠実な申告を奨励するため少額の差であれば申告を是認してきた。[*89]大正十二年の税務監督局長会議では、調査額に対し一割内外の差であれば是認することが決定されている。[*90]しかも東京局では、これを「誠実者寛税」の取り扱い例として、大正十四年に雑誌『税』に公表しているのである。[*91]

誠実な申告の是認方針は、税務行政の民衆化方針もあって、納税意識や税知識の向上に繋がっていった。納税観念の涵養はマスコミでも喧伝され、逆に誠実な申告にも拘わらずこれを是認しない税務署の態度が批難されるようになる。[*92]納税者からすれば、課税は正しくて当たり前であるから税務当局への批判は強くなる。昭和三年の『税』には、現職の専売局長官による申告廃止論まで掲載されている。[*93]投書のきっかけは彼の親族のケースで、申告書との照合を怠って配当の一部を重複課税するという税務署の単純ミスであったが、その背景に税務当局の申告軽視の態度を指摘し、申告奨励策の改善を促したのである。また、福岡県久留米税務署（市部）の調査委員は、税務署は申告額が調査額を上回る場合は是認するが、逆の場合には一定額を越えれば一律に否認する傾向があると指摘している。標準率により算出した税務署の調査額は絶対ではないし、また申告書の信憑性が高くないのも事実である。しかし機械的に処理しないで、申告内容の適否を調査すべきだと主張しているのである。[*94] 商業帳簿の不備など納税者側の問題点もあるが、商工庶業所得標準率の適用方の改善など、税務当局の調査に対する「提言」も少なくない。『税』は税務行政の民衆化を普及させる目的で刊行された雑誌で、編集者は東京税務監督局の職員である。敢えてこのような記事を掲載することで、税務行政の民衆化を促進しようとする姿勢が窺える。申告奨励策は、納税者の税法や税務行政への関心を高め、逆に税務当局の調査方法に改善を迫る要素ともなったのである。

### (2) 調査委員の直接選挙

大正九年の選挙制度改正と同十五年の定員増が、商工業者の要望を入れたものであったことは既述の通りであるが、その後の実態はどうであったろうか。いずれも直接選挙時代であるが、都市部と農村部の例を挙げておきたい。

大正十四年の東京市内の調査委員選挙の状況は、以下の通りであった。[*95] 日本橋区役所前（永代橋税務署管内）には候補者の立て看板が並び、それぞれの候補者の徽章を付けた運動員が右往左往している。ここは定員九名で調整がついたと思ったら、もう一名立候補したため「激戦」となり、衆議院議員選挙のような騒ぎになっている。そのため、某候補者は一万円を遣ったなどの情報も流れている。浅草区（厩橋税務署管内）では、婦人有権者も多数見受けられる。浅草区は調整がついたが、同じ厩橋署管内の下谷区は対照的に一名超過の大混戦である。郡部の亀戸税務署管内は無競争で、各陣営とも意気が上がらず、取材する気も起きないような静けさであったという。このように東京においては、ほとんどの選挙区で候補者の事前調整がなされていることがわかる。調整がつかなかったほうが、逆に予想外として一般の関心を集めるという状況である。

なお、明治三十二年法は調査委員の選挙権について、無能力者などの欠格者を除けば、単に管内居住の納税者（申告書提出者）としか定義していない。大正九年法もまた基本的にそれを受け継いだので、所得税納税者であれば女性や在留外国人も選挙権・被選挙権を有することになった。選挙には多くの女性の参加が確認できるが、女性の所得調査委員は確認されていない。これは民法が家制度維持の観点から妻を無能力者と規定しているため、所得税納税者であっても有夫の婦人には選挙権が認められなかったことが影響していると考えられる。ただ、外国人の調査委員は存在する。大正九年と同十四年の神奈川県横浜税務署管内の、シーケー・マーシャル・マーチン（Martin C.K Marshall）というイギリス人貿易商である。彼は、横浜始審裁判所通訳やジャパン・ガゼット社主などを勤めた人物で、「国際所得調査委員」として、居留地の外国人よりも市内の役人や教員たちの投票で当選したと評されている。[*96]

候補者の事前調整が一般的だったことは東京の例からも明らかであるが、これは農村部でも同様であった。むしろ農村部のほうが、締め付けは強かったようである。岩手県胆沢郡・江刺郡を管轄する水沢税務署管内では、昭和五年の調査委員選挙での候補者調整が確認できる。[*97] 調査委員の定員は六名、有権者は両郡で五五七名である。両郡では前回と同様、協定を締結して無競争で選出することに決している。事前調整は今回が初めてではない。候補者は有権者の約三四％の江刺郡が二名（補欠員一名）、約六四％の胆沢郡が四名（同五名）である。江刺郡はすべて岩谷堂町から、胆沢郡は水沢町二名（同二名）、前沢町一名（同二名）、金ケ崎町一名（同一名）である。江刺郡では、投票日の一週間前に公会堂で調査委員の予選会が開催され、候補者二名が決定している。そして有権者には、投票する候補者名を指定した推薦状が出されているのである。調査委員選挙は立候補制ではないし、直接選挙への転換で一人一票に制限されたため、今まで以上の事前調整が必要になったと思われる。この協定の主体がどのような人たちなのか、地元の事情を詳らかにしないが、選挙結果は事前調整通りであった。

大正十四年度の調査委員選挙は、普通選挙運動の影響で、これまでの「無風地帯」から政党政派の影響を受ける「弊

表21　所得調査委員関係の陳情・請願・建議一覧

| 年　　月 | 要　　　　旨 | 提　　出　　者 |
| --- | --- | --- |
| 大正14年6月 | 調査委員の定数増加 | 中国四国商業会議所・商工会連合会会長 |
| 大正14年7月 | 調査委員の定数増加 | 第8回島根県市町村長会会長 |
| 大正14年7月 | 調査委員の権限拡張，所得標準歩合決定に参与 | 商業会議所連合会長 |
| 大正14年8月 | 同　上 | （社）東京実業組合連合会長 |
| 大正14年10月 | 市部の調査委員選挙事務を税務署長の管掌とする | 釧路市長外 |
| 大正15年5月 | 調査委員の権限拡張<br>調査委員の定数増加（原則10名） | 千葉県所得調査委員一同 |
| 大正15年6月 | 所得標準率決定への参与，調査委員の定数増加 | 東京税務監督局管内所得審査委員 |
| 大正15年8月 | 調査委員会を決定機関とする，守秘義務の罰則廃止 | 香川県市町村長会議長 |
| 大正15年9月 | 調査委員の権限拡張 | 商業会議所連合会長 |
| 大正15年10月 | 調査委員の定数倍増 | 長野県町村長会長 |
| 大正15年10月 | 調査委員投票所の増設 | 横浜市長 |
| 大正15年12月 | 調査委員の定数増加<br>調査委員の選挙権拡張 | 山口県商工連合会長 |
| 大正15年12月 | 調査委員を1町村各1名とする<br>選挙資格は所得の決定を受けた者に付与 | 山口県町村長会副会長 |
| 昭和3年6月 | 調査委員を1町村1名以上に増加 | 山口県商工連合会 |
| 昭和3年9月 | 調査委員の定数増加 | 福岡県商工連合会長 |
| 昭和4年6月 | 調査委員の定数倍増 | 中国四国商工会連合会代表 |
| 昭和4年7月 | 調査委員の定数増加 | 山口県商工連合会長 |
| 昭和5年10月 | 定員増加と職業別の割当選出 | 新潟県実業団体連合会長 |
| 昭和6年1月 | 定数増加と選挙区の増設<br>選挙資格は所得の決定を受けた者に付与 | 山口県町村長会長 |
| 昭和6年2月 | 定数増加と選挙区の増設<br>選挙資格は所得の決定を受けた者に付与 | 全国町村長会長<br>四国商工会議所・商工会連合会長 |
| 昭和6年2月 | 選挙資格は所得の決定を受けた者に付与 | 山口県商工連合会長 |
| 昭和6年6月 | 定数増加と選挙区の増設<br>選挙資格は所得の決定を受けた者に付与 | 山口県商工連合会長 |
| 昭和6年7月 | 東京市の定数を区ごとに設定 | 東京市麹町区外14区会議長 |
| 昭和7年11月 | 定数増加と選挙区の分割 | 南予商工団体連合会長 |

※「大正12年以降　国税ニ関スル陳情，請願，建議要旨集録」大蔵省主税局（平19東京1431），「昭和財政史史料」第2号，第39冊（国立公文書館所蔵）により作成.

風」が浸潤していると指摘されている。[*98] 事前調整の主体が税務当局の警戒する政党関係者かどうか不明であるが、候補者の事前調整は複選制・記名連記制において容易に行われたことは疑いない。直接選挙のもとでも候補者の事前調整は継続されたが、それは地域や業界などを単位にして行われたと考えられる。

しかし、直接選挙と定員増の要望が実現したにも拘らず、商工業者からは依然として同様な要望が出されている。表21は、国税関係の請願等から調査委員会関係を抜き出したものである。これをみると、選挙関係では定員増、投票所増設、選挙権資格、職業別の選出などの要望があることがわかる。定員増は大正十五年以降も継続して要求されているが、その理由は所得調査委員会が個人の営業収益税と資本利子税の賦課課税を行うことになったためと考えられる。そしてそのことは、業界別・業界間の権衡保持が一層重要になったことを示している。ともあれ、定員増や職業別割当が継続して要望されているのは、調査委員会の委員構成に対する商工業者の不満の現れと理解できる。また、定員増は商工業者だけでなく、市町村長会などからも要望されている。こちらは各町村一名の調査委員要求で、地域代表をより多く選出したいとの要望である。このような地域代表や業界代表の増員要求は、円満な課税の実現を期する税務当局にとっても一定度は理解できるものであり、それは現行の調査委員会制度の限界をも意味していたのである。

## (3) 昭和初期の調査委員会

昭和五年から同十年まで、所得税額の政府決定額は調査委員会の決議額と同一であった。これは「円満な課税」の実現ではなく、むしろ税務当局と調査委員会の「馴れ合い」の結果であった。[*99]

第一次大戦後に商工業者の要望を受けた調査委員の選挙制度改正や定員増加などが実現し、調査委員会における商工業者の比重も高まったと考えられる。表22は、昭和九年に実施された全国的な調査委員の職業調査から、上位の職業を一覧にしたものである。これによれば、実に多種多様な職業の人々が調査委員になっていることがわかるが、兼業も含めると実際はもっと多様であると考えられる。[*100] これらの調査委員は、事情精通者として地域や業界の事情を勘案して調査額のチェックを行うのであるが、なかには業界や地域の利害を代弁する委員、私的利害を持ち込む委員などのケースもあったようである。そのため、「因縁情実に依つて自己と特殊関係ある者の私益のみを主張して、公益を省みないと」して、調査委員会の廃止及び縮小論が公然と出現するようになるのである。[*101] 調査委員が家族や知人の所得額を削減するとの批判は従来からあり、大正九年法では調査に関与できない範囲が本人だけでなく同一戸籍内の

表 22　昭和 9 年の所得調査委員の主な職業一覧

| 職業＼局別 | 東京 | 大阪 | 札幌 | 仙台 | 名古屋 | 広島 | 熊本 | 計 |
|---|---|---|---|---|---|---|---|---|
| 府県会議長 | | 2 | | | 1 | | 1 | 3 |
| 府県会議員 | 2 | 1 | | | | | 5 | 9 |
| 市会議員 | 2 | 1 | | | 2 | 4 | 14 | 23 |
| 町長 | 6 | 7 | 1 | 2 | 9 | 12 | 4 | 42 |
| 村長 | 6 | 12 | 1 | 5 | 6 | 11 | 22 | 53 |
| 官公吏 | 5 | 17 | | | 9 | 3 | 5 | 39 |
| 弁護士 | 2 | 4 | | 1 | 2 | | 5 | 14 |
| 経理士 | 12 | 13 | 1 | | 6 | | 3 | 35 |
| 税務代弁 | 4 | 4 | | | | | | 8 |
| 酒造業 | 29 | 41 | 7 | 29 | 33 | 62 | 43 | 244 |
| 会社銀行員 | 34 | 63 | 16 | 5 | 50 | 18 | 49 | 235 |
| 会社重役 | 21 | 38 | | 17 | 50 | 47 | 6 | 179 |
| 農業 | 25 | 20 | 2 | 63 | 16 | 14 | 18 | 158 |
| 呉服太物商 | 21 | 18 | 13 | 21 | 22 | 17 | 25 | 137 |
| 米穀商 | 32 | 17 | 18 | 12 | 15 | 10 | 25 | 127 |
| 医師薬剤師 | 23 | 107 | | 1 | 15 | 15 | 28 | 89 |
| 醤油製造 | 13 | 9 | 4 | 18 | 18 | 10 | 7 | 89 |
| 雑貨商 | 10 | 5 | 19 | 8 | 9 | 15 | 22 | 88 |
| 地主 | 45 | 22 | 2 | 1 | 1 | | 6 | 77 |
| 酒商 | 27 | 8 | 1 | 2 | 13 | 6 | 7 | 64 |
| 薬種商 | 17 | 15 | 2 | 5 | 10 | 6 | 8 | 63 |
| 無職 | 7 | 40 | | 2 | 7 | 3 | 3 | 62 |
| 銀行重役 | 5 | 11 | | 11 | 7 | 6 | 16 | 56 |
| 織物製造 | 15 | 18 | | 3 | 15 | 2 | 1 | 54 |
| 材木商 | 17 | 8 | 1 | 2 | | 5 | 9 | 42 |
| 郵便局長 | 4 | 10 | | 5 | 7 | 6 | 5 | 37 |
| 旅館業 | 12 | 8 | 2 | 1 | 4 | 4 | 3 | 34 |
| 土木建築業 | 7 | 3 | 2 | 1 | 5 | 5 | 5 | 28 |
| 金物商 | 2 | 8 | 3 | 4 | 3 | 4 | 4 | 28 |
| 貸座敷業 | 3 | 12 | | | 3 | 5 | 2 | 25 |
| 金銭貸付業 | 10 | 10 | 3 | 13 | 3 | 5 | 2 | 25 |
| 家主 | 9 | 7 | 1 | | | 1 | 5 | 25 |
| 運送業 | 4 | 4 | 1 | 4 | 1 | 3 | 7 | 24 |
| 陶器商 | | 6 | 1 | 1 | 3 | 5 | 2 | 21 |
| 魚商 | 3 | 4 | | 2 | 3 | 2 | 7 | 20 |

※『税』第 12 巻第 12 号（昭和 9 年 12 月）による．府県会議長など数値の合わない箇所があるが，史料のままである．

者にまで拡大され、調査委員の守秘義務違反の罰金も最高三〇円から五〇〇円に大幅に引上げられた。

調査委員の個人的利害の問題は、税務代弁業者の兼業問題に端的に現れている。昭和六年の税制整理準備委員会の調査資料には、郡市の所得調査委員会を合併すること（一署一会）、計理士などの税務代弁業者の調査委員兼業禁止、選挙違反の罰則規定などの事項が掲げられている。市部郡部別の調査委員会は、事務の繁雑と調査の不統一を招くとされている。税務代弁業者については、調査委員の立場を自分の職業に利用したり、審査請求の代理をするなどの弊害が目立つとされている。選挙違反の罰則については、衆議院議員選挙の罰則を準用して取締りを強化するとしている。[*102] 準備委員会は、税務代弁業者の調査委員兼業禁止と選挙違反の罰則規定は留保しつつも、残りは可決している。調査委員会の合併や税務代弁業者の調査委員禁止、選挙違反の罰則などは、大正十三年の司税官会議の要望と共通する意見である。税務代弁業者については部内でも意見が分かれており、調査委員の兼業が禁止されるのは昭和十三年からである。

この頃の調査委員会の動向については、昭和七年の福岡県の史料がある。[*103] 各調査委員会とも会長選出後に税務署長による調査方針や調査方法などの説明があり、商工庶業所得標準率の増加に対する質問や要望がいくつか出されている。昨年の不況で減少した分が増加されているため、その引き下げ若しくは斟酌を要求する点で共通している。小倉税務署（市部）および門司税務署（市部）では、所得標準率の引き上げについて説明した後、適用については納税者ごとに審議して賦課の公平を図りたいと署長が述べている。これに対して調査委員からは、「一般不況ノ折カラ出来得ル範囲ノ斟酌」を希望する意見が出され、初日の委員会を終えている。多くの調査員会も、所得標準率の説明の後は納税者ごとの斟酌交渉に移っている。ただ、福岡税務署（市部）は所得標準率の引下げ決議を行い、税務署の対応次第では県下の調査委員を糾合して標準率の修正協議を行い、税務監督局に陳情するとの強硬姿勢を見せている。福岡署（市部）の調査委員会は強硬姿勢に見えるが、他の調査委員会の状況を見ると実現の可能性は低く、最終的には納税者ごとの斟酌で協議が成ったものと思われる。ただ、福岡署（市部）の削減率は県内各税務署より一〜二％高かった。標準率の引下げは一律削減と同義である。この時期は、調査委員会の決議額と政府決定額が同一だった時期にあたる。こうした福岡署の事例は、税務署と調査委員会の駆け引きを示すもので、その実態は調査委員会の要請で個別の斟酌がなされていたのである。

第一次大戦後の課税の公平理念の高まりにより、業界内と業界間、地域や個人などにおける負担の権衡保持が強調された。調査委員会には調査委員の個人的利害だけでなく、地域や業界の利害もまた持ち込まれる。調査委員会がこれらの利害調整の場となっていることは前述の通りである。こうした斟酌は、ときに税務官吏や調査委員の贈収賄事件を引き起こす要因となり、納税者の批判を浴びることになるのである。

このような状況のもと、税務当局内部を中心に調査委員会の存否についての議論が起こっている。昭和十年頃の調査委員会廃止論および縮小論は、次のようなものであった。[*104] 廃止論は、「現在では一般に税法知識が普及し、租税道義の方も又著しく昂上して昔日の感がないのみでなく、税務官庁の調査技術や納税者に対する態度と云ったやうな方面も非常に進歩改善せられたから、此の制度を廃止したからと云って税法の適正円滑なる運用に何等の支障を生ずることはない」というものである。一方、縮小論は、「多年に亘りて官民の間に慣行せられて来たこの制度を廃止することは決して策を得たものとは云へない。若し其の組織中に改善を要する点が存するのならば、其れ等の諸点に適当なる修正を加ふることに依り、（中略）存続を計るべきである」というものである。縮小論の改善例に挙げられたのは、相続税審査委員会のように委員を官選とする、所得審査委員会のように民選の委員だけでなく税務官吏の参加を認める、などである。

調査委員会を廃止しても税法の円滑な運用に支障を来たさないとの主張には、所得調査の公平性を維持しているのは自分達であるとの税務当局の自負が窺える。税務当局部内では、廃止論よりは縮小論が多数を占めたようであるが、その改善策は民選委員の廃止または制限である。調査委員の公平性に批判が集中していたことがわかる。こうしたなかで主税局が打ち出した策は、税務署による調査委員会の「善導」であった。昭和十一年の調査委員会開催にあたり、主税局は次のような通牒を発している[*105]。すなわち、税務署が形だけの円満な執行を求める結果、調査委員会の「専恣ヲ助長シ職務ノ中正ヲ失ハシメ」る弊害が見受けられるとして、課税の公正を歪曲する調査委員会の「善導」が指示されているのである。主税局は、調査委員会が不当な決議や誠意のない態度に出る場合は、納税者や税額の多寡に拘わらず断固政府決定するよう求めたのである。こうした主税局の強い態度は、昭和十一年の一府五県の再調査となって現われる。この年は、一部の調査委員の瀆職事件が発覚したこともあり、調査委員会の改組論や廃止論が出現したとも指摘されている[*106]。

昭和五年から同十年まで、調査委員会の決議額により政府決定がなされていたことの実態は、以上のようなものであった。一見円満な課税の実現に見える実態は、税務署と調査委員会の馴れ合いの結果だったのである。そしてそれは民選委員の弊害など、調査委員会の形骸化批判を招いていたのである。

昭和初期の調査委員会制度は、大きな転換点に差し掛かっていたと言えるのである。

## 小括

第一次大戦後の所得税は、税制においても税収においても基幹的な存在となった。大戦後の納税者の急増のなかで、所得税への「社会政策の加味」が政策的に打ち出された。この時期の所得税の基本理念は課税の公平（＝負担の権衡）で、経済格差の拡大のなかで所得に応じた負担の実現と税収の早期確保が目指された。

日露戦後における申告奨励策は、大戦後の所得税の執行方針として改めて位置付け直され、所得税の円満な執行には国民の自発的で誠実な申告と協助が不可欠とされた。所得税の執行における国民への協力要請は、国民としての自覚を促すとともに税務行政の転換をもたらし、税務行政の民衆化方針へと繋がっていくのである。

大戦による経済変動は、従来のような所得標準率による商工所得や田畑所得の賦課課税を困難にした。所得標準率は大きな変動のある時期には不適当な制度であり、所得標準率不要論や実額調査の重要性が叫ばれた。しかしそれは非現実的であり、課税の適正を図るために商工業者の意見を取り入れる方向性が打ち出された。調査委員の直接選挙制への改正や定員増は、比重を増す商工所得課税において商工業者の意見を取り入れることが目的であった。また、田畑所得における実績課税の導入は、課税標準の統一による申告手数の簡素化だけでなく、前年の実績をもとに課税することで納税を容易にする意図があった。

大戦後の課税の公平＝負担の権衡の強調のなかで、とりわけ商工業者の業界内および業界間、地域や個人の権衡が重視された。商工業者団体の調査委員会への参画要求の増大は、税務当局においても一定度の必要性が認識され、業界代表の官選や団体諮問なども要望されていた。そのなかで調査委員会は地域や業界、個人の利害調整の場としての役割を高め、個別の斟酌はともすれば馴れ合いによる弊害を生み出し、税務官吏や調査委員の贈収賄事件なども起こるようになったのである。昭和五年度から同十年度までの決定額が、調査委員会の決議額と同額であるという事実は、決して調査委員会制度の安定性を物語るものではなかった。実態は、調査委員会の形骸化批判が出されるなど、その存在意義が問われるようなものだったのである。

## おわりにかえて――戦中・戦後への展望――

以上、所得調査委員会を主たる対象に、所得税の賦課課税についての基礎的な分析を行ってきた。調査委員会は、所得税導入時の明治二十年から、申告納税制度導入の昭和二十二年まで存在したが、歴史的には日露戦後と第一次大戦後において大きく変化していることが証明できたと考える。しかしながら、日中戦争以降から戦後の調査委員会廃止までは、課題とせざるを得なかった。史料的な問題もあるが、筆者の能力の問題でもある。それでも、最後に簡単な見通しを述べて本章を終えることとしたい。

昭和十五年法により所得税は全文改正され、所得税は分類所得税と総合所得税の二本立てとなった。賦課課税に関する点を大正十五年時点と比較すると、申告（三月十五日）、調査委員会会期（五月三十一日）、再調査（七日以内）、第一期納期限（七月三十一日）、調査委員定員（七名）など、基本的な点での変更はない。だが、この改正が賦課課税に関して重要なのは、給与所得などを支払者が天引きして納税する源泉徴収制度の導入である。主税局職員の解説では、「源泉課税は支払者が税務官庁と協力して、其の徴税事務の一端を司るといふ制度であり、最も民衆化された課税方法」と説明されている。[*107] 源泉課税導入の直接的な原因は戦争による増税で、「多数の国民をして分に応じた国費の負担を為さしめる」ため、激増する納税者の負担が少なく簡易に納税できる制度とされている。国民の納税義務を前提に、給与から天引きする源泉徴収制度は納税者の負担が少ない制度と説明されているのである。実態としては、激増する納税者から容易に徴収する制度と言い換えたほうが良いだろう。戦時体制のもとで、課税の公平や税務行政の民衆化、官民協調などの言葉が、国民の義務や支払者の奉公などと読みかえられていく。

表23に、個人所得税の分類所得税と総合所得税の一覧を掲げた。これを表13の納税人員と比較すると、昭和十五年度からの納税者数は一段と増加していることがわかる。源泉課税だけでなく、賦課課税分の納税者数もまた増加している。戦時体制下における増税路線においても、課税の公平（分に応じた税負担）理念の維持は重要であり、税収確保の面からも円満且早期の賦課課税が要請される。そのためには、昭和一ケタ台に様々な見直しが要望された調査員会制度もまた、戦時体制のもとでの修正が必然化するのである。

戦時税制への転換とされる昭和十二年の馬場税制案には、調査委員会の郡市別廃止、調査委員に官選を追加、補

**表 23　個人所得税の賦課課税分・源泉課税分一覧**

| 年度 | 賦課課税分 | | | | | | | |
|---|---|---|---|---|---|---|---|---|
| | 分類所得税 | | | 総合所得税 | | | 合計 | |
| | 人員 | 所得金額 | 所得税額 | 人員 | 所得金額 | 所得税額 | 所得金額 | 所得税額 |
| 昭和 15 年度 | 2,452,380 | 3,799,103 | 282,163 | 332,998 | 3,166,970 | 493,752 | 6,966,073 | 775,915 |
| 昭和 16 年度 | 2,731,224 | 4,450,292 | 333,408 | 393,911 | 3,692,729 | 550,391 | 8,143,021 | 883,799 |
| 昭和 17 年度 | 3,365,850 | 5,967,216 | 669,470 | 961,409 | 6,157,091 | 815,430 | 12,124,307 | 1,484,900 |
| 昭和 18 年度 | 3,733,644 | 6,721,480 | 724,628 | 1,165,051 | 7,063,309 | 851,704 | 13,784,789 | 1,576,332 |
| 昭和 19 年度 | 4,556,774 | 7,788,960 | 1,181,530 | 1,403,729 | 7,899,249 | 1,051,364 | 9,688,209 | 2,232,894 |
| 昭和 20 年度 | 4,546,591 | 7,428,379 | 1,295,126 | 1,480,745 | 7,738,171 | 971,377 | 15,166,550 | 2,266,503 |
| 昭和 21 年度 | 4,111,391 | 15,258,556 | 3,063,595 | 419,605 | 6,351,317 | 1,257,786 | 21,609,873 | 4,321,381 |

| 年度 | 源泉課税分 | | | | | | 賦課課税分の割合 | |
|---|---|---|---|---|---|---|---|---|
| | 分類所得税 | | 総合所得税 | | 合計 | | | |
| | 所得金額 | 所得税額 | 所得金額 | 所得税額 | 所得金額 | 所得税額 | 所得金額 | 所得税額 |
| 昭和 15 年度 | 4,994,817 | 306,850 | 205,183 | 30,772 | 5,200,000 | 337,622 | 57.7% | 69.6% |
| 昭和 16 年度 | 6,764,111 | 410,119 | 242,362 | 36,319 | 7,006,473 | 446,438 | 53.7% | 66.4% |
| 昭和 17 年度 | 9,617,527 | 782,324 | 219,286 | 50,902 | 9,836,813 | 833,226 | 55.2% | 64.0% |
| 昭和 18 年度 | 12,987,853 | 1,030,143 | 193,221 | 48,196 | 13,181,074 | 1,078,339 | 51.1% | 59.3% |
| 昭和 19 年度 | 25,916,412 | 1,912,457 | 188,284 | 50,816 | 26,104,696 | 1,963,273 | 27.0% | 53.2% |
| 昭和 20 年度 | 29,153,410 | 2,090,813 | 156,104 | 46,676 | 29,309,514 | 2,137,489 | 34.1% | 51.4% |
| 昭和 21 年度 | 131,281,497 | 8,320,186 | 92,814 | 32,091 | 131,374,311 | 8,352,277 | 14.1% | 34.0% |

※『国税庁統計年報書』第 100 回記念号，116～117 頁（国税庁，昭和 51 年）より作成．単位は人員は人，金額は千円．割合は小数点第 2 位を切り捨てた．

欠員廃止、贈収賄などの選挙違反の罰則、納税義務者および支払調書提出義務者への帳簿調査権などが盛り込まれていた。[*108] 馬場税制案は成立しなかったが、ここに盛り込まれている項目は、いずれも従来から税務当局者が切に要望していたものである。このうち、選挙違反の罰則や帳簿調査権については昭和十五年法により実現した。これ以降、昭和十七年改正の税務代理士の調査委員兼任禁止以外は、納期限を除けば昭和二十二年まで特に制度的な変更は見られない。

ただ、税務当局に改正の意図がなかったわけではない。昭和十七年の賦課課税にあたり、東京財務局直税部長であった前尾繁三郎は、自由経済から統制経済への過渡期として、次のように発言している。[*109] すなわち、自由主義時代の調査委員の選挙方法は、「将来は統制経済団体を基礎とする職能代表と、隣組並に町内会を基礎とする地域代表」の組織にするか、少なくともこれらの人々の意見を取り入れる方向で改正していきたいので、協力をお願いしたい、と。この年は、免税点や基礎控除の引下げにより納税者が急増し、税務署の不充分な調査による誤謬や、納税者の認識不足などで苦情や批判が多かったという。しかし統制関係資料により原料や商品の配給関係や仕入関係が明確になり、これまで不明だった業種の調査が進んだ結果、前年と異なる決定額となったのであるが、課税の公平はむしろ促進されたのだという。職能代表を調査委員にするか、またはその意見を取り入れるという要望の背景には、このような理由があったのである。また、地域代表には、納税者の生活状態などのチェック機能が期待された。既存の調査委員会は協力的ではあるが、個人の営業状態や生活状態までは把握できない。税務署も徴兵で熟練者が少なくなって調査能力が低下しているため、事情精通者である職能代表や地域代表の賦課課税への参与が要請されるようになっていたのである。

前尾直税部長の意見は単なる個人的な希望ではなく、調査委員の官選は実質的にスタートしていた。昭和十七年九月、主税局は内務省地方局と協議の上、府県知事に調査委員推薦への協力方を依頼している[*110]。推薦母体は調査委員会単位に組織し、地方の名望家や商工会代表等の公正円満な人物の推薦が期待されている。もっとも、被選挙人の推薦については推薦母体に一任され、税務当局は一切関与しないよう注意が与えられている。推薦制採用の可否や具体的な運用は、あくまでも地方庁の判断に委ねられているのである。それは選挙違反に問われることは勿論、官製選挙との批判を招かないための注意であった。選挙の具体的な結果は不明であるが、調査委員の官選が実施されていることは重要である。戦時体制下における国民の税負担増加に対応するためには、公平かつ円満な課税がより一層求められる。和歌山県御坊税務署では、所得税の賦課課税にあたり、税務署が町村当局の意見聴取を行っていることが確認できる[*111]。調査委員会とは別に、署長以下の吏員が管内を巡回して、所得調査額に対する町村の意向を「拝聴」しているのである。こうした動きは、所得税の賦課課税における調査委員会の役割を大きく変化させ、その存在意義を低下させることになるのである。

昭和十九年の衆議院においては、税務に関する充分な理解と知識のある人が調査委員に選任されていないと調査委員会制度の改正が質問されているが、主税局長松隈秀雄の回答は検討中ということであった。[*112] 松隈主税局長によれば、選挙を廃止して官選とする意見や、民選と官選の組み合わせなどの意見があるが、近いうちに「根本的ナ検討」がなされると見通しが述べられている。主税局は、昭和十七年の調査委員推薦制から、さらに選挙制度そのものの改革へと大きく踏み出そうとしていたのである。昭和十九年改正では、戦局の悪化にともない所得税増税や源泉徴収の拡大などがなされている。同時に、調査委員会の会期が五月から四月に、第一期納期限も七月から六月に一か月繰上げられた。しかし調査および納期限の繰上げは、税務署の人員不足等の理由で、翌昭和二十年には見合せになったのである。また、昭和十九年の税制改正で検討されていた、国民に一律に課税する「国民税（仮称）」のなかには、調査委員の半数官選や税務署単位の調査委員会（一署一会）などが依然として掲げられていた。[*113] しかし、戦時体制下における調査委員会制度の改正案は、敗戦により実現には至らなかったのである。

主税局が検討してきた調査委員会制度は、昭和二十一年の増加所得税において実現することになる。増加所得税の所得金額は、「増加所得税調査委員会に諮問して、政府において、これを決定する」となっており、諮問機関であることが明確に規定されている。その取り扱いについて主税局長池田勇人は、「関係官公署及び各種産業経済団体の全面協力を求め」、さらに適当な税務協力委員を多数嘱託して調査にあたる方針であるとしている。[*114] また、税務署ごとに設置する増加所得税調査委員会には、「現在の所得調査委員及び職域代表者等の中から適任者を銓衡」して任命すると述べている。調査委員の定員は、昭和二十年の所得調査委員三四六〇名を超える四六五四名である。調査委員は選挙ではなく各界の事情精通者から官選するとされているが、まずは「税務協力委員、各業種から選」ぶとしている。[*115] 税務協力委員とは、昭和二十年の戦時税務協力委員が戦後に名称を変えたもので、もともとは戦費の調達や税務行政の円滑な運営に協力する目的で委嘱された地域の有力者である。[*116] 大蔵大臣、財務局長、税務署長のそれぞれのレベルで、議員や産業団体役員、学識経験者、所得審査委員、所得調査委員、町内会部落会役員などから選定される規定である。

このような増加所得税調査委員会のあり方に、従来の個人所得税の賦課課税における改善策を見て取ることは容易である。税務署単位の調査委員会設置や事情精通者の官選、調査委員の増員、補欠員の廃止などである。増加所得税は予算申告納税制度の導入を前提とする、一回限りの特殊な税目である。しかも申告納税制度導入というGHQの方針を前提に、日本側が独自に考案した税目でもある。そのため増加所得税に調査委員会制度の改良版を導入することは、おそらく日本政府の考え方で実現できたものと推測される。ただ、予算申告納税制度のもとでの調査委員会の存否は、GHQ内の強硬な反対論に配慮しなければならなかったのである。

註

＊1　平田敬一郎他編『昭和税制の回顧と展望』上巻、二五七〜二八六頁（大蔵財務協会、昭和五十四年）。

＊2　『帝国議会衆議院委員会議録』昭和篇一六五、一〇三頁（東京大学出版会、平成十二年）。

＊3　『昭和財政史―終戦から講和まで―』第七巻、一八七〜二〇四頁（東洋経済新報社、昭和五十二年）。

＊4　渡辺喜久造『昭和二十二年度税制をどう改正したか』（日本経済新聞社、昭和二十二年）。

＊5　忠佐市「申告納税制度の発足」『ファイナンス』通巻一二〇号（大蔵財務協会、昭和五十年十一月）。当時、主税局経理課長だった忠佐市は、そこに当時の両国政府の判断の差異を想定している。先の前尾繁三郎の回顧でも、当時の状況を考慮すれば、予算課税にすると賦課課税は困難と判断したことが記されている。

＊6　制度的沿革を追った研究には、大村巍「所得調査委員会制度沿革概要」『税務大学校論叢』13（税務大学校、昭和五十四年）がある。

＊7　牛米「大正期における所得の申告奨励方針について」（本書第一編第三章に収録した）。

＊8　租税史料室所蔵の、各年度の「局報　直税編　彙報」（平一一東京三四・三五・三七）による。

＊9　租税史料室所蔵「局報　直税編・間税編」（平八高松五二）。

＊10　その年度の主税局統計年報書による。
＊11　『主税局第三十九回統計年報書』一四四～一四五頁。
＊12　東京大学法学部附属近代日本法政史料センター明治新聞雑誌文庫所蔵『税務行政』第九号（明治三十五年一月二十五日）。
＊13　『主税局第三十回統計年報書』一八二頁。また、陸軍士官の馬糧代金等を所得額に算入したことを不当とする請求が多数あったことも注記されている。
＊14　租税史料室所蔵『主税局報告』（平一八関信六六七）。
＊15　『主税局第三十八回統計年報書』一五八～一五九頁。
＊16　『主税局第三十四回統計年報書』二〇八～二〇九頁。
＊17　明治三十二年以前については、大村「所得調査委員会制度沿革概要」および鈴木芳行「所得税導入初期の執行体制～東京市の所得税調査委員を中心に～」『税務大学校論叢』51（税務大学校、平成十八年六月）を参照されたい。
＊18　『法規分類大全三十八』租税門八、四〇六頁（原書房復刻版、昭和五十六年）。なお、同史料は、租税資料叢書第四巻『明治前期所得税法令類集』三二七頁（税務大学校研究部、昭和六十三年）にも収録されている。
＊19　『元老院会議筆記』後期第二十六巻（元老院会議筆記刊行会、昭和五十七年）。
＊20　『帝国議会衆議院議事速記録』一三、一四〇頁、『帝国議会衆議院議事速記録』一四、一九～二一頁による。
＊21　上林敬次郎『所得税法講義』一二三～一二五頁（松江税務調査会、明治三十四年）。上林は、秋田税務管理局長（明治三十二年）、松江税務管理局長（同三十三年）、同監督局長（同三十五年）、金沢税務監督局長（同三十六年）などを歴任している。
＊22　上林『所得税法講義』二二一～二二四頁。
＊23　税務大学校税務情報センター租税史料室『所得税関係史料集』史料16（以下、『所得税』一六と記す）。
＊24　『所得税』二二。
＊25　『明治前期所得税法令類集』一〇〇頁。
＊26　『所得税』一九。
＊27　『明治前期所得税法令類集』一二七～一八一頁。
＊28　大村「所得調査委員会制度沿革概要」。なお大村氏は、調査委員に納税者への質問権が附与されていることや、調査委員会の決議を不当とした場合の政府決定なども併せて「強い権限」と判断しているようである。とくに調査委員の質問権が大戦後に要求され

るようになることは後述のとおりである。明治二十年法と明治三十二年法を比較するうえで、考慮されなければならない点である。

＊29　上林『所得税法講義』一三一頁。

＊30　若槻礼次郎『現行租税法論』三一一頁（和仏法律学校、明治三十六年）。本書は国立国会図書館所蔵である。当時の若槻は大蔵書記官兼参事官（内国税課長）で、主税局長（明治三十七年）から大蔵次官（同三十九年）に昇進している。

＊31　『税務行政』第四号（明治三十四年八月三十日）。二人の解釈には、若槻が調査委員会の調査の独自性を主張するのに対して、上林は税務署の調査範囲での調査と狭く解釈する点などの相違点がある。

＊32　上林『所得税法講義』一二八～一三一頁。

＊33　上林『所得税法講義』一二一～一二三頁。

＊34　『税務行政』第八号（明治三十四年十二月二十五日）。

＊35　『法規分類大全三十八』租税門八、四〇七頁。

＊36　上林『所得税法講義』一二七～一三一頁。

＊37　これについては、本書第二編第二章を参照のこと。

＊38　『帝国議会衆議院委員会議録』明治篇一二、一八四頁（東京大学出版会、昭和六十一年）。

＊39　「第八回商業会議所連合会報告」（山口和雄編集『本邦商業会議所資料』雄松堂フィルム出版）。

＊40　『帝国議会衆議院委員会議録』四、二四七頁（臨川書店、昭和五十六年）。

＊41　若槻『現行租税法論』三三八頁。明治二十年法の註釈では、調査委員は「一ノ公務」であり人民社会に対する義務だからとか（石川惟安『所得税法註解』一二頁）、他人の所得調査は不人望な役目だから（宮川仁吉『所得税註釈』二六～二七頁）などと説明されている。この二著は、いずれも明治二十年刊行で国立国会図書館所蔵である。

＊42　『帝国議会衆議院委員会議録』明治篇一〇、四〇六頁（東京大学出版会、昭和六十一年）。

＊43　『明治前期所得税法令類集』三三〇頁。

＊44　鈴木「所得税導入初期の執行体制」。府県管掌時代の所得調査委員を分析し、区議会議員の比重の高さを指摘した労作であるが、史料的制約もあり選挙実態まではわからない。

＊45　『大蔵省百年史』上巻、一八六頁（大蔵財務協会、昭和四十四年）。

＊46　国立公文書館所蔵「公文類聚」第二十九編、巻十四。

＊47　以下、とくに断りがない場合は『帝国議会衆議院委員会議録』明治篇三〇（東京大学出版会、昭和六十三年）による。

＊48　『帝国議会衆議院議事速記録』二〇、一三九頁（東京大学出版会、昭和五十五年）。但し、その訓令は確認できていない。明治二十年六月の委員会細則によれば、会期が十五日以内なのは福岡県だけで、長野県・広島県・山口県はいずれも二十日以内である。しかも福岡県の場合、会期内に終了できないときには七日以内延長できる規定がある。東京府は三十日だったが、明治二十四年に郡部のみ十五日以内になっている（『明治前期所得税法令類集』一二八～一八〇頁）。明治三十二年以前のどこかの時点で十五日以内と制限されたと考えるが、なお史料を探る必要がある。

＊49　「第十二回商業会議所連合会報告」『本邦商業会議所資料』。

＊50　『帝国議会衆議院委員会議録』明治篇三〇、二五一頁（東京大学出版会、昭和六十三年）。

＊51　税務大学校税務情報センター租税史料室『営業税関係史料集』史料21（以下、『営業税』二一と記す）。税法審査委員会では、営業税調査委員会の可否を検討する際に、所得調査委員会の弊害が問題視されている。

＊52　『所得税』三四。

＊53　『所得税』三一。

＊54　『所得税』三五。

＊55　『所得税』三六。

＊56　『所得税』三三。

＊57　以下、とくに断らない限り、この時期の所得税法改正と制裁規定については、牛米「大正期における所得申告の奨励と税務行政の転換」『租税史料年報』平成十九年度版（税務大学校税務情報センター、平成二十年）および牛米「大正期における所得の申告奨励について」『税大ジャーナル』12（平成二十一年）による。後者は、本書第一編第三章に所収した。

＊58　国立公文書館所蔵「勝田家文書」一五―八。

＊59　以下の記述は、『帝国議会衆議院議事速記録』二七、四九～五〇頁（東京大学出版会、昭和五十六年）および『帝国議会衆議院委員会議録』二、一〇五～一二四（臨川書店、昭和五十六年）による。

＊60　『帝国議会衆議院委員会議録』二四、五三～五四頁（臨川書店、昭和五十九年）。

＊61　この時期の所得調査委員会の動向を、地域から分析した研究として、中西啓太「所得調査委員と日露戦後の地域社会―埼玉県の事例から―」『史学雑誌』第一二〇編第四号（平成二十三年四月）がある。所得調査委員選挙を巡る地域の動向を検討した唯一の成

果である。

＊62 『所得税』四五。なお、「社会政策ノ加味」については、大村巍「大正年代の税制と社会政策の加味」『税務大学校論叢』8（税務大学校、昭和四十九年）を参照のこと。

＊63 堀内正作『納税要論』一四～一五頁（西尾友文堂、大正九年）。堀内は伊丹税務署長などを勤める税務官吏で、納税の義務を、国家及び国民の多数意見である法律に遵うことは立憲国家の国民として当然であると説明している。

＊64 『所得税』五三。「民衆化」の項目は、税法や執行方針の積極的開示、税務相談部設置、異議申立への叮嚀な対応、申告奨励と誠実な申告の是認、申請申告等の簡素化などと具体的に列挙されている。税務行政の民衆化方針は、修正を経ながらも戦時体制前までは継続されていくが、これについては更なる検討が必要である。なお、「税務行政の民衆化」を初めて検討した、菱山忠一「大正デモクラシー期における税務行政の民衆化」『和光レポート』5（税務大学校研究部、平成十三年）を参照いただきたい。

＊65 堀内『納税要論』四〇九～四一〇頁。

＊66 『所得税』四一。

＊67 『帝国議会衆議院委員会議録』二四、六三頁（臨川書店、昭和五十九年）。なお、大正九年の第四十二回帝国議会でも、調査委員の権限についての意見が出されているが、今度は当時議論されていた陪審員制度を引き合いに出してのものである。これには政府決定に当り、調査委員会の決議を充分に尊重しているとの答弁がなされている（『帝国議会衆議院委員会議録』二四、五三頁）。

＊68 『東京経済雑誌』第一九八九号（大正八年一月二十五日）。

＊69 『東京経済雑誌』第二〇一〇号（大正八年六月二十一日）。

＊70 『財務協会雑誌』第六巻第一号（大正十三年七月）。司税官は文官高等試験に合格した奏任官で、全国の主要な税務署長に任命された。このときは全司税官の四割が招集された。

＊71 以上は、『臨時財政経済調査会諮問第五号　税制整理特別委員会議事録』（昭五三本校一四二六）の、第十一回特別委員会提出の各案による。

＊72 『帝国議会貴族院委員会議事速記録』二八、八九頁（臨川書店、昭和六十三年）。

＊73 「京都日出新聞」滋賀附録、大正十一年八月十日。新聞は、とくに断らない限り国立国会図書館所蔵のマイクロフィルム版による。

＊74 「東奥日報」大正十一年八月十日。

＊75 「東奥日報」大正十一年八月十四日。

＊76 「東奥日報」大正十一年八月十二日及び同月十六日。
＊77 「山陽新報」大正十一年八月三十一日。
＊78 「九州日報」大正十一年九月四日。
＊79 東京税務監督局『個人所得税便覧』一六三〜一六四頁（厳松堂書店、大正十二年）。
＊80 「紀伊新報」昭和三年五月二十九日。
＊81 「山陽新報」昭和三年五月二十五日。
＊82 『財務協会雑誌』第二巻第四号（大正十一年十月）、『財務協会雑誌』第三巻第五号（大正十二年五月）。同誌は東京税務監督局の機関誌である。このような東京局での議論が、税務行政の民衆化に繋がっていくと考えている。
＊83 『財務協会雑誌』第一巻第六号（大正十一年六月）。東京税務監督局長勝正憲の言葉である。
＊84 『所得税』四一。
＊85 『所得税』四八。
＊86 『税』第九巻第十一号（昭和六年十一月）。
＊87 『所得税』二七。但し、原史料の一部に数値が合わない箇所がある。
＊88 堀内『納税要論』四〇六頁。
＊89 租税史料室所蔵「局報　直税編　地租・所得税・営業税」（平八高松五八）。
＊90 租税史料室所蔵「例規類纂　直税編所得税」（平一二名古屋九八四）及び「局報例規　直税篇　所得税」（平一六仙台四四―四）。
＊91 『税』第三巻第九号（大正十四年九月）。
＊92 『所得税』五四。
＊93 『税』第六巻第八号（昭和三年八月）。この長官は、税務署の粗漏な調査の原因が職員数の不足にあるとして、職員の大増員を提言したこともある人物で、複数の税務監督局長を経験している。
＊94 『税』第三巻第十一号（大正十四年十一月）。
＊95 『税』第三巻第八号（大正十四年八月）。
＊96 『所得税』の解題（牛米）二二一〜二二三頁を参照のこと。
＊97 『所得税』六三。

＊98　『税』第三巻第五号（大正十四年五月）

＊99　昭和五年の静岡県浜松税務署管内では、調査額が調査委員会に提案される以前に、市内六十か町から一町三人の割合で選ばれたと称する有力者と団体交渉を行っていたとの、佐野賀一氏の証言がある（『税界三十年の歩み』四三頁、国税庁長官官房人事課編、昭和二十七年）。佐野氏は、自身の回想録『税金と共に五十年―現場からみた税政史―』（晴耕社、昭和五十一年）でも、地域代表として営業者の所得額について団体交渉を行う町内委員が、毎年の団体交渉のなかで減税圧力団体化し、彼らがボス化して課税の公平を侵犯したと記している。当初は地域の民意を聞くためのものだったようであるが、調査委員会以外にも、業界団体や地域団体などの関与があったことにも注意が必要である。

＊100　『税』第十二巻第十二号（昭和九年十二月）。なお、牛米『所得税』解題も参照のこと。

＊101　『税』第十四巻第四号（昭和十一年四月）。

＊102　『所得税』六四。

＊103　『所得税』六五。

＊104　『税』第十四巻第四号。筆者の天田耕牛は税務官吏ではないようである。

＊105　『所得税』六七。

＊106　『税』第十四巻第五号（昭和十一年五月）。

＊107　小林長谷雄他二名『源泉課税』序文（賢文館、昭和十六年）。

＊108　租税史料室所蔵「第七十回帝国議会提出税制改革法律案」（昭五六東京四二五）。

＊109　『税』第二十巻第十一号（昭和十七年十一月）。

＊110　租税史料室所蔵「所得税ニ関スル通牒綴」（昭五三東京一五〇）。本章の冒頭において紹介したように、前尾氏は自らを「政府決定論者」としているが、その背景にはこうした事実があったのである。ちなみに、このような調査委員の推薦制は、この年に実施された「大東亜戦争完遂翼賛選挙貫徹運動」の影響を強く受けていることが指摘できる。

＊111　『所得税』六九。

＊112　『帝国議会衆議院委員会議録』昭和篇一四六、一九二頁（東京大学出版会、平成十一年）。

＊113　『所得税』七〇。

＊114　『財政』第十二巻第一号（昭和二十二年一月）。

＊115 『帝国議会衆議院委員会議録』昭和篇一六九、二一七頁（東京大学出版会、平成十二年）。
＊116 『所得税』七二。

# 第三章　大正期における所得の申告奨励策

## はじめに

大正期の所得税、とりわけ第一次世界大戦後の所得税は、わが国の基幹的な税制と位置付けられ、国税収入においても地租や酒税を抜いてトップになった。現代所得税のメルクマールとされる超過累進制や勤労所得控除などが導入されるのも大正期であり、わが国における所得税はこの時期に格段に整備されたのである。[*1]
税制改正そのものの意義等については、これまで種々考察がなされているので他に譲り、ここでは従来検討されてこなかった所得税の執行方針の転換を取り上げることとしたい。執行方針の転換とは、具体的には所得の申告奨励のことである。主税局は、所得税は本来申告税であるとして、それまで参考程度にしか位置付けられていなかった申告について、それが誠実な申告であれば是認する方針に転換するのである。大正二年（一九一三）の改正について、『所得税百年史』の第一編（戦前期）を執筆担当された林健久氏は、「三二年法の時よりも申告を尊重するようになったことなどが示されていて興味深い」と記している。[*2] しかし、こうした税務行政の転換については、これまでとくに検討がなされることはなかった。
本章は、大正期における所得税の執行方針の転換とその意味を明らかにすることを第一の課題とし、それが大正期以降の税務行政を大きく変化させていくことを展望するものである。当該期の税務行政の変化については、「大正デモクラシー」という一般的な時代風潮や「悪税廃止運動」などへの対応と説明されることが多い。[*3]しかし、それはあくまでも外在的な理由であり、税務行政に内在するものではない。とりわけ所得の申告奨励が引き起こした変化は、一過性のものではなく、それ以降の税務行政の基調となっていくのである。このことを踏まえるとき、大正期の申告奨励方針への転換が持つ意味の重要性が改めて認識されるであろう。

## 第一節　大正二年改正と申告奨励方針

大正二年（一九一三）四月の所得税法改正により、第三種所得税の免税点が三〇〇円から四〇〇円に引上げられ、さらに超過累進税率の適用や少額所得および勤労所得控除制度の導入など、少額所得者の負担軽減を基調とする、いわゆる「税制への社会政策」的配慮が実現した。減税を基調とする税制改正により、懸案であった日露戦時下の非常特別税は漸く廃止されたのである。

二次にわたる非常特別税により、所得税は定率の約二・五倍に増徴された。非常特別税法は平和の回復により廃止されるべきものであったが、戦後財政の拡大は容易に非常特別税の廃止を許さなかった。とりわけ所得税については何の改正もなされなかったため、非常特別税法の廃止と更なる所得税減税が叫ばれた。歴代内閣は、税法審査委員会や税法整理案審査会、臨時制度局などを立ち上げ、日露戦後の税制改革や行財政改革を模索し、ようやく減税が実現したのである。しかし、日露戦後の世論は、減税要求だけではなく、税務官吏の「苛斂誅求」批判を伴っていた。そのため減税措置だけでなく、同時に税務行政の改善が必要だったのである。

明治四十一年（一九〇八）五月の税務監督局長会議において、大蔵大臣松田正久は当該期の税務行政の課題について次のように指摘している。[*4] 第一は租税徴収の困難である。非常特別税法による増税で、租税徴収は一層の困難を加えていた。第二は逋脱犯の増加である。課税標準の不正申告や査定物件の検査逃れなどが増加しているが、その矯正に際しては「苛察」にならないよう注意しなければならないとある。第三は滞納者の取締りである。租税増徴にともなって滞納が増加しており、国民の納税観念を涵養し、納税の手続きを簡素化して手間を省くなど、徴税機関の改善が併せて指摘されている。そして第四は税務官吏の官紀振粛である。ここでは、下級官吏の待遇改善による「尽忠奉公」観念の発揮が期待されている。増税により脱税や滞納が増加し、取締り強化や徴税機関の改善、そして税務官吏の規律が問題となっていたのである。

明治四十二年一月、衆議院に徴税方法の不備や税務官吏の「苛察誅求」防止に関する質問趣意書が提出された。[*5] 前者は徴税施設の改善要求で、納税に半日も要するような徴税機関の不備が滞納の要因になっていると指摘している。後者は明治四十一年度予算編成において、大蔵省が歳入の自然増を過大に見積もったため、税務官吏が徴収額の増大を競って苛察になっているとの批判である。とりわけ課税標準の認定に税務官吏の判断が入りやすい営業税や所得税には、恣意的な課税による増徴との批判が強かったようである。これに対して政府は、税金取扱所増設等の納税面の改善策を指示するとともに、脱税取締りには力を入れるが「苛察誅求」にならないよう充分に留意すると回答している。「苛斂誅求」の内容は脱税取り締まりや課税のあり方など多岐にわたっているが、税制だけでなく税務行政のあり方が問題視されていることがわかる。

当時の大阪市内における滞納原因を、大阪税務監督局の職員は以下のように分析している。[*6] 税目ごとに比重が異なるものの、市町村の国税徴収方法等の不備、納税観念の欠乏、金利主義のいずれかであり、負担の加重による滞納は所得税だけである、と。金利主義とは、公売処分直前まで納税せず、督促手数料と金利の差額を利益とするものである。その対策には、徴税機関の整備と納税観念の涵養だけでなく、延滞税なども検討せざるを得ないとしている。明治四十一年の戊申詔書により戦後の国民の心得が示されたこともあり、国民としての勤倹思想や公義心の養成が訴えられている。東京税務監督局管内においても状況は同様で、滞納の原因として貧困等だけでなく怠慢や金利主義、課税への不服などが指摘されている。[*7]

こうしたなか明治四十四年の国税徴収法改正で、滞納者への延滞税が課されることになった。延滞税の趣旨は、納税資力を有するにも関わらず、故意に滞納する弊習を矯正することにあった。[*8] また、これまで市町村の負担であった地租徴収経費として交付金が支給されることになった。交付金制度の拡大により、市町村における納税施設の改善など徴税機関の整備が期待されたのである。延滞税や交付金制度の拡大は、大阪や東京において指摘されていた滞納防止のための改善策であるが、税務官吏の「苛斂誅求」改善は、税制改革とともに課題として残されたのである。

「苛斂誅求」批判は、政府の行財政改革にも波及した。明治四十四年十二月設置の臨時制度整理局による行財政改革案では、官庁間で重複する部門や監督機関などの統廃合方針が打ち出されるが、税務監督局や税務署も例外ではなかった。とりわけ監督機関である税務監督局の廃止や、より踏み込んだ税務署の府県への統合を求める意見書も複数の府県から出されている。たとえば山梨県の意見書は、税務監督局の事務を府県に、税務署の事務を郡区役所に合併するというものであった。[*9] 掲げられている理由は、複雑な機関を単一にすること、税務官吏の誅求を防ぎ地方税源を涵養すること、国費節約の三点である。地場産業の保護・育成に努める府県当局と、税収確保に邁進する「税務官吏誅求ノ弊」との齟齬という構図は、いずれの府県の意見書も同じである。もともと税務監督局や税務署は府県および郡区役所の機能を分割して創設されたもので、行財政改革の世論を背景に府県の権限拡大を意図した動きといえる。[*10]「苛斂誅求」批判は、税務官吏への批判を通り越して、国税機関そのものの存立に関わる問題となったのである。

日露戦後における税務行政の検討のなかで、交付金制度拡大による徴税機関の改善、延滞税による滞納防止が打ち出されたことは前述したとおりである。大正二年の所得税減税はその仕上げであり、同時に提示されたのが所得の申告奨励方針だったのである。これは税務当局への「苛斂誅求」批判への対応であり、所得の申告を奨励し、誠実な申告は是認するというのが具体的な内容であった。

大正二年三月の第三十回帝国議会に提出された政府案は、臨時制度整理局の所得税法案であるが、法案説明に立った主税局長菅原通敬は、これを以下のように説明している。所得税はもともと申告税であるにも拘わらず、申告者について言えば虚偽申告、そして無申告が甚だ多い。税務署にしても申告書を信用しないで、種々の尋問や間接的な調査などの面倒なことを行っている。納税者には正確な申告を求め、誠実な申告であれば税務署も是認するようにならなければ、納税者と税務署が押し問答を繰り返す場面はなくならないのだ、と。納税者は不正申告をし、税務官吏は恣意的な課税をするものである。こうした相互不信のもとで両者が折衝すれば、義務や権利の押売りの結果、苛斂誅求批判を生じさせることになるのである。そして、それに続けて、税務署が正確な申告かどうかを判断するには、申告書は勿論、支払調書や税務調査などによる、より正確な所得の把握が必要なのである、と。[*11]

大正二年改正案に、所得税を申告税とするための方策として大蔵省が盛り込んだ条項は以下のとおりである。先ずは、個人の俸給・給与などの支払者に支払調書の提出を義務付け、これに交付金を支給する条項である（第三十二条ノ二）。そして、納税義務者等への「帳簿及物件ノ閲覧ヲ求ムルコトヲ得」と、帳簿物件の検査権が追加された（第三十四条）。そのうえで、さらに以下の制裁条項が規定され、五十円以下の罰金または科料とされたのである（第四十六条）。なお、（　）内は筆者が適宜に補った。

1、第七条（第一種）若ハ第八条（第三種）ノ申告ヲ為サス、又ハ虚偽ノ申告ヲ為シタル者
2、第三十三条ノ二ノ調書（俸給等の支払調書）ヲ提出セス、又ハ虚偽ノ調書ヲ提出シタル者
3、収税官吏ノ質問ニ対シ答弁ヲ為サス、若ハ虚偽ノ陳述ヲ為シ、又ハ其ノ職務ノ執行ヲ拒ミ、之ヲ妨ケ、若ハ忌避シタル者

4、虚偽ノ記載ヲ為シタル帳簿書類ヲ収税官吏ノ検査又ハ閲覧ニ供シタル者

制裁を課されるのは、①所得の無申告や不正申告、②給与などの支払調書の不提出若しくは不正内容の提出、③収税官吏の職務執行の妨害や忌避、④収税官吏への虚偽の帳簿書類の提出等の場合である。納税義務者に正確な所得申告を義務付けるとともに、給与等の支払者には正確な支払調書の提出を義務付け、これらを基に調査を行い誠実な申告は是認するというのが主税局の意図である。無申告や不正申告への制裁規定や支払調書提出の義務化、さらに帳簿物件の検査権は誠実な申告の是認を担保する規定と位置付けられているのである

しかし衆議院の委員会では、これらの制裁規定や検査権はあまりに苛酷であると削除を求める意見が出された。さらに、現在の所得調査委員会は、政府の諮問に応じて所得額を調査するもので、すなわち収税官吏に決定権がある。そのため大蔵大臣の命令ひとつで、所得額を高く認定して増収が図られる。このような収税官吏の苛斂誅求は、極めて非立憲的であるとの意見も飛び出している。こうした背景に、議会や納税者の税務当局への不信感を読み取るのは困難ではない。そして、日露戦後に展開された、税制改正によらない税務官吏の恣意的な認定による増税との批判が、ここにも登場することに注意しておきたい。税務官吏による課税標準認定が「苛斂誅求」と批判されているのは、課税に対する納税者の不服が大きかったということである。

一方、主税局長菅原通敬の回答は以下の通りである。そもそも不正な申告だから税務調査により収税官吏が認定しなければならないのであり、それが苛酷または誅求と批難される理由でもある。収税官吏の認定によらず、申告による決定が可能となるためには正確な申告が必須であり、それを担保する最後の手段として制裁規定等が必要なのである。現実に多発している納税者と収税官吏の衝突を根本的に改革するためには、税制改正だけでなく「適用ノ上ニ於テ、実際ノ実行ノ上ニ於テ」課税の公平を保持しなければならない。それを実現するための「伝家の宝刀」が制裁規定なのである、と。そして菅原主税局長は、最後にこの答弁を次のように締めくくった。すなわち、議会における制

裁規定の削除により「苛斂誅求」改革は水泡に帰した。これで、「請（誅—筆者註）求苛斂ノ期ハ永ク止ムコトハナカラウト思ヒマス」と。議会の修正により、逆に「苛斂誅求」の時代が続くだろうとする皮肉は、議場に苦笑いを引き起こした。「苛斂誅求」批判の原因を誠実な申告の少なさに求める税務当局にとって、誠実な申告を奨励し、それを是認するための手段として、検査権や制裁規定はどうしても必要だったのである。

税制改正だけでなく、その適用における公平性の確保が必要であるとの菅原主税局長の認識は重要である。それは税務行政のあり方に大きく踏み込むものであろう。申告奨励方針が税務行政の変化をもたらすことになるというのは、このような意味においてである。「苛斂誅求」批判には、納税者の税務官吏への不信や税法の誤解などによるものが少なくない。申告内容の調査を経て課税することができれば、勝手に税務官吏が課税するとの批判は成り立たないであろうし、急増する第三種所得税の納税義務者を把握する上でも申告の有無は格段に大きな意味を持つことになる。

しかし衆議院の修正で制裁規定はすべて削除され、政府案で残ったのは支払調書の提出義務と支払調書への交付金を規定した条文だけであった。支払調書の不提出や不正記載についても制裁規定を欠く結果となり、質問権は残ったものの検査権は同様に削除された。しかし主税局は、当初の申告奨励方針を変更することはなかった。

政府案で説明された申告奨励方針は、従来の所得税の取り扱いを一八〇度転換する画期的なものであった。そもそも申告書が単なる参考とされるに至ったのは、明治三十二年（一八九九）の所得税法の全文改正においてであった。明治二十年法は、所得の予算金高と種類を申告すると規定しており（第六条）、無届の場合は一円～一円九十五銭の科料に処せられた（第二十六条）。申告制の採用は、他に所得を知る術がないからとの理由であった。しかも官吏が調査するのでは「苛細ニ渉リ民情ヲ傷クルノ嫌ヒアリ」という理由から、調査委員会が導入されたのである。導入時の所得税は、地租を基本に増税分を間接税（とりわけ酒税）に依拠せざるを得なかった当時の税制において、酒税の補助税と位置づけられていた。酒税が全階級に負担を求めるのに対して、所得税は中等以上の人民に軽微な負担を求めるものとされていたのである。そして早期導入を図るため、所得調査委員等による帳簿検査などの項目を「苛酷」を理由に削除して成立した経緯があった。[*12] 無申告者への科料は、「苛酷」な調査を避け、なお且つ申告制を担保するためのものだったのである。しかし明治三十二年法で無申告者への制裁規定は削除され、申告書の提出は罰則のない義務となった。そのため所得申告は、「所得調査委員の選挙資格」に関係するだけと揶揄されるものになってしまったのである。

ただ、明治三十一年五月の第十二回帝国議会に提出された政府案には、無申告だけでなく不正申告にまで制裁を拡大する条項が盛り込まれていた。[*13] この法案は議会の解散により廃案となり、次の第十三回帝国議会には大幅に修正された政府案が提出され、ほぼ原案通りに成立した。しかし無申告と不正申告の制裁規定は、何故か、この政府案では削除されていたのである。[*14]

この間の事情は不明であるが、明治三十二年法における制裁規定削除の問題点について、税務管理局長などを歴任した上林敬次郎は次のような批判を展開している。[*15] 納税義務の有無や所得金額の決定も、すべて税務官吏および所得調査委員の認定調査に委ねるなら申告の義務規定は不要である。しかし申告は義務化されている。現今の日本人の納税義務観念は薄弱であり、脱税を恥じることがない。このようななか、脱税が多く、また容易でもある所得税において、無申告や不正申告の制裁規定を撤廃したことは、「果シテ立法ノ宜ヲ得タルモノト謂フヘキカ」と痛烈である。そして収税官吏の調査に充分な権限もなく、納税義務者の不正に対する制裁規定もない現状において、「税務執行ノ完全」を期すことは不可能であると断言しているのである。

所得申告の奨励が、上林の意見の延長線上にあることは明白であり、それは多くの税務当局者の意見でもあったのであろう。そのため、衆議院による制裁規定の削除にもかかわらず、税務当局の執行方針は変わらなかったのである。大正二年四月の主税局長通達には、衆議院の修正にも拘わらず立法精神は少しも変わることなく、申告を奨励して納税義務の履行を誘導すると同時に、誠実な申告はなるべく是認して「漸次申告税」の実を挙げることとされている。制裁規定は削除されたものの、新たに支払調書の提出が義務化され、所得調査の便をひとつ得ることになった。そして、申告書および支払調書の提出奨励により、税務官吏と納税者との直接折衝を回避して、苛斂誅求批難を浴びないようにすることも「税法改正ノ要旨」の一つであると念押しされたのである。[*16]

制裁規定を欠いた申告奨励において重要視されたのは、納税観念の高揚である。国民としての納税義務観念などが組織的に喧伝されるのも、大正期の税務行政の特徴である。納税観念の高揚等の施策の背景には、大正三年の国税交付金制度の拡充が存在するのであるが、これについては第三編第二章に譲りたい。[*17]

## 第二節　大正九年改正と申告奨励の推進

大正二年の政府案で削除された所得税の制裁規定は、大正九年（一九二〇）の所得税法全文改正案で再び登場する。大正九年一月の第四十二回帝国議会に提出された政府案では、以下に引用するように二段構えになっている。[*18]

第七十三条　第一種又ハ第三種ノ所得ニ付納税義務アル者、第二十三条又ハ第二十四条ノ規定ニ依ル申告ヲ為ササルトキ、又ハ政府ニ於テ不相当ト認ムル申告ヲ為シタルトキハ、政府ハ理由ヲ示シ期間ヲ定メテ申告又ハ其ノ訂正ノ催告ヲ為スコトヲ得

前項ノ催告ヲ受ケタル者期間内ニ申告ヲ為サス、又ハ申告ヲ相当ニ訂正セサル場合ニ於テハ、税務署長又ハ其ノ代理官ハ其ノ所得ニ関スル帳簿物件ノ検査ヲ為スコトヲ得

前項ノ場合ニ於テハ、政府ハ其ノ決定シタル所得金額及申告ニ依ル所得金額ニ付、格別ニ算出シタル税金ノ差額ノ五割ニ相当スル金額、及催告ニ関スル費用ヲ納税義務者ヨリ徴収スルコトヲ得

前項ノ規定ノ適用ニ付テハ、所得ノ申告ナキトキハ第一種ノ所得ニ在リテハ無所得ノ申告、第三種ノ所得ニ在リテハ所得金額六百円ノ申告アリタルモノト看做ス

（略）

第三項及前項ノ規定ニ依リ徴収スル金額ハ、国税徴収ノ例ニ依リ之ヲ徴収ス

第七十六条　正当ノ事由ナクシテ第五十五条第一項ノ規定ニ依リ政府ニ提出スヘキ支払調書ヲ提出セス、若ハ不正ノ記載ヲ為シタル支払調書ヲ提出シタル者、又ハ第七十三条第二項ノ規定ニ依ル帳簿物件ノ検査ヲ拒ミ、若ハ妨ケタル者ハ千円以下ノ罰金ニ処ス

前項ノ規定ニ依リ処罰セラレタル者ニ対シテハ、其ノ提出ニ係ル支払調書ニ付第五十五条第二項ノ規定ニ依ル金額ヲ交付セス

無申告および不相当と認められる申告について、政府は理由と期間を定めて申告および修正申告を求める。納税者がこれに応じない場合には、収税官吏による関係帳簿や物件の検査を実施するのである。その際、決定額と申告額との差額の五割と催告費用を徴収することとし、無申告の場合の第三種所得額は一律六〇〇円と認定することとした。そして支払調書の不提出や不正内容の提出、帳簿検査の妨害等には一〇〇〇円以下の罰金を課すとしたのである。また、申告や支払調書に関する制裁規定と同時に、所得調査委員や審査委員などの守秘義務の強化も図られ、秘密漏洩に対しては六か月以下の懲役か一〇〇円以下の罰金とされた。納税者に正直な申告を求めるため、税務官吏はもとより、所得調査委員などの民間委員の守秘義務に関する罰則も強化されたのである。

しかしこれらの制裁規定は、衆議院において再び修正・削除された。無申告や不正申告の疑いを理由とする帳簿物件の検査は「甚ダ酷ニ失スル」ものであるとして、検査権の削除が主張されたのである。衆議院は再び「苛斂誅求」批判を展開して制裁規定や検査権を削除したが、今回は第七十六条のうち、支払調書の不提出や虚偽記載についての

制裁規定は削除されず貴族院へと送付された。守秘義務についても、懲役刑を削除するかわりに罰金が五〇〇円に引上げられた。ただ、貴族院の審議中に衆議院が解散となり、所得税法の改正は次の議会に持ち越されることになったのである。

政府の所得税改正方針は、基本的には前議会における衆議院修正案を基本とするものであったが、大蔵省は閣議において制裁規定の復活を求めた。[*19] すなわち、不正申告者に対する帳簿検査規定の削除は、「所得税法ノ完全ナル施行ヲ最不便ナラシメタル所」であり、とくに従来からの悪弊である大所得者の脱税防止の途を塞いでいると説明されている。しかし閣議は既定方針に従って大蔵省の主張を退け、衆議院の修正案が議会に提出されるのである。こうして大正九年七月、第四十三回帝国議会において所得税法は全文改正された。大蔵省が求めた制裁規定は実現しなかったが、支払調書の不提出や虚偽記載の提出について一〇〇〇円以下の罰金とする規定だけは生き残ったのである。大正九年改正の眼目が、法人より受ける配当や賞与などの個人への総合課税であったため、支払調書についての制裁規定が生き残ったといえる。

所得税法の全文改正が議会の解散で中断していた同年五月の、東京税務監督局の第三種所得調査一般方針では、管内税務署に申告奨励の方法を具体的に講ずることが指示されていた。[*20] 誠実な申告が稀な原因は、納税道徳の不健全さに起因する。しかし「申告ノ有無ハ納税者ノ苦情、徴収成績ノ良否及調査委員会ニ対スル関係等ニ於テ重大ナル影響」があるだけでなく、第一次世界大戦後の所得税や営業税の課税を円満に行う「有力ナル武器」であり、「安全弁」であるとしている。そのため、納税者は勿論、市町村や各種団体、新聞等を利用して誠意ある申告の奨励を宣伝すべしと指示しているのである。当然、誠実な申告の尊重も強調されている。さらに制裁規定を欠くため、無申告や不正申告については敢えて申告や訂正申告を強制しないものの、納税道義に訴えて納税者の自主的な申告や修正申告を奨励する方針がとられたのである。そして第一次世界大戦による経済情勢などにより、前年に比して著しく所得が増加した者、年々苦情を申し立てる者や特殊な者には、懇切丁寧に申告や修正申告を促し、賦課決定後に苦情の余地がないようにと付け加えられた。申告の段階で叮嚀に対応することで、課税後の苦情や不服申立などを減少させ、スムーズな納税を実現することが、「課税の円満」とされたのである。

大正九年八月の改正所得税法の説明では、法人・個人とも期限内の申告は「所得税課税上極メテ重要ナル手続ニシテ、所得金額決定ノ基礎」と位置付けられた。また、諸控除申請書は申告と同時に提出すると規定されたため、誠実な申告は「納税者自身ノ利益」になると説明された。また支払調書についても、それは「所得調査上政府ニ協力スルノ義務」と位置づけられ、所得申告とともに所得金額決定の基礎とされた。[*21] そして所得税の円満なる施行は、「国民ノ自発的申告及協助」がなければ到底達成できないと、納税者の協力が訴えられているのである。国民の協力による円満な税務行政の執行、それが官民協調路線として大正期における税務行政の基本方針となったのである。

## 第三節　申告奨励と税務行政の改善

大正期の申告奨励策は、大きく二つの方向で進められる。一つは大正九年改正で実現した制裁を伴う支払調書提出義務の履行であり、二つは諸控除の申請とセットになった申告奨励策である。

一についていては、改正直後の大正十年（一九二一）、東京税務監督局が悪質な法人の告発に踏み切っている。[*22] 告発にあたっては事前に裁判所や新聞社などとの協議が行われており、いずれも税務署に同情的で協力的であったという。告発されたのは、支払調書の不提出と不正調書提出の東京市内の法人代表者である。再三の注意にもかかわらず誠意ある対応をみせなかったため、悪質として二法人を「犠牲的」に告発したのである。東京局では告発と同時に、管内の法人等の責任者に親展書をもって支払調書の虚偽記載についての警告を発した。そして新聞等でこれを宣伝するとともに、実地調査に着手したのである。その結果は「効果甚大」で、支払調書の訂正や引換えを申し出るものが相次ぎ、東京市内で約六〇〇件に達したという。また、常習者の訂正申請や審査請求の取り下げも相次いだ。これに対して東京局は、支払調書の訂正や引換えについては始末書をとって再発防止を図っている。このときの実地調査によれば、調査対象のほとんどに不正記載があり、意外なことに一流とされる大銀行や大会社に不正が多かったと指摘されている。所得調査委員選挙の年には申告数が増加するように、選挙についての関心は高かったようである。しかし、大企業の社員ならば過少申告しても所得調査委員の選挙権に影響することがないからと推測される。いずれも、会社内で事前に申告額の打ち合わせがなされていることが多いと指摘されている。

東京税務監督局による実地調査結果は全国の税務監督局に通報され、大会社の支店など全国に波及して行った。もっとも、悪質法人の告発は、どうも東京税務監督局の独断でなされたようで、主税局からは今後は事前に稟議するよう通牒が出されている。

こうした強硬な施策だけでなく、東京税務監督局管内の各税務署では、所得税法改正の趣旨や具体的な手続についての部外講習会が盛んに実施されている。[*23] 部外の法人講習会では、支払調書の作成や法人所得申告書の作成方法の講習に止まらず、希望する法人には会計帳簿の点検なども行っている。支払調書の提出に関する制裁規定が、法人等からも講習を要請する契機になったのである。

こうした要請に税務署レベルで対処していくためには、当然、部内職員の講習も必要になってくる。この時期は法人数も増加しており、とりわけ所得税事務でも法人の研修に力点が置かれた。大正十年の直税事務講習会においては、税制改正の眼目である個人所得の総合課税は法人事務の「振否」に拘わるとして、その大部分を簿記会計学に割き、税務調査法の科目を設けるなど法人事務に力点を置いた講習が実施されている。[*24]「法人事務ニ付テハ一知半解ノ域ヲ脱セヌ者多キ憾カアル」という状況のもと、大部分の個人所得の源泉は会社企業にありとして、東京局では法人事務の講習が強化された。そして更に、税務官吏には会社組織や経営実態、商取引の経路など、経済事象全般の智識や教養が求められたのである。

二の所得申告の奨励は、大正期に導入・拡大された諸控除申請とセットになって進められた。大正二年改正では勤労所得控除と少額所得控除が導入されたが、申告書には所得額と控除額とを明記する規定はなく控除後の金額を記入すればよかった。大正二年度の実績によれば、年間一〇〇〇円以下の所得階層が全所得税納税者の約七六％を占めているが、そのうちの九〇％以上は所得控除の対象者である。この傾向はそれ以降も変わらず、控除申請とセットになった申告奨励の有効性が見て取れる。大正九年改正では勤労所得控除に加えて家族扶養控除が認められ、さらに控除申請は第三種所得の申告と同時に提出することと明記された。これにより期限内の所得申告は、納税者の利益になると宣伝されるようになるのである。[*25]

ただ、第三種所得申告の当否がわかる統計は少なく、その実態を窺い知ることは難しい。管見の限り、全国的な第三種所得の申告状況がわかるデータは大正十一年分しか確認できず、昭和九年分は大阪税務監督局管内が不明である。これについては全国的な申告是認状況を知るデータとして、本書第一編第二章の表20に税務監督局別の一覧を掲げたが、本章ではこれを府県別にしたデータを表24に掲げた。申告率は納税者数に占める申告者数の割合で、是認率は申告者数に占める申告是認数の割合である。これによれば、長野県の四％台から東京府の五八％台まで大きな格差がある。大正十一年分の全国平均は約二三％であるが、これが昭和九年分になると、大阪局を除いた分ではあるが、約一二％に低下する。青森県や宮城県など申告是認率が高くなる県は例外で、東京府などは半分以下に低下している。全納税者数に対する申告是認数の割合となると、当然ながらその比率はもっと低くなる。申告数が大幅に減少しているのは、大正十五年改正により免税点が一二〇〇円に引上げられたからである。昭和六年の雑誌『税』には、近年の申告是認率は二割強に過ぎず、その大部分は家族扶養控除を申請する小所得者であると指摘されている。[*26]免税点の引

| 府県名 | 納税者数<br>A | 申告者数<br>B | 申告者の割合<br>B/A | 申告是認数<br>C | 申告是認の割合<br>C/B |
|---|---|---|---|---|---|
| 大阪府 | 107,843人<br>79,919人 | 33,762人<br>48,343人 | 31.3%<br>60.4% | 4,130人 | 12.2% |
| 兵庫県 | 92,678人<br>55,216人 | 32,457人<br>27,277人 | 35.0%<br>49.4% | 4,109人 | 12.6% |
| 奈良県 | 16,178人<br>6,313人 | 5,971人<br>2,345人 | 36.9%<br>37.1% | 873人 | 14.6% |
| 和歌山県 | 17,662人<br>6,978人 | 5,600人<br>2,493人 | 31.7%<br>35.7% | 1,287人 | 19.3% |
| 鳥取県 | 16,917人<br>5,045人 | 3,295人<br>3,976人 | 19.4%<br>78.8% | 332人<br>451人 | 10.0%<br>11.3% |
| 島根県 | 25,010人<br>7,425人 | 7,933人<br>5,303人 | 31.7%<br>71.4% | 2,154人<br>566人 | 27.1%<br>10.6% |
| 岡山県 | 46,752人<br>17,111人 | 17,916人<br>14,675人 | 65.3%<br>85.7% | 4,656人<br>1,744人 | 38.9%<br>11.8% |
| 広島県 | 57,387人<br>27,904人 | 23,018人<br>19,432人 | 40.1%<br>69.6% | 7,468人<br>2,580人 | 32.4%<br>13.2% |
| 山口県 | 46,085人<br>16,177人 | 23,904人<br>11,988人 | 51.8%<br>74.1% | 7,450人<br>1,109人 | 31.1%<br>9.2% |
| 徳島県 | 16,379人<br>4,668人 | 4,112人<br>2,000人 | 25.1%<br>42.8% | 583人 | 14.1% |
| 香川県 | 17,972人<br>6,414人 | 6,751人<br>2,988人 | 37.5%<br>46.5% | 672人 | 9.9% |
| 愛媛県 | 29,932人<br>12,541人 | 7,992人<br>9,147人 | 26.7%<br>72.9% | 1,284人<br>937人 | 16.0%<br>10.2% |
| 高知県 | 15,279人<br>5,023人 | 3,558人<br>1,315人 | 23.2%<br>26.1% | 323人 | 9.0% |
| 福岡県 | 90,782人<br>41,584人 | 28,802人<br>37,581人 | 42.7%<br>90.3% | 4,655人<br>3,085人 | 16.1%<br>8.2% |
| 佐賀県 | 20,404人<br>5,655人 | 9,370人<br>6,338人 | 61.1%<br>112.0% | 777人<br>361人 | 8.2%<br>5.6% |
| 長崎県 | 34,693人<br>13,215人 | 14,758人<br>13,278人 | 53.5%<br>100.4% | 2,017人<br>1,086人 | 13.6%<br>8.1% |
| 熊本県 | 48,804人<br>16,938人 | 12,164人<br>14,260人 | 43.7%<br>84.1% | 1,253人<br>586人 | 10.3%<br>4.8% |
| 大分県 | 32,235人<br>11,474人 | 11,205人<br>8,295人 | 51.7%<br>72.2% | 1,575人<br>563人 | 14.0%<br>6.7% |
| 宮崎県 | 17,503人<br>6,741人 | 4,336人<br>4,998人 | 43.8%<br>74.1% | 667人<br>466人 | 15.3%<br>9.1% |
| 鹿児島県 | 21,718人<br>10,990人 | 6,957人<br>8,556人 | 45.1%<br>78.0% | 1,086人<br>698人 | 15.3%<br>8.1% |
| 沖縄県 | 5,179人<br>1,423人 | 1,716人<br>1,400人 | 45.5%<br>97.7% | 305人<br>100人 | 17.7%<br>7.1% |
| 合計 | 1,886,005人<br>(622,716人) | 753,788人<br>(531,899人) | 39.9%<br>(85.4%) | 174,271人<br>(66,090人) | 23.2%<br>(12.4%) |

※上段は大正11年分（『所得税』52①），下段は昭和9年分（『税』第13巻，第2号（昭和10年2月））による．割合は史料のままである．昭和9年分の大阪局はデータがないので，合計の（　）内は大阪局を除く数値である．

表 24　大正 11 年及び昭和 9 年の府県別申告是認割合

| 府県名 | 納税者数<br>A | 申告者数<br>B | 申告者の割合<br>B/A | 申告是認数<br>C | 申告是認の割合<br>C/B |
|---|---|---|---|---|---|
| 北海道 | 57,888 人<br>26,461 人 | 22,449 人<br>21,312 人 | 39.3%<br>80.5% | 5,391 人<br>3,062 人 | 23.6%<br>14.4% |
| 青森県 | 13,765 人<br>5,143 人 | 4,536 人<br>3,838 人 | 32.9%<br>74.6% | 778 人<br>724 人 | 17.1%<br>18.8% |
| 岩手県 | 17,391 人<br>5,856 人 | 4,491 人<br>4,127 人 | 25.8%<br>70.4% | 752 人<br>313 人 | 16.7%<br>5.3% |
| 宮城県 | 24,938 人<br>10,449 人 | 12,133 人<br>7,827 人 | 48.6%<br>74.9% | 873 人<br>847 人 | 7.1%<br>10.8% |
| 秋田県 | 21,075 人<br>6,665 人 | 6,610 人<br>6,889 人 | 31.3%<br>103.3% | 1,011 人<br>511 人 | 15.2%<br>7.4% |
| 山形県 | 25,036 人<br>8,518 人 | 9,037 人<br>7,821 人 | 36.0%<br>91.8% | 1,203 人<br>540 人 | 13.3%<br>6.9% |
| 福島県 | 35,027 人<br>10,066 人 | 11,102 人<br>7,145 人 | 31.6%<br>70.9% | 1,141 人<br>616 人 | 10.2%<br>8.6% |
| 茨城県 | 38,159 人<br>9,838 人 | 22,489 人<br>8,991 人 | 58.9%<br>91.3% | 2,964 人<br>772 人 | 13.1%<br>8.5% |
| 栃木県 | 34,997 人<br>10,150 人 | 15,454 人<br>8,396 人 | 44.1%<br>82.7% | 1,624 人<br>526 人 | 10.5%<br>6.2% |
| 群馬県 | 33,709 人<br>1,499 人 | 16,615 人<br>1,422 人 | 49.2%<br>99.2% | 3,006 人<br>699 人 | 18.0%<br>6.7% |
| 埼玉県 | 37,211 人<br>12,939 人 | 16,231 人<br>12,166 人 | 56.9%<br>94.0% | 12,365 人<br>1,028 人 | 39.5%<br>8.4% |
| 千葉県 | 36,529 人<br>11,606 人 | 13,211 人<br>9,327 人 | 36.1%<br>80.3% | 2,641 人<br>849 人 | 19.9%<br>9.1% |
| 東京府 | 223,901 人<br>156,635 人 | 124,558 人<br>125,824 人 | 55.6%<br>80.3% | 72,947 人<br>26,646 人 | 58.5%<br>21.1% |
| 神奈川県 | 54,881 人<br>26,192 人 | 31,231 人<br>25,321 人 | 56.9%<br>96.6% | 12,365 人<br>5,348 人 | 39.5%<br>21.1% |
| 山梨県 | 12,586 人<br>3,936 人 | 5,349 人<br>3,577 人 | 42.4%<br>90.8% | 763 人<br>392 人 | 14.2%<br>10.9% |
| 長野県 | 52,637 人<br>11,822 人 | 21,979 人<br>10,257 人 | 41.7%<br>86.7% | 1,037 人<br>584 人 | 4.7%<br>5.6% |
| 新潟県 | 57,243 人<br>16,486 人 | 22,879 人<br>18,155 人 | 39.9%<br>110.1% | 1,422 人<br>1,407 人 | 6.2%<br>7.7% |
| 富山県 | 26,523 人<br>9,434 人 | 8,244 人<br>4,584 人 | 31.0%<br>48.5% | 1,631 人 | 19.7% |
| 石川県 | 20,752 人<br>7,355 人 | 8,881 人<br>3,083 人 | 42.7%<br>41.9% | 1,231 人 | 13.8% |
| 福井県 | 17,563 人<br>6,194 人 | 5,273 人<br>2,476 人 | 30.0%<br>39.9% | 361 人 | 6.8% |
| 岐阜県 | 33,420 人<br>11,533 人 | 12,653 人<br>10,848 人 | 37.8%<br>94.0% | 918 人<br>765 人 | 7.2%<br>7.0% |
| 静岡県 | 46,668 人<br>18,785 人 | 21,929 人<br>17,869 人 | 46.9%<br>95.1% | 1,490 人<br>1,220 人 | 6.7%<br>6.8% |
| 愛知県 | 79,564 人<br>43,153 人 | 30,246 人<br>39,813 人 | 38.0%<br>92.2% | 3,059 人<br>3,931 人 | 10.1%<br>9.8% |
| 三重県 | 35,005 人<br>11,761 人 | 14,207 人<br>12,747 人 | 40.5%<br>108.3% | 1,086 人<br>978 人 | 7.6%<br>7.6% |
| 滋賀県 | 18,711 人<br>6,634 人 | 5,800 人<br>2,432 人 | 30.9%<br>36.6% | 971 人 | 16.7% |
| 京都府 | 49,434 人<br>31,999 人 | 19,923 人<br>17,664 人 | 40.3%<br>55.2% | 4,353 人 | 21.8% |

上げにより控除申請とセットになった小所得者の申告が減少したことが、大幅な是認率低下の要因と考えられる。

東京税務監督局管内については、大正十年分と同十一年分の府県別および郡市別の申告状況がわかるので、これを表25に掲げた。納税者数と申告者数の増加割合を見ると、市部・郡部ともに申告者数の増加割合のほうが低い。申告者の実数は増えているものの、納税者の増加率が高いので申告率が相対的に低くなっているのである。申告者の割合は郡部より市部のほうが平均で上回っているので、都市部での申告が増加していると見てよい。また、申告是認割合は、神奈川・千葉の市部と茨城の郡部で低下している以外は、すべてで上昇している。給与等だけであれば所得額の認定は容易であり、それが東京市や横浜市などの都市部における是認割合の高さを物語っていると言えよう。控除申請割合は、東京市以外は高率である。申告数を超える控除申請もあるが、一般に市部より郡部のほうが高い傾向がある。申告書と控除申請書の提出はセットであるが、控除申請のみを提出するケースが多かったことは容易に理解できる。なお、都市部は単身者の割合も高いので、控除申請のメリットは少ないと考えられる。

こうした、控除申請とセットになった申告奨励策は、控除制度そのものの広報や納税相談を活発化させた。そしてそれは、税務官吏に対して更なる税法知識の修得は勿論、納税者に対する懇切丁寧な対応など人格的な研鑽をも要請することになったのである。大正九年法による第三種所得税の執行方針には、誠実な申告を慫慂することは勿論、「納税者ノ主張ニ対シテハ寛宏克ク情意ヲ尽サシメ、又其ノ不審誤解ニ対シテハ懇篤説明ヲ与へ、苟モ擅恣妄断ニ流ル、カ如キコトアルヘカラス」と、注意がなされている。[*27] 特に納税者の悪感情を挑発するような言動を戒め、税務当局に対する社会の信頼を得ることが必要と念押しされている。申告奨励策は、「苛斂誅求」の代名詞のように言われていた税務官吏像を徐々に変化させていくのである。

こうした大正期の税務行政の到達点として、「税務行政の民衆化」方針を理解することは容易であろう。「税務行政の民衆化」方針は、大正十二年（一九二三）六月の全国税務監督局長会議における主税局長黒田英雄の訓示に基づ

表 25　大正 10・11 年度所得申告状況（東京局管内郡市別）

| 府県名 | 市郡別 | 納税者数<br>A | 申告者数<br>B | 申告者の割合<br>B/A | 申告是認数<br>C | 申告是認割合<br>C/B | 控除申請数<br>D | 控除申請割合<br>D/B |
|---|---|---|---|---|---|---|---|---|
| 東京府 | 東京市 | 133,999 人<br>157,285 人 | 81,591 人<br>87,795 人 | 60.8%<br>55.8% | 44,514 人<br>53,593 人 | 54.5%<br>61.0% | 28,219 人<br>32,755 人 | 34.5%<br>37.3% |
| | 市部 | 1,729 人<br>1,940 人 | 606 人<br>1,268 人 | 35.0%<br>65.3% | 224 人<br>619 人 | 36.9%<br>48.8% | 348 人<br>1,698 人 | 57.4%<br>133.9% |
| | 郡部 | 52,244 人<br>64,676 人 | 30,803 人<br>35,495 人 | 58.9%<br>54.8% | 10,077 人<br>18,735 人 | 32.7%<br>52.7% | 18,268 人<br>19,317 人 | 59.3%<br>54.4% |
| 神奈川県 | 市部 | 25,536 人<br>31,330 人 | 16,041 人<br>20,627 人 | 62.8%<br>65.8% | 8,460 人<br>7,397 人 | 52.7%<br>35.8% | 6,493 人<br>7,856 人 | 40.4%<br>38.0% |
| | 郡部 | 17,886 人<br>23,551 人 | 7,274 人<br>10,604 人 | 40.6%<br>45.0% | 3,034 人<br>4,968 人 | 41.7%<br>46.8% | 8,886 人<br>9,879 人 | 122.1%<br>93.1% |
| 埼玉県 | 郡部 | 31,347 人<br>37,211 人 | 14,135 人<br>16,932 人 | 45.0%<br>45.4% | 653 人<br>1,604 人 | 4.6%<br>9.4% | 19,084 人<br>17,568 人 | 135.0%<br>103.7% |
| 千葉県 | 市部 | 1,055 人<br>1,459 人 | 636 人<br>674 人 | 60.2%<br>46.1% | 151 人<br>155 人 | 23.7%<br>22.9% | 354 人<br>415 人 | 55.6%<br>61.5% |
| | 郡部 | 30,485 人<br>35,070 人 | 11,425 人<br>12,537 人 | 37.4%<br>35.7% | 762 人<br>2,486 人 | 6.6%<br>19.8% | 13,682 人<br>12,573 人 | 119.7%<br>100.2% |
| 山梨県 | 市部 | 2,240 人<br>2,598 人 | 769 人<br>1,419 人 | 34.3%<br>54.6% | 168 人<br>349 人 | 21.8%<br>24.5% | 665 人<br>700 人 | 86.4%<br>49.3% |
| | 郡部 | 8,861 人<br>9,988 人 | 3,813 人<br>3,930 人 | 43.0%<br>39.3% | 332 人<br>414 人 | 8.7%<br>10.5% | 5,474 人<br>3,340 人 | 143.5%<br>84.9% |
| 栃木県 | 市部 | 3,647 人<br>4,564 人 | 1,801 人<br>1,650 人 | 48.3%<br>36.1% | 300 人<br>519 人 | 16.6%<br>31.4% | 1,490 人<br>1,346 人 | 82.7%<br>81.5% |
| | 郡部 | 27,484 人<br>30,433 人 | 15,295 人<br>13,804 人 | 55.6%<br>45.3% | 988 人<br>1,105 人 | 6.4%<br>8.0% | 13,175 人<br>9,942 人 | 86.1%<br>72.0% |
| 茨城県 | 市部 | 1,327 人<br>1,791 人 | 962 人<br>964 人 | 72.4%<br>53.8% | 48 人<br>79 人 | 4.9%<br>8.1% | 647 人<br>586 人 | 67.2%<br>60.7% |
| | 郡部 | 30,864 人<br>36,368 人 | 15,814 人<br>21,525 人 | 51.2%<br>59.1% | 4,321 人<br>2,885 人 | 27.3%<br>13.4% | 16,511 人<br>16,230 人 | 104.4%<br>75.4% |
| 群馬県 | 市部 | 6,257 人<br>6,991 人 | 2,672 人<br>3,689 人 | 42.7%<br>52.7% | 103 人<br>161 人 | 3.8%<br>4.3% | 1,783 人<br>2,873 人 | 66.7%<br>77.8% |
| | 郡部 | 23,147 人<br>26,718 人 | 11,626 人<br>12,926 人 | 50.2%<br>48.3% | 1,296 人<br>2,845 人 | 11.1%<br>22.0% | 11,275 人<br>14,132 人 | 96.9%<br>109.3% |
| 合計 | 市部 | 175,790 人<br>207,958 人 | 105,078 人<br>118,086 人 | 59.7%<br>56.7% | 53,968 人<br>62,872 人 | 51.3%<br>53.2% | 39,999 人<br>48,229 人 | 38.0%<br>40.8% |
| | 郡部 | 222,318 人<br>264,015 人 | 110,185 人<br>127,753 人 | 49.5%<br>48.3% | 21,463 人<br>35,042 人 | 19.4%<br>27.4% | 106,355 人<br>102,981 人 | 96.5%<br>80.6% |

※『直税篇　彙報』（平 11 東京 53-6）及び『所得税』52①による．割合の小数点 1 位以下は切り捨てた．上段が大正 10 年度，下段が同 11 年度である．

①大正 10 年の申告是認率上位の税務署は，小田原（98.7%），京橋（96.6%），沼田（83.1%），両国橋（70.9%），永代橋（70.4%）。下位は，宗道（0%），高崎・比企（0.2%），鰍沢（1.1%），下館（1.2%），木更津（1.4%），忍（1.6%）である．

②大正 11 年の申告是認率上位の市区は，下谷区（98.8%），浅草区（81.9%），四谷区（81.6%），深川区（76.2%），京橋区（75.9%），牛込区（75.6%），下位は高崎市（3.6%），前橋市（4.4%），桐生市（5.0%）である．

くもので、六月十日付の東京日日新聞で全国に公表された。[*28] 税務官吏の心得として、負担の権衡の保持や調査の公平、公明正大にして懇切な対応、他官署との意思の疎通などが掲げられ、最後に「納税思想の普及、税務行政の民衆化」の項目が附加されている。その要点は、印刷物の配布や講演会、税務相談部の設置などにより納税者に税法の精神や執行方針を丁寧に説明すること。納税者の異議や不服に対しては充分に聴取し且懇切に説明し、必要なら救済策をも教示すること。申告奨励の手段を講じ、誠実な申告はなるべく採用する方針で臨むこと。申請や申告の便宜を図ること、などである。黒田主税局長は、雑誌『税』の論文で、税務行政の民衆化とは「お役所風を廃して、懇切に納税者の味方となって、共に徴税の事務を完成せしむるにある」と説明している。[*29] また、東京税務監督局の税務監督官平山鼎は、そのために必要なのは常識的な法解釈、事務手続きの公開、執務態度の改善の三つの民衆化であるとし、自らが考案した標語「言葉を和らげ、態度を優さしく、心から親切に」を管内の各税務署に掲げさせている。

ただ、黒田主税局長の「民衆化」方針は、すでに東京税務監督局長勝正憲の大正十二年の新春挨拶で先取りされていた。主税局の「民衆化」方針は、東京税務監督局から起っていたのである。そこでは、「知らしむべし、拠らしむべし」というのは時代錯誤の妄想で、今日においては官民協調に基づく「得心の行く納税」を実現しなければならないと明快に述べられている。ひとことで言うなら、「納得の行く納税」が「民衆化」のスローガンなのである。[*30] ここには、官民協調による円満な税務行政の発達が税務行政の理想として提示されている。そして大正十四年には、第三種所得申告書に税務署への希望を書く欄が設けられ、納税者の要望が税制改正や税務行政の改善などに活かされるようになるのである。[*31]

大正期の申告奨励の到達点である「税務行政の民衆化」方針は、その後徐々に修正されていったようである。たとえば大正十五年の東京税務監督局長の訓示には、「所謂民衆化ナル言葉ヲ徒ニ納税者ニ迎合スルコト」と取り違えている事例が少なくないと注意されている。[*32] こうした税務当局の対応は「民衆化」方針に対する揺り戻しといえるが、それは申告奨励そのものの否定ではなく、申告奨励策を中心に据えた官民協調路線として定着していくのである。

## おわりに

以上、大正期における所得の申告奨励と税務行政の転換について考察してきた。所得の申告奨励は、日露戦後の個人所得の伸長を背景に、税務官吏の「苛斂誅求」批判に対抗して導入された。不正申告する納税者と恣意的な課税をする税務官吏という、相互不信を抱く者同士の直接交渉を避けることで、「苛斂誅求」批判の回避が試みられたのである。申告書提出を前提に、その内容を精査して誠実な申告を是認する方針が打ち出されるが、その担保手段として税法案に無申告等の制裁規定や帳簿・物件の検査権が盛り込まれたのである。

大正期には無申告等の制裁規定は実現しなかったが、主税局の申告奨励方針は不変であった。勤労所得等の控除制度や納税観念の高揚により申告奨励が図られ、税法の趣旨や執行方針の説明会が各署で実施された。こうした一連の税務行政の改善は、大正十二年の「税務行政の民衆化」に結実し、その後の官民協調路線に受け継がれていくのである。

註

＊1 大蔵省主税局編『所得税百年史』（昭和六十三年）。
＊2 『所得税百年史』二一五頁。
＊3 国税庁監修『目で見る税務署百年史』四四頁（大蔵財務協会、平成八年）。
＊4 『東京経済雑誌』第一四三九号（明治四十一年五月十六日）。
＊5 『帝国議会衆議院議事速記録』一二三、六三～六五頁（東京大学出版会、昭和五十五年）。

＊6 『財務』二号（大阪財務研究会、明治四十二年五月）。本史料は神戸大学附属図書館所蔵。本稿では租税史料室所蔵の複製版を使用した。なお、このとき衆議院に質問主意書を提出したのは大阪市選出の石橋為之助で、区役所の窓口が四か所しかないため納税に半日以上もかかることが滞納の要因であるとして、郵便為替貯金制度の利用などの簡便な納税方法が要請されている。なお、郵便貯金制度の利用については第三編第二章を参照いただきたい。

＊7 「明治四十四年局報経理編」東京税務監督局（平一一東京二九）。

＊8 『帝国議会衆議院委員会議録』明治篇六五、八一頁（東京大学出版会、平成元年）。

＊9 国立公文書館所蔵「公文別録」一五九―一六〇臨時制度整理局（ゆまに書房版のマイクロフィルムによる）。同史料には、他府県の同様な意見が多数綴られている。

＊10 本書、第三編第一章に詳述した。

＊11 『帝国議会衆議院委員会議録』二、一三〇頁（臨川書店、昭和五十六年）。断りがない限り、以下の記述は同書による。

＊12 本書、第一編第一章を参照のこと。

＊13 『帝国議会衆議院議事速記録』一三、一四〇頁（東京大学出版会、昭和五十五年）。

＊14 『帝国議会衆議院議事速記録』一四、二二頁（東京大学出版会、昭和五十五年）。

＊15 上林敬次郎『所得税法講義』一二三～一二五頁（松江税務調査会、明治三十四年）。

＊16 税務大学校税務情報センター租税史料室『所得税関係史料集』史料39（以下、『所得税』三九と記す）。

＊17 渡部照雄「納税奨励策について―大正時代を中心に―」『税務大学校論叢』33（税務大学校、平成十一年）。この論文は、本稿と同時期の納税奨励策を、丸亀税務監督局管内の事例をもとに分析した貴重な業績である。併せて参照されたい。

＊18 『帝国議会衆議院議事速記録』三六、六八～六九頁（東京大学出版会、昭和五十七年）。

＊19 国立公文書館所蔵「公文類聚」第四十四編・第二十一巻。

＊20 『所得税』四一。

＊21 『所得税』四五。

＊22 『所得税』四九。

＊23 『所得税』四七。

＊24 『所得税』五〇。

＊25　『所得税』四五。

＊26　『税』第九巻第十一号（昭和六年十一月）。

＊27　『所得税』四八。

＊28　『大正ニュース事典』Ⅵ、五一頁（毎日コミュニケーションズ出版部、昭和六十三年）。なお、「税務行政の民主化」については、菱山忠一「大正デモクラシー期における税務行政の民衆化」『和光レポート』5（税務大学校研究部、平成十三年）を参照されたい。この論文は、「税務行政の民衆化」を最初に検討した論文である。

＊29　『所得税』五三。

＊30　『財務協会雑誌』第三巻第一号（大正十二年一月）。

＊31　『所得税』六〇。

＊32　『財務協会雑誌』第九巻第六号（大正十五年六月）。

# 第二編

# 営業税の導入と課税

# 第一章 営業税の導入

## はじめに

明治二十九年（一八九六）三月、営業税法が公布され、翌明治三十年一月一日に施行された。営業税については、明治二十九年十一月の税務管理局官制と税務署創設が前提であることが指摘されている。とくに中尾敏充氏は、複雑な課税標準を設定した営業税の執行が、専門的な税務行政に対応できる機関としての税務署を創設させたと指摘した。[*1] また、営業税の施行は全国的な反対運動を巻き起こす結果となり、その原因として外形標準課税や帳簿検査などが指摘されている。そして政府の増税路線を受けた新税の執行に、国の機関である税務管理局と税務署があたったことが混乱に拍車をかけたとされている。[*2]

これらは税務署の創設を考察した優れた研究であるが、営業税の執行と税務管理局官制を直結させている点で共通している。しかし結論を先取りして言えば、営業税の執行が税務管理局官制を必然化したわけではない。税務管理局官制は、府県収税部を税務管理局に再編することが主目的であり、税務署は府県収税署を改称したに過ぎない。大蔵省は官制制定による行政改革の過程で、明治二十年代初頭から府県収税部機構の直轄化構想を維持してきた。[*3] 明治二十九年の税務管理局官制の成立は、こうした徴収機構の形成過程から導かれるものであり、極論すれば営業税はそのきっかけとなったに過ぎないのである。そして国税営業税もまた明治二十九年に突然現れたわけではなく、帝国議会開設前後から導入が検討されていた。明治二十年代初頭の営業税法案と明治二十九年営業税の導入理由は、地方営業税法の統一、不適当な国税の整理、商工業者への参政権拡大と、全く同じである。帝国議会開設後、地租軽減をめぐる政府と民党の対立により、営業税法が成立する第九回帝国議会まで税制関連法案は一つも成立していない。[*4]しかしこの間に大蔵省では税制改正の検討が続けられており、こうした動きのなかで徴収機構の問題を検討しておく必要があるのである。

本章は、以上の問題意識のもと、まず税務管理局官制と明治二十九年改正税法の執行体制について検討し、さらに営業税の前史である帝国議会開設前後の営業税法案の検討、そして税制問題と国税徴収機構との関係について検討を進めていきたい。

## 第一節　税務管理局官制と営業税

### 1　税務管理局官制の成立

税務管理局官制は明治二十九年（一八九六）十月七日に裁可され、十月二十一日に公布された。府県収税部は税務管理局に再編され、十一月一日から収税署は税務署に改称された（北海道は翌年四月一日）。閣議への提出理由は、収税署はこれまで一般行政事務と区分する方針を採ってきたので、「今般ノ変更ハ、地方長官ノ管理ノ制ヲ改メ、収税署事務ニ至テハ既ニ新制ノ趣旨ニ副ヘルノ組織ナルヲ以テ、名称ヲ改ムルニ止メントスルニアリ」とある。[*5]これにより大蔵省は、念願であった府県収税部機構の直轄化を果たしたのである。勅令の原案には、税務管理署を大蔵省直轄とする必要性が三点にわたって述べられている。[*6]税務管理署案は、①郡制・府県制の施行により地方自治制度が整備されてきているが、国税徴収事務は自治体の政務とは異なるため地方から分離する必要がある。②「公明正大ヲ旨トスル」税務の取り扱いが、「其地方ノ形勢ニ依リ、若クハ政略上一時ノ出来事」の影響で「税務ノ不羈独立ヲ傷ケ、其公平ヲ害スルニ至ル」としている。税務執行と地方行政の目的は方向性を異にすることがあり、国税徴収事務の府県による管理には弊害がある。③税務の執行は「検税ヲ初トシテ税務一切ノ周到整備ヲ図リ」、不正の手段を防いで正業者を保護し国庫を安定させることが必要である。税務の完全を期するためには、各府県の管理を脱して全国的な税務管理署を設置することが必要である。これを要約すれば、国の機関となることで公平で統一的な税務の執行が図られ、国庫収入が安定するということである。

次に、こうした大蔵省直轄案がこの時期に出された背景について具体的に検討しておきたい。直接の理由とされる営業税は、明治二十九年三月に成立した。衆議院は三月五日、貴族院は三月二十三日に可決している。貴族院の特別委員会における審議は三月十五日に終了しており、これにより営業税の審議は事実上終了したといえる。大蔵省は三月十八日、明治二十八年度予算による府県収税属の定員二五四名の増員を閣議に提出した。理由は、社会の発達にともない「諸税ノ検査事務漸次繁劇ヲ加フル」こと、そして京都府など八府県に十四か所の収税署を増設するためであった。

そして明治二十九年度に入ると、大蔵省は七月、一六〇一名もの収税属定員の大幅増を申請したのである。理由は、明治三十年一月以降の営業税施行と明治二十九年十月からの酒造検査および「間税検査監督上周到ヲ期スルモノアルトニ由」ると、明治二十九年税制改正にともなうものと説明されている。営業税と酒造税の執行は、府県収税部機構の大幅定員増により準備されていたのである。表26からわかるように、このときの大増員により、明治二十三年十月の直税署・間税署設置時とほぼ同じ水準に戻ったのである。衆議院の営業税法案委員会では、収税属三五九名の増員と説明されていたが、その約四・五倍の増員である。七月には、営業税施行規則と営業税法施行上取扱方の内訓が出されている。[7] 大幅な定員増は、営業税の執行が具体化したことを示しているのである。

ついで明治二十九年八月六日から二十一日まで、府県収税長による税務諮問会が開会された。[8] 諮問会に提出された二十二の項目は、税制改正の柱である営業税と酒造税（自家用酒税も含む）にほぼ二分されていた。営業税関係の第一項目は、収税部に「営業税調査委員」を置くことの要否である。これについては府県の状況に応じて収税部・収税署に「専務担当員」を置くこととされ、「精密周到ノ調査ヲ遂ケ好結果ヲ収メント」した。また民間から選定する「各営業に通暁する」「営業税下調補助員」の任命も検討され、府県ごとに状況に応じて運用することとなった。所得税とは反対に、収税官吏が調査を担当し、民間から下調べをする補助員を選定する方法である。これについては何分未経験のことなので予め統一することは困難であり、却って統一することで実際に適合しないことも予想される。そのため「是亦各地方ノ措置ニ委スヘキヲ希望ストノコトニテ結了」という結果になった。次いで「課税標準調査ノ程度方法」、「売上金、請負金及報償金額調査ノ方法」、「資本金調査ノ方法」、「雇人職工労役者調査ノ方法」、「土地家屋借料調査ノ方法」、「土地家屋ノ時価調査ノ方法」、課税物件下調台帳や申告用紙など、課税標準の調査法を詳細に指示している。

酒造税関係の第一項目は、納税保証人の資格についてである。改正により、これまで三年以内の無免許営業などの不正による処罰や滞納処分に付された者、それに不動産の所有価格が造石税の四分の一未満の場合に必要とされた納税保証物や納税保証人が、一般の酒造家に拡大された。そして保証人を第二次納税義務者と明確に規定したのである。納税保証の条件については、「地方長官ノ認定ニ委セラレタルヲ以テ、特ニ一定ノ資格条件ヲ設クルヲ要セス」とされ、小規模営業者への自家用酒税免許の交付についても、「旧慣」の維持や適宜に地方で判断するとの意見が多数を占めたと記されている。酒造税の諮問内容は、もっぱら納税保証に主眼が

**表 26　収税属定員一覧**

| 年　　月 | 定　員 |
|---|---|
| 明治 23 年 10 月 | 5,606 人 |
| 明治 26 年 10 月 | 3,750 人 |
| 明治 29 年 3 月 | 4,004 人 |
| 明治 29 年 7 月 | 5,605 人 |

※各年の『法令全書』による.

あったことがわかる。

このときの税務諮問会については、主税局年報書に以上の記載があるのみで詳細は不明である。[*9] 全国酒造組合連合会は、明治二十八年と明治二十九年の収税長会議を比較し、前年の収税長会議では「収税権を中央に集め大に税政を革進し、其権力を膨大にし、命令の一途に出でんことを希望するに至りしことは、自然の結果と云べし」という状態であったにもかかわらず、今年は税権の伸張を図る事項が何もなく、「各収税長不平の漏洩場たらん」と報じている。[*10] 連合会は、大蔵省の任命する収税長が府県知事の監督を受けるため収税事務に不振をきたし、検税官吏は「往々地方に頭角を現はせる政治家論客等に其職務を執行するに充全ならざるに至る事体」となっていると主張していた。全国統一の執行を求める立場から、同連合会の酒造家たちは「収税権を中央に集め」ることを収税長に陳情していた。しかし「税権伸張」の議論が、今年は一向に進展していないというのである。なお連合会は、自家用酒の禁止と引き換えに酒造税の増税を受け入れる立場であった。このような税務諮問会の状況は、明治二十九年度の税制改正の執行体制が、これまでの府県収税部機構を前提に準備されていたことを示しているのである。

営業税の執行には、事前の課税標準の準備調査が必要であり、同法施行により申告書が提出される明治三十年一月末までに完了している必要があった。七月の定員の大増員と八月の税務諮問会は、酒造税法が施行される十月および営業税の準備調査完了から逆算された期限だったと考えられる。新税の執行が税務管理局官制を必然化したとすれば、当然七月には閣議提出されていたであろう。しかし税務管理局官制の提出は、九月二十八日である。もっとも原案の税務管理署案は、酒造税法が執行される十月一日施行となっており、七～八月には作成されていたものと推測できる。大蔵省は収税署設置時から地方税務局構想の実現の機会を計っており、新税法の執行は絶好の機会である。しかし新税の執行準備と税務管理局官制成立の時間的なズレは、第二次伊藤内閣から第二次松方内閣への過渡期における政治的な要因で生じたものと考えられる。[*11] もっとも税務管理局官制では収税署はそのまま税務署と改称するだけであり、新税の執行を収税署は充分に担えることを示している。政治的な背景についてはなお検討が必要であるが、少なくとも新税の執行が税務管理局官制の成立を必然化したのではなく、その契機に過ぎなかったと言うことができるのである。

## 2　営業税の導入

営業税は酒税の増税と並ぶ、明治二十九年度予算案の中心であった。大蔵大臣松方正義は、明治二十八年（一八九五）八月の意見書で将来歳入の増加が見込まれるものとして、地租・所得税・酒造税・煙草税・海関税・登記料・森林収入・郵便電信収入・鉄道益金を上げている[*12]。そのうち地租増徴については政策上困難であり、海関税も条約改正が前提となる。森林等の諸収入は「他ノ政費ニ供スルニ足ラス」、所得税は「漸次増加シ得ヘキモ、俄ニ巨額ノ収入ヲ望ムヘカラス」状態である。現状では酒造税・煙草税・登記料の三種であるが、登記料および煙草税については制度の根本的な見直しが必要であり、すぐには対応できない。現状において収入増加が見込めるのは酒税の増税だけであり、そのため新税導入が必要となり営業税法案が登場するのである。営業税は、地方税である営業税を国税化して税法の不均一による経済発展への妨害を除去し、営業者に国政参政権を与えるなどのメリットも大きいと説明されている。そして地方税収入を補填するため、国税としては「収税上最モ不適当ナル」車税・船税などを地方税へ委譲し、営業税附加税を加算すれば充分余裕ができるとしている。こうして明治二十九年度は酒税増税と営業税創設により増収を図り、葉煙草専売制の準備を行うとしたのである。

第一の酒税については、現行の一石四円を七円に増加するとともに、脱税防止のため自家用料酒を改正して資力ある者の免許を制限し、混成酒税法により低廉な輸入アルコールに薬品や香料などを混和する酒類も規制するとした。酒造税の大幅な増税については、「酒造税ハ贅沢品ニ課スル間接国税ニシテ」造石数に一時的な影響を与えるかもしれないが、酒造業の衰微には至らないとされている。そして酒税の増税により脱税が増加することを防ぐため、自家用酒税法・混成酒税法を独立させて法整備を図ったのである。また、沖縄県酒類出港税則と朝鮮国製造日本酒類輸入海関税法の改正により、酒造税法適用外地域から移出される酒類も同様に増税することで「酒造家ノ保護」が図られた。そして酒税確保のために納税保証物や保証人の規定が強化されたのである。

第二の営業税法は明治二十八年五月には草案が作成され、七月には成案ができていたが、第二次伊藤内閣のもとでは提出されなかった。松方は八月に大蔵大臣を辞任し、営業税法案などの増税案は後任の渡辺國武により十一月八日に閣議提出された。閣議の提案理由には、将来の財政の基礎を強固にするため広く商工業者一般に課税することと、府県により区々な営業税負担を均一化することが挙げられている。[*13] また、営業税の国税化にともない、国税として不適切な諸税を廃止する国税整理案も同時に提出された。これにより醤油税則・煙草税則・酒造税則中の営業税は営業税法に吸収され、菓子税は営業税との重複課税を避けるため廃止された。また、徴税費が嵩む車税・船税・牛馬売買免許税は国税から地方税へ移譲されることになったのである。

第三の葉煙草専売制は、専売制により独占的な国庫収入とするだけでなく、「煩雑ナル検束ヲ加ヘサルヘカラサルヲ以テ、営業者ニ不利ナルノミナラス政府ニ於テモ之カ執行上困難ノ点少シトセス」という印紙税方式の欠陥をも解消するものであった。[*14]

明治二十九年三月に成立した営業税は、二十四の営業を対象に売上高や資本金等、建物の賃貸価格、従業員数の三つを組み合わせる外形標準課税であった。そして菓子税・醤油税・牛馬売買免許税・車税・船税・煙草営業税・麴営業税は廃止され、営業税の対象となるか地方税へ委譲された。また、後述するように明治二十年代初頭の営業税法案では、営業免許税として営業税とは区別されていた酒造営業税などの間接税に含まれる直接税も営業税に組み込まれ、参政権の納税要件に加えられた。こうして明治二十年代初頭から懸案となっていた国税営業税の導入とともに、直税・間税および国税・地方税の整理がなされたのである。

明治二十九年営業税法を明治二十年代初頭の営業税法案と比較すると、課税標準を外形標準とする点は基本的に同じであるが、課税対象が二十四の営業に明確化されたこと、そして営業税調査委員会が設定されていないことが大きな相違点である。営業税の賦課決定は営業者の申告をもとに、営業税調査委員会ではなく政府が決定することとなったのである。営業税調査委員会の規定は、明治二十年に導入されたばかりの所得税に倣って設置されたものである。所得税は中等以上の富者への課税であり、収税官吏ではなく民間の委員に諸帳簿検査を取り扱わせたほうが執行の円滑化が図れると判断されたのである。[*15] そのため明治二十年の所得税法は、申告届や課税台帳などに基づいて郡区長が作成した所得金高調を、所得調査委員会が審議して決定する仕組みとなった。収税官吏は郡区長が作成する所得金高下調べに間接的に関与できるだけであり、諸帳簿検査などの権限は所得税調査委員にしか与えられていない。所得税は収税官吏の検査対象ではなかったのである。

収税官吏が課税標準額を決定する営業税には諸帳簿の検査は不可欠なものとされ、調査により申告の適否や納税義務の有無などが判断されることになる。営業税法の逐条説明には、「其調査ノ必要アル場合ニ於テハ、収税官吏ハ営業者ノ家宅ニ臨ミ帳簿物件等ヲ検査シ、若クハ営業者ニ尋問スル等ノ自由ヲ有セスンハアル可カラス」とされている。[*16] この条文について衆議院の委員会では、収税官吏の検査が煩瑣になって営業に支障をきたす恐れが指摘されていた。しかし主税局長目賀田種太郎は、売上金高や雇人数などは申告に依拠し、賃貸価格は地方税で課税標準にしていた府県もあり、大蔵省はその均一化を図るだけであると回答している。[*17] また目賀田主税局長は、収益への課税であれば毎年調査が必要になるが、営業物への課税であれば一度調査すればあとは手数がかからないとも答弁している。[*18] 営業税の調査に関しては徴税費の増大を懸念する質問が何度か議会で出されており、税収確保の見地からも執行の容易さが重要視されていたのである。

営業税法は、民間においても様々な議論を呼んだ。「東京経済雑誌」の田口卯吉は、営業税は営業所得への課税でなければ公平な課税とは言えないと主張しているが、現状では外形標準による課税は止むを得ないとの立場である。営業内容も多岐にわたり変動が著しい営業所得の調査は到底不可能であり、外国でも外形標準による課税がなされている。しかしわが国の営業税法の外形標準は適当とはいえず、同法の簡単な規定では施行後に改正が必要になるだろうと論評している。[*19] さらに田口は、名義上からすれば営業税は売上高・資本金・従業者が課税標準となるが、「立法者の宜く研究すべき所は、如何に徴収せば営業税と云へる名義に対して至当なるやにあらずして、如何にせば其納税者が最も苦痛を感ぜずして同額を収納するやにあるなり」と、あくまで東京府の家屋税方式を主張している。[*20] 東京商業会議所は、「課税標準甚タ複雑ニ、徴税方法頗ル煩瑣ニシテ、加フルニ税額ノ負担亦公平ヲ得」ないと批判した。[*21] そして会社組織については別に会社税を創設して「会社収入ノ利益」に課税し、個人については外形標準の修正をはかること、営業税調査委員を任命すること、委員の任命により削減された徴税額分を減税することなどの改正意見を提出した。この改正意見は全国商業会議所の臨時連合会で検討され、個人については業体により売上金額・総益金額・貸付金額・請負金額・報償金額を、会社については利益金を課税標準とすることが決議され、大蔵大臣と衆議院・貴族院両議長に請願されたのである。[*22] 営業税は、外形標準の設定の適否に批判が集中したことがわかる。

営業税法施行後、申告書の提出や修正をめぐる税務署と納税者のトラブルは、新聞や雑誌において連日のように報道された。[*23] とくに毎日新聞と東京経済雑誌は、各地の反対運動を全国に発信して、その中心的な役割を担った。東京税務管理局長大塚貢は、申告書の提出や課税標準額について苦情が多発し、申告期限を経過するものも多かったと述べている。売上高については税務署の見積額と申告高が異なる例が多く、組合の申し合わせで七掛とした事例などもあり修正を訓諭したが、なかなか修正に応じないとしている。また旅館の白米購入や料理屋の清酒買入を卸売と小売のどちらに認定するかなど、細かな取扱規定がないとしている。さらに賃貸価格は「営業税中尤も苦情多き課税物件」であり、物件が多くて調査が行き届いていないことも認めている。[*24] こうした事態は、主税局長の議会での答弁とはかけ離れたものであった。正確な申告を行わなかったり、従業員数などを一時的に減少するなどの営業者の抵抗だけでなく、外形標準の認定にあたり細部で取り扱いに違いが生じたことが混乱の原因であった。

営業税施行の翌年、第十三回衆議院には議員提案による営業税法改正案が提出された。[*25] 全国商業会議所連合会の請願を基本に、課税標準を資本金や売上高・請負金額などに一本化し、営業税調査委員会を採用する内容である。この改正案は衆議院を通過し貴族院へ送付された。大蔵省は対抗策として営業税調査法案を作成したが、理由書には「営業税課税標準ノ多クハ、商家ノ機密ニ属スルヲ以テ、之ヲ調査シテ正鵠ヲ得ルコト頗ル至難ノ事業ト為ス」。さらに現行法だけでは申告の不正を発見できず、「任意ノ認定」とならざるを得ないと述べられている。[*26] 大蔵省は混乱の原因を営業税法の不備と認識していたが、課税標準を資本金や収入高などに一本化する改正案には反対であった。あくまでも営業税の外形標準課税は維持しながらも、調査委員会の導入で妥協を図ろうとしたのである。しかし衆議院の改正案は、貴族院で審議未了のまま廃案となった。営業税調査委員会の導入は、憲政擁護運動のもとで営業税廃止運動が再び展開される大正三年（一九一四）まで実現しなかったのである。

大蔵省が営業税の外形標準課税にこだわったのは何故であろうか。主税局長目賀田種太郎は、営業所得への課税を求める意見に対して、「所得税ノヤウニナツテ課税ノ宜シキヲ得マイ」と答弁している。[*27] また衆議院営業税法委員長河島醇は、営業税は現行の所得税より勢力がある国税であるとし、「今所得税ニ於テ不完全ナルガ故ニ、ソレニ関連スル営業税ハ最モ審査討議ヲ要シテ、将来各税ノ基準トナシ、其公平ヲ得ルマデニ審議スルノガ吾々ノ義務」であると演説している。[*28] 明治三十二年の改正所得税法を解説した『所得税法講義』には、地租以外の直接税の賦課法として、収税官吏の検査、納税者の申告、「外評」による推定の三つを上げている。[*29] 所得調査には推計法は適用できないが、田畑の所得については「地価又ハ段別当ノ標準純益金額ヲ定メ」、酒造や生糸製造業などの営業についても「各其ノ生産物又ハ資本金等ニツキテ標準ヲ一定シテ」推計する方法が実際には行われているというのである。理論上、外形標準による営業収益の推計は可能とされており、営業税法に示された外形標準課税は営業税の根幹ともいうべきものであった。売上高などへの課税標準の一本化は、所得税との関係で営業税の根幹を失わせるものであったのである。こうした理論上の要請が、営業税調査委員会を導入しても外形標準を維持しようとした理由と考えられる。

## 小括

税務管理局官制の成立を必然化したとされる営業税の執行体制は、府県収税部機構により準備されていた。大蔵省は新税施行に際して収税部機構の直轄化を計っていたものの、内閣の不安定性などの政治的理由で意図どおりには実現できなかった。このことは府県収税部機構が、すでに複雑で専門性を要する税務行政を担える組織であったことを物語っている。税務管理局官制は府県収税部の再編を主眼としており、収税署は税務署と改称されたに止まったのである。大蔵省による収税部機構の直轄化は、新税執行に不可欠なものだったのではなく、新税執行はこれまで懸案であった直轄化の契機に過ぎなかったのである。

また、営業税の混乱の原因とされる外形標準課税は、営業所得の推計のために導入された課税標準であり、営業税の本質的な部分として維持された。それは理論上営業税が外形標準による営業所得の推計をなし得る税であり、所得の推計を補完する上からも重要とされたのである。

## 第二節　帝国議会開設前後の営業税法案

### 1　営業税法案の史料的検討

この時期の営業税法案は、井上一郎氏の史料紹介がある程度で、ほとんど研究されていない。[*30] 井上氏が利用したのは、大蔵省文庫（現在は国立公文書館所蔵）の「松尾家文書」と「目賀田家文書」である。創設期の所得税および営業税に関する史料は、大蔵省文庫の「松方家文書」第三十七号にまとめられていたが、残念ながら原史料は欠本で目次が判明するのみである。また大蔵省文庫所蔵の史料は、編纂の過程で原秩序が失われている可能性があり、利用には年代推定を含めた史料批判が必要となる。敢えて一節を史料的検討に充てる理由である。

松方家文書にある営業税関係の史料でもっとも古いものは、明治十九年（一八八六）作成と推定できる「地方税中商業税改正私案」である。[*31] 表紙に「阿部」の印があるが、この人物は大蔵省主計局地方財務課長の阿部興人と考えられる。阿部興人は徳島県美馬郡長や同県県会議長を歴任した人物で、明治十九年三月に大蔵省に入り、明治二十二年八月には大阪府書記官に転じている。[*32] この私案は地方営業税（商業）の課税方法を統一する内容で、大阪府（区部・郡部）・徳島県・広島県・千葉県などのデータが参照されていることから、阿部興人本人の作成と考えることができる。府県により区々な課税方法を、収入高・建物の賃貸価格・成人雇人数の三つを合計した金額を課税標準に統一し、金額により三十等の等級を立てて税率を設定するものである。収入金二〇〇円未満と行商人は免税である。収入金額は前年度の売上高とし、金銭出入帳などの諸帳簿の作成が義務付けられている。賃貸価格は年間の家賃で、雇人は一人につき二〇〇円と換算されている。そして町村ごとに戸数五〇〇戸につき商業税標調査委員を五～十人選定し、申告の当否や賃貸価格の調査などに従事させるとしている。

表 27　営業税法案関係史料一覧

| 番号 | 史　料　名 | 備　考 | 松尾家文書 | 梧陰文庫 |
|---|---|---|---|---|
| ① | 営業税則案 | 明治 22 年月日より施行 | 33-6 | |
| ② | 税法改正後国庫及府県市町村諸税収入概算書 | 明治 21 年度予算による | 33-15 | |
| ③ | 営業税法案 | 明治 22 年月日より施行 | 33-7 | B1704 |
| ④ | 営業税法説明書・課税例説明 | | 33-7 | B1705 |
| ⑤ | 現行国税・地方税改廃案 | 明治 22 年月日より施行 | | B1706 |
| ⑥ | 営業税法制定ノ議 | | 33-5 | B1707 |
| ⑦ | 営業税施行後国庫及府県市町村諸税収入概算書 | 明治 22 年度予算による | 33-16 | B1708 |

※「松尾家文書」は国立公文書館所蔵,「梧陰文庫」は國學院大學図書館所蔵（マイクロフィルム版）による.「梧陰文庫」の史料は，すべて『営業税』1 ①〜⑤による.

大蔵省においてこのような私案が作成された背景には、明治十年代後半の地方税負担の増加があると考えられる。明治十五年に地方財政の悪化により営業税・雑種税の課税制限が廃止され、府県では課税方法の見直しが進められていた。地方財政に占める営業税・雑種税の割合も高まっていったのである。大蔵省は明治十九年の官制制定の際、内務省との併管であった地方税について専管を主張した。国税と地方税を含めた租税負担の軽重を図る必要があること、地方議会の決議に任せたため区々となっている営業税・雑種税の課税標準の均一を図ることの二点が、大蔵省が地方税の賦課・徴収の専管を要求する内容である。[*33] しかし大蔵省専管は、内務省の反対で実現しなかった。

次に営業税法案が登場するのは明治二十年代に入ってからである。この時期は地租軽減を求める世論を背景に、その代替財源とされていることが特徴であり、当初から営業税の国税化と国税整理が前提とされている。営業税国税化の代替財源として地方税の附加税を認めることで課税の統一を図り、さらに国税に不適当なものを地方税に委譲する内容である。また、国税整理は地方税の補填だけでなく、徴税費の削減をも意図していた。

表27に、松尾家文書と法制局長官井上毅の手元に残された営業税法案関係史料を一覧にした。①と③には後年の書き込みで「明治二十三年七月」とあり、⑥と⑦にも別の筆で「明治二十三年七月」の書き込みがある。①から⑦までをみると、閣議説明⑥・法案①と③・税法説明および課税例説明④・収入概算書②と⑦、それに

現行税法改廃案⑤にまとめられ、営業税法案の閣議提出資料を構成していることがわかる。営業税導入が政治日程に上った時期は、明治二十一年末と明治二十三年末の二度である。「松方家文書」第三十七号（欠本分）に営業税の閣議説明案と考えられる「営業税法制定ノ議」があり、作成は明治二十一年十二月となっている。原本での確認ができないが、年代の記載から⑥とは別の史料と考えられる。つまり閣議提出説明案も二点あることになる。以下、個々の史料に即して検討していきたい。

まず法案①と③は同様に「明治二十二年施行」とあるが、①の営業税調査委員選挙規程は明治二十一年四月公布の市制・町村制（明治二十二年四月施行）が前提となっている。③は国税徴収法や東京・大阪・京都三市の市制特例が前提とされているので、明治二十二年三月頃かそれ以降の作成である。④は③の説明書である。①の営業税則案と③の営業税法案の課税標準は、業種ごとに定額税と比例税を組み合わせるもので基本的な相違はみられない。定額税は営業地の課税等級や資本金・従業員数で、比例税は賃貸価格などである。営業税調査委員会の規定も、複選制の委員選出方法を含めて同じである。営業税額は、郡区長または府県知事・郡長が営業税額調査案を提出し、営業税調査委員会の決議により決定されるとなっている。これは当時の所得調査委員会の規定を準用したものである。①と③の相違は課税標準の等級設定にある。営業地の課税等級をみると、両案とも地方の等級は六等に区分されているが、課税等級は①が二十等で、③は十三等である。一等地方の一等課税額は、①が六十円であるのにたいして③は十五円である。業種別の定額税と比例税の税額を比較しても、①は③の二倍程度に設定されている。両法案の税額の差異は、次の収入予算額を検討することで明瞭となる。

②の収入概算書は営業税導入による国庫収入の概算書であるが、明治二十一年度予算をもとにしたもので「府県制郡制施行後ノ計算」との註がある。このことから②は、市制・町村制とともに成立が図られていた府県制・郡制の施行を前提とした予算書であることがわかる。府県制・郡制案の元老院提出は明治二十一年十月であり、②もまた同

時期に作成されたと考えられる。ただし同法案は元老院の反対もあり、最終的に公布されるのは明治二十三年五月である。②の営業税収入額は約四五〇万円で、地租軽減（田畑地租の一〇%減）と酒造免許税などの減額、そして車税・船税・牛馬売買免許税を廃止する内容で、営業税附加税は国税の十分の四である。このことから①と②は、明治二十一年四月の市制・町村制および同年十月の府県制・郡制の施行を前提とした地租軽減の代替財源案であることがわかる。

もう一つの収入概算書である⑦を検討する前に、他の史料を先に検討しておこう。③と⑤は明治二十二年中の作成が確かであり、④は③の説明であるから、少なくとも③④⑤は明治二十二年の作成と判断できる。⑦は明治二十二年度予算をもとにした国税収入と地方税収入の増減表である。営業税の収入額は約二三〇万円で、酒造免許税などの減額と菓子税・船税・車税・牛馬売買免許税の整理、それに府県への営業税附加税を十分の八としている。これにより国税は四十七万円余の増収、府県税は二五〇万円余の減収、市町村税は四四〇万円弱の増収となっている。府県税の減収分には地方税徴収費一〇〇万円が交付されることとなっており、市町村には国税徴収法（明治二十二年三月公布）に規定された国税（営業税）徴収額の四%にあたる九万円余の補助も計上されている。このことから⑦もまた明治二十二年三月以降の作成であるが、こちらは地租軽減とセットにならない営業税法案とみることができる。

⑥の閣議提出説明案には営業税導入の理由として、賦課法が府県により区々なため全国均一の税法とする必要があること、商工業者に対して国政参政権を付与すること、現行の国税中徴収額が少なく徴税費が嵩む税目を整理して地方税に委譲することの三点が掲げられている。営業税・雑種税の収入額を国税および府県税・市町村税の附加税に二分割し、国税整理により廃止される税額で補填する内容である。菓子税と牛馬売買免許税は営業税に組み込まれ、間接税中の営業税を営業免許税と改称し、さらに船税（海上航行船舶は除く）と車税は地方へ委譲するとされている。③から⑦までは共通した内容で、閣議提出資料としてまとまった史料群といえる。

以上のことから、①と②は明治二十一年十二月の閣議提出資料で、③から⑦は⑥に附属する明治二十二年作成の閣議提出資料という結論になる。ただ、これらが実際に閣議に提出されたかどうかは別の問題である。では前述の史料の書き込みはどう理解できるだろうか。①と③には筆で「23年7月秘」、⑥と⑦にはペンで「23年7月」とある。字体も前者と後者では異なっている。私は明治二十一年作成の①と同二十二年作成の③の書き込みは、当時大蔵省出納局長であった松尾臣善の手元に参考資料として二つの法案が届いた日付だと考えている。明治二十三年七月は、第一回衆議院議員総選挙での民党勝利により、第一回帝国議会の予算審議において地租軽減が最大の争点となることが明確となった時期である。大蔵省の営業税法案検討の参考資料として、明治二十一年および同二十二年の二通りの法案が供されたのである。このように考えれば、史料の作成年代との相違は無理なく説明できる。しかしペン書きの⑥と⑦は、①と③を参考にして後の財政史編纂関係者が推定したものである可能性が高い。⑥と⑦が明治二十二年の作成であることは前述の通りであり、むしろ営業税単独導入案が明治二十三年七月に閣議提出されたとの積極的な説明が必要となるのである。

　このような推論は、大蔵省文庫所蔵「目賀田家文書」に収められている、松尾家③とほぼ同文の営業税法案の検討により補強できる[*34]。これを⑧として、以下に検討しておきたい。⑧と③は、営業届や廃業届などの提出先が、前者が「郡長又ハ市長」、後者が「市ニ於テハ府県知事」となっている点が異なっている。⑧には国税徴収法の内容が反映されていないので、明治二十二年三月以前の作成と考えられる。⑧は約二六六万円の地租減少を補塡するため約五二二万円の収入予算額となっており、地租軽減とセットになった法案である[*35]。しかも法案の趣意書（閣議説明案）の内容は、地租軽減以外は⑥とほぼ同じである。収支見積は明治二十二年度予算に基づいており、廃止する国税は⑦の税目に銃猟免許税が追加されている。このことから⑧は、③から⑦と同時期に作成された地租軽減とセットになった営業税法案とみることができるのである。

さらに付け加えれば、⑧が明治二十二年中の史料であることは、この史料のなかに明治二十三年末から明治二十四年初頭にかけて作成されたとみられる収支見積が別にあることからも補強できる。ここでは地租減額五〇〇万円と国税廃止額を併せて約五八〇万円とし、その代替財源として営業税二五〇万円、所得税増税五十万円、「諸会社其他資本収益税」五十万円が見積もられている。[*36] これ以外に酒造税などの増収分もあり、これで地租軽減分が補填できる計算になっている。銃猟免許税が廃止になっているのは⑧と同じであるが、営業税の導入だけでは地租減額分を補填できないため、会社の資本収益税の導入や所得税増税案も検討されているのである。

## 2　地租軽減と営業税法案

本項では、営業税法案の史料的検討を前提に、帝国議会開設前後の地租軽減問題と営業税法案との関係を検討しておきたい。

この時期の営業税法案は、世上の大問題となっていた地租軽減問題と密接な関係を持って立案された。明治二十年十月から明治二十三年七月の第一回衆議院議員総選挙ころまで展開された大同団結運動および三大事件建白運動は、条約改正問題をめぐる政府内の対立を契機に自由民権各派の再結集を促した。[*37] 三大事件建白運動は、条約改正反対・地租軽減・言論の自由などを掲げ、全国から建白書提出を理由に大挙上京して政府への働きかけを行った。なかでも地租軽減は初期議会における政府と民党との大きな争点となり、第一回帝国議会の予算審議における最大の焦点となった。

明治二十一年四月に黒田内閣の大蔵大臣に留任した松方正義は、立憲制導入を前提にした将来数年間の政務方針について、「一国ノ政務改良ハ其民力ノ発達ト」の権衡を図ることが大事であるとの意見書を閣議に提出した。[*38] すなわち、明治二十一年度予算を見る限り歳入規模は七四〇〇～七五〇〇万円程度で、歳出は帝室用度費・国債の利払い・

陸海軍費を除いた二五〇〇～二六〇〇万円が一般政務費となる。これらの財政規模を維持するには、海軍拡張には一般政務費の節減、世論の求める地租軽減については新税導入により対応せざるを得ないとしている。松方は、わが国の地租が租税収入の過半数を占め、諸外国に比して「非常ノ重税苛斂」であるとしつつも、「諸税賦課徴収ノ方法ヲ改良シ、若シクハ新税ヲ起シテ」歳入が増加すれば漸次に地租軽減を図っていくとしていた。世論の求める地租軽減には、新税導入が必要であるとの立場である。

このときの松方の諮問に対する回答と思われる主計局長渡辺國武の上申には、各省の経費節減額を四〇〇～五〇〇〇万円と見積もったものの、「政府中ニ許多ノ分子有之」状況では閣議で「甲是乙非紛々擾々到底帰着スル所モ有之間敷」と、まず総理大臣と大蔵大臣とで基本方針を確認しておく必要があるとしている。[*39] このなかで渡辺は、政費削減の聖詔を発して基本方針を確定すること、各省官吏の三分の一削減、陸海軍費を定額制とするなどの十項目を掲げている。また、「田租畑租等一国ノ生産力ニ関係アル租税ハ漸次減少ノ方案ヲ立ツルコト」と、地租軽減の方向性も打ち出している。渡辺は明治二十一年十一月の大蔵次官就任直後の松方宛意見書で、税法改正について大体の素案はまとまっているが、「一般ノ人心ニモ拘リ、甚タ政府ノ御徳望ニモ相関」することなので、止むを得ない改正以外は徴税規定の改正にとどめ、憲法の規定に従い国会の場で協議すべきであると述べている。[*40] 大体の素案というのは地租軽減およびそれとセットになった営業税則案と考えられる。そして主税局では「其（租税）徴収法、強徴法、徴税署組織法等」の検討が進行中であるとも付け加えている。

明治二十一年十二月の営業税則案は、帝国議会開会前に世論の求める地租軽減を実施するための代替財源として立案された。井上毅が「営業税を起して地租を減するの説は、昨年来の内議に有之候」と述べているように、明治二十一年十二月に営業税の導入が内閣で検討されていた。[*41] 営業税則案や営業税法案は、このために準備されたものだったのである。しかし営業税の導入には、明治二十一年十二月二十日付で井上毅が大蔵大臣松方正義に反対意見を表明している。[*42] 井上の反対意見は、以下の二点である。一点目は、憲法発布（明治二十二年二月十一日）が間近に迫っており、新税法の制定時期としては適当でないとの判断である。井上は、営業税が全国の民間営利事業に大きな影響を与える税目であり、税を転嫁できる大営業者と転嫁できない小営業者との間で、全国的・長期的な「経済社会ノ変動」が起こると指摘している。ただでさえ「専制政治ヨリ立憲政体ニ遷ルノ当時ニ於テハ、民心激昂シ政治上ノ熱度非常ニ上昇スル」時期であり、営業税法の施行により小営業者の税負担が増加し、それが政治運動を一挙に高揚させる事態を懸念しているのである。二点目は、営業税を国税に移すことへの反対である。井上は、三新法施行後、家屋税と営業税が地方税として定着してきたことを評価し、各国の税制も引きながら国税は間接税を中心とすべきとの主張を展開している。ここで井上が家屋税といっているのは、東京府などが戸数割のかわりに導入していたものである。

しかしこれとは対照的に、農商務省は極秘で営業税導入に積極的に動いていた。明治二十二年二月の伊藤博文宛井上毅書簡には、「先日農商務大臣殿より各地方官へ内密下問有之候由」とあり、農商務大臣井上馨は実際に地方官へ内密の下問を行っている。[*43] この下問への回答が兵庫（明治二十二年四月）・青森（明治二十二年七月）・鹿児島（年不明）の三県分残っている。井上農商務大臣からの諮問は、大蔵省案を示してその当否を問うものではなく、地租軽減と営業税の国税化の当否だったようで、三県知事はいずれも地租軽減と営業税導入に賛成であった。[*44] 青森県知事鍋島幹の意見草案には、外部への漏洩を恐れて「専ラ小官（知事）・収税長両人ニ於テ取調」べたため遅くなったと付け加えられている。しかしあくまでも営業税導入に反対する井上毅は、農商務省のこうした動きが洩れて民間の世論を刺激することを危惧しており、あらためて営業税反対意見を伊藤に送ったのである。[*45]

政府内で営業税法案が検討中であることは新聞や雑誌でも報道されていた。朝野新聞は社説で、農民と商工業者の負担の平等という点から、地租軽減のための営業税導入を支持している。[*46] そのうえで、課税方法の問題点や課税による商工業への影響を懸念する内容である。とくに課税法について、フランスの営業税法が導入以来十数回もの改正を経たことを指摘し、営業所得への課税が「真誠の税法」ではあるが、その把握が困難であることが指摘されている。そして欧州諸国の実例を踏まえて、「稍々弊害の少なきものは、人口の多寡に従ひ土地に階級を立て、営業の種類に依りて多少税率を異にし、且つ家賃価格及ひ器械の多少、雇人の員数等に拠り各営業者の所得を概測するの一方法あるのみなり」としている。このような外形標準の設定は大蔵省の営業税法案とも一致しており、大蔵省と社説の筆者とは欧州の税法を同様に参照していることがわかる。また時事新報は、営業税の均一化や徴税費減少の観点から「一個の税法改良」策と評価している。[*47] 東京の新聞が、営業税の導入に必ずしも否定的でないことは注意しておく必要があろう。

明治二十一年末から翌年にかけて検討された営業税の導入は見送られたが、政府は明治二十二年九月の田畑特別地価修正法により高地価地域の地価修正による地租軽減に踏み切った。明治二十二年の田畑特別地価修正を検討した黒田展之氏は、当時の社説や論説からは代替財源の積極的な説明は見出せないとしている。地価修正の代替財源として報道されていたのは、政費節減、条約改正による関税増加、地方へ配分する備荒貯蓄費の廃止などであるが、条約改正交渉が妥結していないので関税の増加は見込めず消極的な説明にとどまるとされている。[*48] 前述のように大蔵省では、地租軽減の規模次第では営業税だけでなく「会社税」の導入や所得税の増税なども議論の俎上に上っていた。条約改正の進展がなければ関税の増加は望めず、間接税も明治十年代の増税策が行き詰まりを見せているなかで、地租軽減の代替財源は直接税の見直しによることになったのである。

一旦は見送られたものの、第一回衆議院議員総選挙における民党の圧勝を受け、明治二十三年七月に営業税法案は再浮上する。民党の勝利により予算審議において地租軽減問題が焦点となることは明白であり、大蔵省としては対応策を講じておく必要があった。出納局長松尾臣善の手元に提出された「明治二十三年七月秘」の史料は、大蔵省が地租軽減とセットになった案と単独導入案の二通りの案で臨んでいたことを物語っている。明治二十三年七月に法制局部長に就任した尾崎三良は、八月五日に総理大臣山県有朋（当日は不在）と司法大臣山田顕義を訪問し、帝国議会開会前の成立を目論んで各省が提出している法案について、法制局において緊急のものとそれ以外のものに区別し、後者は帝国議会に提出すべきであると建議した。[*49] 山田もこれに同意し、閣議決定の運びとなった。翌日、尾崎は再び山県に面会して同様の意見を述べ、山県の同意を得ている。閣議の内容は、元老院および枢密院に回っているものは八月中に公布し、他は帝国議会に提出するというものであった。この閣議決定は帝国議会開設前に駆け込みで法案の成立を図ろうとする各省の動きに歯止めをかけるものであったが、営業税法案は第一回帝国議会の予算審議の推移を見守りながら議会に提出されるべきものであり、明治二十三年七月に導入が図られたわけではなかった。この時期の閣内の動向を推測する史料として、明治二十三年九月と推測できる井上毅の営業税法案意見がある。[*50] このなかで井上は営業税法案について、営業税と地租軽減を同額とすること、営業税と地租軽減をともに否定することの二通りの議会対策を検討し、後者に帰着するだろうとの見込を示している。しかしそれでは地租軽減を政府が既に決定しているとの批判を浴び、地租軽減論は勢いづくだろうが、減租論が多数を占めても上奏建議にとどまるであろう。こうした議会の反応を見ながら、次期議会に営業税法案を提出するか、予め今議会に提出して機先を制するかは「政府ノ政略如何」であるとしている。井上は営業税の導入には反対であったが、議会で導入が決議されれば自説に固執しないと述べている。帝国議会開設に当たり、地租軽減の代替財源である営業税法案は議会対策上からも重要な位置を占め続けたのである。

しかし明治二十四年度予算案の審議は、衆議院予算委員会において約八〇〇万円もの大幅削減を求める査定案が作成され紛糾した。衆議院の地租軽減論は井上の予想をはるかに上回るものだったのである。議会の意図は、大幅な政費削減により地租軽減の実現を図ろうとするもので、獲得議席数が少なかった立憲改進党には解散も辞さない強硬論もあった。査定案が予算委員長に提出されたのは十二月二十七日で、翌年一月八日から衆議院本会議において審議が開始された。査定案の審議では、官制改正や官吏の人員・俸給削減など憲法第六十七条の天皇大権への抵触が問題となった。政府内では、こうした衆議院の動きをにらみながら地租軽減とセットになった営業税導入の可否が議論されたのである。十二月十四日、尾崎三良に宛てた井上毅の「営業税駁論」が届き、尾崎は翌日この意見書を山県総理に届けている。[*51]尾崎は十六日、直接山県に面会して地租軽減および営業税導入に反対し、山県も同意したと記している。しかし査定案の審議が開始される翌年一月になると、地租軽減に応ずる妥協意見が政府内部で強まっていく。一月八日付の大蔵次官渡辺國武宛書簡で井上毅は、議会は営業税を政費節減の身代わりとはせず、必ず議会で廃案となると述べている。[*52]そして翌日の書簡では、地租軽減とセットになった営業税の導入案は、営業税の否決により地租軽減のみが残される結果となり、しかも政費節減を否定している以上、進退きわまって近日中に内閣総辞職となるだろうと断言しているのである。しかし閣内での地租軽減論は根強く、松方ばかりか山県までも同意するに至ったようである。二月六日の尾崎日記には、「世論ノ囂々タルニ迷ヒシト見へ、井上（毅）ハ一旦前説ヲ変ジ已ニ地租軽減ノ取調ナドヲ為シ、又山県伯モ色稍動ク気色アリ、予憂慮ニ堪ヘズ」と記している。[*53]結局、尾崎の言によれば伊藤博文の反対により井上も前説に復し、山県・松方の論も確定したとされている。

尾崎三良が非難した井上毅の地租軽減説とは、歳出削減による田畑地租の〇・五％減額案である。[*54]井上は地租負担が過重であるのは「古来田制上ノ沿革」によるもので、他の直税・間税が欧州の制度を模範としているのに比して地租はそうでないことが一因である。そして地租軽減による七〇〇万円の歳入不足は、条約改正が行われない現状では歳出削減によるしかないとしているのである。井上は商工業者の負担が農民に比して少ないことは認識していたが、営業税導入には反対であり間接税の増収を主張していた。議会開設前は議会が議決すれば営業税反対に固執しないとしていたものの、もはや営業税の導入を図れる状況にはなかった。そのため地租軽減の代替財源は政費節減に拠るしかなく、明治二十四年度における大幅な官制改正の断行が準備されるのである。

しかし政府はアジア初の国会の解散を避けるため、特別委員を選定して協議会を開催し、政費節減案を受け入れて民党との妥協に動いた。協議会開催にあたり政府において確定された方針は、以下のような内容であった。[*55] 政府と衆議院の対立点は政費節減分の使途であり、政府は「国家ニ大急務ナル国防治水ノ費用」、衆議院は地租軽減と、その目的を異にしている。政府の方針としては二通りある。第一はあくまで国防と治水を優先し、第二は譲歩して地租軽減を認め、代わりに新税を導入することである。だが、地租軽減は容易でも新税導入は困難であり、代替財源がない以上は地租軽減には応じられないというものである。すでに山県は一月二十四日付の松方宛書簡で、「政費節減之剰余を以、地租軽減ニ充ル之議ハ、目下之急務ニ非す」とし、海軍拡張と治水対策を急務とする方針で議会を乗り切れるとの確信を伝えているが、これが政府の方針として確定したのである。[*56] こうして三月二日、衆議院は約六三〇万円の歳出削減の予算案を可決し、政府との妥協が成立した。非妥協派の尾崎三良は、山県内閣がこうした選択をせざるを得なかった原因は、松方正義・渡辺國武の大蔵省トップと井上毅、それに閣内で賛同した外務大臣青木周蔵・農商務大臣陸奥宗光にあると名指しで批判している。[*57]

山県内閣は地租軽減には応じなかったものの、明治二十三年末頃から大蔵省では地租軽減法案への対応が講じられていた。[*58] 大蔵省は、立憲自由党の林有造が発表した地価地租特別修正案は廃案になると予想しつつも、大成会が主張する地租税率の〇・五%引下げ案は両院を通過するかもしれないと考えていた。林有造の地価修正案は明治二十三年十二月二十五日の郵便報知新聞に発表されたもので、低地価地方の上方修正により地価の権衡を図り、かつ田畑の地租税率を一律〇・五%引き下げるというものであった。[*59] 林の地価修正案は、一律減租という点を除けば明治二十三年末に大蔵省で検討されていた地価修正案と基本的に同一である。地価引き上げの対象地域は山口・福岡・大分・宮城・福島・岩手・青森・秋田・京都で、これに大蔵省案では山形・新潟・富山・長野が付け加わっている。[*60] 大蔵省は、全国的な地価の権衡が重要であることは認識しつつも、低地価の上方修正には反対が多く現状では困難と考えていた。そのため林案も、地価の引き上げ対象となる府県選出議員の反対により成立しないと考えていたのである。しかし田畑の地租税率〇・五％引下げは、地租軽減を主張する議員の賛成が得られる可能性が高く、大蔵省としては法案通過に備えた準備が必要だったのである。

大蔵省案には二通りの選択肢が示されている。甲案は、議会で地租条例改正案（税率軽減案）が可決されても政府はこれを認めない場合で、来年度に改正法案を提出するかどうかは内閣の判断とされている。乙案は、地租軽減と地方儲蓄法を抱き合わせにする案である。地租軽減額の使途について、議会の機先を制して地方儲蓄法を提起し、凶荒時の農民生活を保証するために地方団体の基本財産の拡充に充てることを表明する。地方儲蓄法の目的は、自然災害や疫病などの際の窮民の扶助や納税（地租）の補助である。[*61] 大蔵大臣の演説案には、地租軽減の承認は「政府ノ輿論ヲ敬重スルノ謙譲ノ徳ヲ示」すものであり、軽減分を地方儲蓄法の財源として明治二十五年度予算から執行する。また政費節減だけでは地租軽減の財源不足となるため、適当な新税法案を議会に提出するというものであった。このとき主税局は、地租軽減と間接税増税に反対する意見の検討を命じられている。[*62] 反対意見が誰のものかは不明であるが、そもそも間接税は「税法ノ原則ニ反対セル多費及煩苛ノ弊失ヲ生スルコトヲ免レサル」ものなので、地租減税ではなく間接税を廃止して人民の苦情を除いたほうが良いとしている。また、一旦地租を減税すると将来の増税が困難になるので、米価政策による負担軽減策が良いのではないか、というものである。主税局は、間接税を廃止すれば地租を増税しなければならず、それは現実的ではない。物価政策は主税局の関与するところではない。将来は地租負担の公平と家屋税・営業税などの直接税導入により農工商の負担の平等を図ることに注意していかざるを得ない。ただ、これには地方税との関係を考慮する必要がある。不適当な間接税は廃止するが、間接税の「煩苛」批判は当たらないとしている。地租軽減問題のなかで間接税から直接税へと将来の税制構想が変化していることに注意しておきたい。

もっとも直税への注目は大蔵省だけではない。すでに郵便報知新聞は、地租軽減の代替財源として営業税の導入や所得税の増税などを提起していた。[*63] また、大蔵省でも営業税の導入以外に所得税増税・資本利子税導入などが検討されていたことは前述の通りである。しかし地租条例改正案は、衆議院を通過したものの貴族院で審議未了のまま廃案となった。

### 3　営業税法案と地方営業税則

ここでは営業税法案の内容について、主に地方営業税との関係から検討しておきたい。

表28は、明治二十九年営業税法の作成にあたり大蔵省が作成した「各地方地方税賦課標準類別調」の一覧である。東京府については後述するが、この一覧に見えない京都府・大阪府は、ともに「上り高・貸付金高」や「収入金高」により等級を区分して課税している。「業体の類別」は卸売・仲買・小売などの業態を区分している府県で、さらに建物や敷地、売上高などの等級を設定して課税する方法である。市町村などの等級は、業態の類別に加えて営業地の等級が設定されているものである。業態を区分して、建物や敷地・雇人数・売上高などの等級を組み合わせた課税法を採用している府県が多いことがわかる。

その一方で、青森県・兵庫県（郡部）・千葉県のグループのように、市町村を税区とし戸別・一人別に税額を配賦している府県もある。青森県の課税法は、郡市・町村を税区として過去五年間の営業税の平均額を配賦し、市町村会の決議により一人別の営業税額を決定する方法である。[*64] 同県では、過去に売上高などに課税する方法も行ったが、売上高や資本金の調査は困難を極め、徴税費用や調査の煩雑さから配賦税方式に改めたのである。また、明治二十二年四月の農商務大臣の諮問にたいする兵庫県知事内海忠勝の回答には、営業税の課税法には、①営業者の申告した売上高（官吏の検査）に比例、②同（営業者から互選された委員の審査）に比例、③業種・業態（卸売・小売など）・営

**表 28　地方営業税の課税標準一覧**

| 課税標準 | | 府県 |
|---|---|---|
| 建物の広狭・構造、敷地の等級 | | 東京府 |
| 業体の類別 | 建物の坪数・宅地の等級 | 福岡県 |
| | 助業者・雇人数 | 福島県・山梨県 |
| | 店舗・貯蔵所の坪数 | 広島県 |
| | 売上高の等級 | 鳥取県・高知県・愛知県 |
| | 売上高の歩合 | 栃木県・群馬県 |
| | 市町村・郡市の等級 | 長野県・茨城県・滋賀県・岩手県・佐賀県・長崎県・三重県・静岡県・島根県・富山県・新潟県・鹿児島県 |
| 市町村の等級，１戸平均 | | 青森県・熊本県・和歌山県・石川県 |
| 市町村の等級，１戸・１人平均 | | 兵庫県（郡部）・宮崎県・岐阜県・大分県・福井県・山口県 |
| 市町村の負担額 | | 千葉県・香川県・秋田県・山形県・愛媛県 |

※「松尾家文書」32－23（『営業税』２による）.

業地の繁華に従って等級税率を設定し互選された委員が等級を決定、④大蔵省が府県ごとの配賦高を決定し、次に府県会・郡会で郡市・町村の配賦高を決定し、町村会が営業者ごとに課税する、という四つがある。このうち①は徴税費が嵩み営業者は納税よりも検査に苦しむ、②は検査の苦痛はないが税収確保が難しい、③はバランスの良い等級が設定できずこれも税収確保が難しいとしている。売上高を官吏が査定する方式は、煩雑な検査をともなわざるを得ない。調査委員会方式は、課税はスムーズでも実際の売上高に応じた課税が難しく、配賦税方式は課税や徴収は簡単だが配賦基準の設定が困難としているのである。各府県とも営業税の増収を図る上で、公平かつ徴税手数が省略できる課税法を模索してきたのである。

　このなかで家屋税方式ともいえる特徴ある課税法を採用していたのは東京府である。東京府は明治十四年度の改正で、区部及び郡部の営業税・雑種税の課税標準に建物の坪数と種類、敷地の等級の三つを導入した。[*65] 建物の坪数と種類は石造・煉瓦造・土蔵造と木造、それに二階・三階などに区別し、敷地の等級は地価の地位等級により標準をたてるものである。この改正は、収益高を課税標準として課税の公平を図るべきであるとの東京府会の意見に基づいたものである。しかし収益高の把握には「手数ト入費多ク」、脱税の恐れも少なくない。そこで営業の規模を表す建物の間口や立地条件（地価）などの外形標準を課税標準とすることで、公平な課税が図れるとしたのである。[*66] 明治十四年は監獄費や警察費などの一部が地方税支出となり、地方財政の拡大が必要となった年である。そのため東京府は、戸数割を廃止して家屋税とする案や実入税新設案、地租率を一％軽減して地租割の課税制限を廃止する案などによる財源確保を余儀なくされた。[*67] こうした地方税負担の増加が、東京府会が営業税の課税標準を改正して営業の規模に応じた課税を追及した理由だったのである。

東京府は明治十三年度から、戸数割は納税者の資力を標準に課税する税であるとの考えのもと、区部戸数割の課税標準として家屋の建坪や種類、敷地の等級を導入している。明治十二年度の東京戸数割規則（区部）は、東京府会が決定した賦課額を地価による等級に従って各区に配賦し、区会の決議により各戸の賦課額を決定するものであった。これは「戸ノ転変甚タ多ク、其貧富モ亦大ニ懸隔」する区部では、各戸の等級や免除規定を区会に委ねることで実情に応じた課税が可能と考えられたからである。[*68] しかしこの方法は逆に、隣接する地域でありながら区が異なるため課税額に格差が生じたり、「各自資産ノ厚薄ヲ知ルニ由ナク」、また各区で課税基準が異なるため、「遂ニ各自ヲシテ惑ヲ生セシムルニ至」り、翌年には改正を余儀なくされた。[*69] そこで戸数割の課税標準として明治十三年度に導入されたのが、家屋税方式だったのである。さらに明治十四年度、課税対象を居住者とする戸数割の名目を廃止して、移動の多い都市部での徴税手数を省くため家屋の所有者に課税することとし、政府へ建議して名目を家屋税としたのである。

東京府の営業税や家屋税の賦課法の変遷を見ると、戸数割に典型的に見られるように区を単位とする配賦税方式から、各戸の資力を推計できる家屋税方式へ変化していることがわかる。外形標準として家屋税方式が妥当かどうかは別にして、資力に応じた課税が基本的な方向と認識されているのである。このような改正については、さきの青森県のように売上高課税から配賦税方式へと改正した府県もあるので、地方財政の実情や商工業者の存在形態など府県ごとの検討が必要である。しかし明治十九年の私案やそれに続く営業税法案は、三府などの先進商工業地域と同一の方向性をもっていたことがわかる。東京府会議員として地方営業税の改正に関与してきた田口卯吉は、営業税・雑種税の徴収について以下のように主張している。すなわち「一家の収入支出ハ地方政府の能く詳知する能はざる所」であり、もし家ごとに検査官を派出して帳簿を検査することになれば、「其徴収する所の租税の殆んど全部を以て此の検査官の給料と旅費とに供するも、或ひは償ふ能はざらん」としている。[*70] 徴税費の増加および検査による所得の把握の困難性から、家屋税方式が選択されたことが強調されているのである。東京府では、収入に応じた税負担の要求に対応する課税法が家屋税方式だったのである。

また売上高や資本金高を課税標準とする大阪府でも、業種によって利益に差があるとして改正の議論が起こっているが、「各商業とも其取締人をして成るへく売上金高の取調高を精確にし」不公平にならないようにすることに落ち着いたという。[*71] こうした営業人組合の利用は京都府においても確認できる。商工業者の収益の調査法を諮問された京都商工会議所の答申には、正確な把握は困難であるとしつつも、商工会議所の委員および同業組合の委員において評議することを提唱しており、課題はすべての営業者を組合に加入させることであると回答している。[*72] 売上高を課税標準とする大阪・京都両府においては、課税標準の把握に営業人組合が関与しており、これは調査委員会制度に類似するものといえる。明治二十年初頭の営業税法案は、こうした地方税の課税法の検討を踏まえて外形標準や調査委員会制度を導入したと考えられる。組合任せでは課税の公平や収入確保が困難であり、すべての営業者の加入も前提となる。そこで営業収益を推計しうる外形標準を設定して、その査定を調査委員会に任せる方法がとられたのである。

## 小括

帝国議会開設前後の営業税法案は、地方営業税の統一、不適当な国税の廃止を基本に、当時の世論や議会が求める地租軽減の代替財源として立案された。営業税法案には、地方営業税法やフランスを主とする西欧の税制が参考とされた。売上高・建物の賃貸価格・従業員数の外形標準にもとづいて推計する課税法は、営業所得の把握が不可能であることを前提とするものであり、当時の西欧の学説にも則ったものであった。そして徴税手数や徴税費を省くため、これまでの営業組合の関与などを考慮して調査委員会方式が導入されたのである。営業税法案の背景には、地方財政の拡大による税負担の増大のもと、負担の公平を図るために営業収益への課税を求める世論が存在したことを忘れてはならない。こうした世論が、府県における営業税法の模索や大蔵省による統一化の背景にあったのである。

営業税法案は、地租軽減をめぐる政府と議会の対立により実現されなかった。しかし地租軽減問題をめぐる代替財源の検討は、営業税だけでなく地租そのものや所得税・会社税などの直接税制の検討を推し進めることになったのである。

## 第三節　税制と徴収制度

### 1　徴税費削減と徴収制度

明治十年代後半の間接税を中心とする増税策は、府県国税徴収費の配賦を梃子とする租税検査体制を形成させた。[*73] 検査体制の強化は、二つの面で進められた。一つは明治十三年（一八八〇）の酒造税取扱心得や明治十五年の煙草税則改正で規定された、諸帳簿記帳の義務化である。帳簿の作成を義務化して、造石高や売上高などの検査の参考としたのである。これは明治十八年に導入された新税である醤油税と菓子税についても同様である。もう一つは犯則取締の法的整備である。大蔵省は犯則取締りを強化するため、検査官吏に犯則の証憑取り調べのための証拠物件等の差押や家宅捜査を認める布告案を提出した。これは明治十六年十二月太政官布告第四十三号として公布され、明治二十三年の間接国税犯則者処分法に引き継がれていく。大蔵省の布告案は「諸税」を対象とするものであったが、参事院の審議で酒類・醤麹・煙草・売薬の四税に適用が限定されて成立した。しかしそれは菓子税など他の諸税にも適

**表29　犯則者数一覧**

| 年　度 | 地租 | 地券証印税 | 酒造税 | 自家用酒 | 煙草税 | 証券印税 | 売薬税 営業税 | 売薬税 印紙税 | 醤油税 | 菓子税 | 車税 | 船税 |
|---|---|---|---|---|---|---|---|---|---|---|---|---|
| 明治17年度 | | | 3,732 | 3,873 | 6,848 | | 979 | 2,164 | | | | |
| 明治18年度 | | | 1,453 | 6,170 | 4,323 | | 643 | 1,137 | 296 | 14 | 1,493 | 2,755 |
| 明治19年度 | 114 | 5,659 | 2,530 | 8,421 | 8,156 | 21,321 | 1,206 | 1,470 | 866 | 2,615 | 2,838 | 4,103 |
| 明治20年度 | 1,722 | 18,581 | 2,236 | 6,411 | 7,267 | 13,493 | 752 | 576 | 741 | 2,752 | 1,930 | 2,588 |
| 明治21年度 | 69 | 34,001 | 1,714 | 5,359 | 4,134 | 9,673 | 383 | 456 | 358 | 843 | 934 | 1,023 |
| 明治22年度 | 196 | | 1,200 | 3,788 | 2,470 | 7,198 | 350 | 276 | 106 | 385 | 868 | 918 |
| 明治23年度 | 73 | | 637 | 3,195 | 2,134 | 8,140 | 283 | 224 | 82 | 386 | 796 | 767 |
| 明治24年度 | 8 | | 702 | 3,262 | 1,652 | 5,537 | 148 | 279 | 68 | 431 | 1,047 | 785 |
| 明治25年度 | 24 | | 672 | 3,715 | 1,517 | 5,457 | 141 | 287 | 67 | 419 | 950 | 687 |

※各年度の「主税局年報書」により作成した.

用されていった。このような帳簿検査規定と犯則取締の行政処分を認める第四十三号布告は、明治十七年の大蔵省主税局—府県収税課（収税長・収税属）の設置による国税徴収機構の形成を大きく促進したのである。

しかし地租軽減の世論のなかで、諸税の軽減や徴税費削減要求が高まってくる。朝野新聞には、「今日改正の主眼は、成る可く租税を軽減するの方向を取り、一方には徴収の方法を簡易にし、又一方には脱税を防禦し、以て営業上に妨害なからしむるに在り」との大蔵大臣松方正義の意見が掲載されている。[*74] この意見は、多数の吏員と経費を要する租税検査が人民を苦しめているにも拘わらず、国庫の実収がさほど増えていないことへの反省として語られている。徴税費の配賦により形成されてきた租税検査体制もまた、明治二十年代には見直しを迫られることになるのである。

表29は各税の犯則者数一覧である。明治十九年度以降、地租以外は各税とも犯則者数は減少する。地租の犯則者数は、明治十八年度から開始される地押調査を反映していると考えられる。明治十九年度の年報書で主税局は、「検査員ヲ派出シテ税則執行上ニ於テ大ニ検束スルト雖トモ、証券印税規則・菓子税則ノ如キハ尚ホ法令ノ精神克ク実地ノ情況ニ応セサル所ナキ能ハス、又烟草税・売薬税ノ如キ法則中未タ箝束ノ足ラサル」により逋脱を図り犯則処分を受けるものが少なくないと述べている。[*75] 検査当局の立場からすれば、印紙の貼用や帳簿記載などが不徹底であり、煙草税・売薬税は罰則規

定を強化するなどの改善が必要とされていた。しかし煙草営業者からは、「一時数多ノ検査員ヲ派シ（中略）厳重ノ検査アリタルカ故ニ、其犯罪ニ係リ罰ヲ請ケタル者勝テ数フ可カラス、之レカ為メニ糊口ノ路ヲ失フ者ハ幾千人」との批判が出され、課税や検査法の改正が求められている。[*76] また、帳簿検査や印紙税方式の煩雑さと犯則の多さを改善するため、煙草税を職工数に応じた課税とする意見も出されている。醤油税では、醪に課税することにより「御検査費ヲ省略シ、製造家ハ営業ノ安ヲ得」るとされている。また検査の簡略化と脱税防止のために同業組合の設立を求める意見も出されているが、同業者組合の活用は主税官目賀田種太郎も提唱するものであった。[*77]

こうした様々な要求は、閣内でも認識されていた。明治二十年十二月、井上毅は総理大臣伊藤博文に提出した立憲制施行への意見書のなかで、「間税ノ煩苛ヲ除ク」として以下の三点を指摘している。[*78] 一つは一石以下の濁酒自家飲料税の全廃、二つは菓子税の課税を製造元までとし露天商などは免税とすること、三つは醤油税を醪（史料では造酵）課税とし検査を簡単にすることである。この具体的内容と思われる「諸税則施行上意見」には、一の自家用酒について、これまで一石未満の免許鑑札料が八十銭であったのを、三斗未満は二十銭、一石未満は八十銭（一斗増加ごとに八銭加算）とする小規模醸造者の免許料減額案が記されている。[*79] そして自家用免許鑑札料へ町村税附加税（十分の二以内）を認めることで、町村による自家用料酒製造者の把握が可能となり、収税官吏による自家用料酒検査が簡略化できるとしている。二の醤油税は、酒造税にならった検査法により一期中の検査が七〜八十回に及ぶ割には税収が減少していることを指摘し、製成前の醪の石数に課税することで検査回数を減少させて営業者の便宜を図るとしている。三の菓子税は、課税品目を明確にすることで売上高や露天商などの免税条件も不要となるとしている。

井上の自家用料酒への課税意見は実現しなかったが、醤油税の醪への課税は明治二十一年六月の改正で実現し、醤油造石税は醪または溜への課税となった。醤油営業者の要望が受け入れられたのである。また、批判が多かった搾り器械の封緘も廃止され製造機械の届出制となった。[*80] 菓子税は、営業・仕入・出売の鑑札料とそれぞれ雇人数に応じた営業税（製造・卸売・小売）、さらに売上金高への製造税で構成されているが、井上の意見は営業税を製造元に限定することで検査の手数を省くことを意図したものであった。菓子税は明治二十一年二月に改正されたが、改正の要点は二点あった。まず営業税の課税標準に雇人一人を新設して（それまでは雇人二人以下と雇人が無い者）零細な営業者の負担軽減を図り、さらに帳簿記載の義務化を廃止したことである。売上高などの調査は郡区長に任せ、収税官吏の検査は不正業者に限定することとし、「売上高検査ノ煩苛ナルヲ除」くことが改正点のひとつであった。[*81] 醤油税則と菓子税則改正の元老院審議では、検査の簡略化による減収は徴税費の減額によりある程度抑えられるとし、「煩雑・苛察」な検査法の修正が優先されたのである。[*82] ちなみに菓子税額五十万円に対して、徴税費は八万円もかかっていると指摘されている。

検査批判は、間接税だけではない。井上毅は地方制度意見のなかで、少々の開墾についても事前の届出がないため罰金が科せられるなど、農業の発展を阻害していると批判している。[*83] このような批判は、明治十四年五月の太政官第三十八号により、それまで府県知事に委任していた新開地、潰地・荒地起返の地価設定や十年以上の開墾地の鍬下年期と五年以上の荒地免租については、大蔵省の認可が必要とされたことに起因している。府県知事は農民の保護や農業の振興を理由として継年期を安易に認める傾向にあり、これに対して大蔵省は地租の減収や地租負担の不権衡を招くと改正を要求したのである。[*84] こうした地租の減収に歯止めをかけるための土地検査の強化が、井上の批判の背景にあったのである。

帝国議会開設を目前にして、地租軽減とセットになった政費節減要求は、徴税費削減や徴税法の改正を求める大きな世論となった。そして政費節減は官制改正による行政機構の再編を一層推し進め、国税徴収機構も改編を余儀なくされたのである。

## 2　収税署の成立

このような直税・間税の改善策として、いくつかの動きが現れている。ひとつは明治二十一年（一八八八）に作成された、租税検査機能の大蔵省直轄案である地方間税局構想である。全国に十三の地方間税局を設置し、租税検査員派出所を管轄する案である。間税部門の大蔵省直轄案は、府県により寛厳の差がある間税検査の統一により、検査官吏が「都テ苛察」であるとの世間の非難に応えることが理由とされている。[*85] 間税の課税や脱税防止のために検査は不可欠であり、大蔵省の直轄化による統一的な検査体制の形成が、「苛酷」とされる間税検査批判への対抗策だったのである。なお、地方間税局案については第三編第一章に譲り、ここでは大蔵省で検討されていた地籍条例案について述べておきたい。

明治二十一年に作成された地籍条例案の要点は、府県収税部による一元的な地籍管理と、法定地価を廃止して土地の収益に課税し十五年ごとに課税標準を見直すこと、地租を府県単位の配賦税とすることの三点である。「地籍条例制定ノ議」には、「土地ノ図籍タル面積ヲ正シ所有ヲ明ニシ、以テ財政ノ要務タルノ外、又以テ帝国ノ版図ヲ定ル」ため、全国に「地籍所」を設置して図籍の管理を行うことが目的とされている。[*86] 地籍の管理は民有地だけでなく内務省管轄の官有地も対象とされ、主税局に地籍総監、府県収税部に地籍監督、郡単位の地籍所には地籍主事を置いて、地押調査後の地籍の変更を管理する構想である。[*87] そして地押調査により確定した地籍と地価を基準に、行政区画単位に地租額（地価の二・五％）を配賦し、最終的に市町村に地租の上納を義務付けるのである。地価は十五年ごとに見直され地租の配賦額も変更されるが、将来は法定地価を廃止して土地の収益へ課税するとされている。地租の課税標準を収益とする考え方は、直接には郡村宅地の課税標準を市街宅地と同一にする必要性から導き出されたものであり、これは明治四十三年（一九一〇）の宅地地価修正へと受け継がれていく。また十五年間の地価の据え置きは、その間の開墾や地目変換などによる土地検査を省略するメリットがあるとされている。検査が必要となるのは、荒地の免租や有租地から官有地への転換など減租となるケースだけである。また市町村には地租の上納だけでなく土地の公売処分を命じ、これにより市町村による地租不納分の立て替えが期待されている。この地籍条例案はプロシアやフランスの地租制度を参照したもので、地籍所構想はフランスやベルギーの制度に倣ったものであった。

この案は、地租軽減だけでなく、検査の煩雑さや不納処分の不備をも改善する内容である。直接税・間接税を問わず、改善策が講じられていたのである。しかし地籍所構想は実現しなかった。地押調査の完了後、明治二十二年の土地台帳規則により町村の土地台帳は郡役所、市の土地台帳は府県に備え付けられることになった。そして同年七月の府県収税部出張所の開設により、郡市単位での町村の土地台帳管理は同所の管掌となった。[*88] 地籍所構想の目的のひとつは、地押調査完了後の地籍管理を、収税部を通して大蔵省に一元化することである。地籍全体の管理にまでは至らなかったものの、府県収税部（及び同出張所）による土地台帳管理の実現は、地籍所構想の一部実現と考えてよいだろう。また地租の配賦方式は、明治二十二年の特別田畑地価修正法において採用された。大蔵省は、高地価地域の下方修正により地価の衡平を図り、その地価に減税額を配賦する方法をとることで、スムーズな減租を実施しようとしたのである。地価修正による地租軽減には、これ以降も地価配賦方式が用いられることになる。

徴税費問題は、次に紹介する大江卓の間税法案に典型的に現れている。これは第一回衆議院予算委員長であった大江卓が第二議会に提出したものであるが、明治二十四年十二月二十五日の提出と同日に解散となり公式な場での議論はなされなかった案である。

大江の間税法案は、税源が枯渇した現状で国庫の実収入の増加を図るためには、税額の二〜三割を占める徴税費の根本的な削減によらざるを得ないというものであった。[*89] 間税を賦課された各営業の現状は、いずれも「年々其営業人ノ数ヲ減シテ、犯則者ノ数ヲ増スノ傾向」にあり、その最大の原因は「税法其モノ、不良」にある。そこで間税を「配賦税法」に統一し、徴税費の削減を図る内容である。大江は「配賦税法」を、旧幕時代の株仲間の運上や冥加金の徴収法に類似したものと説明しているが、参考にされているのはプロシアの地租配賦法である。対象となるのは酒造税（自家用料酒を除く酒類）・煙草税・醤油税・菓子税・売薬税で、府県ごとに営業人組合を設立させ、最近五年間の平均税額を府県営業人組合に配賦する方法である。組合は総代や委員・評議員などを選挙し、組合員の納税額の調査などにあたり、完納について連帯の義務を負う。そのため組合費として、納税額の二％以内の交付金が支給される。配賦額は大蔵大臣が決定するが、知事や主税官、府県営業人の総代で構成する中央調査会を設置し、配賦額の変更などについては多数決で決定するとしている。府県の営業者組合は強制加入であり、滞納処分や犯則処分などの権限もあたえられている。府県営業人組合に間接税の賦課・徴収を義務化することで検税官吏を五％減少し、営業税や営業鑑札などの直税事務は郡区役所や町村役場に取扱わせることが可能であるとしている。

この間税法案は、事前に東京府下の実業家や大成会議員に配布された。大江は間税法案に先立って煙草税則改正案を作成し、東京商業会議所会員である煙草業者田中佐治兵衛などの賛同を得たという。[*90] 同法案はこの煙草税則改正案を他の間接税に拡大したものである。全国的な組合結成を進めていた酒造業界は、明治二十四年十一月二十五日発行の『醸造雑誌』附録として法案を会員に配布した。間税法案は翌月に衆議院に提出されたが、同日の議会解散で法案も消滅となった。この影響もあってか会員の反応は鈍く、わずか十件程度の回答に過ぎなかった。[*91] 賛否は同数であったが、反対意見は徴税費の削減による密造増加への懸念が多数を占めた。酒造業界では造石検査による課税が定着しており、むしろ業界は自家用料酒の制限や密造酒の取り締まり強化を望んでいたのである。ただ埼玉県酒造組合は「政府に利ありて営業者に不利あり」と、配賦税方式そのものに反対している。大江の間税法案は、彼自身が解散後の総選挙で落選したこともあり、その後は注目を集めることはなかった。第二回帝国議会には直税分署・間税分署廃止の上奏案も衆議院に提出されており、徴税費削減の観点から直間税分署の廃止と郡市役所への事務の移管が主張された。この上奏案は成立しなかったが、徴税費問題が国税徴収機構の改編に大きな影響を及ぼしたことがわかる。

しかし当時大蔵省参事官であった添田寿一は、「配布税」は政府からみれば毎年一定の歳入が確保でき、かつ徴税上の手続は簡単であるが、納税者からすれば毎年の税額が一定せず、逆に配賦手続が面倒になるため、将来にわたって採用すべきではないと発言している。[*92] この意見は大江の間税法案に対するものではないが、添田は当面の税制は直間税のバランスが必要との立場から酒造税や自家用料酒の増税を主張しており、そのためには配賦税方式は不適当と考えていたようである。過去の実績に応じて税額を配賦するだけならそれでもよいが、間税の増税策をとる場合には反対意見も強くなるため現実的な選択ではないだろう。また添田は、直税の賦課・徴収は「直接に国家が人民から取る組織」ではなく、なるべく市町村に委託することが望ましいという立場でもあった。彼は明治二十三年の直税（分）署・間税（分）署の設置には、「恰も税務中央集権的の如き方向」であり反対であった。徴税費削減に逆行しているとの意見である。徴収機構の改編問題は、大蔵省の内外で議論を呼んでいたのである。

明治二十四年度の政費削減による官制改正への対応を検討していた大蔵省では、直間税分署の廃止や市町村の利用などが検討課題となっていた。具体的な事務内容を見ると、間税事務よりは直税事務の改善点が多く指摘されている。地租条例と同取扱心得の施行・適用、地租検査法、土地制度調査、所得税取扱の統一、地方税の賦課徴収についての調査などである。[*93] この時期には直税事務の府県への移管を求める府県知事の建議も出されており、機構改革の焦点は主に直税部門の府県移管をふくめてなされたことがわかる。大蔵省の主張は、直税間税両部門の直轄化を求める地方税務局構想である。地租軽減問題のなかで直接税の見直しを進めている大蔵省にとって、直税部門の府県への移管は考えにくいものである。これまでの検査体制の統一から間税部門を直轄化するだけでなく、直税部門の直轄化も必要不可欠なものとなっていたのである。そのため府県収税部を地方税務局に再編し、収税属の定員も大幅に削減することで政費節減の要請に応え、直間税両部門の維持を図ったのである。地租軽減問題のなかで検討されてきた直接税の見直しが、直間税両部門を統合した収税署機構を必然化させたのである。ちなみに明治二十三年四月段階の府県収税部（本部）職員数は、判任官八〇九名・雇七一四名である。また出先の職員数は、収税部出張所が判任官二一四六名（兼任一七七名）・雇一九三二名、租税検査員派出所が一五二六名（兼任三〇七名）であった。[*94] 直税事務の府県への移管とは、直税と徴収を取扱う府県収税部出張所の移管であり、過半数の職員の移動をともなう大規模なものなのである。このとき大蔵省の地方税務局構想は実現しなかったが、明治二十六年の地方官官制改正により、直間税分署は収税属定員の大幅削減をともないながらも収税署に統合された。明治二十九年の税務管理局官制により税務署と改称される収税署は、こうして誕生したのである。

## 小括

帝国議会開設にあたり、間税の徴税法の見直しが要求された。このことは明治十年代後半に形成されてきた府県収税部機構の拡充による租税検査体制の修正を迫るものでもあり、このなかで間税部門の大蔵省直轄化構想が打ち出されてくる。明治二十三年の直税署（同分署）・間税署（同分署）体制は、間接国税犯則者処分法の執行を理由に間税署の「直轄化」を強めた。しかし明治二十四年の官制改正をめぐる機構改革の議論のなかで、大蔵省は間税だけでなく直税部門をも統合した地方税務局構想を打ち出した。地租軽減問題のなかで直接税制の見直しを進める大蔵省は、直轄化は実現しなかったものの、明治二十六年に直間税両部門を縮小統合した収税署を成立させたのである。

# おわりに

帝国議会開設前後の営業税法案は、地方営業税法の統一や地租軽減問題と密接な関係を持って作成された。明治十年代の間接税中心の増税策は、煩雑な検査や犯則数の増加による営業者の減少を招き税収も伸び悩んでいた。そのため地租軽減の代替財源として間接税ではなく、地方税制の統一が検討されていた営業税が浮上することになった。地租軽減とセットになった営業税導入は実現しなかったが、地租軽減問題は営業税だけでなく地租制度そのものや、所得税・会社税など、大蔵省内での直接税の見直しを進展させることになった。

地租軽減問題は税制の検討にとどまらず、政費節減による府県収税部機構の再編をも促した。明治十年代後半の収税部機構は、租税検査体制の強化を軸に形成されてきた。そのため大蔵省は、明治二十一年に検査体制の統一を求める間税部門の直轄化構想（地方間税局構想）を打ち出す。しかし帝国議会開設後の政費節減・徴税費削減の世論のもと、大蔵省や地方官の官制改正のなかで直税署・間税署の廃止や地方移管が検討され、両部門の縮小統合による収税署が誕生する。この収税署が税務署の原型である。直接税の見直しを進めてきた大蔵省は、間税部門だけでなく直税部門も直轄化する地方税務局構想を打ち出したものの、収税部機構の直轄化は実現できなかったのである。

地方営業税の国税化は、収入に応じた税負担が叫ばれ、府県において営業税の課税法が模索されていたことがひとつの契機であった。地方税の増大は収入に応じた税負担を求める世論を呼び起こしたが、地方営業税においてもそれが求められた。しかし収入の把握には多数の徴税費と手数を要し、それでも把握は不可能と認識されていた。東京府の営業税や戸数割における家屋税方式は、収入に応じた課税を徴税費の増大を抑えつつ実現する課税法として導入されたもので、地方営業税においては様々な外形標準が用いられていた。こうした地方営業税と西欧の税制を検討して作成された明治十九年から同二十年代初頭の営業税法案は、収入高などと建物の賃貸価格、それに雇人数の外形標準を課税標準とするもので、これは明治二十九年営業税法にも基本的に受け継がれた。外形標準の設定は、営業所得を推計するためのものなのである。また営業税の外形標準は、不完全な所得税の改善を意図したものであった。すでに田畑の所得や酒造業などの営業所得を推計する課税標準が設定され、収税署に調査が指示されていたのである。また明治二十九年営業税法は、調査委員会方式を採用せず、そのため収税官吏による検査が不可欠となった。営業税反対運動により営業所得への課税と調査委員会方式の導入が要求されるが、大蔵省は調査委員会では妥協しても、外形標準は維持しようとしたのである。

このような明治二十九年の新税法の執行体制は、府県収税部機構（収税署）の定員増により準備されたのであり、税務管理局官制を必然化したわけではなかった。税務管理局官制の成立は、これまで述べてきたような明治二十年代における大蔵省の府県収税部直轄化構想の延長線上に位置するもので、明治二十九年の新税執行は絶好の機会であった。税務管理局官制が府県収税本部の再編を主とし、収税署は税務署と改称されるに止まったのは、このためである。営業税と酒造税という直間税の執行体制は、明治二十六年の収税署体制において基本的に成立していたのである。

**註**

＊1　中尾敏充「一八九六（明治二十九）年営業税法の制定と税務管理局官制」（『近畿大学法学』第三十九巻第一・二号、平成三年）。

＊2　全国的な営業税反対運動については、江口圭一『都市小ブルジョア運動史の研究』（未来社、昭和五十一年）が詳しい。江口氏は、営業税法の欠陥が外形標準課税にあり、そのことが反対運動の焦点となったとされている。また、大村巍「税務署の発足」（『税務大学校論叢』10、昭和五十一年）は、酒造税と営業税の調査・検査と税務署成立の関係を述べている。また、営業税廃止運動の政治過程を分析した、石井裕晶「一九二二年の営業税廃税運動の政治経済過程」『社会経済史学』第七十六巻第一号（平成二十二年五月）、同「大正末期の営業税廃税過程」『日本歴史』第七四八号（平成二十二年九月）がある。これらは、同『戦前期日本における制度変革～営業税廃税運動の政治経済過程～』（早稲田大学出版部、平成二十四年）、さらに同『制度変革の政治経済過程～戦前期日本における営業税廃税運動の研究』（早稲田大学出版会、平成二十六年）に収録されている。

＊3　牛米「国税徴収機構形成史序説」（本書第三編第一章に収録）。とくに断らない限り、国税徴収機構についてはこれを参照いただきたい。

＊4　地租軽減をめぐる政府と議会の動向については、坂野潤治『明治憲法体制の確立』（東京大学出版会、昭和四十六年）を参照している。なお、唯一の例外として、明治二十六年の酒精営業税法があるが、これはアルコール含有飲料の取締りを目的とする酒造税法の補完的な法律である（国立公文書館所蔵「公文類聚」第十七編、第二十五巻）。

＊5 「公文類聚」第二十編、巻六。以下、特に断らない限りこの史料による。
＊6 国立公文書館所蔵「松方家文書」五五―二一。
＊7 大蔵省『明治大正財政史』第七巻、一八～二一頁（財政経済学会、昭和十三年）。
＊8 『主税局第二十三回年報書』一四三～一四六頁。
＊9 大蔵省文庫「松方家文書」第三十三号には、明治二十九年十月「税務諮問会顛末報告」があるが欠本である。
＊10 『醸造雑誌』第二二六号（明治二十九年八月十一日）。
＊11 この点については、伊藤之雄『立憲国家の確立と伊藤博文』（吉川弘文館、平成十一年）を参照した。第二次松方内閣の成立は九月十八日である。松方は大蔵大臣兼任で、九月二十日には内務大臣が板垣退助から同じ薩摩の樺山資紀に交替している。税務管理局の成立が内務省や地方官の反対を押し切ってなされたことを考えると、第二次松方内閣の成立が税務管理局官制成立の政治的要因とすることが可能なのである。
＊12 「松方家文書」二一―三三および『松方正義関係文書』第四巻、一〇六～一一四頁（大東文化大学東洋研究所、昭和五十七年）。
＊13 税務大学校税務情報センター租税史料室『営業税関係史料集』史料3（以下、『営業税』三と記す）。
＊14 『主税局第二十二回年報書』八六頁。
＊15 『元老院会議筆記』後期第二十六巻、二五七頁（元老院会議筆記刊行会、昭和五十七年）。
＊16 『営業税』三。
＊17 『帝国議会衆議院委員会議録』明治篇二六、四二頁（東京大学出版会、昭和六十二年）。
＊18 『帝国議会貴族院委員会速記録』明治篇三、一六七頁（東京大学出版会、昭和六十年）。
＊19 『東京経済雑誌』第八一一号（明治二十九年二月八日）。
＊20 『東京経済雑誌』第八二二号（明治二十九年四月二十五日）。
＊21 竜門社『渋沢栄一伝記資料』第二十一巻、二〇八～二一一頁（渋沢栄一伝記資料刊行会、昭和三十三年）。
＊22 江口『都市小ブルジョア運動史の研究』二九～四〇頁および『渋沢栄一伝記資料』第二十一巻、二二一～二二四頁。
＊23 全国の反対運動については江口『都市小ブルジョア運動史の研究』に詳しい。
＊24 「東京経済雑誌」第八七五号（明治三十年五月八日）。
＊25 『帝国議会衆議院議事速記録』一四、六三～六四（東京大学出版会、昭和五十五年）。

＊26　『営業税』一三。
＊27　『帝国議会衆議院議事速記録』一四、四五頁。
＊28　『帝国議会衆議院委員会議録』明治篇二六、三九頁（東京大学出版会、昭和六十二年）。
＊29　上林敬次郎『所得税法講義』（松江税務調査会、明治三十四年）。上林敬次郎は当時、松江税務管理局長で、大蔵省において「諸税沿革取調」に従事し、明治三十年から金沢・松本・広島・秋田の各管理局長を歴任した人物である（大蔵省百年史編集室編『大蔵省人名録─明治・大正・昭和─』大蔵財務協会、昭和四十八年）。
＊30　井上一郎「近代税制の支柱を担った営業税法」一〜一〇二（『税と経営』第一三三八号〜第一四七一号、平成十一年〜平成十四年）。
＊31　「松方家文書」三九─八。
＊32　『大蔵省人名録─明治・大正・昭和─』一頁。
＊33　伊藤博文編『秘書類纂』財政資料、上巻、五一九〜五二〇頁（原書房、昭和四十五年）。
＊34　国立公文書館所蔵「目賀田家文書」四─七。
＊35　「目賀田家文書」四─六。
＊36　「目賀田家文書」五─二二。
＊37　当時の政治状況については、坂野潤治「初期議会期の内政と外交」（『日本歴史大系四』近代一、山川出版、昭和六十二年）、佐々木隆『藩閥政府と立憲政治』（吉川弘文館、平成四年）などを参照した。
＊38　「松方家文書」二一─三〇。
＊39　「松方家文書」二一─三三。
＊40　「松方家文書」二一─三一。
＊41　明治二十二年二月二十六日付伊藤博文宛井上毅書簡（伊藤博文関係文書研究会編『伊藤博文関係文書』第一巻、三八九頁、塙書房、昭和四十八年）。
＊42　井上毅伝記編纂委員会編『井上毅伝』史料篇第二、六三〜六八頁（国学院大学図書館、昭和四十三年）。
＊43　明治二十二年二月二十六日付伊藤博文宛井上毅書簡。
＊44　安在邦夫編『明治建白書集成』第九巻（筑摩書房、平成十二年）。
＊45　『伊藤博文関係文書』一、三八九頁。

＊46　「朝野新聞」明治二十一年十一月二十八・二十九日（ぺりかん社の縮刷版による）。
＊47　「時事新報」明治二十一年十一月三日（龍渓書舎の複製版による）。
＊48　黒田展之『天皇制国家形成の史的構造―地租改正・地価修正の政治過程―』（法律文化社、平成五年）。
＊49　伊藤隆・尾崎春盛編『尾崎三良日記』中巻、四一〇頁（中央公論社、平成三年）。以下、『尾崎日記』と略記する。
＊50　『井上毅伝』史料篇第二、三九二〜三九三頁。この史料について編者は、明治二十四年と推定している。しかし第二回議会においては、第一回議会の政費削減分の使途が争点となっており、営業税導入が問題となった形跡が見えない。そのため年代を明治二十三年と推定した。
＊51　『尾崎日記』中巻、四四三頁。
＊52　『井上毅伝』史料篇第四、六七一〜六七二頁。
＊53　『尾崎日記』中巻、四五八頁。
＊54　『井上毅伝』史料篇第二、三一八頁。
＊55　明治二十四年二月二十六日付松方宛山県書簡（『松方正義関係文書』第九巻、一五五〜一五六頁）。
＊56　『松方正義関係文書』第九巻、一四八〜一四九頁。
＊57　『尾崎日記』中巻、四六六頁。
＊58　「松方家文書」三六―一一および「時事新報」明治二十三年十二月六日。
＊59　林有造案については、長岡新吉「明治二十年代の地租軽減論について」（『弘前大学人文社会』第十七号、昭和三十四年）および黒田『天皇制国家形成の史的構造』第二編を参照のこと。
＊60　「目賀田家文書」五―四。同史料は、税務大学校税務情報センター租税史料室『地租関係史料集Ⅰ』史料6（以下、『地租Ⅰ』六と記す）による。
＊61　「松方家文書」三二―六。なおこの案については『井上毅伝』史料篇第二、三九四〜四〇〇頁を参照のこと。
＊62　「松方家文書」三六―一二。
＊63　「郵便報知新聞」明治二十三年十一月九〜十一日（柏書房の復刻版による）。
＊64　『明治建白書集成』第九巻、七〇〜七八頁。
＊65　『東京市史稿』市街編第六十五、四六七〜四八六頁（東京都、昭和四十八年）。

＊66　東京市財務局主計課『地方税規則後の東京府税制』其の一、一四八～一五一頁（昭和十五年）。
＊67　東京府『東京府史』府会篇第二巻、一二六～一二七頁（昭和五年）。以下、『府会篇二』とする。
＊68　『府会篇二』一二〇頁。なお東京府の家屋税については、根岸睦人「家屋税の成立」（『立教経済学論叢』第六十号、平成十三年）も参照のこと。
＊69　『府会篇二』一〇六頁。
＊70　『東京経済雑誌』第九七号（明治十五年二月四日）。
＊71　『東京経済雑誌』第一三六号（明治十五年十一月四日）。
＊72　『東京経済雑誌』第二九七号（明治十八年十二月二十六日）。
＊73　国税徴収機構については、本書第三編第一章を参照のこと。
＊74　『東京経済雑誌』第三四五号（明治十九年十二月四日）。
＊75　『主税局第十三回年報書』七二頁。
＊76　以下の記述は、すべて『明治建白書集成』第八巻、一四九頁による。
＊77　「目賀田家文書」一一―一一。なお、牛米「初代収税長の履歴について」（『租税史料館報』平成十四年度版、平成十五年）を参照のこと。
＊78　『松方正義関係文書』第六巻、三一三頁。
＊79　国学院大学図書館所蔵「梧陰文庫」Ｂ一七〇〇（マイクロフィルム版による）。
＊80　『明治財政史』第六巻、三一二頁。
＊81　『法規分類大全八十二』租税門十一、三九八頁。
＊82　『元老院会議筆記』後期第三十巻（元老院会議筆記刊行会、昭和六十年）。
＊83　『井上毅伝』史料篇補遺第一、二九頁。
＊84　自治振興中央会編『府県制度資料』下巻、八五～八七頁（歴史図書社、昭和四十八年）。
＊85　「松方家文書」三二―二一。同構想や収税部機構の改革については、これも本書第三編第一章を参照されたい。
＊86　「目賀田家文書」五―四三（『地租Ⅰ』六）。なお、『地租Ⅰ』五に、地籍条例の閣議提出案も収録されている。地籍条例については、『地租Ⅰ』の解題、または牛米「明治二十一年の地籍条例案について」『租税史料館報』平成十七年度版（平成十八年七月）を参照

されたい。
＊87 「目賀田家文書」五―二。
＊88 佐藤甚次郎『明治期作成の地籍図』Ⅷ「地押調査における更正地図」（古今書院、昭和六十一年）を参照のこと。
＊89 大江卓『間税法案』明治二十四年十一月刊行（国立国会図書館所蔵）。
＊90 『醸造雑誌』第七〇号（明治二十四年九月二十五日）。
＊91 『醸造雑誌』第七七号（明治二十五年一月十日）。
＊92 『国家学会雑誌』第四九・五一・五二号（明治二十四年三～六月）。
＊93 故目賀田男爵伝記編纂会『男爵目賀田種太郎』一七六～一七八頁（昭和十三年）。
＊94 『主税局第十六回年報書』一四一～一五七頁。

# 第二章　営業税調査委員会の成立

## はじめに

営業税は、明治二十九年（一八九六）に地方税より国税に委譲され国税営業税（以下、営業税とする）となる。営業税は二十四種の営業に課税するもので、課税標準は、①売上金額・資本金額・請負金額・報償金額、②建物賃貸価格、③従業者の三種類の外形標準を業種ごとに組み合わせたものである。営業税の特徴は、申告をもとにしつつも、不正な申告や無申告者の課税標準は収税官吏が認定するところにある。そのため所得税と異なり、営業税には収税官吏による帳簿・物件の検査と営業者への尋問が認められていたのである。

これまで営業税については、税務署創設若しくは営業税反対（廃税）運動との関係から検討がなされてきた。前者は、営業税という複雑な税法の執行にあたり、専門性を持つ国税機構すなわち税務署が創設されたとする見解である。[*1]しかしながら営業税の執行については、従来の府県収税部機構を前提にした準備が進められており、税務署創設との直接的な関係は否定されている。なお、税務署創設については、第三編第一章「税務署の創設」で詳述する。

後者については、導入時の明治三十年（一八九七）、大正三年（一九一四）、大正末年の三度にわたる全国的な反対運動が知られている。とりわけ大正期の廃税運動は、憲政擁護運動や普通選挙運動などの大正デモクラシー研究のなかで取り上げられており、営業税の研究は専らこの視角からのものだったといえる。[*2]

こうしたなか、営業税の意義を、税制や執行の視点から検討しようとする指摘もなされている。当時の所得税が個人課税のみであったのに対して法人も課税対象としたこと、営業税には収税官吏の調査権が認められていたことなどを評価するものである。[*3] しかし、こうした視点での研究を深化させるためには、営業税そのものの分析が不可欠である。

本章の課題は、大正三年に設置された営業税調査委員会の成立過程について考察するものである。営業税調査委員会は、先行する所得調査委員会に倣った制度で、後述するように官民の紛争防止が目的に掲げられている。一般的な廃税や減税要求などを別にすれば、営業税に対する批判は課税標準の適否と収税官吏の決定の当否の二つに大別される。前者は外形標準であることや複数の課税標準の組み合わせの適否や複雑性などが問題とされ、最終的には大正十五年の営業収益税へと繋がっていく。後者は調査権を行使した収税官吏の執行のありかたへの批判であり、それは具体的には営業税調査委員会の導入問題になっていくのである。営業税調査委員会成立の歴史的経緯の検討により、所得税とは異なる営業税の特質もまた見えてくるのである。

## 第一節　営業税法と調査委員会構想

### 1　明治二十二年営業税法案

営業税が地方税から国税に委譲される明治二十九年以前にも、営業税の国税委譲が検討されている。[*4] 明治二十二年（一八八九）に大蔵省が作成した営業税法案は、第一回帝国議会の開設を前に、政府への要求が強かった地租軽減の代替財源とするために立案されたものであった。同法案は主にフランスの制度に倣ったとされているが、諸外国の制度だけでなく府県の課税制度も参照して作成されたものである。

この営業税法案によれば、営業登録を申請した営業者について府県知事（市部）又は郡長（郡部）が納税額調査案を作成する。そして、この納税額調査案を調査委員会が調査するのである。法案には、「毎郡役所所轄内及ヒ毎市ニ営業税調査委員若干名ヲ置キ調査委員会ヲ組織シ、各営業者ノ税額ヲ調査セシム」と記されている。[*5] 調査委員の定員は府県知事が定めるが、その選出方法は複選制で、営業者三十名ごとに一名の割合で市町村選挙人を互選し、選挙人が郡市居住の市会議員・町村会議員の被選挙人から選出するとなっている。調査委員会の決議は多数決で、可否同数のときは会長（府県知事又は郡長）が決定する。

法案の説明によれば、「現行所得税法ノ実験モアリ、調査委員会ノ組織ハ徴税上最モ円滑ヲ得ルノ便法」とされている。営業税調査委員会は、明治二十年の所得税法に倣って立案されているのであるが、その理由は徴税の円滑化にあったのである。参考として掲げられている諸外国の例は、以下の通りである。フランスは直税監査員および区長の調査（州直税局長が決定）、オーストリアは申告と行政上最下の役所の意見（府県知事決定）、ベルギーは直税検査官と村選出の直税賦課委員の協議（州知事の認可）、プロシアは営業組合に配賦（組合員が選出した賦課委員）、ババリアは郷党議会より選出した委員・郷党役人・内務局官吏の調査によるとされている。外国の制度をアレンジしたというより、日本の所得税法に準じた内容といえる。調査委員の任期は四年（二年毎に半数改選）で、同数の補欠員を選出することも所得税と同じである。

営業税の課税標準は、業種毎に資本金額、従業者数、敷地賃貸価格、建坪、都市の等級などの外形標準を組み合わせたものである。調査委員会は、府県知事および郡長が調査した営業者の等級の適否をチェックする。府県知事および郡長は、必要に応じて官吏に営業場や課税物件等の検査を命じることができた。その理由は、「営業場ニ就キ検査スルハ頗ル煩雑ノ事業ニシテ、到底之ヲ実行シ得ヘキモノニ非ス、且成ルヘク検査ヲ為サヽルヲ得策トスルヲ以テ、頻々検査官吏ヲ派出スルカ如キハ決シテ之ヲ為サヽル積ナレトモ、営業者ヲシテ常ニ警戒ノ心ヲ存セシメ、諸般ノ届出ヲ詐ルカ如キ弊ヲ予防スルニモ、亦此条ノ最必要ナル所トス」、とされている。営業者の申告をもとに課税標準額の調査案を作成することが原則で、頻繁な検査はする積もりもないが、営業者の不正を防止するために必要な手段と説明されている。ただ、所得税と異なり、営業税には当初から税務官吏の調査権が設定されていたことは注意を要する。

なお、調査委員会の会期は二十日間で、大臣の認可によりさらに二十日以内の延長が可能である。また、営業者が課税額の決定に不服の場合は、二十日以内に府県知事に訴願することができる。同様に、郡長が調査委員会の議決に対して意見があるときは府県知事に具申することができた。府県知事は、これらを府県常置委員会に審査させ、その議決により処分がなされるのである。そして営業者が府県知事の決定に不服のときは、更に二十日以内の大蔵大臣への訴願が可能で、これにより最終処分が確定する。

明治二十二年の営業税法案では、営業税調査委員会は、徴税の円滑を図ることを目的に所得税に倣って導入されたものだったが、閣議提出には至らなかったのである。

## 2　営業税導入期の営業者の動向

次に調査委員会設置が検討されるのは、営業税法施行翌年の明治三十一年（一八九八）である。営業税法の施行にあたり全国的な反対運動が展開されたことは第二編第一章で述べた通りであるが、その背後には『東京経済雑誌』や「毎日新聞」が行った営業税反対キャンペーンがあった。各地の反対運動が、地元だけでなく中央のマスコミを通して全国に発信されることで、反対運動は全国に広がって行ったのである。[*6]

最も苦情が多かったのは課税標準の認定で、各地で営業者と税務署との紛争が報じられている。これに対して東京税務管理局長大塚貢は、以下のような談話を発表している。[*7] 売上金高は容易に知ることができないとはいえ、当該官吏の概算見込額は「稍々其真に近きもの」である。しかし「当局者の見る所と納税者の届出高とは頗る齟齬せるもの多く」、ある営業者は組合の申し合わせにより実際の金額の七掛を申告していたという。申し合わせ以下の金額を申告したと思われるケースもあり、税務当局はこれらの過少申告者に対して個別に申告の訂正を説諭したが、修正に応じたのは二〜三割に過ぎない。他にも、物品販売業における小売と卸売の区別も問題となったが、「尤も苦情多き課税物件」は建物賃貸価格の認定であったという。当局者として自らの認定の正当性を主張するのは当然であるが、営業者からは割当額達成のための収税官吏の不当な認定とか、「家宅捜査」などの調査手法に対する批判が頻出したのである。税務署が無申告者や不正申告者を召喚して個別に申告および申告の訂正を説諭したことも、収税官吏が不当な割当課税を強行したと批判される一因となった。

営業税調査にあたり、税務署は主任や掛などの担当者を任命し、さらに管内の営業者を顧問や嘱託に委嘱して調査案作成に関与させたが、こうしたやり方にも批判が出されている。全国で営業税を巡る紛争がピークを迎えていた、明治三十年五月に開催された第六回商業会議所定期連合会に提出された、金沢商業会議所の営業税法改正再請願案には、以下のような記載がある。[*8] すなわち税務署は管内の予定税額を同業者（組合）単位に割り振り、主要な幹部二〜三名を召喚して割当額を示し、もし拒否すれば何度も説諭を繰り返して首肯させる。已む無く首肯した幹部は、相互の負担軽減のため免税業者にまで課税範囲を拡大して割り当てたというのである。そのため、税務当局だけでなく「割当課税」に加担した組合幹部もまた批判の対象になったのである。

商業会議所連合会は、施行直前に開催された明治二十九年十一月の臨時会で、東京商業会議所案を原案とする営業税法改正意見を採択し、大蔵大臣への建議と帝国議会への請願を議決した。その内容は、課税標準から従業者と建物賃貸価格を削除し、物品販売業の卸売と小売の区別を廃止すること。これにより個人の課税標準は売上金額や総益金、貸付金額や請負金額などとなるが、法人の場合は営業所得（利益）に統一することとした。これ以外に税率の軽減も掲げられたが、調査委員会についての要望はなかった。各地の商業会議所の意見を見ても、等級税評定委員会（四日市）や営業税調査委員会（松江）があるだけで、ほとんどが課税標準と税率に関するものであった。営業税法施行前の各商業会議所は、調査委員会設置にほとんど関心を示していなかったといえる。

しかし、営業税施行後の明治三十年十二月の臨時商業会議所連合会になると、「収税官吏ト当業者ノ中間ニ介在シテ其申告ノ当否ヲ判決スベキ機関」、すなわち調査委員会の設置を求める意見が多くなってくる。全国七部会のうち、部会としての意見を提出した北陸部会、中国部会、九州部会、東北部会、畿内部会の五部会は、九州部会を除いて調査委員会設置を部会の意見として提出している。部会としてではないが、博多（九州部会）、静岡・大垣・豊橋（東海部会）、高崎・宇都宮・上田・八王子（東京部会）の各商業会議所が調査委員会設置を求めている。導入時の混乱により、調査委員会設置意見は格段に強まったのである。

ただ審議の過程で、横浜商業会議所が主張する営業税全廃論への賛同が強くなり、金沢や京都など全廃に転じる商業会議所も多く、連合会は営業税の全廃を決議するのである。営業税は、「税法ニ貴ブベキ課税標準ノ明確不動ナルコト及ビ徴収方法ノ簡易公平ナルコトノ二要素ハ全然之ヲ欠クナリ」、結局は「賦課ノ全部ヲ収税官吏ノ認定ニ一任スルノ外ナキ」不良の税法であるというのが、商業会議所連合会の全廃意見であった。

## 3　大蔵省の調査委員会構想

こうした状況のもと、大蔵省は営業税調査法案の立案に動いていた。目賀田家文書に、営業税調査法案が残されている。[*9] この案は閣議提出案の体裁をとっており、その理由は以下のように記されている。「課税標準ノ多クハ商家ノ機密ニ属スルカ故ニ、之ヲ調査スル容易ノ業ニアラス、時ニ或ハ認定ノ当ヲ得スシテ納税者ノ感情ヲ害スルコトナキヲ保セス、依テ一種ノ調査機関ヲ設ケ、商況ニ通暁スルモノニシテ其機関ノ組織ニ当ラシメ、以テ任意ノ認定ト不正ノ申告トヲ防止スルヲ期スル」と。営業者による調査委員会を設置することで納税者の感情を和らげ、収税官吏の「任意ノ認定」と営業者の「不正ノ申告」の両方を防止することが目的とされたのである。

調査委員会は税務署所轄内に設置し、調査委員は管内納税者の選挙（任期四年、二年毎に半数改選）による。調査委員会の決議を不当と認めた場合は再議となる。再議も不当とした場合、調査委員会および政府から再調査員各一名（調査委員、収税官吏、当事者は除く）による再調査がなされる。そこでも一致しない場合は、再調査額の平均額で決定するとされている。なお、調査委員会および再調査員は営業者に尋問することができる規定である。

この法案は年欠であるが、明治三十二年一月一日施行となっている。施行日から考えると、この案は明治三十年十二月開会の第十一回帝国議会への提出を想定して作成されたと推定できる。ただ、第十一回帝国議会は開会の翌日に解散となったため、明治三十一年五月に第十二回帝国議会（臨時会）が召集される。しかし、それも六月十日に解散となったため、結局は日の目を見ずに終わったのである。

その後、明治三十一年十二月召集の第十三回帝国議会に、政府は治外法権の撤廃による外国人への課税を想定した営業税法改正案を提出し、明治三十二年三月法律第三十二号として公布された。しかしこのとき、衆議院に調査委員会設置を含む改正案が議員提案されていたのである。提案内容は、税務署管内に七名以内の調査委員で構成する調査委員会を設置するというものである。同時に、課税標準から建物賃貸価格と従業者を削除することも盛り込まれていた。提案理由は、「紛擾」の多い賃貸価格と従業者を廃止し、さらに所得調査委員会のようなものを設置すれば課税の公平が得られるというものである。これに対して大蔵次官田尻稲次郎は、課税標準の削除は却って課税の公平を損なうとして反対したものの、調査委員会の設置には強いて反対しないとの見解を表明したのである。[*10] しかし、この改正案は衆議院で可決されたが、貴族院で審議未了のため廃案となった。

第十三回帝国議会での大蔵次官の調査委員会容認発言や衆議院での改正案可決により、次の議会に調査委員会設置案が提出・可決される可能性は大きくなった。そのため大蔵省は、新たに課税標準評定委員会案を作成して、これに備えたのである。[*11] 課税標準評定委員会の組織は、所得調査委員会の規定に倣うとある。評定委員会の会期は四月末日までで、無申告者の課税標準も決定するとなっている。しかし、第十四回帝国議会に営業税改正議案は提出されず、この案も表には出なかったのである。

このように大蔵省は、調査委員会の設置を消極的ながらも容認する姿勢を示し、その時々の情勢に応じて法案も作成していたが、調査委員会は実現しなかったのである。

## 第二節　審査委員会から調査委員会へ

### 1　営業税審査委員会の新設

明治三十年代後半になると、調査委員会問題は別の展開を見せるようになる。

明治三十四年十二月召集の第十六回帝国議会に、鉄道業の減税などを内容とする営業税法改正案が提出された。[*12] 改正案は議員提出案で、このなかに無申告者や不正申告者の課税標準を税務管理局長が算定できるとの条文と、営業税審査委員会を税務管理局に設置する条文が盛り込まれていた。これまで規定が不充分であった条文を補足して、税務管理局長が課税標準を算定できる範囲を拡大し、一方、課税標準に対する不服申し立てに対する諮問機関として審査委員会を設置するとしたのである。前者は、先の課税標準評定委員会案にも規定されており、これにより納税者を召喚して申告書提出や申告書の訂正を説得する必要がなくなり、大いに課税当局の手数を軽減できるとされていた。

この改正案は両院の可決するところとなり、明治三十五年三月に成立した。これにより営業税審査委員会が税務管理局単位に設置され、審査請求は審査委員会への諮問を経て決定されることとなった。審査委員は五名で、商業会議所代表や納税義務者から大蔵大臣が任命した。これまで資本金額の審査請求については府県知事が再調査し、建物賃貸価格については政府および土地建物所在市町村長が各二名の評価人を任命して評価させる規定であった。審査委員会の設置にともない、審査委員会の決定に不服な場合には訴願・訴訟の道が開かれることになった。こうした二重の救済機関を設定することで、「納税義務者ガ不服アルトキニ、満足ヲ得セシメルタメ」と、審査委員会設置の目的が説明されている。

提出議員は、政府が調査委員会の設置に慎重な姿勢を崩さないため、不服審査にあたる審査委員会の設置を先に実現させようとしたのである。ただ、このとき衆議院では所得審査委員会の権限問題が議論されていた。所得審査委員会は、収税官吏三名と調査委員の互選による民間の審査委員四名で構成され、審査委員会の決議により決定すると規定されている。しかし、大阪税務監督局長が審査委員会の決議に反した決定を行ったことから、審査委員会の権限強化が衆議院で問題となったのである。[*13] こうしたなか大蔵省は、所得審査委員会の権限を巡る議論が営業税に影響を与えないよう、「決議」より権限の弱い「諮問」とし、営業税審査委員会の設置を実現させようとしたのである。

これにより営業税の審査請求は、営業税審査委員会に諮問して決定することとなったが、税務当局が調査委員会設置に消極的だった理由は何だったのであろうか。この点を考える上で参考になるのは、明治三十九年（一九〇六）に開催された税法審査委員会の議論である。同委員会は、日露戦後の税制整理のため大蔵省内に設置された調査委員会である。委員は大蔵省や専売局、税務監督局の高等官により構成されており、大蔵省内の意見を窺い知ることが可能である。税法審査委員会では、無申告または不誠実な申告を政府が更正決定すると、納税者との意思疎通を欠き徴税上の手数がかかる。そこで所得税のように調査委員会を設置して、課税の公平を期すとともに「感情ノ衝突ヲ避クルヲ可トス」との提案がなされた。賛同する委員もあったが、モデルとしたフランスの営業税と同様に調査委員会は不要とか、調査委員会を設置しても納税者の不服や異議申し立てを根絶することは不可能などの反対意見が出された。とりわけ主要な反対理由は、所得調査委員会のように「政府ノ調査額ヲ削減スルニ傾クノ弊」が懸念されたことにあった。[*14] 政府は、「所得税法の実験」として導入された調査委員会制度が、課税当局の調査額削減を目的とする弊害を生じており、却って課税の公平が保持できないと評価していたのである。

その後、明治四十三年改正で、営業税審査委員会は税務監督局単位から税務署単位に改正される。このとき政府が提出したのは、税法審査委員会および税法整理案審査会の調査を経た税制整理案であったが、これに対して衆議院は調査委員会設置の修正案を提出した。修正案は、帳簿検査などの「苛酷ノ徴収方」を批判し、公平な課税のためには調査委員会の設置が必要というものであった。[*15] 調査委員会に対する評価は、政府と衆議院とでは正反対だったのである。衆議院の姿勢は、日露戦後の税制整理と大幅減税を要求する世論を背景に強硬であった。しかし大蔵省もまた、調査委員会設置には強く反対した。主税局長菅原通敬は、調査委員会は利益よりも弊害のほうが大きいとして、衆議院で設置案が可決されても同意しないことを明言するに至るのである。そのため衆議院は、減税を優先して調査委員会設置案を取り下げ、かわりに審査委員会を税務署単位に設置する妥協案を提起したのである。審査委員には、商業会議所会頭などではなく、管内の納税者から五～七名を任命するとした。監督局ではなく税務署単位に設置することで納税者の異議申し立ての便を図り、収税官吏の「認定権ノ濫用ヲ防グ」効果が期待されたのである。大蔵次官若槻礼次郎も、税務署と納税者の争い

**表 30　営業税審査請求一覧**

| 年　度 | 人　員 | 税　額 |
|---|---|---|
| | 人 | 円 |
| 明治 36 年度 | 313 | 48,876 |
| 明治 37 年度 | 711 | 51,445 |
| 明治 38 年度 | 1,168 | 42,768 |
| 明治 39 年度 | 1,087 | 78,763 |
| 明治 40 年度 | 853 | 175,088 |
| 明治 41 年度 | 1,426 | 226,366 |
| 明治 42 年度 | 1,904 | 163,290 |
| 明治 43 年度 | 1,261 | 59,549 |
| 明治 44 年度 | 940 | 128,893 |
| 大正 1 年度 | 832 | 56,568 |
| 大正 2 年度 | 862 | 38,606 |
| 大正 3 年度 | 940 | 49,206 |
| 大正 4 年度 | 573 | 45,343 |
| 大正 5 年度 | 497 | 47,872 |
| 大正 6 年度 | 354 | 383,484 |
| 大正 7 年度 | 329 | 151,326 |
| 大正 8 年度 | 290 | 208,288 |
| 大正 9 年度 | 802 | 349,433 |
| 大正 10 年度 | 879 | 236,561 |
| 大正 11 年度 | 1,249 | 312,903 |
| 大正 12 年度 | 580 | 109,573 |
| 大正 13 年度 | 476 | 89,773 |
| 大正 14 年度 | 1,118 | 165,257 |
| 大正 15 年度 | 552 | 130,547 |

※各年度の『主税局統計年報書』による.

を防止する観点から、この妥協案を了承した。

こうした審査委員会をめぐる論議の背景には、日露戦後の営業税の審査請求件数の急増があった。営業税の審査請求件数は表30に示した通りである。日露戦争終了の明治三十八年度に一〇〇〇件を超えた審査件数は、同四十年度に八〇〇件台に減少するものの、同四十一年度から再び急増している。この時期は納税者数も急増し、滞納者数も増加している。また、「徴税の改善」による「苛斂誅求」批判が声高に叫ばれてもいた。この時期の大蔵省は調査委員会設置と課税標準の単一化に明確な反対を表明していたが、円満な納税を実現するためにも、審査委員会については歩み寄らざるを得なかったのである。

## 2　営業税調査委員会の新設

大正元年（一九一二）十二月召集の第三十回帝国議会に、政府は非常特別税法の廃止と営業税減税案を提案した。約三〇〇〇万円の減税と、業種間の負担権衡を図るための課税標準整理案である。要望の強かった、従業者と建物賃貸価格の課税標準からの一律削除は否定されている。

大正二年の所得税と同様、この時期の営業税改正案には、大蔵省が掲げる申告奨励方針が反映されていた。収税官吏と営業者との紛争防止のため、改めて営業税を申告税と位置づけ、営業者には正直な申告を奨励し、収税官吏はそれを是認するというのが、大蔵省の申告奨励方針であった。そしてそれを実現するため、調査の正確性を期すための調査権限や制裁規定を強化する条文が盛り込まれたのである。すなわち、それまでの営業者への「尋問」は、「営業者若クハ之ト取引関係アル者ニ質問」と調査範囲が拡大されている。[*16]また、無申告や虚偽申告、帳簿の隠匿や虚偽内容の記載等の罰金を増額し、新たに虚偽の答弁や職務妨害などへの罰金・科料が規定されたのである。営業税における官民の紛争防止策として、調査委員会への不信を隠さない大蔵省が打ち出した対策が、この申告奨励方針だったのである。

これに対して衆議院は、官民の紛擾、税務官吏の認定権乱用、「自然」増収批判を掲げて営業税廃止法案を議員提出した。そして衆議院は、政府に更なる減税を求めるとともに、調査権限や制裁規定の強化条項を全面削除する修正案を可決したのである。政府と議会は全面対立の様相となったが、この修正案は貴族院で審議未了のまま解散となり廃案となった。このとき別の修正案として調査委員会と審査委員会設置案も提出されていたが、これは衆議院の可決するところとはならなかった。調査委員会設置は少数派で、衆議院の大勢は営業税全廃へと向かっていくのである。

翌大正二年十二月召集の第三十一回帝国議会には、野党三会派すべてがそれぞれ営業税廃税案を提出し、全国的な悪税廃止運動が展開された。こうした営業税法の欠陥や収税官吏の「苛斂誅求」批判に対して、主税局長菅原通敬はその欠陥を認め、財源が許せば地方税に委譲したいと答弁するなど、大蔵省の防戦一方の展開となった。そして、大蔵大臣高橋是清が徴収方法改善案の作成に言及し、これを受けて大蔵次官勝田主計が調査委員会について研究中であると、以下のような答弁を行うのである。[*17]「営業税ニ付キマシテモ出来得ルナラバ所得税ニ於ケルガ如クニ、調査委員ノ如キモノヲ置キマシテ、サウシテ成ルベク納税者ト税務当局トノ間ノ感情ヲ融和シテ、円満ニ此税ヲ取ルト云フコトニ致シタイ」と。それでも改めて提出された政府案には調査委員会規定はなく、衆議院の修正で調査委員会規定が追加され、政府はそれを漸く承認するのである。調査委員会を含む改正案は、野党の営業税全廃要求に対して、財源確保を最優先する立場から承認され、ここに漸く調査委員会が新設されることとなったのである。

この改正により、営業税の「課税標準ハ営業税調査委員会ノ調査ニ依リ政府之ヲ決定ス」とされた。調査委員会は、営業税の課税標準の調査機関として、所得調査委員会と同様な役割を担うことになり、漸く営業者の念願が叶ったのである。なお、所得調査委員会を単なる諮問機関とする見解があるが、調査委員会の調査により政府決定されるのが原則であることは、第一編第二章で詳述した。

大正三年の調査委員会設置により、営業税の賦課課税システムは以下のように改正された。[*18] まず、営業者が営業名と課税標準を申告する。税務署長は納税義務者の課税標準を調査し、営業税調査書を作成して調査委員会に提出する。調査委員会は税務署単位に設置されるが、市には独立の調査委員会が設置される。調査委員会の会期は納税者数により十日〜三十日以内とされ、調査委員会の調査により課税標準額が政府決定される。その際、税務署長が調査委員会の決議を不当と認めた場合は、再調査がなされる。一方、納税者が課税標準額に異議がある場合は不服審査請求がなされ、税務監督局ごとに設置される営業税審査委員会の決議により決定されることになる。調査委員会の設置により、審査委員会もまた諮問機関から決議機関になったのである。

調査委員は、管内の納税義務者（前年の納税者で今年の申告提出済者）による選挙で選出される。営業税の場合、法人も調査委員の資格がある。調査委員の定員は三〜七名で、まず市区町村単位で選挙人が選出される。選挙人は納税者十人に付一人で、最高二十人までとされた。選挙人による調査委員の選挙は一人一票の記名投票であるが、定員の半数まで連記できた。調査委員とは別に同数の補欠員も選出された。審査委員は、互選による調査委員四名と収税官吏三名で構成される。調査委員会制度は、審査委員会も含めて、大正二年改正の所得税の制度をそのまま敷衍したものである。

大正三年五月、大蔵大臣若槻礼次郎は税務監督局長会議において、次のように訓示している。営業税調査委員会の新設は、「課税標準ノ調査ニ関シ、動モスレハ官民ノ間ニ起ルヘキ紛争ヲ絶タシメムトスル趣旨」に依るものであると。[*19] 営業税には所得税と異なり、収税官吏による帳簿・物件の検査と営業者への尋問が認められていた。もともと営業税の課税標準は申告の当否を収税官吏が調査して決定するので、調査権は不当な申告や無申告者の調査のために必要とされた。[*20] そのため若槻大蔵大臣は、「帳簿検査ハ事実隠蔽ノ疑アルカ如キ、特殊ノ場合ニ於テ行フハ可ナリト雖」、一般的に行うものではないと調査権の濫用に注意を促したのである。

**表 31　営業税の申告・調査・決議・決定額一覧**

| 年　度 | 申告額 a | | 調査額 b | | 決議額 c | | | | 決定額 d | | | |
|---|---|---|---|---|---|---|---|---|---|---|---|---|
| | 人　員 | 税　額 | 人　員 | 税　額 | 人　員 | c/b | 税　額 | c/b | 人　員 | d/b | 税　額 | d/b |
| | 人 | 円 | 人 | 円 | 人 | % | 円 | % | 人 | % | 円 | % |
| 大正 4 年度 | 355,299 | 20,416,083 | 371,444 | 21,731,998 | 370,760 | 99.8 | 21,632,409 | 99.5 | 370,760 | 99.8 | 21,633,466 | 99.5 |
| 大正 5 年度 | 365,145 | 21,579,711 | 386,247 | 23,004,698 | 385,734 | 99.8 | 22,939,781 | 99.7 | 385,741 | 92.8 | 22,944,868 | 99.7 |
| 大正 6 年度 | 393,761 | 24,203,253 | 419,599 | 26,623,359 | 419,041 | 99.8 | 26,529,122 | 99.6 | 419,047 | 99.8 | 26,534,639 | 99.6 |
| 大正 7 年度 | 443,626 | 29,359,969 | 487,560 | 35,010,399 | 487,222 | 99.9 | 34,787,736 | 99.6 | 487,265 | 99.9 | 34,789,083 | 99.3 |
| 大正 8 年度 | 511,013 | 38,768,789 | 570,935 | 44,790,944 | 570,415 | 99.9 | 44,615,281 | 99.6 | 570,415 | 99.9 | 44,615,681 | 99.6 |
| 大正 9 年度 | 597,169 | 51,112,758 | 714,679 | 64,834,680 | 714,303 | 99.9 | 64,533,648 | 99.5 | 714,303 | 99.9 | 64,581,275 | 99.6 |
| 大正 10 年度 | 671,447 | 56,456,107 | 802,342 | 70,876,514 | 802,028 | 99.9 | 70,697,806 | 99.7 | 802,028 | 99.9 | 70,700,568 | 99.7 |
| 大正 11 年度 | 678,940 | 48,499,425 | 844,828 | 63,654,242 | 844,027 | 99.9 | 62,972,587 | 98.9 | 844,169 | 99.9 | 62,985,216 | 98.9 |
| 大正 12 年度 | 805,161 | 46,978,862 | 967,352 | 57,639,407 | 966,785 | 99.9 | 57,504,373 | 99.7 | 966,785 | 99.9 | 57,504,373 | 99.7 |
| 大正 13 年度 | 833,759 | 50,639,954 | 1,033,708 | 63,808,008 | 1,033,060 | 99.9 | 63,642,647 | 99.7 | 1,033,064 | 99.9 | 63,646,945 | 99.7 |
| 大正 14 年度 | 856,285 | 52,039,063 | 1,080,747 | 68,247,471 | 1,078,410 | 99.7 | 68,046,021 | 99.7 | 1,078,510 | 99.7 | 68,052,393 | 99.7 |
| 大正 15 年度 | 830,173 | 47,582,410 | 1,078,801 | 64,592,225 | 1,078,777 | 99.9 | 64,322,094 | 99.5 | 1,078,777 | 99.9 | 64,334,899 | 99.5 |

※各年度の『主税局統計年報書』による．割合は小数点第 2 位以下は切り捨てた．

こうした訓示の背景にあったのは、全国的に展開された営業税廃税運動の高まりである。税務官吏の「苛斂誅求批判」は日露戦後から高まっており、行財政改革による税務機構の改廃を含む問題にも影響を与えていた[*21]。営業税の調査は、しばしば「苛斂誅求」批判の対象となった。大正三年二月の仙台税務監督局長通達は、「廃税問題ニ関シ、税務署ニ対シ反感ヲ抱キ、徒ラニ執行ヲ困難ナラシメ不当ノ減税ヲ図リ、甚シキハ暴挙ニ出ツルコトナキヤモ難斗候ニ付テハ、其署ニ於テモ相当注意警戒ヲ加フヘシ」と、注意が促されている[*22]。三税廃止や悪税廃止運動の高まりが、税務署や税務官吏への暴挙を危惧させるほどの状況だったのである。

こうして大正四年に開会された最初の調査委員会の状況は、富山県内の税務署で政府決定がなされたものの、概ね平穏だったようである[*23]。表31は、営業税調査委員会設置後の営業税の申告額と調査・決定額の一覧である。大正四年の税額についてみると、税務署の調査額に対する調査委員会の決議額の割合は九九・五%で、調査委員会が税務署の調査額を削減していることがわかる。税務署の決定額は調査委員会の決議額を若干上回っているものの、その割合はさほど大きくはない。調査委員会は税務署の調査額を若干削減したものの、ほぼ調査委員会の決議額通りに決定され、危惧されるような事態には至らなかったのである。

## おわりにかえて

大正三年の調査委員会設置により、収税官吏による「苛酷な決定」は改善されたが、もうひとつの課税標準の問題は簡単には決着しなかった。主税局長菅原通敬が営業税の欠陥を認め、財源問題をクリアできれば、地方への委譲を含めた営業税法の根本的な検討をしたいとの姿勢を示していたように、課税標準の見直しは大きな課題として残されたのである。この問題は第一次世界大戦および大戦後の経済状況の変化のもと、営業税を含む税制全般の調査のなかで検討され、大正十五年の営業税廃止と営業収益税法の成立へと展開していくことになる。

なお、成立した調査委員会は、危惧されたような税務署との大きな対立もなく、審査請求件数の減少など一程度の成果をあげることができた。しかし、これも大戦後の所得調査委員会と同様、税務当局の調査能力の向上や営業者の公平な負担要求などにより、調査委員会が公正な決議を行えるかどうかが、税務当局だけでなく営業者からも注視されるようになる。そのため、漸く成立した調査委員会にも委員の構成など様々な改善要求が出されることになるのであるが、この点については別途分析が必要である。

註

＊1　大村巍「税務署の発足」『税務大学校論叢』10（昭和五十一年）、中尾敏充「一八九六（明治二十九）年営業税法の制定と税務管理局官制」『近畿大学法学』39―1・2号（平成三年）。

＊2　全国の反対運動を網羅した、江口圭一『都市小ブルジョア運動史の研究』（未来社、昭和五十四年）が代表的な研究である。岡山県史の記述をまとめた、坂本忠次『大正デモクラシー期の経済社会運動』（お茶の水書房、平成二年）など、地域の民衆運動の

ひとつとして取り上げられることも少なくない。また、石井裕晶「一九二二年の営業税廃税運動の政治経済過程」『社会経済史学』七十六—一（平成二十二年）、同「大正末期の営業税廃税過程」『日本歴史』七四八（平成二十二年）がある（両論文は同『戦前期日本における制度変革～営業税廃税運動の政治経済過程～』（早稲田大学出版会、平成二十四年）に収録）。ただ、いずれも関心は都市部の民衆運動に置かれているため、営業税そのものへの関心は薄い。

＊3　堀口和哉「営業税創設の沿革と意義—直接税制度の発展に果たした役割—」『関東学園大学経済学紀要』二十六—一（平成十一年）。

＊4　本書第二編第一章「営業税の導入」で詳述した。

＊5　以下の記述は、とくに断りのない限り『営業税関係史料集』史料1（税務大学校税務情報センター租税史料室、平成二十五年）による（以下、『営業税』一と記す）。

＊6　牛米「営業税をめぐる地方の状況について」『租税史料館報』平成十六年度版（平成十七年）を参照のこと。なお、ここで紹介した史料は、『営業税』一〇に収録されている。

＊7　「東京日日新聞」明治三十年五月二日（国立国会図書館所蔵マイクロフィルム版）。

＊8　山口和雄編集『本邦商業会議所資料』マイクロフィルム版（雄松堂フィルム出版）。以下、商業会議所関係はこの史料による。

＊9　『営業税』一三。

＊10　『帝国議会衆議院委員会議録』明治篇一二、一七五～一八四頁（東京大学出版会、昭和六十一年）。

＊11　国立公文書館所蔵「松尾家文書」三三—一四。

＊12　『帝国議会衆議院議事速記録』一八、二一三～二一五頁（東京大学出版会、昭和五十五年）。

＊13　大阪税務監督局の所得審査委員の大蔵大臣への陳情書が、『東京経済雑誌』第一〇六四号（明治三十四年一月十九日）に掲載されている。

＊14　『営業税』二一。所得調査委員会のこのような弊害の矯正については、本書第一編第二章「所得調査委員会にみる賦課課税」を参照いただきたい。

＊15　『帝国議会衆議院委員会議録』明治篇五七、三一七～三五五頁（東京大学出版会、平成元年）。

＊16　『帝国議会衆議院委員会議録』二、二五一頁（臨川書店、昭和五十六年）。

＊17　『帝国議会衆議院委員会議録』四、二三九～二四〇頁（臨川書店、昭和五十六年）。

＊18　『営業税』四三・四四・四七。

＊19　税務大学校税務情報センター租税史料室『相続税関係史料集』史料33（以下、『相続税』三三と記す）。
＊20　『営業税』三。
＊21　当該期の「苛斂誅求」批判に対して所得税の申告奨励が展開されることは、本書第一編第三章「大正期における所得の申告奨励方針について」で論じた。営業税についても、基本的には同じである。
＊22　『営業税』四二。
＊23　『主税局第四十二回統計年報書』一八四～一八五頁。

# 第三編

# 徴収機構と徴税

# 第一章　税務署の創設

## はじめに

本章の課題は、統一的な地方制度の整備を目的として施行された三新法から市制・町村制、そして税務署創設までの、国税徴収機構の形成過程を明らかにすることにある。この時期は、明治憲法を画期とする法体制の形成期から整備期と位置付けられており、国税徴収機構も地方制度の形成とともに整備されていく時期である。

国税徴収機構については、『明治財政史』において、第一期を府県の時代（明治維新から三新法）、第二期を大蔵省租税局派出機関時代（明治十二年から同十七年）、第三期を府県委嘱の時代（明治十七年から税務管理局設置まで）、第四期を大蔵大臣直轄の時代（税務管理局および税務署設置以降）とする時期区分がなされている。[*1] これは財政機関の沿革を、中央機関の大蔵省（金穀出納所や会計官時代も含む）と出先の地方機関に分けて示したものである。国税徴収機構の形成については、「大蔵省沿革史」や『明治財政史』に依拠して機構や組織の沿革をなぞったものがほとんどで、その意味付けを試みたものは意外に少ない。

そのなかで、大村巍氏の「税務署の発足」は先駆的な業績と評価することができる。[*2] 大村氏は、日清戦後経営のなかで租税改革が急務となり、明治二十九年（一八九六）の営業税法と酒税法が税務機構改革の直接的な要因になったと指摘した。とくに広く営業者に課税する営業税は、複数の外形標準を組み合わせる課税標準の調査が、今日の直接税における税務調査の原型となったと指摘した。専門的な税務調査の必要性を、税務署創設の要因と位置付けたのである。

これに対して、地方制度との関連で国税機構の変遷を位置付けようとする中尾敏充氏の一連の研究が出された。[*3] 中尾氏は、明治十七年に脱税の弊風に対処するため「地方行政機構にほぼ完全に依存する制度に改革され」た国税徴収機構が、市制・町村制のもとで専門化し、地方行政機関から分離・独立する方向を示した。そして営業税法の施行により「大蔵省による中央集権的・統一的な専門的徴税機構」が形成され、地方行政機関からの分離・独立が達成されるとした。中尾氏の研究は、地方制度との関係から国税徴収機構の形成過程を本格的に検討しようとするものである。これまでも地方制度との関係での言及がなかった訳ではないが、地方制度と国税徴収機構をパラレルに理解しようとする点で注目すべき研究と評価できる。しかし、中尾氏の研究は、三新法および市制・町村制という地方制度と徴収機構の関連を問題としながら、税務管理局および税務署の創設においては、営業税による徴税の専門化と統一化を理由とせざるを得なかった点に問題が残されているように思える。しかも、その後の税務監督局および税務署官制については、地方改良運動との関係で位置付けようとしているので、一貫した論理での把握に成功していないと言わざるを得ない。とりわけ日露戦後の地方改良運動と税務監督局を関連付けることは無理があろう。[*4]

このように国税徴収機構の形成については、税制改正と地方制度の両方から検討がなされてきた。しかしながら、これらの研究は、いずれも徴収機構の外的な要因からの分析にとどまっているように思える。それは、分析対象が税務管理局や税務署にとどまっており、その上部機関の大蔵省との関係まで充分な分析が及んでいないことも一因であろう。そこで本章では、国税徴取機構の形成過程を、大蔵省も含めた組織改革の展開過程として、より内的な視点から分析を行うものである。もとより国税徴収制度の形成過程は、地方制度との関係を抜きには論じることはできないし、地主層や営業者など納税者の動向も重要な問題である。しかし本章では、まずは組織上の内的な論理から徴収機構の形成過程を分析することを課題としたい。

## 第一節　三新法下の徴収システム

### 1　郡区町村編制法と租税局出張所

明治十一年（一八七八）七月に公布された三新法により、それまでの大区小区制は廃止され、府県のもとに郡区（長）を、その下に町村（戸長）が設置された。三新法とは、郡区町村編制法・府県会規則・地方税規則の総称である。国税と地方税（府県税）の分離は地租改正および雑税整理の過程で実施されたが、あらためて国税と地方税の区別を立て、地方税の賦課・徴収については府県会で決議し、住民生活にもっとも密着した町村の協議費については町村会の決議によることとなった。なお、町村会の成立は地方により一様ではなく、政府は明治十三年に町村会規則を公布してそのモデルを示した。これにより三新法においては、郡区は府県の行政機関と位置付けられたのである。

三新法の原案では、町村は住民生活独立の区画とのみ位置付けられ、行政区画としての性格を併せ持つ府県および郡区とは異なる性格の区画とされていた。そのため行政機構としては府県（知事・県令）―郡区（長）にとどまり、町村は行政に関与しないとされていた。しかし、この原案は地方官会議および元老院の審議で修正され、町村もまた行政区画としての性格を併せ持つ存在と位置付けられたのである。[*5] 町村戸長が公選で、郡区長が官吏とされたのは、町村が住民生活に密着した存在と認識されていたことの反映である。そのため府県知事・県令の命令をうけて国税を徴収するのは官吏である郡区長であり、戸長は町村の地租および諸税を取り纏めて上納する職掌とされた。三新法のもとで町村の戸長に税金の取り纏めと郡区長への上納が命じられたのは、地租の一人別名寄帳（一人別ごとに地租額を集計した帳簿）を管理しているのが町村だったからである。[*6]

国税徴収の責任者である郡区長には租税不納者処分の権限が与えられ、それまでの身代限り処分が廃止されて租税未納処分法が適用されることになった。[*7] 徴収期限を三十日過ぎた場合、賦課した財産を公売処分とし、営業税については営業を停止し製品や製造器具を公売処分に付すことになったのである。酒造税についても同法が適用され、郡区長は公売処分後に入費を差し引いて徴収することとなった。

このような三新法体制に対応する国税徴収システムは、明治十一年十二月の国税金領収順序に示されている。[*8] 賦課・徴収の大まかな手順は以下の通りである。まず郡区役所から戸長役場に、税目ごとの納税額と納期限を記した納税切符が、遅くとも納期限の十五日前までに達せられる。これにもとづいて戸長は、「町村一人別帳」により納税者ごとに地租額を通知し、町村内の税金を取り纏める。戸長のもとに集められた税金は、大蔵省が任命した税金預り人に納入され、戸長は税金預り人が発行する納税切符を郡区長に上納する。これにより、町村戸長は町村内の税金の納付を完了したことになる。

郡区長は、納税切符と郡区長が領収したことを示す納税証書を大蔵省租税局から派遣された収税委員に送付する。収税委員は領収書を郡区長に交付し、郡区長は収税委員の領収書を府県庁に提出する。府県知事は、収税委員の領収書と郡区長の皆済報告をあわせて皆済帳を作成して大蔵卿に提出し、これにより府県の国税徴収は完了する。

税金は大蔵省が設置する税金預り所で税金預り人（後に為替方と改称）が領収するが、これは大蔵省出納局の管轄である。税金預り人は現金を保管し収税委員に報告するとともに、収支計表を出納局に報告した。[*9] 出納局が管轄するのは国庫金の出し入れであるが、税金そのものは収税委員の管轄である。そのため出納局から為替方への指示は、収税委員の承認を得てはじめて実行されるという煩雑さがあった。この点は、明治十三年十一月の大蔵省為替方条例により税金の領収と支出が出納局に一元化されることで解消された。[*10]

さて、収税委員の事務は、前述した郡区長による国税徴収事務の監督と税金の領収である。収税委員には大蔵省租税局員が任命され、各地の収税委員出張所へ派遣された。収税委員出張所の設置および収税委員の派出は明治十二年三月に関東諸府県に達せられ、逐次全国に拡大されていった。また、明治十二年十月には、収税委員出張所とは別に東京・大阪・広島・熊本・名古屋・仙台の六か所に租税局出張所が設置され、全国を六ブロックに分割して酒税や印紙税の監査を行うこととなった。[*11] 租税の領収と徴収事務の監督は収税委員出張所、諸税の監査は租税局出張所と、それぞれ職掌は異なっていたのである。

しかし租税局出張所の設置にあたり、東京の旧万世橋租税寮出張所と大阪の旧中ノ島租税寮出張所は、東京府と大阪府だけでなく近隣諸県の収税事務をも担うようになる。明治十二年七月に横浜税関内に開設された横浜収税委員出張所は廃止され、神奈川県は東京府の万世橋租税局出張所詰の収税委員が取り扱うこととなった。さらに万世橋租税局出張所は、翌年七月までに関東七府県と山梨・長野・新潟三県をも管轄するようになった。同様に大阪中ノ島租税局出張所は大阪・滋賀・京都・兵庫の各府県に管轄を拡大し、新設された名古屋租税局出張所も愛知・三重・岐阜の三県を管轄した。租税局出張所のうち、万世橋・中ノ島・名古屋の三出張所は、諸税の監査だけでなく収税委員出張所の事務を併せて執行する機関となったのである。このことは、租税局出張所の増設を求めた大蔵省伺に、「東京・大阪・名古屋出張所ノ如キハ既ニ若干府県収税委員出張所ノ事務ヲ併合実試候処、果シテ順序其宜ヲ得候ニ付テハ、一般諸税監査ノ儀収税事務ト合併整理候ハヽ、彼此ノ便益不少」、経費上も若干の減額が可能であると記されている。[*12] そして明治十四年八月、租税局出張所が十五か所増設され収税委員が出張所長に任命された。さらに十月、収税委員出張所は廃止され、すべての租税局出張所が収税委員出張所の事務を併合した機関となったのである。

租税局出張所の事務は賦税・収税・庶務に分かれていた。賦税は、荒地や開墾地の実地調査、酒造検査の監査、煙草税や印紙税の諸帳簿の検査などで、これまでの租税局出張所の事務を引き継いでいた。これらの諸税監査の時期については、事前に地方官との協議が必要であった。注意が必要なのは、諸税の監査には酒造税などの間接税だけでなく土地の検査も含まれていることである。収税は収税委員出張所の事務を引き継ぐもので、郡区長の報告を受けて納額調書を作成して租税局長へ報告すること、納税切符を為替方へ送付すること、各税の皆済帳を租税局長へ提出することなどであった。租税局出張所では、この監査と収税の事務を雇や嘱託を雇って執り行わせた。ただし、租税局出張所による監査は税法に規定された諸帳簿等の監査で、税則違犯を発見した場合も、戸長へ手続書を交付するとともに地方官へ通知して郡区長に処分の執行を促すもので、国税の徴収や不納処分はあくまでも郡区長の職掌であった。

## 2 府県国税徴収費の成立

三新法下で最初に着手された検査は酒造検査である。明治十一年の酒類税則改正により、酒類の課税標準が売買価格から造石高に改正され、酒類の隠蔽等への科料も規定された。検査についても、従来は一〇石以下の小規模な酒造業は戸長に委託していたのを改め、すべて郡区役所において検査することとなった。

改正酒類税則は十月から施行されたが、このとき租税局から検査員や検査監督員を派出して酒類の隠蔽や密造を摘発し、当初の届高より一〇三万石余の造石高の増加となった。[*13] そのため租税局は、翌明治十二年度の検査体制強化のため酒類醸造検査費の増額を太政官に要求した。酒造検査費は租税局職員八〇名の増員と府県における臨時検査員雇用費で、すべて人件費と検査旅費である。租税局職員の増員理由は、酒造検査には八～九か月を要し、残りの三か月程度で酒類請売税や証券印紙帳簿・煙草印税の監査を実施しなければならず、職員の補充が必要であるとされている。また府県の検査費は、昨年度の実績をふまえて八割増の予算が見積もられた。この租税局の上申から、酒造検査については租税局（出張所）の検査監督員とは別に、府県が検査のために臨時に雇用する検査員があり、その費用もまた大蔵省（租税局）から支出されていることがわかる。もちろん検査費を含む国税徴収費は府県費からも支出されているが、府県の定員以外に酒造検査のために臨時に雇用するものについては、明治十一年度から府県酒類醸造検査費として大蔵省の経費から支出されていたのである。府県ごとの酒造検査費は、府県からの請求高を管内の酒造人数に比例して配分されている。

酒税検査費の問題は、明治十三年九月の酒造税則の制定によりさらに緊急の課題となる。酒造税則の制定により酒税は免許税と造石税になり、業態の区別などに煩雑な事務を伴う請売営業税は廃止された。造石税は倍増となり、従来は慣行として認められてきた自家用料酒についても年間一石以上のものについては同様に課税することとなった。そして濁酒のもととなる麴に課税する麴営業税法も制定されたのである。酒造税則取扱心得書で、酒造業者に酒造米買入帳や酒蔵出帳・酒売上帳などの諸帳簿の作成が命じられ、造石検査の参考に供することとした。また、酒造場に造石検査簿を備え付けるなど検査体制の整備が図られた。十月からの酒造税則の施行に際して大蔵省は、「酒類税ノ儀ハ造石検査ノ精粗ニヨリ税額ノ増減ヲ来ス、実ニ著シキモノアリ」と検査の強化を打ち出し、酒造検査費として新たに政府予備金からの別途支給を請求した。改正税則の施行初年度であり、税額が倍増しているため脱税も懸念される。しかも今年度は、同年八月の酒類税則取扱心得書改正により酒造桶類の検査が新たに付け加わったため府県の検査費用に不足が生じ、このままでは検査員を減少せざるを得ないこと。租税局員を府県に派遣して検査費の請求額もチェックしているので、府県検査費の請求額は妥当な数値であると説明している。明治十三年十二月の酒税検査費の別途請求が認可されたのは翌十四年四月であった。[*14] また、租税局の検査員および監査員の俸給や旅費は、租税局出張所の在勤を取りやめて本局からの出張とすることとし、同出張所の経費を流用することで確保された。[*15]

この時期政府は、紙幣償却資金を確保するため各省に経費節減を求め、明治十四年度以降三か年間の予算の据置きを発表した。[*16] 大蔵省の予算も定額金となり、このなかで税制改正に対応した検査体制を維持・強化していくことは困難な課題であった。とりわけ税制改正は酒税などの間接税に集中し、検査体制の強化と同時に、増税から逃れるための脱税行為にも対応しなければならなかった。そのため大蔵省は、明治十四年度から国税徴収費を独立した予算科目とする伺いを太政官に提出した。大蔵省の定額金および府県費に含まれる国税徴収費をそれぞれ独立させ、それを租税局・関税局と府県に配賦することとしたのである。国税徴収費の概算は、租税局費・関税局費・府県費を併せて一〇九万円余が見積もられている。各省および府県予算の定額制にともない、国税徴収費を独立した費目とすることで、税制改正等に対応した予算の伸縮が可能となる。しかも租税局が府県の国税徴収費を統一的に把握し、府県への配賦を有効かつ効果的に実施できることになったのである。大蔵省による国税徴収費目の設定は許可されたが、府県費からの国税徴収費の算定や予算の組換えに手数を要したため、翌十五年度からの実施となった。[17]府県に国税徴収費の調査が達せられたのは、明治十四年九月である。[18]

国税徴収費の予算科目の設定が延期となったため、明治十四年度の府県酒造検査費は前年度予算額と追加の配賦額を基準に算定され、前年度の追加分を府県費（国税徴収費）に組み込む形で増額された。以後は、この予算額が徴収費の基本となるが、「十四年度酒造検査之儀、今一層精密ヲ加ヘサレハ予算ノ税額完収無覚束」事態となったため、府県の酒造検査費として前年度以上の増額を要求するとともに、租税局予算の増額をも求めた。政府は前年度の実施額をもとに酒造検査費の増額を認めたものの、それ以上の増額は認めなかった。また租税局の増額要求も要求額よりは減額されて認められた。こうして酒造検査費の配賦額は府県の国税徴収費へ組み込まれ、独立した科目となったのである。[19]

府県の国税徴収費は、明治十五年度予算から他の府県費と区別して徴税費の小科目が設定された。府県徴税費の科目設定により、国税徴収費の増額については租税局出張所長や租税局から派遣される監査員などとの協議が行われるようになり、府県ごとの具体的な検討を経て大蔵省から太政官に申請されるようになった。明治十五年十二月の増額申請では、清酒以外の酒類の検査も郡区長から県の直轄とするため（宮城県）、誤謬地検査・酒桶検査・地価修正終了などの予算外の費用（石川県）、水災罹災地の検査旅費（熊本県）などが認可されている。[*20] このように国税徴収費の増額要求は、租税局と府県の協議を経て特別な理由がある場合に限り申請されることになったのである。

しかし明治十五年には酒造税則の改正や売薬印紙税規則の制定などが相次ぎ、府県からの徴税費の増額申請も多数に上った。改正酒造税則の施行は明治十六年十月からであるが、いくつかの府県からは明治十五年度予算への増額が申請された。改正により自家用料酒類の製造免許鑑札は府県が発行することとなったが、千葉県と茨城県からは対象者が多数であることを理由に免許鑑札製造費の増額が申請され認可された。また売薬印紙税規則の制定により、新たな徴税費も必要となった。売薬印紙税規則は、それまで売薬の製造者と請売・行商者にそれぞれ課税する仕組みであったのを、製造者に印紙の貼用を義務付けて課税することが大きな改正点であった。売薬印紙税規則の施行にともない大蔵省は、明治十五年度府県売薬印紙税検査費を営業人員に応じて府県に配賦する措置をとり、その総額は五万円余にのぼった。[*21]

このように明治十五年度の徴税費は税制改正等により増大したが、問題は府県における徴税費の使途である。府県徴税費は明治十五年度に小科目となり、翌十六年度には中科目となったものの、科目が細分化されて徴収費用全般を網羅できないこと、府県の施策によっては充分な徴収費が確保できない場合があること、他への流用などがあること等、大蔵省にとって必ずしも満足すべきものではなかったのである。そこで大蔵省は明治十六年五月、国税徴収費目の独立にともない府県に国税課設置の上申書を提出した。府県の徴税事務の現状を通観すると、「各地検査事務施行上異同百端ニシテ画一整理ノ要領ヲ得サルノミナラス」、検査等に粗密・寛厳の弊害があるが、租税局派出官吏はこれを監督するだけで「其間隔靴ノ嘆ナキヲ免カレサルナリ」。酒造税をはじめ相次ぐ税制改正により脱税者も増加しているので、府県に国税担当課を設置する必要があるとしている。この時期に特に問題となっていたのは酒税・麴営業税・売薬税・煙草税の検査であった。また、府県国税徴収費目の独立により、「徴税吏員ノ俸給旅費及ヒ雑費ニ至マテ」すべての費用を支弁することになり、「徴収費ハ事務ノ伸縮ニ従ヒ恰当増減シ得ヘキ浮動ノ性質」をもっているため、ともすれば他の庁費の補填に流用しないとも限らない。これを防ぐためにも国税課の設置が必要であると主張した。この上申書を審査した参事院は、確かに府県により担当課の構成が一様でないことは事実であるが、租税課を設置している府県も多く、改めて一課を設置する必要はないと、国税事務を担当する課の設置を指示するに留まったのである。[*22] しかし、名称はどうあれ国税事務を担当する課の設置が認められたことは、府県の徴収組織の統一化と、国税徴収費の独立と相俟って、府県の一般事務から国税事務を分離させるうえで大きな意味をもっていた。府県に国税事務の担当課が設置されたことで、租税局─府県による国税事務の統一強化が図られることになった。租税局は、府県への国税徴収費の配賦を通して府県の諸税検査および収税部門を強化すると同時に、府県への影響力を行使できるようになったのである。

このような国税事務の一般事務からの分離について、若干の補足をしておきたい。明治十六年二月、明治十六年度からの郡区長の地位と俸給の引き上げ、それに国庫支弁が決定した。府県の国政委任事務の実施において郡区長の位置が重要であることは、国税徴収においても既述の通りである。このような措置は、これまで郡区長の給与が地方税から支弁されていることを理由に、府県会等で郡区長の公選要求が出されていたことへの対処であった。郡区長の俸給は、地方税支弁であるため府県会の議決が必要であるが、国庫支弁となれば府県定額金からの支出となる。郡区長の俸給の国庫支弁にあたり大蔵省と内務省は、まず定額金のなかで郡区長俸給の細科目を立てて属などの職員の俸給とともに定額化し、旅費や臨時雇いなどの給料は別に庁費の定額に上乗せすることとした。内閣での審議により、庁費への上乗せではなく郡区長俸給の科目を新設して予算措置をすることに修正されたが、いずれにしても府県定額金に郡区長の俸給分が増額となった。郡区長俸給の国庫支弁は、郡区役所の一般事務から府県の国政委任事務を分離していくことが目的であり、その科目の新設については大蔵省の許可により現実的な流用が認められたのである。[*23] 郡区長俸給の国庫支弁による、郡区役所の一般事務から国政委任事務全体の分離を図る動きが、国税事務の分離の背景にあったのである。

### 3　主税官・収税専務官構想の実現

明治十六年二月、租税局大阪出張所長鎌田寛から租税局へ、「租税監吏常置ヲ要スルノ建議」が具申された。鎌田の建議は、府県に監税区画を設定して租税監吏を常置し、さらに租税局に常置する監吏（同補）に監督させるというものである。監吏の「服章」（制服の意味か）を一定することも付け加えられている。府県の諸税検査を監査する立場にあった鎌田は、府県による検査の実態を次のように指摘している。酒造検査の検査員のほとんどは酒造期間の五〜六か月間だけの季節雇いで、「朝ニ検査ノ吏タリ、夕ニ被検者ノ雇人トナルアリ」という恒産なき者である。そのため失態もまた少なくない。また煙草税や証券印税は庁務の合間に行うため、検査が充分に行き届いていない。売薬印紙税の創定や煙草税の改正もあり、検査体制の改正が必要である。そのためには臨時雇いの検査員のかわりに常置する租税監吏は判任ないし準判任とし、経費も監税区に常置すれば旅費を抑えられるので捻出可能であるとしている。[*24]前節で国税徴収費の問題について述べてきたが、国税徴収費とは諸税検査費であり、その配賦を受けた府県における検査の実態はこのようなものだったのである。

この建議は、租税局出張所長という府県の諸税検査の実態に精通している立場からのものであることと、その後に建議の主要部分が実現していることから、租税局内で取り上げられたものと考えられる。そしてこの建議は、「彼ノ直管説ノ如キ大改革ハ姑ク措キ」と、当時の租税局内に検査機能の直轄論があったことを示している点でも重要である。国税徴収費（検査費）を管理する大蔵省が、その支出先である諸税検査機能にまで関心を向けることは当然といえる。では、その「直管説」とはどのようなものであろうか。

次の史料は、松方家文書にいくつか残されている租税局改革案のひとつで、後に述べる主税官・収税専務官構想に直接つながる「租税検査ノ事務ヲ租税局ノ直管トナシ、曁ヒ租税局ノ組織ヲ更正スル議」と題する建言である。この建言は、作成時期や建言者は不明であるが、太政官に収税専務官設置案が上申される直前の明治十六年十月中旬ころに、大蔵省内の複数の官員が大蔵卿松方正義へ提出した租税局の組織改革案である。[*25] この建言には、第一は租税局に租税総監（勅任）と同副総監（奏任）、租税官（奏任）・租税属（判任）を置き、租税局長は勅任官、租税局出張所長は奏任官とすること、第二は収納の事務はしばらく府県に委任するものの、検査機能はすべて租税局の直轄とすること、の二点が主な内容である。総監・副総監制は警察や駅逓事務にならった職制で、後述する府県国税徴収費分離の際に内務省の警察機構が参照されている点と併せて考えると興味深い。[*26] 租税局改革案が租税総監制により局長の地位の向上を訴えている理由は、「税務執行上最モ密切ノ関係」がある府県知事との官等上のバランスにあった。官等表では知事は勅任官に相当し、奏任官である租税局長より上位に位置している。租税局長と同等の官等は権知事や県令であるが、維新の功績により勅任官の地方官は少なくなかった。そのため府県知事のなかには、「是等ノ人豈下流ニ在ル租税局長ノ指導ヲ受ルヲ屑シトセンヤ、仮令陽ニ懇切ノ状ヲ示スモ、陰ニ軽侮ノ心ヲ存シ、其情意決シテ親密ナルコト能ハサルハ理勢ノ当ニ然ルヘキ所ナリ、況ンヤ軋轢ノ形跡ヲ顕ハス者アルニ於テオヤ」と、租税局と府県の軋轢があったのである。租税局長を勅任官に引き上げることが建言の最大の力点となっているのは、このためである。

このような関係は、租税局出張所長と郡区長との間でも同様とされている。

また府県知事のなかには、県民保護に偏って脱税者を庇護する場合があり、一例として自家用料酒の免許の交付件数が隣接する県で三千人と五万人と、大きな開きがあることが掲げられている。諸税検査に府県の間でばらつきがあるため、「人民カ租税ヲ厭フノ情」の甚だしいものは、「其重歛ニ堪サルニ由ルニ非スシテ、寧ロ徴税取扱上ノ不完全ニシテ其煩ヲ厭フモノト謂ハサルヘカラス」とまで言及しているのである。税法の統一的な執行体制の確立は急務であった。そのため収税はしばらく府県に委任するものの、検査はすべて租税局の直轄とすることを主張しているのである。また、検査機能の租税局直轄化は、さきごろ太政官へ上申された税則違犯に関わる家宅捜索と物件の差押さえについての懸念を幾分か減少させるであろうと付け加えている。この上申というのは、後述する「諸税検査ノ節検証及物件差押ニ係ル処分之義ニ付上申」のことである。これは犯則取締のため検査官吏に家宅捜査や差押え処分の権限を認めるものであった。この法案自体は、酒税を中心とする間接税の検査上の要請から立案されたものであるが、検査員の身分的な問題などで収税専務官構想に新たな意味を付与することになったと考えられる。もともと租税局の構想の主眼は、租税検査の直轄化にあった。租税検査には司法・警察的性格があり、この直轄化にあたり警察機構が参照されていることは偶然ではないのである。検査不統一の要因である府県知事の政策的配慮を排除し、勅任官である租税局長の指令のもとで法規に従って厳正に検査を執行することが目指されたのである。

租税局への総監制の導入と検査機能の直轄化構想は一大改革であり、それに対して鎌田は「目下最モ急ナル所ヲ以テ」府県の諸税監査体制の整備を具申したのである。租税局および同出張所から提出された諸税検査体制の整備・強化策は、政府歳入の拡大を図る上で急務の課題と認識されていたが、具体的な動きは十月に開始された。

明治十六年十月九日、大蔵省は改めて府県経費からの徴税費の分離（大科目の設定）を求め、翌十七年度からの実施を要請した。この上申書は、これまで府県国税徴収費を小科目から中科目へと分離してきたが、「来ル十七年度ヨリ府県経費中徴税費ヲ分離シ、更ニ府県徴税費ノ大科目ヲ置キ、右費額ハ彼ノ府県警察費ヲシテ内務省ノ管理ニ属セルカ如ク、当省之管理スル所ト為シ」と、府県国税徴収費を大蔵省の管理下に置くことを要求するものであった。[*27] この上申書には、府県徴税費を完全に府県費と分離し、これを大蔵省がすべて管理することで国税検査機能をコントロールしようとする意図が明確に打ち出されている。そしてそれは内務省と府県警察費の関係と同様にイメージされており、この上申が租税局改革案に沿ったものであることがわかる。

そして大蔵省は、同年十月に主税官および収税専務官設置の上申書を太政官へ提出した。この上申は、大蔵省および府県に収税を専務とする官職を設置し、租税局出張所を廃止して同所の収税と検査機能をすべて府県に統合するというものであった。租税局と関税局を合併して主税局（主税官長・主税官・主税属）を新設し、府県には収税長と収税属を置き、主税局長の指示のもとに統一的な徴収体制を築くことが意図されている。この大蔵省の上申書は、参事院で検討された。参事院は、租税・関税両局を合併しても、内国税には直税と間税または地税と雑税（酒税・煙草税・印紙税・関税などを指す）という区別により二局の設置が必要であり、関税はさらに性格が異なることを指摘したものの、主税官長（主税局長）を勅任官とすることや出張所を廃止して収税長等を置くことなどの基本的な部分は認められた。そして収税長の人事についても、大蔵卿から府県知事へ意見の具申が可能となった。参事院での検討結果は十月二十七日に太政官へ上申されているが、この改正が発表されるのは翌年の五月である。[*28] こうして府県のレベルで収税と検税の機能が一般の府県事務と財政面・組織面で分離され、収税長の人事をとおして府県の国税徴収事務への大蔵省の統制が強化されたのである。しかし租税局内には野中準（権少書記官）のように、租税局出張所の廃止に反対し、あくまでも府県の租税課を租税局出張所に合併する意見もあった。これは検査機能の直轄化をさらに府県租税課の併合にまで進めるもので、いずれは収税そのものまで直轄化することを展望した租税局改革構想の延長線上にある意見とみてよい。[*29] なお、野中は『大日本租税志』の編纂に従事してきた人物で、このときは租税局編集課に所属して「中篇」の刊行を準備中であった。

収税専務官構想は明治十六年中には実質的に認可されていたようで、約半年間のブランクは予算措置の問題とおもわれる。新年度予算となる明治十七年七月には収税長と収税属設置にともなう国税徴収費の増額要求が裁可され、収税長四十七名と収税属二四七名の増員、それに旅費や庁費（事務経費）の合計十七万五千円余が全額認められた。[*30] 府県における徴収事務の要に位置する収税長は、府県官の席次を警部長の次席、奏任郡区長の上席とされた。警部長と収税長は八等官相当の奏任官であり月俸も同等であったが、警部長は行政・司法の警察事務を兼行し、時として内務卿に直結する職掌であるという理由から収税長の上席となった。[*31] こうして租税局出張所が取り扱ってきた国税領収事務は府県収税課に引き渡された。表32は、明治一七年六月から十一月までに任命された府県収税長の一覧である。四十三名の収税長のほとんどは府県一等属からの任命であるが、主税属九名が収税長に転出している。[*32]

収税属についての詳細は別途に検討が必要であるが、ここでは東京府の事例を若干付け加えるにとどめたい。[*33] 東京府の場合は租税課長が収税長となり、収税属も租税課員がそのまま移行しているケースがほとんどであるが、六〜七名の租税局出張所員が収税属に転じている。これは主税局長郷純造から府県知事にたいして、採用方についての協議がなされた結果である。主税局は旧租税局出張所の事務引継ぎを円滑にし、かつ出張所員の削減に対応するため、府県に収税属としての採用を申し入れていたのである。採用にあたっては、その分の収税属の俸給を増額することとなっている。府県にとっても事務引継ぎを円滑にするためには旧出張所員の採用は必要であり、そのための人件費も用意されているのであるから断る理由はなかったであろう。追加される人件費とは府県国税徴収費である。このような人的な連続性は他の府県でも同様であり、収税属のレベルでも主税局と府県の結びつきは強められたのである。

明治十七年の収税長設置は、大蔵省内における検査機能の直轄化構想とは反対に府県への国税徴収事務の統合という形になった。しかし、大蔵省内では検査事務の直轄論がこれ以降も維持されていくので、この段階での政治的な判断による断念と考えざるを得ない。もともとの租税局改革の目的である租税局長の勅任化や検査機能の直轄化が、府県知事との官等や政策上の配慮（検査の寛厳）に対するものだったことを考えれば、府県の組織を租税局（主税局）のもとに組み入れることは不可能と判断されたのであろう。租税局改革構想と太政官への上申の差異は、直轄化の形式よりも実質的に府県の国税事務を主税局の監督下に置くことを選択した結果であるといえよう。このとき府県により名称や管掌事務もばらばらであった租税課は収税課となり、国税専担部署となったのである。

## 表32　初代の府県収税長一覧

| 府県名 | 氏　名 | 属　籍 | 前　職 | 府県名 | 氏　名 | 属　籍 | 前　職 |
|---|---|---|---|---|---|---|---|
| 札幌県 | 森　長保 | 鹿児島県士族 | 札幌県収税属 | 静岡県 | 杉山　叙 | 長野県士族 | 1等主税属 |
| 根室県 | 浅羽　靖 | 大阪府平民 | 根室県収税属 | 愛知県 | 今宿信一 | 滋賀県平民 | 愛知県1等属 |
| 函館県 | 佐藤　暢 | 富山県士族 | 富山県射水郡長 | 三重県 | 市岡昭智 | 岐阜県士族 | 三重県1等属 |
| 青森県 | 宮村清慎 | 東京府士族 | 1等主税属 | 滋賀県 | 七里定嘉 | 滋賀県平民 | 滋賀県1等属 |
| 岩手県 | 清宮　質 | 茨城県士族 | 3等主税属 | 京都府 | 大坪　格 | 宮崎県士族 | 京都府1等属 |
| 秋田県 | 鳥海弘毅 | 秋田県士族 | 秋田県1等属 | 大阪府 | 渡辺　鼎 | 兵庫県士族 | 大阪府1等属 |
| 山形県 | 鮫島宗條 | 山形県士族 | 山形県東置賜郡長 | 兵庫県 | 賀集寅次郎 | 兵庫県平民 | 兵庫県1等属 |
| 宮城県 | 山田撰一 | 岩手県士族 | 宮城県収税属 | 和歌山県 | 岩崎音一 | 熊本県士族 | 和歌山県1等属 |
| 福島県 | 河島　清 | 栃木県平民 | 福島県1等属 | 鳥取県 | 山根光友 | 鳥取県士族 | 鳥取県1等属 |
| 茨城県 | 高畠千畝 | 京都府平民 | 茨城県1等属 | 島根県 | 関　方高 | 茨城県平民 | 内務2等属 |
| 栃木県 | 村井元善 | 東京府士族 | 栃木県1等属 | 岡山県 | 野崎万三郎 | 岡山県士族 | 岡山県1等属兼税務属 |
| 群馬県 | 飯塚忠成 | 東京府士族 | 群馬県1等属 | 広島県 | 鈴木得之 | 神奈川県平民 | 広島県1等属 |
| 埼玉県 | 宮内公美 | 東京府平民 | 埼玉県1等属 | 山口県 | 大塚　貢 | （熊本県士族） | 山口県1等属 |
| 千葉県 | 高力衛門 | 山形県士族 | 千葉県1等属 | 徳島県 | 荒木利定 | 熊本県士族 | 徳島県1等属 |
| 東京府 | 田中正道 | 福岡県士族 | 東京府1等属 | 愛媛県 | 広瀬敬四郎 | 大分県平民 | 2等主税属 |
| 神奈川県 | 添田知通 | 神奈川県平民 | 神奈川県1等属 | 高知県 | 高瀬　量 | 滋賀県平民 | 高知県収税属 |
| 山梨県 | 斎土　斎 | 山梨県士族 | 山梨県南北都留郡長 | 福岡県 | 仁尾惟茂 | 高知県士族 | 福岡県1等属 |
| 長野県 | 原　信謹 | 東京府士族 | 2等主税属 | 佐賀県 | 中島　準 | 長崎県士族 | 佐賀県1等属 |
| 新潟県 | 渡辺義郎 | 長野県士族 | 新潟県1等属 | 長崎県 | 小倉左文 | 大分県士族 | 長崎県1等属 |
| 富山県 | 持田直澄 | 栃木県平民 | 1等主税属 | 熊本県 | 上田省吾 | 大分県平民 | 熊本県2等属 |
| 石川県 | 梅原可也 | 石川県士族 | 石川県2等属 | 大分県 | 上田恭徳 | 岐阜県士族 | 2等主税属 |
| 福井県 | 宮原　廉 | 愛知県士族 | 福井県1等属 | 宮崎県 | 片柳　篤 | 群馬県士族 | 2等主税属 |
| 岐阜県 | 清水勝定 | （岐阜県士族） | 岐阜県1等属 | 鹿児島県 | 中田直慈 | 秋田県士族 | 3等主税属 |

※「公文録」2A-10-公3855・3856・4064・4065により作成した．根室・宮城・高知の3県は収税長心得で，翌明治18年に収税長に昇進している．なお，沖縄県は収税長心得のままなので，この史料からは不明である．

主税局および収税長等の設置により、府県の国税事務は収税長以下が管掌し、主税局はこれを監督する体制となった。この体制の課題は、主税局の指令により府県の収税長以下の組織が有機的に機能するかどうかであり、その要に位置するのは府県知事と収税長であった。収税専務官構想が認可された明治十七年五月、大蔵省では歳入の目途を強固にするため、地方官と主税局の気脈を通じ収税官吏の人選に注意して、「人民収税ノ義務ヲ重ンスルノ風習ニ帰」すようにしたいとの、府県知事・県令への大蔵卿訓示案が作成されている。[*34]

このようななか主税局では、府県の税務監査体制の構築に向けた内部事務の見直しを図る動きがでている。主税局発足直後の明治十七年十月、四等主税官小泉信吉等三名が主税局の組織改革についての意見書を松方大蔵卿に提出した。[*35] 現在の主税局は、各部課に専任の主務者を任命して事務を取り扱っているので、「其部課ノ錯雑ナルカ為、主務者意ヲ全体ノ利害ニ注カズ、小部分日常事務ノ整理ヲ以テ自ラ足レリト為シ」、担当事務の功利を争う弊害も危惧される状態である。そのため主税局の税目ごとの部課構成を改革することが必要であるとしている。まず、本部に庶務課・統計課・会計課を置き、新たに第二部を置く。新第二部は、旧第二部（地租課・船車税課・水産税課・雑種税課・計算課・収納課）と旧第三部（酒税課・印紙税課・地方税課・会社税課・計算課・収納課）を統合して、規律課・調理課・収納課・徴税費課の四課とする。規律課は各税課を統合して国税諸規則や検査指令などを管掌する部署で、「第二部中ノ精神」（中枢）と位置付けられた。計算課は廃止して調理課・収納課・統計課にそれぞれ統合し、調理課は台帳の整理など歳入予算の基礎的な事務、収納課は収納と諸税の決算を担当する。徴税費の配賦は府県の税務に大きな影響を及ぼすので、これを第四部から第二部に移すという構成になっている。税法や検査上の指令などを規律課に集中することで、「内国税全体ノ事務ニ関シテ利害得失ヲ考覈シ、収税長ヲ督励シ徴税ノ機能ヲ円滑ナラシムルノ轄子ト」することが重要であるとしている。ここでは府県の税務監査体制の構築に向けた税法や検査の法整備が課題となっており、主税局内の事務体制の整備がなければ「復タ何ソ地方ノ官吏ヲ督励シ府県ノ事務ヲ整理スルニ遑アランヤ」と主張されているのである。この意見書の一部は同年十二月に実現しているが、意見書が「精神」とした規律課のような部署は誕生しなかった。これは組織の大改革であり、すぐに実現するものではなかったのである。しかしこの時期に、税法や検査法などの整備が重要課題となっていることは注意しておく必要がある。

主税局は明治十七年八月に租税監査規定および監査心得書を制定し、全国を六ブロックに分割し、適宜に主税官を派遣して府県の税務監査を実施することを通達した。九月には租税および徴税費監査官の詳細な派出要項が作成されている。[*36] 府県の税務監査は府県知事との関係に配慮して実施されなければならなかったが、その要に位置するのは収税長である。府県の税務監査にあたり大蔵省は、主税官にたいして府県と気脈を通じて職務を執行するよう内達を出し、主税局と府県知事の職掌の確認を行った。主税局は租税徴収の手続き等を制定して地方官へ通達し、その執行の不都合等については注意を促すこととし、府県知事は「奸民逋脱」に対して「臨機相当ノ行政処分ヲ以テ之ヲ防止」することとされた。収税事務は府県知事の職掌であるが、収税長は一切の事務を管掌し収税に関しては府県知事と同等の責任を負うとしている。さらに「主税官長ト収税官トハ互ニ同局員タルノ心ヲ抱キ、其関係ハ恰モ頭脳ノ手足ニ於ケルカ如クナランコトヲ要ス」と、主税局と府県収税部の一体化を強調しているのである。そして収税長は収税属や郡区長・戸長の収税事務を掌握し、「納税者ヲシテ成ヘク煩雑ヲ感セシメス、厭悪ノ情ヲ起サシメ」ないように、検査上の細心の注意と厳正な執行を求めている。大蔵省の意図は、「主税局ハ税務ノ江瀆、府県ハ其支流」という言葉に端的に表されているように、主税局の指示のもとで府県収税組織が一体となって事務にあたる体制の構築であった。[*37] そして十月の地方長官会議において府県知事に収税長設置の機構改革の趣旨を説明し、主税官の監査に際しての府県と主税局との事務取扱について演説した。[*38] 地方長官会議での松方大蔵卿の演説には主税局への内達にあった「府県は支流」とか「手足」といった直接的な表現は勿論ないが、陸海軍の拡張や内政の改良などのため歳入の増加が必要であることを強調し、府県知事へ収税長とともに収税事務の改善を図るよう訴えている。とくに間税検査の精密化や税務官吏の厳選が必要で、「互ニ気脈ヲ通ス」るため主税局は「各地方ト本局ト其属員ヲ交換」する「決意」を表明している。

こうして明治十八年五月、主税局は「将来税務整理ノ計画等ヲ詢ルカ為メ」、全国の収税長を招集して税務諮問会を開催した。[*39] ここでは具体的な諸税の取り扱い等についてのさまざまな意見がだされたが、長野・大分両県からは主税局と府県収税課だけでなく、郡区役所にも収税専務員を置いてほしいとの建言がだされた。[*40] そして同年六月、大蔵省は府県収税官組織を徴収の内部事務を担当する収税と諸税検査担当の検税に二分し、収税には従来の収税属を宛て、検税部門に専門の吏員（収税検吏・同補）の増員を求めると同時に、収税長の職掌に徴税費の管理と部下の監督を追加することを求めた。収税検吏（同補）はいずれも判任官である。[*41] 大蔵省の上申を受けた参事院は、これまでも収税と検税の吏員が区別されてきたことを理由に、収税検吏の新設を認めず収税属の職務を分担することで対処できるとした。しかし検査に従事する雇等にたいしては営業者からの批判も少なくなかったので、検税担当として収税属の増員を認めたのである。もっとも予算上の問題もあるため、判任官である収税属の給料の下限を引き下げ、その分で収税属の増員を図ることになった。検査事務の統一化を目指す主税局にとって、検税担当の収税属の増員が認められたことの意義は大きかった。検税組織の整備のため八月に租税検査員派出方準則が制定され、府県ごとに租税検査区の設定と租税検査員派出所の設置が指示される。また同じ八月には郡区役所の国税収納事務検査規程も制定され、収税課により年二回以内の検査が行われるようになった。[*42] このような府県における租税検査体制は、明治十九年の大蔵省官制および地方官制により全国的な統一が図られていくことになるのである。

## 4　不納者処分の強化

府県の国税徴収費の分離から収税長・収税属設置までの一連の推移は、地租改正の結果をもとに成立した三新法体制下での国税徴収システムの修正であった。地租を中心とした税制に、酒税や煙草税・売薬税などを中心とする間接税の改正や新設がなされたことにより検査体制の整備と強化が求められたことが、その最大の理由であった。政府の歳入拡大を図るにあたり、地租増徴ができない状況にあっては、税負担を消費者に転嫁できる間接税は容易に新設や増税が可能な税目と考えられていた。また、間接税は検査により課税標準が決定されるため、その検査体制の強化が不可欠だったのである。

明治十五年と同十六年に実施された地方巡察使の報告書には、各地での租税を巡る動向が記載されている。たとえば地租については、納期までに完納する「善良ナル慣習」の地域がある一方で、「郡役所・戸長役場等徴税ノ措置・

監督或ハ其宜ヲ失ヒ、為メニ脱税ノ結果ヲ呈スルモノアリ、或ハ納税者故ラニ期日ヲ愆リ、結局公売処分ヲ行フニ当リ始メテ完結スルモノアリ」（茨城県）というような「弊風」が指摘されている[*43]。納期限を守らずに、公売処分直前になって納税すると指摘されている地域は少なくない。

酒税については、明治十五年の酒造税則の制定とその後の改正が、酒造業者に大きな影響を与えたことが報告されている。各地の動向は、酒税減税の請願と自家用料酒の取り締まり強化要求、納期の改正要求に大別される。福井県の酒造家から出された酒税減税建白書は、「我党（立憲政党）ニ加盟セハ、酒税ノ過重ナル理由ヲ痛論シテ新聞ニ演説ニ輿論ヲ喚起スルノ手段ヲ施シ、且減税嘆願ノ事ニ尽力スヘシト」との勧誘によりなされたとあるように、自由民権運動の影響下でなされた行動であった。同様の動きは石川県・富山県や群馬県など各地で起こっている。明治十五年に大阪において立憲政党が勧誘したというのは、植木枝盛が中心となって組織した酒屋会議のことである。しかし続けて報告書が、「富裕の酒造家は陽に増税に反対しつつも、陰に小規模酒造家の廃業による市場拡大に喜色あり」としているように、民権派による酒税増税反対運動は全国的な運動とはならなかった。農家の副業や中小の酒造家が廃業に追い込まれた一方で、専業の酒造家にはこれを需要拡大の好機と歓迎する傾向さえあったのである。勿論、増税そのものに賛成しているわけではないが、酒造税則の制定により酒造業者の新規参入にあたり同業者五人以上の連印が必要となり、最低造石数が設定されたことを利用して、地域において既存の酒造家が新規参入者に制限を加える傾向があると指摘されている[*44]。これが「陽に反対し、陰に喜色あり」という意味なのである。さらに既存の酒造家は、酒造経営に影響を及ぼす自家用料酒の取り締まり強化を求めたのである。

酒税増税と自家用料酒の制限・取締り強化は、さまざまな問題を引き起こした。ひとつは租税不納者処分法の不備である。同法には、課税に関する行政処分に不服を申し立てて裁判所へ訴訟を行った場合、判決がでるまでに納期がきた場合の規定がなかった。そのため予算措置にも関わるとして、明治十五年五月、課税に不服がある場合でも、まず納税を行ってから提訴することを命じることが達せられた。実例として挙げられているのは酒造税である。訴訟により納期を遅らせ、その間に酒を売捌いてしまうのである。訴訟費用を支払っても利益があるため、兵庫や静岡の酒造業者のなかには敢えて訴訟を起こすものがあるとされている。[*45]この法案の元老院での審議では、裁判所への出訴以前に、不服を申し立てる相手が問題となった。「管轄庁」とするか「収税官吏」とするかが議論となったのである。この議論からみると、「地租額等ハ地方ノ属官之ヲ徴スルモ、酒造税・煙草税ノ如キハ大蔵ノ官吏派出シテ直ニ之ヲ徴スル」と理解されていたことがわかる。実際は、租税局出張所員が府県の間税検査を監督して税額を決定し、徴収は府県が行っていた。とくに租税不納者にたいする公売処分は郡区長の職掌であり、租税局員の職掌ではなかったのである。また議論のなかで、津田真道議官の「今日ニ在テハ国税徴収ノ如キハ地方長官ニシテ之ヲ兼ルモ、世上ノ改進ニ従ヒ、他日大蔵ノ官吏ニテ之ヲ掌理スルニ至リ、欧米諸国ノ現行ノ如キノ日アルハ疑ヲ容レサルナリ」との発言もみられた。この法案の主旨説明でも、「泰西各国ノ収税規則皆然ラサルハナシ」とされており、政府部内で欧米の税制や徴収制度の研究が進んでおり、将来は大蔵省の直轄化への改革が当然視されていることが窺える。[*46]同法は、明治十五年四月十四日から二十一日まで三回にわたって元老院で審議され、五月十日に公布された。

しかし、これまで罰則が設けられてきた酒類の隠蔽や検査前の売却などに加え、脱税を目的として清酒を公売処分までに売り尽くしてしまうなどの行為が増加することとなった。この場合、清酒の製造機械が公売処分の対象となるが、これを他人の名義にしておけば差押や公売処分を免れることができたのである。[*47]公売処分が他人の財産にまで及ばないことを突いた脱税行為は各地で行われた。米価の下落にともなう酒価の下落は、小規模な酒造経営を圧迫し廃業となる事態を招いたが、小規模酒造にこのような脱税行為が少なくなかったことは注意しておく必要がある。そのため租税不納者処分法は明治十六年八月に改正され、所有の自他を問わずに製品や製造機械を公売処分に付すことができるようになった。これにより酒造家が互いに清酒や酒造器械を持ち合って、差押や公売処分を免れることを防止しようとしたのである。この措置は、改正酒造税則の施行（十月一日）が目前に迫り、増税による脱税行為が助長されることが懸念されることから、早急に実施された。[*48]

さらに明治十六年九月二十七日には、「諸税検査ノ節検証及物件差押ニ係ル処分之義ニ付上申」がなされた。これは犯則取締のため検査官吏に家宅捜査や差押処分の権限を認めるものである。[*49] この法案は、十一月二十九日に元老院の審議に付され、治罪法に示された家宅捜査および物件差押の司法処分に準拠するという点で大変な議論となった。まず参事院の審査の過程で、「諸税」を酒類・醤麹・煙草・売薬の四税目に限定することとされ、次いで元老院に付託された。元老院の議案は「酒造税則等ニ関シ犯則ノ証憑取調処分ノ儀」である。元老院の審議は、検査員に予審判事同様の司法処分権を認めることは行き過ぎであり、あくまで租税犯則の証憑取り調べのための行政処分であることを確認して十二月三日に終了し、十二月二十日に第四十三号布告として公布された。[*50] この布告は、明治二十三年に間接国税犯則者処分法が制定されるまで、犯則者取締りの主要な法令となったのである。

## 第二節　市制・町村制下の徴収システム

### 1　明治十九年官制改正と徴収機構

立憲制への過程で、太政官制から内閣制への組織改革が発表されたのは、明治十八年十二月である。翌明治十九年の官制改正により、太政官制度を廃止して国務大臣の合議機関としての内閣を組織し、内閣総理大臣が行政全体を統括する体制となった。内閣制についての詳細は他に譲るが、官制施行・官吏の試験任用制・公文書の簡略化・経費節減・官吏規律の厳格化が求められた。[*51] 明治十九年一月には諸省の官制も統一的に改正され、それにともなって二月に大蔵省官制が改正された。明治十九年官制により大蔵省の組織は、大蔵大臣官房と主税・関税・主計・出納・国債・

金庫・銀行・預金・記録の九局となった。このときの官制改革は、帝国議会での予算審議に備えた主計局の設置により主税局に大きな組織改革をもたらした。

明治十八年末頃に作成されたと考えられる大蔵省の組織改正案には、次の三つの史料がある。ひとつは松方家文書の五五―一六甲・乙（以下、「松方家文書」（甲）・（乙）とする）、それに伊藤博文文書の「大蔵省組織」である。[*52] まず伊藤家文書の「大蔵省組織」と松方家文書（甲）の組織案は、大蔵省の基本的な組織構成については同一で、官房・主計（一等局）・出納（一等局）・国債（一等局）・金庫（二等局）・記録（二等局）・銀行（二等局）・預金（二等局）・会計（二等局）の各局からなっている。両案の差異は、備荒儲蓄課が官房（松方家文書）に属するか、国債局（伊藤家文書）に属するかである。明治十九年大蔵省官制では備荒儲蓄課は官房の総務局に属しており、その点では松方家文書（甲）のほうが伊藤家文書の案より成案に近い。松方家文書（甲）には加筆・訂正があるので、史料的な前後関係については、伊藤家文書の案が大蔵省提出案で、松方家文書（甲）がその政府修正案と考えられる。

しかし、この大蔵省組織案には、前年に設置されたばかりの主税局は存在しない。この意味は、大蔵省提出案＝松方家文書（甲）の原案と考えられる松方家文書（乙）を検討することで判明する。この史料は大書記官加藤済以下五名が松方大蔵卿に提出した甲・乙二案のうちの甲案に該当する。大蔵省内で作成された甲・乙二案とは、甲案が松方家文書（乙）で、乙案が同文書（甲）ということになる。大蔵省甲案は、大蔵省内部の組織改革（国庫金の出納や計算・簿記の手続等）について検討したもので、乙案はさらにそれを政府の官制案に沿って練り直し、甲案と一緒に松方に提出された大蔵省官制案なのである。

大蔵省原案ともいえる甲案は、大蔵卿の命により数度の書記官クラスの会議を経て作成された草案で、フランス大蔵省の組織に準拠していると記されている。この組織案の特徴は、「右組織変更ノ大主眼ハ、現時調査局全体ノ事務（調査局ハ全廃）及ヒ国債局事務ノ一部ヲ合シ之ヲ以テ出納局ノ本務ト定メ、新タニ主計局ヲ置キ国庫金其他一切ノ出納収支ヲ登記セシメ」、「出納・主計ノ両局ヲ本トシ事務ノ順序相改メ候」という点にあった。つまり出納局と主計局を中心とした、政府の予算・決算および国庫金出納の大蔵省による一元的管理体制が意図されていたのである。そして雑則には、「主税・造幣・印刷ノ三局ハ、大蔵省ノ外部ヲ組織スルモノ」と記されている。主税・造幣・印刷の三局は大蔵省の外局と位置付けられたため、大蔵省の甲案には主税局が含まれていなかったのである。そして官制公布後の四月、造幣・印刷の二局に官制が公布され外局となった。

大蔵省甲案で外局とされていた主税局については、同じ伊藤家文書に「大蔵省収税部組織」と題する組織案がある[*53]。これによれば「大蔵省ニ関税・直税・間税ノ三局ヲ置キ収税部トシ、各官制ヲ定ムル」とされ、それぞれ局長・次長・主税官（以上は奏任）・主税属（判任）の職員構成と課の構成が記されている。この組織案は関税局・直税局・間税局の三局にそれぞれ官制を定めて外局とする構想で、大蔵省乙案とともに政府に提出されたと考えられる。また、松方家文書には主税局官制の勅令案も存在する[*54]。これは十九年大蔵省官制から主税局の条項をすべて抜き出したものであるが、十九年官制以前の部課編成となっており、さきの大蔵省官制案の経緯を考えれば大蔵省甲案とセットになった案と考えるのが妥当であろう。主税局官制案は、主税局長は勅任で大蔵大臣に隷属し、「租税ノ賦課徴収、地籍及地方税ニ関スル事務ヲ管理ス」となっている。なお、関税部門は三月に税関官制が公布され外局となった。十九年官制の作成過程で検討された主税局の外局化構想は、国税徴収費目の独立の延長線上に位置付けられる。この案が実現しなかったのは、大蔵省の組織改革全体の問題によるものと考えられるが、主税局の外局化はやはり警察機構のイメージで考えられていたとおもわれる。

官制改正後の主税局の職掌からは歳入予算・決算書の作成が削除され、主税局は「租税ノ予算意見書ヲ編製」するだけとなった。予算・決算書の作成は主計局の総予算決算課に移されたのである[*55]。明治十九年度『第十三回主税局統計年報書』には、「十九年二月勅令第二号大蔵省官制発布アリテ職制ノ更定アリ、従来本局ニ属セシ収納事務ノ内大半ハ主計局ノ主管ニ属セラル、ニ至リ、実ニ十九年度間ニ於テハ収納上ノ順序ヲ一変セリト謂フ可シ」と記されている。また、内国税予算及決算の項目にも、「租税予算決算ノ事タルヤ従来本局ニ於テ整理セシモ、（中略）予算決算整理ノ事務ニ至テハ之ヲ主計局ノ職制ニ帰シ、只本局ニ於テハ内国税ニ係ル予算意見書ヲ編纂スルモノトシ、決算ノ如キハ本局ノ干渉スルノ責任ナキ」とある。[*56] 主税局の外局化構想は、予算決算事務を主計局に移管し、内国税の賦課・徴収事務に管掌を限定することで可能となったのである。

また、主税局には「税則及ヒ其取扱細則」を検討する調査課、府県税務監査を行う監査課が置かれ、各税の担当課も地租課・酒税課（酒造税・醤麹税・醤油税等）・印紙税課（煙草税・菓子税・証券税・売薬税）・雑種税課（船税・車税・会社税等）に整理された。[*57] 調査課は、主税局の内部事務の整理で主張されていた規律課の位置付けである。各税の区分も四課に整理されている。また、監査課の設置により四月には府県税務監査規則が制定された。[*58] これは明治十七年八月の府県税務監査規程を改正したもので、監査官心得も税目ごとの具体的な監査の内容から府県税務の監督内容へと一新された。各省の官制に続いて地方官官制が七月に公布されて府県収税部が設置されたことにより、府県収税部の税務監督が主税局監査課の職掌となったのである。明治二十年四月には、監査官として派出する主税官が府県と協議すべき諸税検査法や検査体制についての条項が主税局で決定されている。[*59] また明治十九年十月、府県の租税検査区画に関する事務を徴税費課から監査課に移し、府県の検査体制の一元的な掌握を図ったのである。[*60] そして明治二十年五月には租税検査員服務心得と処務順序準則が作成され、六月に府県に内訓された。[*61] 府県はこの内訓にもとづいて検査規則を作成した。東京府では、明治二十一年六月に租税検査区の設定と租税検査員派出所の設置がなされている。[*62] こうして主税局監査官の派出をとおして、府県における租税検査体制の整備が行われていったのである。府県に租税検査員派出所が設置されるのは明治二十一年度からで、市制・町村制の施行により区域に若干の修正が加えられることになる。なお、明治二十一年一月には、府県収税官吏の試験科目に刑法・治罪法と租税規則が追加された。[*63]

## 2　市制・町村制と国税徴収

明治二十二年の市制・町村制の施行は、町村合併により地方自治に堪えうる新たな市町村の創設を目的として実施された。そして同二十三年には府県制・郡制も公布され、逐次施行されることになった。市制・町村制の検討過程では、三新法の過程と同様に、府県―郡市―町村の各段階の自治をどのように考えるかの議論がなされた。明治憲法体制の基礎となる地方自治のありかたが、さまざまに議論されたのである。

市制・町村制に対応する国税徴収システムは、明治二十二年三月に公布された国税徴収法に明示されている。これについては次章で詳述するが、国税徴収法は第二条で市町村に地租の徴収と国庫への納入を義務付け、その費用は市町村の負担とした。第二条の規定について大蔵省の国税徴収法案は、この条文を「我邦古来地租納入上ノ慣行」に従っただけであると説明している。さらに、地租の各人別名寄帳は町村にのみ備えるもので、個人別に賦課する手段がないため旧慣に従ったとされている。また、第三条で所得税等の勅令で指定された税目についても市町村に徴収と納入を命じるが、その徴収費用として徴収額の四%を交付すると規定した。市町村にこれらの国税の徴収を委任する理由は、個人別の納税にすると納税者が一度に輻輳して混雑すること、少額の納税に税額を上回る旅費や手数がかかるなど官民ともに不便であるため、三新法下における戸長の税金取り纏めの慣行を参酌し、税目を定めて徴収を命令することになったのである。これは官治（国政）事務の市町村（自治団体）への任託であるから、費用の交付は当然であるとされている。第四条と第五条では、市町村に国税の徴収役を置き、徴収額に不足を生じた場合は市町村が弁償するとされた。[*64]

この国税徴収法案は、郡区単位では一人別納税額を把握できない地租は、三新法を継承して市町村に徴収を義務付けて費用を負担させ、その他の国税については徴収委任の費用を支弁するというものである。不足額の弁償も、徴税令書の不発行や計算ミスなどの場合を想定しており、村請制の論理とは勿論まったく異なっている。ここで確認しておきたいのは、地租の徴収について制度的な不備が認識されていることである。また勅令で定める国税とは、所得税と自家用料酒鑑札料・菓子税（製造税・製造営業税・卸売営業税・小売営業税）・煙草税（製造営業税・仲買営業税・小売営業税）・売薬営業税・船税・車税・牛馬売買免許税・銃猟免許税である。このうち所得税については府県知事および郡長の取り扱いで、それ以外の鑑札料や免許税・営業税なども郡市役所への届出により徴収できる税目である。菓子税の製造税は売上金高の五％であるが、製造高と売上高は郡市役所へ届け出ることとなっており、これも理論上は検査によりはじめて課税額が決定する性格のものではない。このように市町村が徴収する国税は、いずれも手続的には後述する「人民自らが納税する直税」であった。ここからは酒税や自家用料酒の造石税など検査により課税額が決定する税目は除外されており、これらは府県収税部において検査および徴収がなされていた。

市制・町村制と国税徴収法の施行により、市町村は国税徴収を義務付けられた。そして、これまで郡区長に分任した国税事務は、府県収税部出張所を設置して取り扱うこととなった。収税部出張所の設置は、郡役所から国税事務を分離して府県収税部の直轄として、逐次施行される郡制に対応しようとするものであった。また、土地の異動などの煩雑な土地台帳への登録事務もここで行うことで、郡役所の事務を軽減し地方税の減少を図ることが目的であった[*65]。府県収税部出張所は、明治二十二年七月一日以降に各郡市役所所在地に開設することが達せられた。収税部出張所は、郡役所事務との関係からなるべく郡役所内に開設すること、租税検査員派出所が設置されている場合は合併することとされた。郡区役所から収税部出張所への簿冊の引継ぎも命じられている[*66]。府県収税部出張所の事務は、土地台帳と地図、国税を課税する営業への鑑札交付、船車の検印、諸印紙の売下げ、市の国税徴収、市町村長が徴収した国税の収納事務である。国税徴収法第八条の郡長が町村に徴税令書を発するとの条文も、明治二十二年九月に徴税令書の発行はすべて府県知事の職掌となり、収税部出張所が担当することになった。また、明治二十三年一月から施行となる国税滞納処分法では、財産の差押命令書は地方長官が発し、執行には収入官吏があたるとされた。国税徴収法における収入官吏とは府県の収税属である。滞納の場合の財産公売処分もまた、これまでの郡区長から収税属に職掌が移されたのである。[*67]

次に、収税部出張所の設置について具体的に見ておこう。千葉県の収税部出張所は、主税局の指示に随って租税検査員派出所と併置する形で設置された。収税部出張所長と租税検査員派出所主幹は、収税属の身分は同じであるが別々に任命されており、収税部出張所と租税検査員派出所の事務は別個に取り扱われた。[*68]ただ、収税部出張所在勤の雇員一名に検査員派出所の事務を兼帯させて文書の収受などを行わせた。また、出張所の事務である土地異動の臨検や船舶の臨時検印などは、検査員の事務に支障のない場合は検査員に委嘱することができるとされた。このように地方自治制度の整備に対応して、国税徴収事務は明治二十二年に郡区役所から府県収税部出張所へと移管され、明治二十一年に整ってくる租税検査員派出所と併せて、府県収税部の組織は収税と検税の二系統に整備されたのである。

収税属の職掌が整理されるにともない、俸給の引き上げも行われた。収税属は一般の判任官と官等は同じながら、増員を図るために俸給の下限が低く設定されてきた。そのため勤続年数の通算で一般判任官と比較して不利になることがあり、それが事務上に悪影響を及ぼす恐れがあるとして、一般判任官と同等に引き上げる案が明治二十一年十月に提出された。この案は裁可され、収税属の等級を個々に引き上げて不利にならないように取り扱うことになったのである。[*69]

## 3　地方間税局構想と直税署・間税署

明治二十三年六月、大蔵省官制が改正され分課規定も改正された。主税局は直税課・間税課・徴収課・徴税費課・庶務課の五課となった。官制改正により定員が規定され、大蔵省主計官は八名、主税官は七名、試補は十名、属は五五二名となった。明治十九年の主計官は十名・主税官は十六名であるから、主税官が大きく削減されている[70]。そして十月には地方官官制も改正され、収税部は直税署・間税署となり、直税署は直税の賦課・租税徴収・徴税費、間税署は間税の賦課と犯則者処分を執行することとなった。収税属の定員は大蔵大臣が定めることとなり、五六〇六名とされた。収税長はそれぞれ直税署長および間税署長となり、収税属は管内に設置される直税分署・間税分署にそれぞれ配置された。

明治二十三年の地方官官制案が内閣に提出されたのは九月九日であるが、直税署・間税署や収税属などの項目は原案に加筆・修正される形で追加されている[71]。原案への追加修正は、大蔵省による間税署および間税分署設置の請議によりなされた。同案の審議が進んでいた九月二十二日のことである。大蔵省は、間税署および間税分署設置の必要性を、直接には間接国税犯則者処分法の制定に求めている。直税と間税はその性質上取り扱いが異なり、組織上も区別が必要である。間税の検査および犯則捜査はこれまで租税検査員派出所がもっぱら処理してきたが、さらにその処務を明確にするために間税署を府県に設置し、間税分署を租税検査員派出所の所在地に設置することが必要と説明した。また、これまで府県収税部出張所が取り扱ってきた事務のうち、間接国税に関する諸営業鑑札の交付や船車の鑑札交付および検印、印紙売下げの事務などを間税署に移管して直税・間税の事務を混同しないように事務取扱を改正したいとされている[72]。なお、この説明のなかで大蔵省は、国税徴収法の改正により徴税令書の発行が郡・市長から府県知事に変更されたことにより郡市役所との関係はなくなったとして、収税部出張所を郡市役所の所在に関係なく適宜に配置することが必要であるとも付け加えている。収税部出張所と租税検査員派出所の事務は、それぞれ直税分署と間税分署に整理して処理されるようになったのである。処務細則によれば、直税分署の担当税目（直税）は地租と所得税であり、それ以外の酒造税・自家用料酒・醬麹税・醤油税・煙草税・菓子税・売薬税・船車税・証券印税は間税分署の担当となっている[73]。

では、何故このような形で間税署の設置が地方官官制に追加されたのだろうか。それは大蔵省が当初は独立した地方間税局構想を推進しており、それが間接国税犯則者処分法により急遽府県収税部を直税署・間税署とする案に変更されたためと考えられる。

松方家文書には、大蔵省の地方間税局構想を示す「間税ノ直轄ヲ要スル件」という史料がある。[*74] これは明治二十一年頃に作成されたもので、主税局や直税局・間税局の外局化などの延長線上にある構想といえよう。この史料の論点は、間税と直税の賦課は性質を異にし、直税は台帳に基づくか届出により納税額が決定するのに対し、間税は調査の精密さが要求される。「約言スレハ直税ハ人民自ラ之ヲ納メ、間税ハ強テ之ヲ徴スト云フヘキモノ」である。各府県における間税事務の緩急や寛厳、それに直税の取り扱いとの差異が税務の執行全体への非難を招いており、直税と区別して間税を中央の直轄として検査事務の統一を図る必要があるとしている。「苛酷・苛察」と世間に流布されている間税検査の直轄化構想の背景には、将来の府県制の施行を見込んで地方官の意向に左右されない検査体制の構築への意図を見て取ることができる。近年の検査体制の整備については「酷評スレハ殆ント府県知事本来ノ職権ヲ侵スト謂フヘキ迄ニ及」んでいるとまで述べられており、府県制の施行により中央の干渉が緩められれば「地方税務ノ退却」は必然であると認識されている。「自治団体である府県」ではなく主税局の直轄としなければならないのである。

この史料には「間税局設置後間税検査事務組織」図が付いており、大蔵大臣のもとに間税局と間税署を置き、間税署の事務を間税局の監督官が監督するという構成になっている。この間税局構想は、明治二十一年末には地方間税局官制案として具体化されていた。[*75] 地方間税局官制案は、地方間税局に局長・間税監督官（同補）・属を置き、間税署に検税長・検税吏を置く構成で、局長は奏任官・検税長は判任官である。全国を十三の間税局が管轄し、府県に二一九の間税署と一一二の間税分署を設置するとされ、管轄区域も決められている。このような間税局および間税署設置案を急遽組み込んだことが、明治二十三年の地方官官制において収税属の定員を大蔵大臣が定めるとの規定が挿入された理由と考えられる。

しかし、明治二十三年九月に間接国税犯則者処分法が公布されたことにより地方間税局構想は断念され、間税署は府県収税部組織の分割により設置されることになった。明治二十三年の官制改正は、政府予算の削減による行政整理を背景としていた。これが独立の大蔵省直轄組織である地方間税局ではなく、府県収税部を分課した府県直税署・間税署が成立した理由なのである。明治二十三年二月、主税局長中村元雄が大蔵大臣に示した史料には、「本省吏員減少ノ目的ヲ以テ、一昨年来地方収税部ノ要用ヲ待チ、昨廿二年末日迄ノ結果」として、判任官一六五名のうち九十四名を減員したと記されている。主税局の判任官の数を一六五名（明治二十一年八月）、一四五名（同二十二年一月）、七十一名（同二十三年一月）と減員し、さらに明治二十二年六月に府県の収税事務を一層拡張するため主税局経費の一部を府県徴税費に移し、同時に主税局吏員を府県に転任させたとある。[*76] 表33は各年三月末の主税局および府県収税吏員数の一覧であるが、この数値が中村の発言を裏付けている。大蔵省は主税局経費を府県国税徴税費へ移して主税属を府県に転任させることで行政改革に対応したのである。このことは、組織上は主税局の縮小と見えるものの、主税局と府県収税部の一体化を促進することになり、明治二十三年官制改正で加速される結果となったのである。明治二十三年七月に東京府租税検査員派出所が間税検査員派出所と改称されているが、[*77] 東京府と主税局との間では多数の判任官が転出入しており、東京府の事例は間税分署設置のテストケースであった可能性がある（間税署設置は明治二十三年十月の地方官官制の改正により実施される）。

次に、間税署設置の直接の要因となった間接国税犯則者処分法の制定についても触れておきたい。同法案は、明治二十三年五月三十一日に大蔵・司法両省から内閣に提出された。[*78] 同法の制定目的は、間接国税の犯則は犯則者数も多く裁判に手間と費用がかかること、直接国税と異なり軽微であること、租税の完納を目的とすることから、特別に通告処分による取り扱いとすることとされている。同法に規定する間税官吏は、間接国税の検査もしくは徴収に従事する官吏で、証票の携帯が義務付けられた。同法案は全部で五十九条からなる大部なものであったが、法制局の審査で二十条に修正され、元老院での若干の修正を経て九月二十日に公布された。

しかし間接国税犯則者処分法施行細則には、犯則者処分は間税署において行うとだけで間接税そのものの規定はない。これは明治三十三年の同法全文改正の際に、同法施行規則の第一条で酒造税など六税目を間接国税と規定しているのとは対照的である。明治二十三年の間接国税犯則者処分法案を審議した法制局は、「其要旨ハ犯則者アリタル際、行政官庁即チ間税官吏ニ於テ処刑命令ヲ発スルコトヲ得セシメ、並ニ其命令ヲ発スルニ至ルマテ証憑集取・家宅捜査・物件差押等ヲ専決執行セシムルニアリ」、「普通裁判法ニ対スル一大変例」であるとしつつも、諸外国の事例や明治十六年第四十三号布告を引き合いに出して、間税官吏による略式処分を認めた。法制局の審議においては、もっぱら裁判制度との関係が検討されており、とくに間接税の定義については問題となっていない。その理由は、間接国税犯則者処分法は明治十六年第四十三号布告の延長線上に位置付けられており、第四十三号布告が検査の対象としてきた税目がそのまま前提とされていたからである。第四十三号布告は、先述したように参事院や元老院の修正で酒造・醤麹営業・売薬印紙・煙草の四税に限定されたにもかかわらず、それ以後は他の間接国税にも適用する慣例となっていた。[*79] 組織上も間税分署は基本的には租税検査員派出所の事務を引き継いでおり、この点も問題とはならなかったようである。

**表 33　主税局・府県収税吏員数一覧**

| 年度 | 主税局 | | | | | 府県 | | | |
|---|---|---|---|---|---|---|---|---|---|
| | 勅任 | 奏任 | 判任 | 雇 | 合計 | 奏任 | 判任 | 雇 | 合計 |
| 明治 18 年 | | | | | | | 2,891 | 695 | 3,586 |
| 明治 19 年 | | 18 | 218 | 36 | 272 | | 4,871 | 1,401 | 6,272 |
| 明治 20 年 | | 18 | 173 | 52 | 243 | | 3,830 | 1,396 | 5,226 |
| 明治 21 年 | | 18 | 167 | 221 | 406 | | 4,534 | 1,837 | 6,371 |
| 明治 22 年 | | 15 | 131 | 26 | 172 | | 4,005 | 1,288 | 5,293 |
| 明治 23 年 | | 15 | 68 | 46 | 129 | | 4,504 | 3,231 | 7,735 |
| 明治 24 年 | 1 | 7 | 46 | 47 | 101 | | 4,070 | 2,090 | 6,160 |
| 明治 25 年 | 1 | 9 | 63 | 77 | 150 | | 3,842 | 2,182 | 6,024 |
| 明治 26 年 | 1 | 7 | 70 | 66 | 144 | | 3,698 | 2,247 | 5,945 |
| 明治 27 年 | 1 | 3 | 53 | 33 | 90 | 46 | 3,656 | 1,205 | 4,907 |
| 明治 28 年 | 1 | 3 | 57 | 34 | 95 | 46 | 3,683 | 1,119 | 4,848 |
| 明治 29 年 | 1 | 4 | 58 | 33 | 96 | 46 | 3,703 | 1,150 | 4,899 |

※各年度の『主税局年報書』より作成した（数値は３月末日）.

## 4　直税・間税論と機構改革

大蔵省主税局の分課規程において主税局に直税課と間税課が設置されているのは、明治二十三年改正から同二十六年改正により両課が内国税課となるまでのきわめて短期間である。間接国税犯則者処分法により府県に間税署が設置されたことは前項で述べたが、間税署設置については間接国税犯則者処分法への賛否とともに、直接税・間接税の区別への反対もあった。たとえば田口卯吉が主宰する『東京経済雑誌』は、収税官吏に犯則者の審判を委ねることに反対し、もともと租税に直間の区別はないとして間税署の新設反対を主張している。[80]この時期には、帝国議会開設にともなって、財政上における税の構成などの学問上の議論や、選挙権にかかわる直税の規定など、直税と間税の議論が盛んに行われた。

このころの大蔵省内の動向を示すものとして、松方家文書には直間税の区分について次のような史料が残されている。[81]この史料は、明治二十三年六月の大蔵省分課規定にある直税・間税の定義について検討したもので、明治二十三年後半に作成されたものである。まず学説上の区別としては①納税人が負担するか否か、②課税額が確定しているか否か、③物件そのものに課税するか否かの三説があり、実際の取り扱い上の区別としては④検査を主とするか否か、⑤全くの便宜、の全部で五説があり、学説上は②の定義が正確であるとしている。②の学説に従えば、直税には銀行税・船税・車税・北海道水産税・銃猟免許税・牛馬売買免許税も加わるとし、酒造営業税のように性格上は直税であるが税制上主となる間税に随伴して間税とするものもある。すでに市制・町村制中の直接国税については、明治二十一年七月大蔵省告示第九十五号において地租と所得税と規定されている。これは公民権を付与する上での「政策上」の規定であり、衆議院議員選挙法や貴族院令・府県制も、すべて選挙権に関わる規定である。しかし問題は、明治二十三年六月の大蔵省官制にもとづいて公布された大蔵省分課規定における直税と間税の区分である。この史料の筆者の主張は、分課規定における直間の区分においては選挙権等の政策上の規定に従う必要はないという点にある。選挙権にかかわる直税の定義は⑤の便宜上の規定であり、当面大蔵省としては④の検査の必要性により区分せざるを得ない。ただ「内国税徴収費ノ配賦、検税官吏ノ配置、検税上ノ取扱、税法性質ノ考究及将来税法ノ施設等」については②の学説上の区分を採用する必要がある、としているのである。直間税論が組織編成とかかわって論じられている点がこの時期の特徴である。これは経済の変化だけでなく、立憲制や条約改正交渉などが税制の整備と絡み合って検討されなければならなかったことによるものである。

直接税・間接税の議論は、まず市制・町村制をはじめ衆議院議員選挙法などの公民権の問題として注目された。とりわけ公民権の拡大を主張する民権派にとって、選挙権にかかわる直接国税の定義は重要な政治問題であった。改進党系の政論新聞であった朝野新聞は、明治二十一年十月二十四日から「直税と間税」を十二回にわたって連載し、大蔵省告示第九十五号が直接国税を地租と所得税と規定したのにたいして、国立銀行税や北海道水産税、酒造営業税・醤麹営業税・醤油営業税・菓子営業税・煙草営業税・売薬営業税・船税・車税の十二の税目を直接国税とし、これらの諸税の営業人が公民権を失っていると主張した。[*82] 執筆者の町田忠治は、内閣法制局法制部を退官し、この年の十月十二日に朝野新聞社に入社したばかりであった。町田は、まず直税と間税に区別はないとの考えに反論し、直税と間税の区別には「経済上・行政上二種の解釈」があるとした。直間税の区別は、経済上は負担の帰着により区別することで基本的に一致しているが、行政上の区別は徴収方法により異なっている。大蔵省には直間税の区別による分課はなく、そのため「収税官吏は独り間税に於て其徴税検査をなすのみならず、吾人の所謂る直税にも此検査を施行し」ている。行政上の区別においても、経済上の「学理」を基本とすべきであると主張した。直間税論は、公民権の問題から徴収組織にまでいたる基本的な問題とされているのである。さきの大蔵省の見解は、このような批判を充分に意識したものであった。

なお、町田の指摘と大蔵省の見解における税目上の差異は、主要には酒造営業税のような間接国税を主とする税制に付随する直接税を間接国税に分類するかどうかであり、大蔵省は検査上の問題からこれらの営業税は間接税として取り扱っていた。市町村が徴収する国税として地租と所得税以外に、菓子税・煙草税・売薬税中の営業税や船税・車税が規定されており、徴収上の観点からの区分も行われているのであるが、まだ明確な区別ではなかった。この点については、地方制度改革と並行して帝国議会に営業税法案の提出準備がなされていたこととの関係が注目される。営業税法案は、立憲制創設時の税制改正は不適当であるとの強い意見があり見送られた経緯がある。これについては、本書第二編第一章を参照頂きたいが、明治二十九年の営業税法が間接国税に含まれる営業税を整理して直接国税とし、公民権をこれらの営業者に拡大したことの意味は、以上の文脈のなかで検討されなければならない。

この時期の直間税論は直税分署や間税分署の現場にも影響を与えたようで、千葉県下の間税分署関係の簿冊に、「直税及ヒ間税ヲ論ス」という史料が挿入されている。[*83] 作成年代は前後の史料から明治二十三年後半期のものと推定され、間税署員自身の文章なのか、誰かの文章を書き写したのかは判断できないが、収税する立場からのものであることは確かである。この史料は、「租税トハ政府ノ命令ヲ実行スル為メ、並ニ政府百般ノ職掌ヲ尽ス為メニ、政府カ人民ヨリ要求シ、並ニ受取ル所ノ財産ヲ云フ」という租税の定義から始まっている。国家は人民および人民の財産を保護し、人民は財産を出して国家を支える相互主義に基づいており、納税は人民の義務であるとしている。しかし収税官の「取立ツルノ方法其宜ヲ得サルトキハ、正税却テ不正ノ税ト変ス」と続き、直税と間税の性格を論じ、完全な税法は「政府ノ費用ノ負担ヲ平等ニ分配シ、政府ノ保護ヲ受クル各人ハ相当ノ割合ヲ払ヒテ過不足ナキ」目的を達成できる税法であると結論付けている。この時期、収税の現場において租税の定義や納税義務の観念、税法の性格、税法の適否等についての収税官吏の理論武装が必要とされていたことが窺えるが、そこから導き出されるのは「負担ノ平等（課税の公平）」観念であった。

大蔵省の官制改正は、明治二十三年に引き続いて翌明治二十四年にも行われた。明治二十四年と推定される大蔵省官制案では、主税局と関税局の合併および主税局を直税・間税両局に分割する案をともに不可としている。後者の理由は、主税局を分割して一局を二局とするのは経費節減方針に反するからであった[*84]。大蔵省内で経費節減方針のもと直税署・間税署体制の改革の必要性が認識されていたことは確かであるが、具体的なことは不明である。ただ、明治二十四年四月に大蔵省内部で検討された史料がいくつか残されている[*85]。目賀田家文書には、税務に関し将来起こるべき問題のひとつに「直税分署・間税分署廃止《ママ》ノ及徴税法改正、費用節減ノ事」という項目が掲げられている。明治二十四年四月十三日夜の日付である。目賀田の伝記は、これを「府県に於ける税務官吏を大蔵省の直属たらしむる前提として、各府県の直税分署間税分署を廃止すべく、且つ一般徴税費及び徴税法改正に伴ふ費用の節減」と説明している[*86]。また同伝記では主税局内の課題として、直税分署は直税の賦課と租税徴収、間税分署は間税の賦課と検査という現在の組織を、地方団体の利用までを含めて検討することの必要性も指摘されている。これは地方への国税徴収委任制度のもとでの直税署・間税署の必要性を含めた議論であった[*87]。

このような動向を示すように、明治二十四年十二月七日の衆議院本会議には、直税分署・間税分署廃止の上奏案が提出された。提案理由は、経費削減のため両分署を廃止して郡役所・市役所にその事務を移管するというものである[*88]。この上奏案は、直税分署・間税分署廃止の内容そのものよりも、これを上奏案とすることに反対意見が出され、内閣への建議案とするかどうかが議論の焦点となってしまい、混乱のなかで消滅してしまったようである。この廃止案は、郡区役所の事務から国税事務を分離して府県の管轄とし、これを主税局のもとで統一的に執行するという従来の方針に逆行するものであったが、議案の内容そのものへの強い反対は本会議ではだされていない。政府の見解は、国庫金と地方税取扱事務を区別しないと事務の渋滞を招き、却って多額の徴収金額を失う結果となるとの理由で否定的であったことが報じられている[*89]。

さらに明治二十六年五月、千葉県など八府県知事連名による内閣総理大臣への建議が提出された。[*90] この建議の主要な論点は、地方行政整理のため府県に財務部―財務部出張所を新設して、直税署―直税分署の事務を取り扱わせることで、直税分署一か所につき一・五人分の判任官の俸給が削減できるとしている。財務部出張所は国税台帳に基づいて市町村および納税者に徴税令書を発行し、金庫に税額を通知する。金庫に税金収入事務をすべて取り扱わせることにより、収入官吏の事務を削減できるとしている。滞納処分の執行は市町村長の管掌とされている。この建議は直税署と間税署に分割された府県収税部の職掌から、直税署事務だけを地方に委譲する案である。直税署の職掌には直税の徴収も含まれる。しかし、間税検査や犯則処分を行う間税署事務はそのままとされているのである。

この建議に連名する府県知事八名のなかには、神奈川県知事中野健明や群馬県知事中村元雄、千葉県知事兵頭正懿など、主税局幹部から地方官に転出した人物が顔を揃えている。彼らが主税局時代からこのような意見を有していたかどうかは別にして、行政改革を巡って直税署を府県に統合する意見があったことは重要である。[*91]

一方、この時期の大蔵省内の議論がわかる直接的な史料はない。ただ、大蔵省内で直税署・間税署の廃止を含む収税部改革が検討されていたことは複数の新聞紙上で報じられている。[*92] とくに収税長廃止論を主張したのは朝野新聞で、明治二十六年四月二十二日付で収税部廃止と大蔵省直轄の収税局の設置が内定したと報じた。同紙は続報で、大蔵省は収税の弊害を改めるために収税部を直轄とし、全国に十二の税務局を設置する改革案を作成したが、大蔵省外からの反対の声が大きく行政整理委員会の通過は覚束ないとしている。朝野新聞は、国庫収入が減少しているにもかかわらず、徴税費や収税官吏の俸給などが増大しているため、経費節減のために税務局設置と収税長の廃止を積極的に主張する立場に立っていた。また国民新聞も、税務局設置論は昨年三～四月頃に大蔵省内で持ち上がり、具体化して省内の会議に提出するまでに漕ぎつけたが、当時は大蔵省以外の反対論が強く握りつぶしにあったと報じている。[*93] 行政改革に対する大蔵省の対策は、府県収税部を税務局に統合する、府県収税部機構の大蔵省直轄論だったのである。

明治二十六年十月の大蔵省官制の改正により、主税局の分課は内国税・海関税・徴収の三課となった。これにともない府県の直税署・間税署は再び収税部となり、直税分署・間税分署は収税署に統合された。千葉県の場合、収税署には直税・間税・検税・計算の各係が置かれた。[*94] 収税属の定員も五六〇六人から三七五〇人に大きく削減された。明治二十六年の官制改正を報じた時事新報は、「渡辺大臣主管の収税事務は、井上内務のために縮小されたりと云うもの多し」とコメントしている。[*95] 渡辺大臣とは渡辺國武大蔵大臣で、井上内務は井上馨内務大臣のことである。明治二十六年の官制改正は単なる経費節減による収税部機構の縮小というだけでなく、収税部の大蔵省直轄論をめぐる内務省・地方官と大蔵省の政治的対立の産物であったと結論付けることができる。府県収税部を統合する大蔵省直轄構想は実現しなかったが、縮小しつつも直税・間税両部門を収税署として維持したのである。その背景には、検査や調査が間税だけでなく直税にも必要となっていた事情があったのである。

直間税論が導き出した負担の公平という観点は、検査を前提とする間税に比して、検査や調査の対象になりにくかった所得税などの直接税への調査の導入の必要性を強めたと考えられる。地租にも検査が必要だったことは前述したが、明治二十六年十月の収税長諮問会議で最初に掲げられた項目は、「所得標準額査定方案ヲ一定スルノ方法」である。[*96] 所得標準による所得高の把握は明治二十四年にすでに実施されているが、同二十六年には大蔵大臣の内訓で所得税下調心得書が府県に通達され統一が図られている。[*97] もともと明治二十年の所得税は「郡区長ト調査委員」が取り扱い、府県知事や収税長は「間接」に関与するのみであった。[*98] 所得税の下調べも郡区書記が戸長や取調掛に調査させたが、この段階では収税署（それ以前は直税署）が関与するようになっている。しかし、郡長が管轄する町村においては、府県収税属（直税署や収税署）は下調べに関与するのみで、課税標準の決定には関与できなかったのである。

また、この時期の営業税の議論においても、多岐にわたる諸営業への賦課にはそれぞれの賦課方法を定めざるを得ないとして徴税費の増加が懸念されている。[*99] 営業税法案には所得税に倣った調査委員会制度なども検討されており、直税の改正が大きな焦点となっていた。しかし税負担を消費者に転嫁できない直税については、より慎重さが求められる。増税がそのまま個人の負担増となるからである。しかし、先に述べたように納税義務が「国家は人民および人民の財産を保護し、人民は財産を出して国家を支える」相互主義から導き出されている以上、収税官吏が人民の財産を侵すとの批判は避けなければならない。[*100]とすれば間税検査においても府県の統一に苦心してきた主税局が、直税の調査を府県に委ねることは考えられない。直税において調査の必要性が増したことが、課税の公平という観点から調査方法の統一を急務にさせ、間税検査部門だけでなく府県収税部全体の直轄化を必然化させたのである。

明治二十六年に大幅に削減された府県収税属の定員はその後増加に転じ、明治二十九年七月には一六〇一人の増員が認められた。増員の理由は明治三十年一月の営業税法の施行と、同年十月以降の酒造税法による酒造検査および間税検査の強化であった。[*101]

そして明治二十九年十一月、税務管理局官制が施行され府県収税署は税務署と改称された。税務管理局官制勅令案には、市制・町村制施行後、逐次府県制および郡制が施行される状況のもと、地方団体の租税（国税）事務を一般の事務と分離して税務管理署の監督下に置く必要があること、府県知事の政策的な配慮を税務執行から排除し政府直轄とすること、日清戦後経営のための収入増加を図るため税務の統一を図る必要があることが理由として掲げられている。ただし、府県収税部は租税事務の専担部署であるため、府県知事のもとから税務管理署のもとに管轄替えを行うに留めるとされている。[*102]税務署の名称はこの官制案のなかで初めて登場し、収税署はすべて税務署と改称されることになった。税務管理局官制の審議過程が不明であるので、府県収税部の大蔵省直轄化に抵抗していた内務省や地方官との関係がどう変化したのかはよくわからない。しかし、第二編第一章で指摘したように、税務管理局官制の実現は第二次松方内閣の成立という政治的要因によると考えることができる。これまで詳述してきた大蔵省主税局による国税徴収機構直轄化の動きが、内閣改造を機に実現したのである。

## おわりに

明治十一年の三新法から、明治二十一年の市制・町村制、そして明治二十九年の税務管理局官制（税務署創設）まで、国税徴収機構の形成過程について述べてきた。

三新法下の国税徴収機構は、大蔵省租税局の地方出先機関である収税委員派出所と租税局出張所が、それぞれ府県―郡区の収税と諸税検査を監督する体制であった。国税の徴収は府県に委任されており、税則違反を発見した場合も、府県に通知して郡区長に処分の執行を促すにとどまったのである。

この時期の財政は、地租改正により財政基盤は確立したものの、対外関係の緊張により財政が拡大した。財政拡大は間接税の増税や新設に求められ、間接諸税の検査強化が要請された。しかし、松方財政下における予算定額制により組織の縮小を余儀なくされ、租税局は収税委員派出所と租税局出張所の統合により対処することとなった。それにとどまらず、さらに大蔵省は府県の国税徴収費を一般の府県費から分離して大蔵省が管理する体制を志向するのである。

明治十七年、主税局および府県収税課（収税長―収税属）が創設される。府県の収税課は、一般の府県事務から国税事務を分離した国税専担部署で、その経費は一般の府県費から分離した国税徴収費であった。つまり、国税徴収の執行機関である国税専担課（収税課）を府県に設置し、そこに国税徴収費を集中的・効果的に配賦することで執行の統一と強化を図ろうとしたのである。これは、明治十六年の酒造税ほか間接四税の犯則取締体制の強化を図るものでもあった。大蔵省内には反対意見もあったようであるが、明治十七年の主税局創設により、府県における執行体制を強化し、それを主税局が監督する体制が構築されたのである。

明治二十一年に公布された市制・町村制に対応する国税徴収体制は、地租や所得税などの市町村への徴収委任制度である。府県収税部の体制も、地方自治制の整備により変化する。まず、国税事務を郡役所の一般事務から分離して府県収税部に移管し、郡役所内に設置した府県収税部出張所で取り扱うこととなった。地方制度改革により府県制・郡制が逐次施行されることになるため、府県知事から郡長に分任されていた国税事務を分離して府県収税部の職掌としたのである。こうして、府県収税部―収税部出張所という府県における国税徴収体制が成立するが、これに先行した府県租税検査員派出所が収税部出張所に併置されることになる。租税検査員派出所は、犯則取締を含む租税検査の統一・強化を図るため、主税局主導で設置された機関である。

大蔵省主税局―府県収税部―収税部出張所・租税検査員派出所の体制は、明治二十三年には大蔵省主税局―直税署・間税署―直税分署・間税分署と変化する。この機構改革は、間接国税犯則者処分法の公布に対応するものであったが、主税局内には間税検査機能を直轄化する地方間税局構想も立案されていた。この時期の機構改革は政府の行政改革への対応を伴っており、その過程で府県収税部機構の大蔵省直轄論や、直税部門と間税部門の分離・統合などが検討された。さらに、公民権や納税義務などの議論も高まり、租税に関する理論的な検討も必要となった。そして、明治二十六年に直税署・間税署が再び収税部に統合され、直税分署・間税分署は収税署となった。これは、府県収税部の管轄を巡る大蔵省と内務省の権限争いという政治的要素を含みながら、直税部門の地方委譲要求を退け、縮小しながらも直税・間税両部門を収税署として維持・統合した結果だったのである。

明治二十九年の税務管理局官制は、府県収税部を税務管理局に再編して大蔵省の直轄とするものであった。税務署は収税署を名称替えしたに過ぎない。極論すれば、明治二十六年の収税署設置により、後の税務署の機構が実質的に創設されたといって良いのである。そして、明治二十九年の税務管理局―税務署体制もまた、収税署設置と同様に、その当時の政治的要因により成立したのである。

## 註

＊1　明治財政史編纂会『明治財政史』第一巻（丸善株式会社、明治三十七年）。

＊2　大村巍「税務署の発足」『税務大学校論叢』10（昭和五十一年）。

＊3　中尾敏充「一八八四（明治十七）年改正徴税機構の特徴とその意義」『阪大法学』第一三三・一三四号（昭和六十年三月）、同「市制町村制の制定と徴税機構の整備」『阪大法学』第二〇一・二〇二号、平成十一年十一月）、同「一八九六（明治二十九）年営業税法の制定と税務管理局官制」『近畿大学法学』第三十九巻第一・二号（平成三年十一月）、同「一九〇二（明治三十五）年税務監督局・税務署官制の意義」『阪大法学』第一六四・一六五号（平成四年十一月）。また、井上一郎「国税行政機構の生成過程について」『国税行政機関関係法令規類集』Ⅰ（税務大学校租税資料室、平成六年）、同「国税行政機構の生成過程における周辺の諸問題について」『国税行政機関関係法令規類集』Ⅱ（税務大学校租税資料室、平成七年）。税務大学校租税資料叢書第七巻・第八巻の解題的な文章である。井上氏の論考は、松方家文書を中心とする史料紹介的な性格が強く、しかも国税機構の形成過程を近代化・統一化の過程として単線的に理解する傾向にある。なお、本章で使用した史料の多くは中尾・井上両氏の論文で紹介されているものである。

＊4　この点については本書第三編第二章で詳述する。

＊5　松沢裕作『町村合併から生まれた日本近代〜明治の経験〜』（講談社、平成二十五年）。

＊6　本書第三編第二章を参照のこと。

＊7　小柳春一郎「明治期の国税滞納処分制度について」『税大ジャーナル』14（平成二十二年）。

＊8　明治十一年十二月大蔵省乙第七十二号国税金領収順序。以下は、租税資料叢書第三巻『明治前期国税徴収沿革』参考法令編、八二頁（税務大学校租税資料室、昭和六十三年）。

＊9　『明治財政史』第四巻、四三頁。

＊10　『明治前期国税徴収沿革』八二頁。『大蔵省百年史』上巻、四八〜四九頁。

＊11　『法規分類大全』十二、官職門（三）（明治二十三年、内閣記録局。本書では原書房の復刻版を使用した）。以下、同書からの引用は『官職門』三と略記する。

＊12　『官職門』三。

＊13　国立公文書館所蔵「公文録」二A—一〇—公二五二二。

＊14　「公文録」二A—一〇—公三〇一九。

＊15 「公文録」二A—一〇—公三〇二四。
＊16 『大蔵省百年史』上巻、八六頁。
＊17 「公文録」二A—一〇—公三〇二四。
＊18 「公文録」二A—一〇—公三〇三四。
＊19 「公文録」二A—一〇—公三〇三九。
＊20 「公文録」二A—一〇—公三〇三九。
＊21 「公文録」二A—一〇—公三五一四。
＊22 「公文録」二A—一〇—公三五一七。この史料は、山中永之佑他編『近代日本地方自治立法史料集成』一〔明治前期編〕（弘文堂、平成三年）の明治十六年・史料一八に収録されている。以下、同書収録の史料は、『自治一』一六—一八と略記する。
＊23 『自治一』一六—三・五・一一。
＊24 『官職門』三〇。
＊25 国立公文書館所蔵「松方家文書」三二—二八。なお、「松方家文書」五五—一三の日付は十月二十四日である。
＊26 「松方家文書」三二—一八。
＊27 「公文録」二A—一〇—公三七四二。
＊28 「公文録」二A—一〇—公三七二三。『自治一』一七—一八。この上申書の草案が「松方家文書」五五—一三で、日付は明治十六年十月二十四日である。なお、地方官職制および地方官官制については、内務省地方局内自治振興中央会編『府県制度資料』下巻（歴史図書社復刻版、昭和四十八年）を参照のこと。
＊29 「松方家文書」三二—二七。
＊30 「公文録」二A—一〇—公三七四五。
＊31 『自治二』一七—二九。
＊32 初代収税長については、牛米「初代収税長の履歴について」『租税史料館報』平成十四年度版（税務大学校租税史料館、平成十五年）を参照のこと。
＊33 東京都公文書館所蔵「明治十七年進退原議」冊の一。
＊34 「松方家文書」五五—一三。

＊35 「松方家文書」五五―一五。主税局では明治十七年六月の諮問会規により、租税に関する法律規則の制定・修正にかかわる議案、その他の重要な事件については、主税局長が主宰する諮問会で検討することが通達されている（『官職門』三）。

＊36 『官職門』三。「松方家文書」三二―一九は府県知事・県令への訓令案、「松方家文書」三二―三〇は明治十七年八月の監査心得書の基本方針を示したものと考えられる。

＊37 「松方家文書」三二―三二。同文が『秘書類纂』財政資料、下巻、六八～七四頁に掲載されている。この規定により主税官の府県税務監査が実施されるが、明治十八年四月に三等主税官目賀田種太郎が提起した組合による脱税の矯正策は、実地の税務監査の経験から導き出された方策であった。逋脱の弊害が甚だしいのは煙草税と売薬税であり、岡山・徳島・大阪などでは警察の手を借りて不正業者の摘発を行ったが、無印紙での販売や印紙の再利用などの不正は容易に根絶できていない。岡山市内には励盛会という煙草業者の組合があり、組合員からは一度も犯則者を出していないため、県では同会への加盟を奨励して煙草税の脱税防止に努めていることが直接的なヒントなっていた。目賀田は、酒造・煙草・売薬の三税については、府県単位の同業者組合を結成し、営業上の福利増進を図るとともに不正防止に役立てることを主張したのである（国立公文書館所蔵「目賀田家文書」一一―一二）。

＊38 『秘書類纂』財政資料、下巻、七五～八三頁。

＊39 『官職門』三。

＊40 『主税局第十一回年報書』四七八～四七九頁。

＊41 「公文録」二A―一〇―公三九六一。『自治二』一八―七。

＊42 大蔵省達第五十六号および同第六十一号（『法令全書』）。府県における租税検査区の設置は、明治十七年度が最初である。これは酒造税の検査吏員を適宜に配置するためのもので、他の税目の検査にも酒税検査区が用いられていた（『主税局第十一回年報書』一四九頁）。

＊43 我部政男編『明治十五年・明治十六年地方巡察使復命書』下巻、八五九頁（三一書房、昭和五十六年）。以下、同書は『復命書』下巻と略記する。

＊44 『復命書』上巻、五一一頁。

＊45 「公文録」二A―一〇―公三二一二。

＊46 『元老院会議筆記』前期第十一巻。

＊47 『復命書』下巻、一五二六頁。

＊48　『明治前期国税徴収沿革』一五二〜一五三頁。

＊49　「公文録」二Ａ—一〇—公三五四一。未納租税の徴収規則においては、明治十六年七月から十月までの井上毅とボアソナードとの問答書が残されており、欧州の法律に則って法案の検討がなされていることがわかる（國學院大學日本文化研究所編『近代日本法制史料集』第九、東京大学出版会、昭和六十二年）。

＊50　『元老院会議筆記』後期第十八巻。『法令全書』は、太政官布告第四十三号を、「酒造、醬麴、売薬、烟草税則ニ関シ租税官吏犯則アリト認知思料スルトキ証憑取調処分方」と記している。

＊51　由井正臣「近代官僚制の成立過程」（『日本近代思想大系三　官僚制・警察』岩波書店、平成二年）。

＊52　伊藤博文編『秘書類纂』官制関係資料（原書房復刻版による）、一九一〜二〇二頁。

＊53　『秘書類纂』官制関係資料、二一二〜二一六頁。

＊54　「松方家文書」五五—一八。

＊55　『国税行政機関関係法令規類集』Ⅱ（税務大学校租税資料室、平成七年）、一三〜二七頁。同書は、明治十九年以降の大蔵省官制および分課規程から主税局の項目を抜き出し、その沿革が容易に理解できるようになっている。本章でも、主税局官制についての考察では適宜本書を利用した。

＊56　『主税局第十三回年報書』三三および八七頁。

＊57　『国税行政機関関係法令規類集』Ⅱによる。

＊58　『法規分類大全』租税門九（『租税門』九と記す）。『自治二』一九—七。

＊59　「松方家文書」三二—三二。

＊60　国立公文書館所蔵「松尾家文書」二五—一七。

＊61　「松方家文書」三二—三三、および『主税局第十五回年報書』四六頁による。「租税検査官吏服務心得」と「同処務順序準則」は、「松尾家文書」二五—二〇に収録されている。

＊62　『官職門』十三。租税検査区については、明治十七年度に酒造税の検査区が府県に設置されており、その他の税目についてもこれが検査区として概ね用いられてきた。

＊63　『自治二』二一—一。府県の収税官吏は、明治十八年以降は試験により採用することになっていた。以後、他の部署の判任官についても試験を経て収税官吏に転任させるようになり、主税局や他府県の収税官吏、税務担当の郡区書記などから転任の場合には試

験は免除された（「松尾家文書」二五—二七）。

＊64 『国税徴収関係史料集』史料1（税務大学校税務情報センター租税史料室、平成二十八年）による（以下、『徴収』一と記す）。なお、市制・町村制のもとでの国税徴収事務の検討にあたり府県知事からは、地方税支弁の戸長や郡役所吏員に国税を徴収させるにもかかわらず、国税徴収費は府県収税部にのみ支出することへの異議がだされている。この点については、内務大臣山県有朋も国庫より市町村へ国税徴収費を支給して委任することが当然との意見を提出している（『秘書類纂』法制関係資料、下巻、三九～四八頁）。市町村の事務負担の軽減と徴収費用の支弁は、地方官だけでなく内務省の意向でもあった。国税徴収法に国税徴収費用の交付が規定されたのには、このような経緯があったのである。地方官からは、国税徴収事務のうち「税金収纏メ」を収入役に兼務させることとし、収入役への国費支弁の建議が再度だされている（『自治二』二二—七）。

＊65 『自治二』二二—二二。翌年、主税局は各府県知事にたいして、収税部出張所設置により減少した郡役所経費の調査を行っている。埼玉県は、明治二十二年七月以降の九か月間で約一八・六％の削減となったことを回答している。このうち人件費は郡書記三十八人、雇員十八人分の減少であった（埼玉県立文書館所蔵「明治二十三年地方財務部　県税」明七〇六）。

＊66 『租税門』九。

＊67 明治二十二年の国税滞納処分法までの法令の沿革は、『明治前期国税徴収沿革』がそれぞれ制定の理由を簡潔に示しており、『明治前期国税徴収沿革』参考法令編とともに参照いただきたい。

＊68 租税史料室所蔵「自明治二十二年至明治二十九年秘密書類」（昭五四東京一四三）。

＊69 『自治二』二二—一九。

＊70 『官職門』十一に官制改正の大蔵省稟申が掲載されている。

＊71 『自治二』二三—二九。

＊72 藤村通監修『松方正義関係文書』第三巻、三八四頁（大東文化大学東洋研究所、昭和五十六年）。

＊73 租税史料室所蔵「間税分署処務細則・間税検査手続・直税分署処務細則・直間税分署当直心得」（昭四三東京九八—二）。

＊74 「松方家文書」三二—二二。同史料には「中村」の印が押されているが、これは主税官中村元雄のことであると考えられる。中村は明治十八年から同二十一年までドイツおよびフランスに出張し、三月に帰朝している。

＊75 「松方家文書」五五—一七。この史料の管轄区域には、奈良県（明治二十一年十一月四日設置）はあるが、香川県（明治二十一年十二月三日設置）はない。府県のデータが明治二十一年十一月から十二月までのものであることから、この史料も明治二十一年末

と推定できる。
＊76 「松方家文書」五四―五一。
＊77 『官職門』十三。
＊78 国立公文書館所蔵「公文類聚」第十四編・巻之九十二（二A―一一―類五三八）。
＊79 「公文類聚」第十四編・巻之九十二および津田実『国税犯則取締法解説』（帝国判例法規出版社、昭和二十四年）。
＊80 『東京経済雑誌』第五二七号（明治二十三年六月二十八日）。
＊81 「松方家文書」三二―四。
＊82 「朝野新聞」に連載された「直税と間税」については、それをまとめた『直税及間税　全』町田忠治（集成社、明治二十二年）から引用した。なお、町田については、町田忠治伝記研究会編『町田忠治　伝記編』と『町田忠治　資料編』（ともに桜田会、平成八年）があり、本章でも参照した。
＊83 「自明治二十二年至明治二十九年秘密書類」。
＊84 「松方家文書」五五―一九。また、「松方家文書」五五―二〇の大蔵省官制改正案要領も同時期の史料である。
＊85 「松尾家文書」二四―七ロ、「目賀田家文書」一一―九。
＊86 故目賀田男爵伝記編纂会編『男爵目賀田種太郎』一三七〜一三八頁（昭和十三年）。
＊87 「時事新報」明治二十四年三月十七日（龍渓書舎の複製版による）には当局者の意見として、主税局と関税局をドイツ流に直税局（地租・所得税に国有財産管理を追加）と、間税局（間税と海関税を合併）の二局とする案が掲載されている。
＊88 『帝国議会衆議院委員会議録』明治篇一、七五〜七六頁（東京大学出版会、昭和六十年）。
＊89 「国民新聞」明治二十四年十月十七日（日本図書センターの復刻版による）。
＊90 『秘書類纂』財政資料、下巻、三七四〜三七六頁。
＊91 中村元雄は欧州出張中の明治十九年三月に主税局長となり、同二十四年四月に群馬県知事に転出した。明治二十一年三月に中村が帰朝するまで主税局長を兼務していたのが、関税局長の中野健明で、その後、長崎県知事を経て神奈川県知事となった。兵頭は中村の下で主税局計算課長から主税局次長となり、参事官・預金局長を経て明治二十六年三月に千葉県知事に転出した。以上は、『大蔵省人名録―明治・大正・昭和―』による。そもそも、彼らが地方官に転じた理由が収税機構を巡る政策的な対立にあったかどうかまでは確認できない。

＊92 「朝野新聞」明治二十六年四月二十二日（ぺりかん社の縮刷版による）。「朝野新聞」明治二十六年四月二十五日。「朝野新聞」明治二十六年五月十三日。同紙は、五月十日付で収税長の大更迭として、八名の転新任と四名の免官・非職の辞令を掲載している。明治二十六年の収税部設置にあたり、収税長に異動があったことは興味深い。なお、改進党系の朝野新聞は経営難から明治二十三年十一月に経営を譲渡し、犬養毅や尾崎行雄・町田忠治等は退社している（『町田忠治　伝記編』二四頁）。

＊93 「国民新聞」明治二十六年五月六日。

＊94 租税史料館所蔵「収税署処務規定」（昭四三東京九八―三）。なお、宮城県の収税署は、直税・間税・収入の三係であった（租税史料室所蔵「法規類聚」四、昭四四仙台五六）。

＊95 「時事新報」明治二十六年十一月一日（『明治ニュース事典』V、毎日コミュニケーションズ、昭和六十年）。

＊96 『主税局第二十回年報書』一〇六頁。

＊97 『明治前期所得税法令類集』二五七～二五八頁。この史料集をもとにした、織井喜義・山本洋「創成期の所得税制叢考」も参照されたい。

＊98 『明治前期所得税法令類集』三四四～三四七頁に収録の「明治二十年大蔵大臣演説筆記」による。なお同文の史料が前掲『秘書類纂』財政資料、下巻、二六一～二六六にも収録されているが誤植が多い。

＊99 「時事新報」明治二十四年四月十四日。営業税調査の手数についての懸念が、明治二十九年の営業税法の審議過程でも指摘されていることは中尾氏も指摘されている。

＊100 たとえば明治三十年四月の税務管理局長への大蔵大臣内訓には、「税法ノ執行ハ汎ク一般人民ノ権利財産ニ関係ヲ及スコト尠カラサルヲ以テ」、税務の事務には「公正忠実」が第一であるとされている（租税史料室所蔵「明治三十年諸令達指令通牒綴」平一札幌八六）。

＊101 「公文類聚」第二十編、巻六（二A―一一―類七四九）。

＊102 「松方家文書」五五―二一。なお「公文類聚」第二十編、巻六（国立公文書館所蔵）も参照のこと。

# 第二章　国税徴収委任制度

## はじめに

明治二十一年（一八八八）四月に公布された市制・町村制は、明治四十四年（一九一一）四月の全文改正などを経つつも、昭和二十二年（一八四七）四月の地方自治法により廃止されるまで、明治憲法体制における地方制度の基本法令であった。この地方自治制度を前提に導入されたのが、国税徴収委任制度である。明治二十二年三月の国税徴収法において、地租や所得税など特定の直接税の徴収が市町村に義務付けられ、徴収金額に応じた交付金が交付されることになった。国税徴収法は、明治三十年三月に国税滞納処分法と統合されて新たな国税徴収法が制定されるが、徴収委任制度はそのままであった。同法は幾度かの改正を経つつも、昭和三十四年（一九五九）四月に全文改正されるまで、内国税の徴収に関する基本法令となった。ただし国税徴収委任制度は、昭和二十二年三月の国税徴収法の改正により廃止された。

本章は、明治二十二年に導入され、昭和二十二年に廃止されるまでの国税徴収委任制度の分析を行うものである。

この制度については、『明治財政史』では市町村に国税徴収の「義務ヲ負ハシメ」と記されているのみであるが、『明治大正財政史』では「委任徴収制度」と記されている。[*1] しかし『昭和財政史』になると「市町村への委託徴収」

とされ、『昭和税制の回顧と展望』でも「市町村に徴収を委託」と記されている。[*2] このように、大蔵省の編纂物では「委任」と「委託」の両方が使用されており、明治期および大正期の「委任」から、昭和期には「委託」へと変化しているようである。ただ、明治期の大蔵省主税局においては、市町村の「国税徴収事務ハ国家ノ委任ニ基ク事務」と位置づけられているので、[*3] 本章では国税徴収委任制度と記すこととした。[*4]

従来、こうした国税徴税に関する研究は少ないが、日露戦後において内務省が主導した地方改良運動のなかで、勤倹貯蓄奨励や町村税滞納一掃などの施策がなされたことが指摘されている。[*5] 徴税に関する数少ない研究事例であるが、こうした事例も国税徴収委任制度の視点を加えることで、新たな見直しが可能となると考える。[*6]

## 第一節　国税徴収委任制度の成立

### 1　国税徴収法と徴収委任

明治二十二年（一八八九）三月、国税徴収法が制定され、関税以外の国税徴収の基本法令となった。[*7] 同法第二条には、「市町村ハ其市町村内ノ地租ヲ徴収シ、之ヲ金庫ニ納付スルノ義務アルモノトス」と規定され、地租の徴収および納付費用も市町村の負担とされた。さらに第三条では、「其他ノ国税ハ勅令ヲ以テ命スルトキハ前条ノ例ニ依ル」とされたが、この場合は国税徴収金額の四％が市町村に交付されることとされた。市町村への徴収委任は、地租は無償で、その他の勅令で定める国税については交付金が交付されたのである。

地租とそれ以外の国税の規定が異なる理由は、明治二十二年二月の大蔵省請議によれば以下の通りである。[*8] すなわち、地租の徴収を市町村の義務としたのは、「実ニ我邦古来地租納入上ノ慣行」を法文化したに過ぎない。そして、この慣行は「自カラ然カラサルヲ得サルモノ」、つまり自然にそうならなければならない必然性があったと説明されている。その必然とは、地租については納税者ごとに納税額を集計した名寄帳を備えているのは町村だけで、府県（郡市）レベルでは納税者ごとの地租額を把握できなかったからである。なお、この点については改めて検討する。

地租以外の勅令で指定する国税については、多数の納税者が徴税官署に輻輳し、また少額の納税のため郡役所・市役所に出向くと旅費等もかかるなど、「官民」双方の不便を解消し、税金徴収を「簡易」にするためと説明されている。こうした「官民」双方の不便を解消するため、「各納税人ト政府ノ間ニ一ノ税金徴収者」を置くことにしたのである。ここでいう「政府」とは国税の徴収を行う府県および郡市役所のことで、府県と納税者（都市部）、郡役所と納税者（農村部）の間に市町村という中間の税金徴収者を置いたのである。このような納税者と政府の中間に位置する徴収者は、「従来戸長ヲシテ税金ヲ取纏メシメタルノ慣行ヲ参酌」したもので、税目を限定して市町村に徴収委任するとされている。

戸長が町村の税金を取り纏めて上納するというのは、明治十一年（一八七八）十二月の国税金領収順序によるものである。[*9] 明治十一年のいわゆる地方三新法により全国統一の地方制度が形成され、府県―郡区―町村の三つの段階に整理された。[*10] そして府県とその出先である郡区役所が行政の末端と位置付けられ、国税徴収は郡長・区長の職掌となったのである。ただ、町村は行政とは独立した存在とされたものの、行政機関の役割をも担うあいまいな存在とされた。また、地租改正により近世以来の村請制が廃止され、地租をはじめとする租税は個々の納税者が直接郡区役所に納税することとなった。[*11] そのため三新法体制は、郡区役所が個々の納税者から国税を徴収する体制ではあったが、郡区役所と納税者の間に町村という中間徴収者が設定され、町村戸長が税金を取り纏めて上納するというシステムになったのである。国税金領収順序が郡区町村編制法施行に際して定められたこと以上に、戸長の取り纏めという大蔵省達が定められた理由は記されていない。[*12] しかし、国税徴収法の説明にあるように、町村以外に地租の一人別納税額を把握できなかった以上、町村戸長に税金を取り纏めて上納させるのは必然であったといえる。それが、市制・

町村制という地方制度を前提とする国税徴収法の制定過程において、納税者と国との間に設定された中間徴収者としての市町村の法的な位置づけが、地租の場合は義務、その他の国税が委任と整理された理由だったのである。その際、「一般ノ官治事務ヲ以テ市町村ニ任託スル上ハ、其費用ヲ交付スヘキハ固ヨリ当然ノコト」と、市町村への交付金規程が盛り込まれたのである。

国税徴収法の制定に関する史料は多くはない。しかし、大蔵省の閣議提出案と実際の法令とでは若干の相違がある。また、閣議案決定後に出された大蔵省参事官駒井重格の意見書を参照すると、制定過程での議論の一端が推測可能となる。当初の大蔵省案第四条には、国税徴収を委任するにあたり、市町村に「徴税役」を置くことが規定されていた。[*13]しかし駒井は、市町村への国税徴収委任は「一法人ナル市町村」に対するものなので、特に「徴税役」の設置を法律で別に定める必要はないと考えていた。そもそも収入役に「徴税役」を兼務させるのか、それとも収入役とは別に「徴税役」を設置するのか。いずれにしても「徴税役」の規定が必要であるのなら、それは市町村の吏員に関する規定なので、国税徴収法ではなく市制・町村制に追加すべきであると考えていたのである。大蔵省としては、市町村への徴収委任に際して、より具体的に責任の所在を明記しようとしたものと思われるが、駒井の意見は「徴税役」の可否ではなく法令の形式についてのものであった。駒井は意見書提出に至った理由を、国税徴収法案調査委員として法案審議にあたった際は止む無く多数意見に従ったものの、どうしても同意できずにいたと記している。この点については、実際の法令においては訂正・削除されている。

これ以外にも駒井は、市町村が国税を徴収するに当たり、市へは府県知事、町村へは郡長から納額令書を発すべしとする第九条について、単に納額令書を発して徴収するとの修正意見を述べている。これもまた、行政事務の執行に際して如何なる吏員に執行させるかは議会の協賛を必要としないからであると述べている。第十一条は納額令書を発すべき時期を定めたものである。これについては、法律ではなく勅令や省令で定めるべきとの意見である。第十二条

表34　市町村が徴収する国税一覧

| 公布年月 | 法　令 | 税　　　目 |
|---|---|---|
| 明治22年3月 | 勅令第33号 | 地租，所得税，自家用料酒鑑札料，菓子税，煙草税，売薬営業税，船税，車税，牛馬売買営業税，銃猟免許税 |
| 明治30年6月 | 勅令第195号 | 地租，所得税，営業税，自家用酒税，売薬営業税 |
| 明治32年5月 | 勅令第219号 | 地租，第三種所得税，営業税，自家用酒税，売薬営業税 |
| 明治33年3月 | 勅令第48号 | 地租，第三種所得税，営業税，自家用酒税，売薬営業税，北海道地方税 |
| 明治33年4月 | 勅令第145号 | 地租，第三種所得税，営業税，自家用醤油税，売薬営業税，北海道地方税 |
| 大正7年4月 | 勅令第65号 | 地租，第三種所得税，営業税，乙種資本利子税，個人戦時利得税 |
| 大正15年8月 | 勅令第295号 | 地租，第三種所得税，個人営業収益税，乙種資本利子税，個人戦時利得税 |
| 昭和10年3月 | 勅令第66号 | 地租，第三種所得税，個人営業収益税，乙種資本利子税，個人臨時利得税 |
| 昭和11年9月 | 勅令第333号 | 地租，第三種所得税，個人営業収益税，乙種資本利子税，個人臨時利得税 |
| 昭和12年8月 | 勅令第426号 | 地租，第三種所得税，個人営業収益税，乙種資本利子税，個人臨時利得税，第三種所得特別税，個人臨時利得特別税 |
| 昭和15年3月 | 勅令第159号 | 地租，分類所得税，綜合所得税，個人臨時利得税，個人営業税 |
| 昭和19年3月 | 勅令第182号 | 地租，所得税，個人臨時利得税，家屋税，個人営業税，樺太の市街宅地税等 |

※『法令全書』により作成．
昭和11年勅令第333号により明治30年勅令第195号廃止（施行規則に移行）．
昭和12年の第三種所得特別税と個人臨時利得特別税は，北支事件特別税法による増税である．

と第十三条は納税者および市町村の納税義務終了の規定に関するものであった。ただし、これらは法案の修正には生かされなかった。

国税徴収法は、閣議提出案を若干修正して決定された。これに国税徴収法の改正や国税徴収法施行規則などを総合すると、市町村による国税徴収の手続きは具体的には以下のようになる。

地租および勅令で定められた市町村が徴収する国税の一覧を表34に掲げた。徴収委任制度のスタート時点では、地租と所得税を除けば、自家用料酒鑑札料や菓子・煙草・売薬などの間接税に含まれる営業税が主な税目である。いずれも府県および郡役所が営業鑑札を交付するため、県や郡が一人別の税額を把握している税目である。所得税も市については府県知事、町村については郡長の取り扱いにより決定される。これらの国税は、市には府県知事から、町村には郡長から国税納税額を記載した徴税令書が送付される。これに基づき市町村は各納税者に税目と納税額、納付場所と納付期限を明記した徴税伝令書を作成し、各納税者に通知するのである。地租についても基本的には同様であるが、府県知事や郡長からの徴税令書には市町村ごとの総額が記されているだけなので、市町村では備え付けの名寄帳（正式名称は一人別名寄帳）

により、地目や納期別に、納税者ごとに集計した地租額を通知するのである。また、地租および勅令で定められた国税以外は、府県知事からの徴税令書が納税者に直接発せられることになった。[*14]

徴税令書を受け取った納税者は、納期限までに指定された場所（市町村役場）に税金を納付すれば納税義務は完了し、これで完納となる。納付を受けた市町村は徴収した国税を国庫に納入し、地租以外については徴収額に応じた交付金が交付されるのである。納期限までに徴収できなかった国税については国税滞納処分法が適用され、ここからは市町村ではなく国税徴収機関の職掌となる。まず、収入官吏から滞納者に督促令状が発せられる。督促令状は一通に付三銭の手数料が徴収される。そして、督促令状を受け取った日から五日以内に完納できなかったときには、財産の差押や公売処分による徴収がなされることになる。納期限までに完納できなかったからといって、すぐに財産差押を行うのは穏当ではないとの理由から督促状の規定が設けられたのである。差押の対象となる財産は、明治十年の租税不納者処分規則では賦課財産に限定されていたが、明治二十二年の国税滞納処分法では滞納者の財産一般に対象が拡大された。従来の規定だと、地租滞納の場合には他に財産を所有していても土地を差し押さえられるなどの弊害が意識されていたのである。[*15]

## 2　国税滞納の推移

明治三十年（一八九七）三月、国税徴収法は国税滞納処分法と統合され、新たな国税徴収法が制定される。明治三十年の国税徴収法は、明治二十九年十一月の税務管理局および税務署の創設を前提としているが、府県収税部機構が国税機関として再編されただけで、市町村の役割は基本的には同じである。しかし、国税徴収機関が大蔵省の直轄となったことで、国税徴収のあり方は大きく変化していくことになる。

明治二十九年の税務管理局体制は、明治三十五年の税務監督局体制へと整備されていく。その背景にあったのは、地租と酒造税を中心とする税体系から、日清・日露戦争を契機に所得税や営業税を中心とする税体系への転換であった。国税の執行体制もまた大きく転換していくことになるが、ここでは国税徴収委任制度を、徴収委任税目と滞納者数、それに交付金額の推移から概観しておきたい。

表34に示したように、徴収委任される税目も明治三十年には変化する。明治二十九年の営業税法により間接税中の営業税が整理され、営業税の取り扱いは税務管理局の管轄となる。また、明治三十二年の改正で所得税の取り扱いも府県から税務管理局へと移管される。市町村に徴収委任される国税のうち、主要な税目は地租、所得税、営業税（大正十五年改正で営業収益税、昭和十五年改正で再び営業税となる）の三税である。以下、煩雑になるので、この三税に限定して述べていくこととする。

表35は、市町村に徴収委任された税目に対する督促状発付数の一覧である。典拠とする『主税局統計年報書』の区分が表34の税目とは必ずしも一致しない部分があるが、滞納者数を把握する目安としては充分な数値といえる。

表35を見ると、最初に国税の滞納が増加するのは日清戦後で、日露戦後に急増している。ここからは、滞納の増加が、日露戦後と昭和前期、それに昭和十五年以降の三つの時期に特徴的な大きな山をなしていることがわかる。税目別にみると、日清戦後から増加するのは地租で、所得税と営業税は日露戦後に急増している。さらに、所得税の方が営業税よりも滞納数の急増が顕著であることがわかる。日露戦後に急増した滞納は大正期にかけて減少に向かうが、第一次世界大戦後には再び増加に向かっている。昭和初年の急増の要因は地租で、それも昭和六年をピークに急速に減少している。昭和六年の地租法の影響である。さらに、戦時下の滞納は所得税において顕著であったことが分かる。

表36は、表35に示した主要三税の交付金額の一覧である。国税徴収交付金制度の推移については後述するが、交付金額の増加が必ずしも滞納の減少には繋がっていないことが分かる。とりわけ三つ目の山である戦時下においては、交付金の増加にもかかわらず滞納は減少するどころか、急増しているのである。昭和十七年度以降の交付金額に関す

### 表 35　主要 3 税の督促状発付数

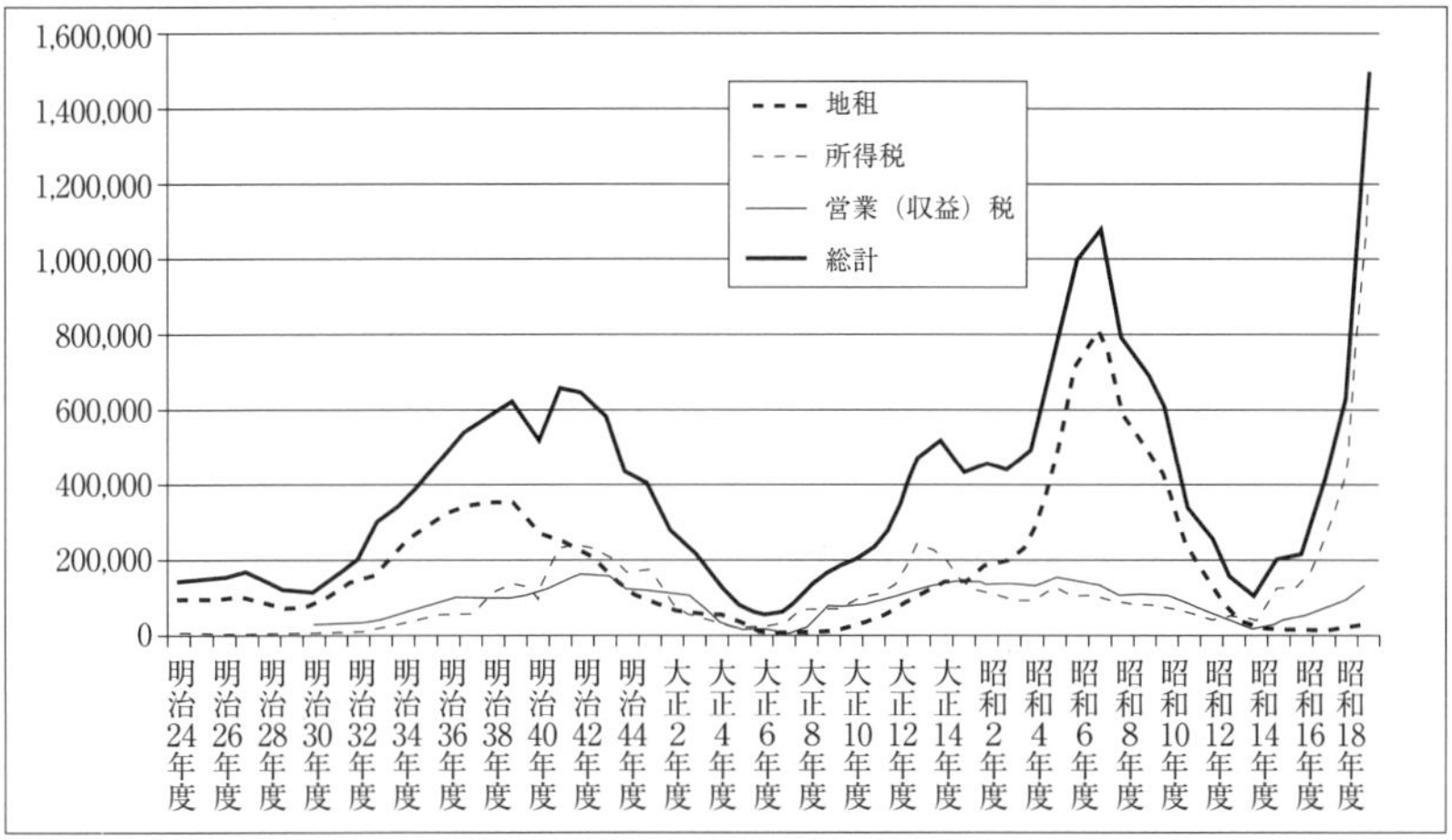


※各年度の『主税局統計書』および『主税局統計年報書』による.
総計は各年度の主税局統計年報書から表 1 の税目を集計した. 但し, 所得税は大正 3 年度からは第三種所得税, 営業税は昭和 7 年度からは個人営業収益税, 昭和 15 年度以降は分類・綜合所得税と地方分与税の地租および個人営業税である.

### 表 36　主要 3 税の国税交付金額一覧

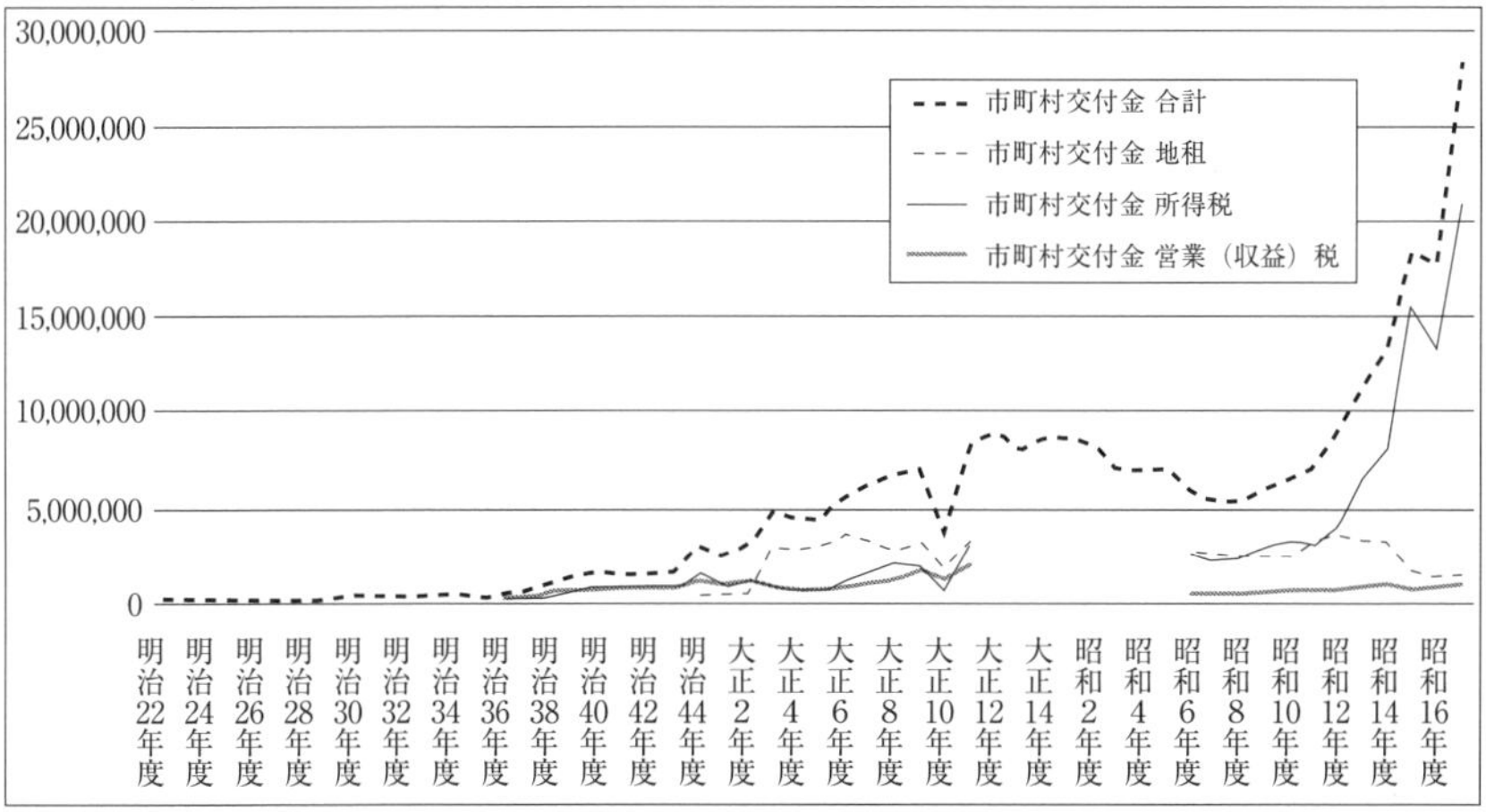


※明治 25 年度までは各年度の『主税局年報書』. それ以降は『主税局統計年報書』による（金額は円以下を四捨五入）.
大正12年度から昭和5年度までは交付金の内訳が不明. 昭和18年度以降の市町村交付金額は不明.

る統計がないのが残念であるが、国税徴収委任制度に何らかの修正が必要になっていることを推測させる。以下、これらの統計数値により顕著な変化を示した三つの時期を中心に、国税徴収委任制度との関係から、国税徴収の実態について検討することとしたい。

### 小　括

明治二十二年の国税徴収法により成立した国税徴収委任制度は、地租については市町村に徴収を義務付け、それ以外の所得税等の勅令で定める国税については国税交付金を交付するものであった。地租の徴収が市町村に委任された理由は、一人別の納税額を把握できるのが市町村だけだったからである。三新法体制においては、村請制の廃止により納税は個人別になされる筈であったが、実際は町村戸長が取り纏めて納税することとされた。市制・町村制により市町村は自治団体とされたものの、依然として市町村しか一人別の地租納税額を把握できなかったため、地租の徴収は「旧慣」により市町村の義務とされたのである。ただし、本来は国が徴収しなければならない国税の徴収については、国政事務の市町村委任とされ、交付金が交付されることとなったのである。

## 第二節　日露戦争と国税徴収

### 1　非常特別税と徴税方法の改善

日露戦争の戦費調達のために導入された第一次・第二次の非常特別税法は、「単一の法律を以て現行各種の内国税及関税に対して増率を加ふると共に、数種の新税を創設」するものであった。[*16] ロシアという強大な帝政国家との戦争には莫大な戦費を要するため、既存の税目に単純に税率を加算することで「専ら施行の簡易と収入の確実とを主眼」

にしたというのが税制面からの説明である。非常特別税法は戦争終結後には廃止される時限立法であったが、各税目の単純増税は税制のバランスを失するものであり、「平和回復」後に全般的な税制整理が必要となった。

非常特別税法の影響は、増税というに止まらず、執行面においても様々な影響をもたらした。明治三十七年四月の仙台税務監督局長訓示には、以下のような執行上の留意点が示されている。[*17]

まず、地租については、「自然事務ノ増加ヲ来スヘキ筈ナルモ、一面法律第十二号ノ公布ニ依リ税務署ノ事務トシテハ却テ大ニ簡捷ノ途ヲ得タリ」とある。非常特別税法により税務署の事務は増大するはずであったが、却って軽減されたとしている。税務署の手数を軽減することになった法律第十二号とは、地租徴収に関する法律（明治三十七年三月三十一日成立、以下、法律第十二号とする）である。法律第十二号は、土地一筆ごとに地租を算出しなければならない従来の規定を改め、同一市町村内における同一人の同一地目の地租については、地価の合計額により地租額を算出するものである。また、地目が異なる土地であっても、納期が同一のものは同一地目と看做しても良いとされた。これは、非常特別税法により地租の税率が地目別に設定されたため、地目ごと、土地一筆ごとに地租額を算出し、それから個人の地租額を集計する従来の方法では多大な手数を要することになり、それを簡略化するための措置だったのである。

これにより地租は、市街宅地、郡村宅地、田租、その他の地目の四科目にまとめて課税し得ることになった。しかも税務署は、市町村から正確な地価と地租額を報告させ、その地租額を以て市町村に納額通知書を発すれば良いことになったのである。一筆ごとに地租額を算出するどころか、市町村の報告額をそのまま納額通知書に記載するだけとなり、税務署の地租事務は大幅に軽減されたのである。そして地租額の計算を市町村に委ねることになる税務署は、明治三十七年四月の国税諸帳簿監督規程により、市町村の国税諸帳簿の整理状況を監督することとなった。[*18]

次の所得税と営業税では、税務官吏の裁量が問題とされている。地租と酒造税は課税標準が確定しており、課税に関する税務官吏の裁量の余地は少なく、軽微の増税であることもあって課税上の問題は特に懸念されていない。しかし、所得税と営業税については、課税額が税法の性質上、税務官吏の調査・認定に左右されるところが多いため「課税ノ衡平」への留意が必要とされている。戦時下における国民の敵愾心を利用して納税観念の涵養をするのは可としながらも、それを利用して規定以上の課税を求めるなど、納税者の誤解を招く言動は慎むよう注意が与えられている。この時期は所得税や営業税の納税者数が急増しており、それまでの地租や酒造税とは異なる執行体制が求められたのである。別の通牒では、「熱心ノ余リ」事業の盛衰に頓着せず、前年度より減額が必要な場合でも、常に前年度以上の営業税や所得税を徴収しようとして、厳密な調査を行って「民心ヲ刺激」することがあってはならない。徴税は「常ニ中庸ヲ得タル方法」が肝心とされている。[*19]

課税の問題に加え、徴収の問題も重要となる。非常特別税法による増税は脱税や滞納を増加させた。この時期、国民は進んで納税義務を果たすべきであるにも拘らず、「却テ収入ノ歩合漸次低減ノ傾向ヲ示シ」、督促状の発付件数は倍増し欠損額も増加したのである。[*20] 滞納の矯正は急務であるが、滞納処分の強行等では円滑な納税は実現できない。そのため大阪税務監督局では、他の税務監督局で好成績を収めている納税組合の設置を奨励している。「円満な徴税」が強調されるほど非常特別税法の執行には困難が伴い、後述するような様々な納税奨励策の勧奨がなされることになるのである。

このような状況のもと、税務官吏には「至誠奉公」の精神が必要とされ、服務規律の確立とその遵守が求められた。一般に増税は脱税を誘引するが、なかには賄賂により課税逃れを図ろうとする者も出てくる。増税下での円満な税務執行には、規律正しい税務官吏であることがより一層求められたのである。

明治三十八年九月の主税局長通牒は、日露講和による納税観念の冷却や納税義務の等閑などを危惧し、強制手段に出るのではなく「平穏な徴税」に留意するよう指示している。[*21] 日露戦後、非常特別税の廃止や税負担の軽減要求に加え、課税の公平に対する納税者の関心も高まった。特異な事例ではあるが、日比谷事件に見られるような講和内容への不満を理由とする納税拒否を主張する者も出現している。税の問題が、国民的な関心を呼び起こすようになったのが、日露戦後の特徴のひとつといえるのである。このような状況下において、明治四十一年度以降、徴税方法の改善という新たな取り組みがなされることになる。

平和回復（講和条約締結）による非常特別税法の整理は歴代内閣の重要課題となったが、なかなか実現には至らなかった。明治三十九年には税法審査委員会による税法整理案が作成され、同四十年の税法整理案審査会により検討が進められた。この税法整理案は、明治四十年十二月に召集された第二十四回帝国議会に提出されたが、衆議院はこの案を否決し、酒税と砂糖消費税の増税、それに石油消費税新設の増税案のみを可決した。[*22] 税制整理は、これ以降も大きな課題として残されたのである。

このとき主税局が立案した増税案は、明治四十一年度以降の将来における歳入不足をも視野に入れたもので、増税だけでなく執行の改善による増収が見込まれていた。「増税問題」と題する想定問答には、明治四十一年度租税収入の大幅な増加理由として、「歳入自然ノ増収ヲ見込ミタルト、現行税法ノ執行上、課税物件ノ調査、犯則脱税ノ取締、其ノ他徴税方法ノ改善」により、租税賦課の公平と収入増加を図るとされている。[*23] そして、徴税方法の改善により、所得税や営業税、相続税、酒税、醤油税、砂糖消費税、織物消費税、印紙税の八税目で五％の増収が見込まれたのである。

主税局から徴税方法改善による増収を指示された税務監督局では、課税物件の調査および犯則脱税の取締強化、徴税方法の改善による増収策が検討された。[*24] 東京・大阪・京都の三税務監督局の協議では一七・八％の増収が打ち出されたようで、これは主税局にも了承された。仙台税務監督局では、大都市を管轄する三局のような大幅な増収は見込めないが、仙台市などの市街地の調査を精密にして増収を図るとされている。[*25] 主税局から具体的な数値目標が示されたわけではないようであるが、税務監督局ごとに「徴税改善」による増収策が実行されたのである。

なかでも問題となったのは営業税と所得税であった。この両税については、市街地での精密な調査により農村部との不権衡の矯正が図られた。[*26] 日露戦後に人口が急増する都市部では、納税者数の増加だけでなく、その頻繁な転居などによる課税漏れや重複課税も少なくなかった。そのため都市部では逋脱防止が第一の改善策とされ、納税者が把握できている農村部では納税者間の不権衡の是正に力を注ぐとされたのである。増収そのものが目的ではないので、予断に基づく課税標準率の引き上げや、課税標準率の機械的適用による収入増加は厳に戒められた。この時期には課税に対する審査請求件数も増加しており、税務官吏の調査能力の向上や納税者への丁寧な説明が求められたのである。

ただ、直税事務の改善は、「一面ニ於テ調査ノ周到ヲ意味シ、従来ノ欠漏ヲ補フコトトナルヲ以テ、個人ニ取リ税額ヲ増加スル事アルヘキモ、之レ自然ノ結果ナリ」と指摘されているように、徴税事務の改善が増税に帰結する場合があることは当然であった。[*27] そのため税務官吏が課税標準額を決定できる営業税については、調査の強化に対する営業者の苦情が頻出することとなる。徴税方法の改善は、税務官吏の「苛斂誅求」批判を引き起こす結果となり、主税局からは、「徒ニ苛察ノ調査ニ渉リ、又故ナク負担ノ激増ヲ来サシムルカ如キコト」のないようにとの通牒が出されている。[*28] こうしたことを背景に、明治四十二年一月の衆議院には、明治四十一年度の歳入予算において過大に自然増収を見積もったため、税務官吏は競って徴収額の増大に邁進し、「苛察誅求ノ弊」に陥っているのではないかとの質問主意書が提出されている。[*29] 調査の充実による「苛斂誅求」批判を招いたのは、間接税ではなく所得税や営業税であった。明治四十一年十二月の長崎税務監督局長勝正憲の演達は、そのことを端的に表現している。[*30] 勝局長がもっとも強調したのは、税務行政の趨勢が間税から直税へと「一大転換」しているということである。「然レトモ直税ノ課税物件ハ多クノ場合ニ於テ表現的ナラスシテ、之ヲ具体的ニ調査スルハ頗ル困難ノ事ニ属シ、為メニ処ニ依リ人ニ依リ往々衡平ヲ失セルノ感ナキニアラス」と、所得税や営業税調査の難しさが述べられている。特に都市部の人口密集地の調査には困難が多く、そのため「都会の住民に軽く、田舎の住民に重い」不公平な状態にある。こうした弊害は、国税当局者だけでなく民間においても認識されるようになり、「税務行政ノ完全ヲ欲スルノ声漸ク高カラム」状況にある。新聞等は政府が過大の徴税割当を課していると非難するが、これは事実無根である。調査の周到は個人の税額を増加させるかもしれないが、税務改善の目的は収入の増加ではないと強調したのである。ここには、日露戦後の税務行政の特徴と困難性が明確に現れているといえよう。

こうした「苛斂誅求」批判のなか、国税当局内には犯則者への制裁を求める意見も強くなってくる。従来、直税の違犯者には「寛大ノ処置ヲ執リ、制裁ヲ加フルコト稀ナリシ為、奸譎ノ法思ニ押レ、近時奸策ヲ弄シ脱税ヲ企図スルモノ益多キヲ加フノ傾向ヲ生シタリ」と指摘されている。今後、悪質な違犯行為に対しては「仮借セス之ニ制裁」を加える必要があるとの意見も出たが、「苛斂誅求」批判のまえには、容易に実施することはできなかったのである。[*31]

こうした状況のもと、所得税の取り扱いが「申告書訂正主義」から「決定主義」へと大きく転換が図られていくことは、本書第一編第三章で論じたとおりである。従来、所得税については、納税者の申告内容について税務署の調査により訂正が必要となった場合、納税者に修正申告させたうえで所得調査簿に登載するという方法が取られていた。そのため、納税者への説明や説得などに手数や旅費が費やされるばかりでなく、説得の際に税務職員と納税者との課税額をめぐる争論を惹起することも少なくなかった。そこで国税当局は、課税標準の明確化と統一化を図り、所得税や営業税の調査充実に力点を移し、それをもとに調査額を決定することとしたのである。当然、申告内容の修正に関して納税者から説明を求められれば、丁寧な対応が必要とされた。また、税務官吏が課税標準を決定できるため、「苛斂誅求」批判が強かった営業税についても、営業者の長年の懸案であった営業税調査委員会制度が大正三年に導入されるなどの改善がなされるのである。

## 2 納税奨励と国税徴収法の改正

日露戦後の納税奨励は、こうした税務行政の転換に対応するものであったのだが、まずは税務署創設後の国税徴収の概要を述べておきたい。

明治三十年の国税徴収法によれば、この時期の国税徴収は以下のような手続になる。基本は明治二十二年法と同じである。まず、税務署から市町村に納税通知が発付され、市町村から個々の納税者に納税告知書が送付される。市町村は徴収した国税金を、各税の納期限後三日以内に国庫に納付する。納期までに納付されなかった税金は滞納となり、納期後五日以内に市町村から税務署に滞納報告がなされる。滞納報告を受けた税務署は、税金未納者に期限付きの督促状を送付し、それでも納付されなければ差押・公売などの処分が行われるのである。督促手数料は一通当たり五銭であったが、明治三十五年に十銭に改正された。

当時、宮城・岩手・福島の三県を管轄していた仙台税務監督局は、近年増加傾向にある滞納矯正の前提として、その原因を分析している[*32]。それは、不幸にして「未タ納税者ヲシテ当局者ノ勤労ヲ俟タス、自動的ニ完納セシムヘキ名案」はないが、闇雲に滞納処分を励行しても多大の徴税費に比して効果は少ない。そこで根本的な対策を講ずるため、滞納の原因そのものの分析が必要なのだという。そこには、党派対立などによる町村行政の混乱、議員や吏員の不熱心、納税観念の欠乏などが挙げられている。市制・町村制により造成された町村制町村が、必ずしも当初から円滑な町村運営ができなかったことは周知のことで、町村長選挙の対立による納税サボタージュなども起こっている。対立する納税者は町村役場ではなく、直接税務署に納付する事例もあった。こうした町村運営上の争いがスムーズな納税を妨げている例は少なくなかったようである。

また、町村長などによる立替納税の弊害が指摘されている。立替納税による完納は表面上だけのことで、町村長の交代などを契機に滞納者が続出する可能性があり、「姑息ノ手段」と批判されている。納期設定の問題もある。町村が法定納期より早めに納期を告知して徴収しようとするため、町村が設定した納期後も法定納期まで税金を受領しなければならなくなる。さらに法定納期を経過しても町村役場が税金を受領している場合があり、これが納期軽視の観念を招いて滞納の原因になると指摘されている。そのため、明治三十五年三月、大蔵大臣から内務大臣を通して府県知事に、市町村が設定する納期を法定納期若しくはそれに近い日付とする旨を市町村に訓令するよう要請がなされている。[*33] なお、納期については農村における太陰暦の使用なども指摘されており、法定納期を遵守する意識の重要さが強調されている。さらに納税者だけでなく、市町村役場の滞納報告期限の遅延や税務署の滞納処分の遷延も滞納の原因とされている。滞納処分には慎重さが要請されたが、一方で法規に則った執行も要請されたのである。

滞納と一口にいっても、税目による差異も存在する。明治三十五年度分を例に、税目別の滞納状況を述べていこう。まず所得税で特筆されるのは、東京や大阪など大都市の商工業地における「金利上の打算」である。これは税務署から督促状が来るまで納税せず、その間の金利を稼ぐというものである。なかには「故ラニ通貨以外ノ財産ヲ提供シテ差押ヲ受ケ、公売決行迄ニ徐々納税ノ運ヒヲ為シ、依テ以テ極端ノ時期迄金利ヲ貪ラントスル」ケースも指摘されている。公売処分の直前まで金利を稼ごうとする悪質な事例である。金利の差益を得られるのであるから、滞納者は比較的大口の納税者なのであろう。ここまで極端ではないものの、督促状が来てから納税するのは当時の納税者にとっては特別のことではなかったようである。これは営業税も同様で、滞納者の過半数は督促状の期限内には完納し、そうでない場合も滞納処分の執行前には現金で納付している。この時期の滞納問題は、国税の欠損というより、督促状発付件数の急増などによる徴収事務の増大であることがわかる。

地租については、一般的な怠慢に加えて貧困が滞納理由に掲げられているのが特徴である。地租には免税規定がないためであるが、これも公売処分にまで至るケースは稀である。もっとも市街宅地租の場合は田畑租とは異なり、「納税ノ手数ト時間トヲ厭ヒ、寧ロ僅少ナル手数料ヲ出スモ収税官吏ノ出張ヲ俟テ現金ヲ提供シ、坐ナカラ納税ヲ了スルノ便ヲ思フニ出スルノ弊ヲ生シ、輓近漸ク其数ヲ増加スルモノ、如シ」と、資産者が納税の手数を惜しむ故の滞納であるとされている。とくに大都市部では、納期限最終日に市役所の窓口に納税者が集中するため、納税窓口の増加など市町村の納付上の改善が必要とされている。

こうした状況に、国税当局も手を拱いていたわけではない。明治三十六年に神戸税務監督局管内の税務署が市町村と協議して実施した滞納防止の施策には、以下のようなものがあった。納税者への働きかけとして、農談会など住民会合の席上での納税観念喚起の講話、納税上の注意書や納期一覧表の各戸への配付と掲示、納税組合の組織化などである。納税袋や納期一覧の配付は最も容易な納税施設とされたが、実効がある施設は納税組合とされた。納税組合は大字などを単位に自主的に組織され、区長や組合長が税金の集金または納税のための日掛預金の集金等を行うもので、円満な徴収には最適な施策とされた。なお、納税組合設立の勧奨や滞納処分の執行などに際しては、国税だけでなく県税や市町村税とも歩調を合わせるなど、税務署と市町村との親密な関係を形成するよう注意されている。市町村役場の事務としては、滞納者名簿や納税督促簿の作成による滞納防止、滞納報告期限の厳守、完納者や優良吏員の表彰などが掲げられている。国税の滞納が徐々に増加傾向を示すこの時期、国税当局も市町村に対する徴収上の改善に本格的に乗り出すようになっていったのである。

日露戦後の納税奨励策は、基本的には戦前からの施策を引き継ぐものであった。そして、それは明治四十一年度以降の徴税方法の改善のなかで、より積極的に推進されていくのである。千葉県松戸税務署の事例では、管轄を同じくする東葛飾郡長から管内の町村に対して、国税県税町村税の完納を目的とする納税組合規約と納税準備貯蓄組合規約の雛型が訓示され、町村又は大字など地域の実情に応じて実施することが勧奨されている。[*34] また、福島県では県知事名で納税組合規約の雛型を配付し、それを受けて郡長が町村長に勧奨をおこなっている。このような事例は全国各地で確認でき、税務監督局や税務署と府県や郡市町村との協議により様々な納税奨励策が展開されていったのである。

**表37　明治・大正期における主要3税の督促状発付数**

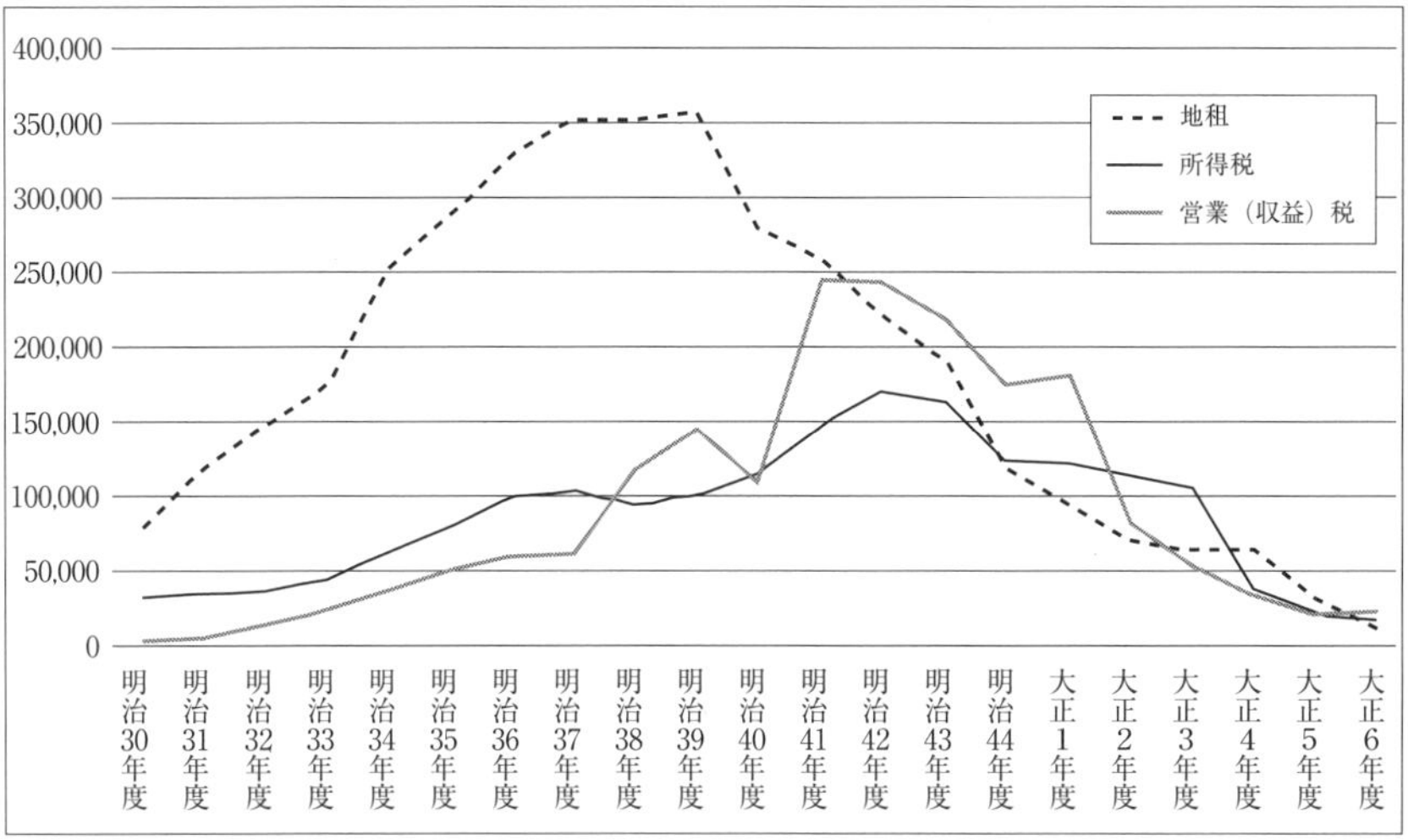


※各年度の『主税局統計年報書』による.

東京税務監督局が明治四十一年十二月に制定した市町村国税徴収奨励内規には、税務署の市町村への対応として、市町村国税事務実績簿の作成や、市町村国税事務担当者との意思疎通と知識の交換、納税組合等の奨励と報告などが掲げられている。[*35] 税務署と市町村は、府県・郡市と異なり直接の指揮・命令関係にはないので、国税当局による一方的な命令や頻繁な税務協議会の開催は逆効果となるなどの注意が与えられている。あくまでも徴収の主体は市町村であり、国税当局は市町村との良好な関係を築きながら納税奨励策を進め、滞納の減少を図っていくことが必要とされたのである。

表37は、表35のデータから当該期の督促状発付数を抜き出したものである。件数全体について、明治三十九年度の増加理由には「税負担ノ過重」が挙げられている。[*36] しかし、滞納処分決行前に納付されることが多いので、差押処分や税金の欠損などは減少しているとされている。また、四十年度の減少は様々な督励により市町村の徴収上の注意が行き届いたからとされ、四十四年度は後述する延滞金の導入による減少とされている。

これを税目別にみると、もっとも納税者が多い地租は、日

表38　日露戦後の大都市の納税施設

| 市（区）役所 | 奨　　励　　策 |
|---|---|
| 東京市各区役所<br>横浜市 | 納税告知書の期限を法定納期前とし，未納者への注意の書面送付，電話での督促，納税告知書欄外に注意書等を印刷 |
| 東京市麹町区役所 | 区域により納期限を別にして納税者の群集を予防．納税資格証明請求の際に税務署の収入証明を求める |
| 横浜市，仙台市<br>広島市 | 市内の貯蓄銀行出張店，銀行本支店，市の派出所等での納税 |
| 東京市牛込区役所 | 区内の兵営，官衙，会社等で事務員を雇用する団体に，団体徴収法実施を交渉中 |
| 横浜市 | 新聞に納税成績を掲載 |

※『納税施設例彙』東京税務監督局，明治44年（平12東京367）．

露戦争により若干増加するものの、戦後は急激に減少し所得税や営業税より低くなっている。これは、地租徴収に関する法律（法律第十二号）により、一人別の地租額を地価や同一納期で合算することになったため、納税告知書数そのものが減少した結果と考えられる。一方、所得税は戦争により急増し、戦後にいったん減少するが、再び増加した後は高い数値のまま推移している。営業税は戦後に急増し、それから徐々に低下しているが、その要因として大正三年の営業税調査委員会の設置が考えられる。所得税と営業税の大正初年における減少は、免税点の引き下げが大きな要因と考えられるが、税目により滞納の実態が異なることがわかる。

納税組合は府県や郡などの勧奨により各地で設立されていくが、町村吏員などによる督促や注意、税金の集金など地域の実情に応じた納税施策が実施された。納税組合は農業や漁業など生業が同じ地域での設立が容易であるから、都市部よりは農村部に普及したと考えられる。都市部では、表38のような納税奨励策がなされている。個別の注意や督促、納税窓口の増加などに加え、軍隊を含む官公庁や民間会社などへの納税組合の設立交渉がなされていることが注目される。都市部において納税組合が普及していくのは、給与所得者が増加する大正後期から昭和期にかけてである。[*37] ちなみに、麹町区役所の納税資格証明の際に税務署の収入証明を求めるというのは、選挙資格証明書等の交付の際に、納税資格をクリアしているだけでなく、実際に完納していることを確認するということである。

また、税金を徴収（集金）する納税組合だけではなく、税金を領収する税務署の対応にも改善が図られている。明治四十一年一月の広島税務監督局長内達では、滞納防止の手段の一つとして、「収税官吏ハ常時納税者ノ便宜ニ従ヒ現金ヲ領収スルノ覚悟ヲ以テ徴税ノ任ニ当ル用意アルヲ必要トス」との通達が出されている。[*38] たとえば、滞納処分執行直前に税務官吏に税金が手渡された場合、それを領収して税務署に一時保管し、金庫に納付するといった具合である。業務終了後の納付についても可能な限り対応することとし、金庫にも同様の対応を要請するよう指示されている。ただ、税務官吏が税金を直接取り扱う機会が増えれば事故も起こりやすくなる。そのため税務署における現金取り扱い上の注意や管理方法の改善、職員個々の服務規律の徹底などが行われている。後者については、税務署で戊申詔書の捧読式が実施されている。[*39] 戊申詔書は地方改良運動の際に市町村に配付されたものであるが、これを大蔵省が複製印刷して全国の税務署に配付したのである。日露戦後の税務行政に対する納税者の関心は高まった。そのなかで税務官吏は、服務規律の厳守や納税者への対応、調査能力など様々な面での能力向上が求められたのである。

また、日露戦後の新たな納税策として特筆すべきものは、都市部における郵便振替制度を利用した郵便局での公金取扱制度である。地租が中心の農村部に対して、所得税や営業税の納税額が多い大都市部の滞納は少し事情を異にした。前述のように、都市部における滞納理由のひとつに納税の手数を嫌うというのがあった。納税の窓口を増やすといっても、市町村の事情もありなかなか簡単ではない。そこで導入されたのが、税金などの公金の納付に郵便振替制度を利用する方法である。

郵便振替制度は明治三十九年三月の創設で、利用者の口座に「現金を払い込み、払い出し、もしくは口座の相互間において金額の振替などをおこなう制度」である。[*40] この制度を利用して、郵便局に口座がある納税者には、市役所から郵便局に納税通知が送付され、郵便局から税金が納付されるという仕組みである。たとえば明治四十四年六月にこの制度が導入された神奈川県横浜市では、国税と市(区)税、諸種の手数料、水道やガス料金など、市の公共料金の納付が可能となった。[41]

この制度については、『明治大正財政史』に会計制度上の記述があるものの、本稿の観点からの記述は存在しない。[42]そこで、この制度について若干の検討をしておきたい。管見の限り国税関係で最初のものは、大阪税務監督局長渡辺義郎が雑誌記者のインタビューに答えた記事である。[43]渡辺局長は、滞納防止のための「余一己の希望」として以下のように述べている。すなわち、「納税貯金法を作り、銀行に於て納税奨励組合とでも云ふ様な団体を組織して常に貯金をなさしめ、市町村は其銀行に納税通知書を送り、銀行は納期毎に之を納付する」方法である。勤倹貯金の実行により、貯金の一部を納税に、残りを教育等に充てれば、滞納防止と国力充実の「一挙両得」になるとしている。最初に郵便振替制度を利用したのは大阪市であり、その要因に渡辺大阪税務監督局長の積極的な奨励があったと推測される。明治四十年七月に終了した税法整理案審査会における国税徴収法改正案のなかでも、納税手続きを簡便にして納税者の利便を図る手段のひとつとして、郵便振替貯金の利用が検討されたことが東洋経済新報に掲載されている。[44]『税法審査会審査報告書』では税法以外の審査状況は確認できないが、この時期、国税当局においても郵便振替制度が注目されていたのである。

郵便振替制度は、納税者の利便を図ることにより滞納を防止するための方策として普及が図られていく。先述したようにこの制度を最初に導入したのは大阪市で、明治四十二年五月のことであった。大阪市では納税の利便のために出張取扱所の増設が議論されており、交渉の末に郵便振替制度の導入に至ったという。導入直後は郵便局よりも市（区）役所窓口での取扱高が多かったものの、八月以降には郵便局の取扱高が上回るようになったという。市の税金収納窓口は市（区）役所および出張所を合わせて十一か所に過ぎず、一か所当たりの市民の数は約一一万人に相当する。これに市内の取扱郵便局九十九か所が加わったのであるから、その利便性は飛躍的に高まったのである。[45]

国税徴収に対する苦情には、税負担の重さだけでなく納税手続の面倒さも含まれていた。「東京大阪等の如き大都市の徴税設備甚だ不完全にして、一の窓口より数千人の納税者を受付くるものなる為め、納税者が其窓前に数時間乃至半日を空費するが如き毎度の事なり」と記されている。こうした事態に、所得税や営業税の交付金を他の財源とせずに徴税設備の拡張に投入すべきとの、市当局への批判も出されている。[*46] 明治四十三年四月の税務監督局長会議では、国税徴収方法の改善策として郵便振替による納税方法が議論されている。[*47] 会議では大阪市における納税成績の改善が報告され、意見交換の結果「大都市ニ於テハ至極便利ナル制度」であるとして市当局に奨励することとされた。この会議には下村宏郵便貯金局長も出席して、大阪市では納税者の六割が郵便局を利用していると、国税・地方税の徴収における同制度の利用促進を説いている。また、翌明治四十四年四月の局長会議においても、郵便振替により大都市における滞納が著しく改善されたと報告されている。以後、振替貯金の利用は京都市（明治四十三年四月）、新潟市（同四十三年六月）、和歌山市（同四十三年七月）、岡山市（同四十四年二月）、横浜市（同四十四年七月）、堺市（同四十四年八月）と市制施行地で続々と実施され、明治四十五年四月には東京市においても実施されるのである。[*48]

さらに、明治四十四年三月、国税徴収法の改正により地租にも国税徴収交付金が交付されることになった。この改正法案は衆議院の議員提案によるもので、原案は地租徴収費用の市町村交付金を他の直税と同様四％とするものであった。提案理由には、非常特別税法施行の際、法律第十二号により税務署の地租徴収事務は軽減されたが、逆に事務量が増大している町村への交付金が必要というものである。[*49] 地租は他の国税と異なり、税務署からの徴税令書には「市町村ノ合計金額ヲ何千何百円トシテ記載シテアルダケデアッテ、各納税人ノ調ハナイ」ので、納税者ごとの告知書は市町村が個々に算定して通知すると述べられている。

これに対する主税局長菅原通敬の修正意見は、以下の通りである。まず、交付金増額への財政上からの反対である。ただ、従来の交付金額の範囲内において、地租を含めた各税に配分するのなら反対しないとしている。そして、従来のような徴収金額に比例した交付金の配分方法には、多額納税者を多く抱える都市部は徴税の手数の割に交付金が多く、少額納税者が多い農村部は納税告知書の発送などの手数が多い割に交付金が少ないという問題点があるとした。そのため、徴収金額と納税告知書枚数に応じた交付金の配分への修正を主張したのである。また、納税告知書を発付しても滞納となれば交付金は受けられないので、延滞金制度の導入が必要と主張した。延滞金制度は、税制上からも重要であるとしている。このような大蔵省の意見に対して、衆議院委員会は地租の交付金額を徴収額の〇・七％とする修正を行った（他の税目は従来通り四％に据え置き）[*50]。財政的制約により一律四％の交付金案に政府が同意しないため、とりあえず地租にも交付金の道を拓くことで交付金の公平性確保への第一歩としたのである。この修正案は主税局の同意を得、さらに交付金の公平維持に関する調査を継続することで合意したのである。

そして、交付金割合の修正案決議後、委員から故意の滞納者に対する延滞金制度の導入についての提案がなされた。営業税などの金利を稼ぐための滞納や、納税の手間を省くための故意の滞納の説明があり、慎重意見も出されたが延滞金導入の方向で議論が進められていく。そして、延滞金導入の提起者である菅原主税局長から、延滞金は故意の滞納者の矯正のためとし、その対象も税額一〇円以上の滞納者とする見込みが説明され、延滞金の導入が決議されたのである。結局、本会議に提出された委員会修正案は、地租に徴収金額の〇・七％の交付金を認めることと延滞金の導入で、衆議院に続いて貴族院でも可決された。

地租に対する交付金については、さきの明治四十三年四月の税務監督局長会議において、地租への交付金を認めることを前提に、歳出増加にならない方法が検討されていた。そこでは、交付金額の範囲内で諸税と同様の交付金を認める意見が多数を占めていたのである。ただ、それでは従来の交付金を引き下げる結果となり、所得税や営業税の交付金額が多い都市部の財政に悪影響を及ぼす恐れがあるとの意見もあった。衆議院委員会の議論は、こうした国税当局の意向をも踏まえた内容だったと言える。

こうして、明治四十四年度分から地租にも交付金が交付されることとなり、延滞金が徴収されることになった。延滞金は、あくまでも納税資力を有しながら「故意ニ其ノ手続ヲ怠リ滞納スルノ弊習ヲ矯正スル」ために導入されたもので、実施にあたっては「特ニ苛酷不親切ノ取扱ニ渉ルカ如キコトナキ」よう、大蔵大臣内訓が出されている。[*51] こうした施策により明治四十四年度の督促状発付件数は減少し、「数年来孜々トシテ努力セシ滞納ノ矯弊、納税ノ督励ハ、延滞金徴収ノ新制度ト相俟テ、其ノ効果ノ特ニ著シキヲ見ル」と記されるまでになったのである。[*52] とりわけ延滞金の導入は、都市部における金利稼ぎの防止に大きな効果をもたらし、滞納の改善に大きく寄与したのである。

## 小括

日露戦時における第一次・第二次の非常特別税法は、増税による滞納の増加を招いた。戦時特別税である非常特別税法は平和回復後には廃止されるべきものであり、税制整理が大きな課題となった。しかし、日露戦後の財政事情は非常特別税法の廃止を困難とし、そのなかで、所得税や営業税などの直接税の「徴税方法の改善」が執行されたのである。とりわけ所得税や営業税は、課税標準の調査や認定における税務官吏の裁量の幅が大きく、課税の衡平が重要な課題となった。課税標準の調査や認定については納税者の関心も大きく、課税の公平が問題とされるようになったのである。

日露戦後の納税奨励策は、督促状発送数の大幅減少に見られるような成果を挙げた。それは、主税局の通達により全国一斉に推進されたということではなく、市町村や郡、府県との協議のもと、これまで地方において実施されてきた納税施策を取り入れながら、税務監督局及び税務署単位で展開されたものであった。この点で、内務省を中心に府県―市、郡―町村の系統で展開された地方改良運動との共通性があったといえる。具体的な施策としては、納税組合の設立や、町村吏員および優良納税者の表彰、児童に対する納税教育などである。税務署から報告された施策の多くも、こうした成果を取り入れたものといえる。そして、こうした納税施設に対する財源として、明治四十四年度から地租に対する交付金が交付され、後述するように大正三年にはその拡大が図られていくことになる。

一方、都市部では、所得税や営業税、市街宅地租の比重が高かった。そこで大きな成果を上げた施策のひとつは、明治四十二年に大阪市で初めて導入された郵便振替制度であった。急増する所得税と営業税の納税者に対し、納税窓口の少なさなど納税の不便が指摘されていた。納税者が詰めかけて納付に半日を要するような現状が、滞納の要因となっていたのである。そこで納税者の利便性を高めるため導入されたのが、郵便振替制度である。この制度は、明治四十二年の大阪市を嚆矢として市制施行地に次々と導入され、郵便局での納税額が市役所の窓口を上回る成績を収めるようになる。郵便局での納税が可能であれば、銀行等にも同じ制度が拡大していくのは当然である。

都市部でのもうひとつの施策は、明治四十四年の延滞金の導入である。所得税や営業税では納税までの金利を稼ぐための滞納が多く、督促状発付後または差押や公売処分の直前の納税も珍しくなかった。所得税と営業税に加え、市街宅地租の納税者は比較的裕福であり、それが故の滞納といえる。これには督促手数料だけでは不充分で、故意の滞納に対する延滞金により滞納を減少することができたのである。

## 第三節　大正期の納税奨励

### 1　大正三年の国税徴収法改正

明治四十四年（一九一一）の国税徴収法改正は、財政的制約により徴収税額の〇・七％に止まったものの、交付金の対象外とされた地租にも交付金の道を拓くものであった。ここで議論されたのは交付金の公平性確保の問題で、税目ごとの交付金割合に加えて、主税局からは納税告知書数を交付基準に追加することが提起されていた。また、このとき主税局が主張した故意の滞納を矯正するための延滞金の導入も実現した。財政上の制約は別にして、交付金の公平性に関する調査・研究の必要性は政府と議会で共有されており、交付金制度見直しの必要性は高まった。

こうした交付金制度見直しの背景にあったのは、日露戦後の都市部と農村部における交付金の較差の増大であった。多額納税者を多く抱える都市部は納税手数の割に交付金が多いが、農村部は地租の納税告知書発付数が多く手数の割に徴収額が少ない。そのため主税局は、国税徴収費用の適正な分配という観点から、交付基準を従来の徴収金額に加えて納税告知書発付数との二本立てとする案を提起したのである。明治四十四年改正においては財政上の理由から地租の交付金を徴収額の〇・七％とするに止まったが、交付金の公平性は早晩解決しなければならない課題となった。主税局が提案した交付基準の改正は大正三年改正において実現し、徴収税額の一律三％と納税告知書発付数一通につき二銭の割合となった。こうして、大正三年三月の国税徴収法改正により、市町村の国税交付金は従来のほぼ倍額に相当する二三六万円と見積もられたのである。

明治四十四年と大正三年の国税徴収法の改正結果だけを見ると、国税交付金制度は単線的に拡大されたように見えるが、実際はそうではない。

明治四十四年十二月、日露戦後における行財政整理および税制整理を目的に内閣に臨時制度整理局が設置される[*53]。その税制整理の調査方針のなかに、徴収制度の改善方法が掲げられていたのである。大蔵次官勝田主計に提出された、大正元年八月付の「国税徴収法改正理由」から、このとき徴収委任制度の存否にまで踏み込んだ議論がなされていたことがわかる[*54]。

まず、第一点は市街地における徴収委任の廃止である。市や町などの都市部は税務署の直接徴収とし、国庫金を取り扱う金庫を郵便局の振替貯金口座に加入させるというものである[*55]。そもそも市制・町村制および国税徴収法制定の際、市町村の固有事務と委任事務とを区別し、国税徴収はなるべく国の機関が直接に行うこととされていた。だが、「納税者ノ多数アル租税ニ限リテ、納税者ノ便宜ヲ顧ミ」、市町村に徴収を委任したと説明されている[*56]。税務署による直接徴収の利点は、税務署の事務や経費は増大するものの、「徴収事務ノ統一整頓」により国庫への納入が速やかになり、市町村の交付金も不要になること。また、市町村にとっても、交付金はなくなるが委任事務が減少するので固有事務の伸張が図れること。これまで実際の徴収経費以上の交付金額を得ていた市町村については、もともと不当な利益なので苦痛を訴える理由はないとしている。納税者は、国税と地方税（国税付加税）を税務署と市町村に別々に納税することになるが、郵便局で納税できるようになれば手数はなくなること。国税と地方税（明治二十三年勅令第八十八号により市町村は府県税を徴収し、府県に納付する義務を負うとされた）の手数といっても、納税告知書送付の手数が二倍になるだけとしている。

ただ、直接徴収の範囲は市や市に準ずる町などの市街地に限定するとされ、納税者の不便とならず、かつ多額の徴収費を要しない範囲とされている。これらの市や町には税務署および郵便局や銀行等の金融機関があるので納税に不便は生じないとされており、具体的には税務署所在地の市町村が想定されているようである。直接徴収になると金庫か税務署に納付することになるので、納税者の利便性を考えて郵便局でも納税できるようにすることが必要とされている。

市街地における税務署の直接徴収論は、後述する第二点目の交付金の公平性との関連からも説明されている。もともと国税交付金は徴収実費の補償である。しかし、明治二十二年度には徴収費のわずか七％に過ぎなかった交付金は、日露戦時の非常特別税により徴収税額が倍増したため、明治四十五年度予算では徴収実費を上回るまでになったのである。しかも、徴収実費に対する交付金の割合は、市が約五倍、町が約二倍に上り、約八割にとどまる村との較差が生じていた。こうした交付金の較差是正には、市や町の交付金を引き下げる方法もあるが、むしろ市街地は税務署による直接徴収の原則に戻るべきであるとしている。

第二点は、交付基準の公平性である。市については直接徴収するとしても、町村の徴収委任を維持する場合、依然として町村間には較差が存在することになる。そのためまず、地租（徴収額の〇・七％）とその他の税目（同四・〇％）の交付基準を一律にする必要がある。地租にも交付金の道を拓いた以上、他の税目との公平性を求めて交付金増額要求が出てくることは必然である。そこで徴収額による交付基準を一律とし、さらに納税告知書発付数との二本立てとする案が提起されたのである。ただ、町村のみを対象に徴収実費相当の交付金額を算定すると、徴収額の一％と納税告知書一通に付一銭となる。若干交付金額のほうが下回るものの、徴収額の増加により不足分は解消するとされている。多額の剰余が生じている市を直接徴収とすることで交付金を削減し、町村への交付金を徴収実費相当額に抑え、かつ地租徴収の手数の多い農村部への交付金を厚くするというのが主税局の意図であった。

臨時制度整理局では並行して大規模な行政改革の調査が進行しており、国と府県の事務分掌の見直しも行われていた。そのうち内務省が整理した意見書には、税務監督局と税務署を廃止して国税事務を府県に移管するとの意見書が十二道府県分も含まれていた。[*57] 内務省は、このような意見は到底採用できないとの参考意見を添えているが、国税当局としてもようやく地方から分離独立させた国税機関を廃止することなど論外である。また、逓信省からは、市町村の徴収事務を郵便官署の所管とする意見書も出されている。税務署から市町村に送付される納額通知書を郵便局に送付すれば、郵便局はそれを納税者に配達し、さらに集金までが可能としている。市町村への徴収委任をめぐり、税務署や内務省、ひいては逓信省など、それぞれの思惑が存在したのである。税務署による市の直接徴収と交付金の交付基準見直しによる徴収費削減案は、他の項目と一緒に臨時制度整理局総裁に報告されたようである。しかし税務署の直接徴収案が、帝国議会に提起されることはなかった。

明治四十四年の交付金割合の改正後、第三十回帝国議会（大正元年十二月召集）の衆議院に、地租の交付金割合を徴収額の四％に引き上げる議員提案が提出されたが、これは審議未了で廃案となった。[*58]

第三十一回帝国議会（大正二年十二月召集）では、衆議院に二つの交付基準見直し案が議員提出された。[*59] 第一案は交付金を徴収額の一律四％に引き上げる案で、前回議会と同じ案である。第二案は、徴収額の一律三％と納税告知書発付数一通につき二銭とする案である。前議会で政府は財政に余裕が出来たら交付金見直しに同意すると回答していたため、今議会での改正が実現する可能性は高まっていた。主税局でも改正の準備はなされており、この頃に作成されたと考えられる国税徴収法改正案では、現行の徴収委任を前提に、交付金は徴収額の一律一％と納税告知書一通につき二銭となっている。[*60]この主税局案は、現行交付金額の枠内で市町村の較差是正を図ろうとするもので、交付金の割合を徴収額の一律一％に抑えるかわりに納税告知書数に応じた交付基準を併用することで、地租の比重が高い農村部の交付金を増加させようとしたのである。ただし、大正元年案のような国税徴収委任制度そのものの見直しは撤回されている。

第三十一回帝国議会に議員提出された二つの交付金見直し案は、最終的には徴収額と納税告知書数の二本立て案に一本化される。最初の一律四％案の提案理由では、交付基準の公平性が謳われてはいるものの、徴収手数料の増額なので直接の減税ではないが、「間接ニ重イ農民ノ負担ヲ軽クスル」ことになると強調されていた。[*61]衆議院は、地租交付金の増額を地租軽減策の代案と捉えていたことが分かる。もう一つの徴収額と納税告知書の二本立てとする案は、徴収額の交付基準が異なっているものの主税局案と同じである。実は、この改正案が提出される前日、衆議院本会議の予算委員会報告で、交付金の一律四％案が成立した場合、追加予算で交付金を増額することに政府の同意が得られたと付け加えられていた。[*62]追加予算による交付金増額が確約されたことにより、より公平な交付基準である徴収額と納税告知書数の二本立てとし、さらに主税局案より徴収額の割合を引き上げる改正案の提出が可能になったのである。つまり、徴収額の一律三％と納税告知書一通に付二銭とする交付金改正案は、政府の同意のもとに議員提出されたのである。議員提出案と主税局案とでは交付基準の数値に開きがあるが、それは交付金を増額するかしないかの違いであった。なお、交付基準は、徴収額の一律二％と納税告知書一通につき四銭とするのが町村間の公平を最も維持できる基準であるが、それでは市の交付金が二十二万円ほど減額となるので、市の「既得権ヲ尊重致シマシテ、多少理想ニハ遠カリマスケレドモ」、提案の割合にしたと説明されている。[*63] 大蔵大臣高橋是清は、これにより交付金二三六万円余の増額が見積もられるが、市の交付金を減額せず、しかも町村の較差を是正して均衡を図るためには「已ムヲ得ザル犠牲デアル」と説明している。[*64] 市町村への国税徴収交付金は、必ずしも徴収実費の補填ではなく、市町村への補助金と認識されていることが窺える点は興味深い。

以上、大正三年の国税徴収法改正により、都市部と農村部の公平性を図るため、交付基準は徴収額と納税告知書数の二本立てとなったのであるが、市の剰余分は「既得権」として残されたままであった。市の交付金減額が否定されているのであるから、税務署による市街地の直接徴収案が検討される余地はなかったと言わざるをえない。こうして、大正三年改正により国税徴収委任制度は維持・拡大されたが、交付金較差の是正は不充分なまま据え置かれることになった。それでも交付金制度の拡大は、市町村における納税奨励策の財政的基盤となっていくのである。

## 2　納税奨励策の展開

大正三年改正により国税交付金はほぼ倍増となり、交付金の使途に関心が高まるようになる。大正三年八月、主税局長と内務省地方局長の連名で、交付金を国税徴収のための諸施設に使用する旨の通牒が市町村に出された。[*65] これまで内務省は、こうした国庫交付金を町村基本財産として蓄積するよう指導していたが、これからは交付金の趣旨に基づいて徴税上必要な各種施設の経費に優先的に充当するよう指示がなされたのである。納税者の利便を図り滞納をなくすことに尽力するのは勿論、国税徴収関係諸帳簿の整理や収納した税金の送付など、税務官庁との熟議による充分な努力が必要とされた。

交付金の使途については様々な施策が挙げられているが、主税局長は明治四十三年四月の税務監督局長会議で、具

**表 39　東京税務監督局管内の納税施設数**

| 年　度 | 教育機関 | 納税講話 | 納税貯蓄 | 納税袋等 | 出張徴収 | 税金取纒 | 納税合図 | 納税督励 | 納税選奨 | 制裁 | その他 | 合計 |
|---|---|---|---|---|---|---|---|---|---|---|---|---|
| 大正 5 年度 | 56 | 38 | 1,670 | 419 | 323 | 5,241 | 48 | 678 | 427 | 12 | 46 | 8,958 |
| 大正 6 年度 | 78 | 107 | 1,671 | 365 | 368 | 6,313 | 56 | 815 | 552 | 37 | 125 | 10,477 |
| 大正 7 年度 | 67 | 55 | 1,723 | 230 | 252 | 6,228 | 56 | 735 | 567 | 33 | 33 | 9,979 |
| 大正 8 年度 | 73 | 43 | 1,843 | 244 | 257 | 6,530 | 50 | 745 | 645 | 35 | 35 | 10,500 |
| 大正 9 年度 | 74 | 35 | 1,857 | 265 | 262 | 6,687 | 45 | 824 | 480 | 41 | 11 | 10,581 |
| 大正 10 年度 | 74 | 61 | 1,861 | 267 | 240 | 7,081 | 24 | 885 | 554 | 42 | 11 | 11,100 |
| 大正 11 年度 | 75 | 60 | 1,705 | 248 | 293 | 7,098 | 31 | 969 | 633 | 41 | 11 | 11,164 |
| 昭和 2 年度 | 92 | 198 | 2,412 | 466 | 508 | 10,533 | 83 | 1,431 | 788 | 12 | 4 | 16,527 |
| 昭和 3 年度 | 151 | 170 | 3,261 | 832 | 628 | 11,059 | 62 | 1,715 | 715 | 8 | 23 | 18,624 |
| 昭和 4 年度 | 136 | 135 | 3,529 | 914 | 822 | 11,082 | 69 | 1,842 | 1,028 | 17 | 8 | 19,582 |

※「東京税務監督局局報」（平 11 東京 31 及び昭 43 東京 70－8・11・20）による.

体的な納税奨励の施設については税務署と市町村職員による税務協議会を開設して協議するよう指示している。[*66] 税務監督局においても税務協議会の雛型や、具体的な納税施策についての通牒が多数発せられるようになり、大正三年改正を受けて納税奨励策が本格的に展開されていくのである。しかし、国税徴収委任制度のもとでは、実際に納税奨励の具体策を策定するのは市町村であり、税務署が直接指示・命令する関係にはない。むしろそれは逆効果となる。そのため、税務署や市町村、または郡役所などの関係職員による、年一～二回程度の徴収改善に関する市町村協議会の開催が指示されたのである。府県は郡役所を通して徴収方法の改善策を町村に指示してきたが、税務署は市町村を直接監督する立場にないので、税務協議会を通して徴収方法の改善に対処することになるのである。

表39は、大正期から昭和初期までの東京税務監督局管内における納税施設数の一覧である。ここには、小学校などの教育機関を利用した施策、有識者等による納税講話、納税貯蓄組合の設立、納税袋や諸税の納期限一覧等の配付、吏員による出張徴収、税金取纒組合の設立、太鼓や鐘による納期限の合図、滞納者への村八分などの制裁等、様々な施策が挙げられている。「納税選奨」は、納税組合への創立交付金や完納交付金、個人や組合の表彰などの奨励策のことである。[*67]

これらの納税施設のなかで、積極的に奨励されていくのが納税組合の設

**表 40　東京税務監督局管内の納税貯蓄組合の設置単位**

| 年　度 | 市区町村 | 大字1町 | 組合部落 | 産業組合 | その他 |
|---|---|---|---|---|---|
| 大正 6 年度 | 31 | 228 | 1,385 | 26 | 1 |
| 大正 7 年度 | 28 | 252 | 1,423 | 19 | 1 |
| 大正 8 年度 | 29 | 271 | 1,520 | 22 | 1 |
| 大正 9 年度 | 30 | 278 | 1,518 | 30 | 1 |
| 大正 10 年度 | 29 | 272 | 1,535 | 23 | 1 |
| 大正 11 年度 | 28 | 75 | 1,583 | 18 | 1 |
| 昭和 2 年度 | 327 | 294 | 1,769 | 18 | 4 |
| 昭和 3 年度 | 96 | 417 | 2,722 | 19 | 7 |
| 昭和 4 年度 | 109 | 407 | 2,991 | 18 | 4 |

※表 39 に同じ.

**表 41　東京税務監督局管内の税金取纏組合の設置単位**

| 年　度 | 市区町村 | 大字1町 | 組合部落 | 産業組合 | 青年会等 | その他 |
|---|---|---|---|---|---|---|
| 大正 6 年度 | 255 | 673 | 5,365 | 5 | 7 | 8 |
| 大正 7 年度 | 163 | 697 | 5,357 | 5 | 6 | 0 |
| 大正 8 年度 | 212 | 565 | 5,545 | 198 | 8 | 2 |
| 大正 9 年度 | 219 | 541 | 5,787 | 4 | 136 | 0 |
| 大正 10 年度 | 232 | 637 | 6,199 | 4 | 9 | 0 |
| 大正 11 年度 | 235 | 621 | 6,229 | 5 | 4 | 4 |
| 昭和 2 年度 | 387 | 767 | 9,294 | 80 | 4 | 1 |
| 昭和 3 年度 | 374 | 960 | 9,705 | 12 | 6 | 2 |
| 昭和 4 年度 | 431 | 1,071 | 9,558 | 16 | 6 | 0 |

※表 39 に同じ.

立である。納税組合は、近世以来の組織を継承しているものもあるなど、地域の実情に応じて任意に組織されてきた。活動内容も、組合員が納税のための貯金を行い納税に備える納税貯蓄組合、組合の世話役などが税金を集金して納税する納税取纏組合、納税督励を行う納税督励組合など様々であるが、圧倒的に多いのは納税取纏組合である。表40と表41は、納税貯蓄組合と納税取纏組合が地域のどのレベルで組織されているかを示すものである。納税組合の特徴は、市町村や大字よりも小さな「組合」や「部落」単位が圧倒的に多いことがわかる。小字や区、組や集落など、より生活に密着した小さなコミュニティーが単位であり、それが有効な納税施設と評価される所以なのである。なお、納税督励組合は「組合や部落」単位よりも市区町村単位のほうが多いが、これは一般的な督励に止まるからと考えられる。もともと納税組合は地域の人間関係が密接な農村部において組織されてきたが、大正期に入ると都市部においても同業者や職場を単位とする納税組合の設立が奨励されるようになる。そして、府県や郡単位で納税組合規約や表彰規程などが整備されていくのである。

さきに、表35の説明において、大正前半期の滞納件数は第一次世界大戦の好況もあって減少していると記したが、それは滞納防止に対して何の対応も必要なかったということではない。日露戦後に滞納が問題化したのは都市部である。市では役場の出張所増設や郵便局での納税が可能になるなどの徴税改善策も実施されたが、それだけで滞納がなくなるわけではない。東京税務監督局は、大正二年十月に納税督励及滞納処分執行方心得を制定し、管内の市やこれに準ずる市街地を管轄する税務署を対象に、最近一年以内の滞納者や滞納の虞がある納税者に対し、出張もしくは電話・書面による納税督励を行うこととした。[*68] 税務署が市町村の徴収事務を応援することで滞納数が減少すれば、その後の税務署による手数が軽減されることは勿論であるが、滞納の状況を事前に把握することで迅速な滞納処分が可能になったと考えられる。納税督励は庶務課員を動員して納期限前七日以内に三日間実施されることとなり、さらに所得税や営業税の納税初年または転居者、課税に不服を唱える者には、必要があれば課税担当の直税課員が督励にあたることとされた。また、地租のように税額が一定の税については、納税督励の際に滞納すれば直ちに滞納処分を執行する旨を予告することとしている。差押や公売処分の強行には批判も伴うため、その前提として納税督励を行い、それでも納税がなされない納税者には迅速な滞納処分の執行が促されたのである。そのため、納税督励はなるべく市町村吏員と同道し、滞納者の自宅の確認や個別の事情などを聴取しながら行われたようである。

大正期前半の滞納の減少は、好景気だけでなく様々な納税奨励策により支えられていた。その財政的基盤となったのが、大正三年に増額された国税徴収交付金であった。しかし、第一次世界大戦後に滞納が増加するようになると、税務職員の間から再び直接徴収論が出されるようになる。大正十二年（一九二三）の四谷税務署長岡田宗治の意見は、東京市内の徴収現場の実態を伝えていて興味深い。[*69] すなわち、「此期限（区役所指定の納期限—筆者注）迄に納付する者は極少数である。指定期限が過ぎると注意書を発付するが却々納めない。更に第二、第三の注意書を出しても未だ納めない。二十六日頃になって漸く三分の一位の収入済である。此頃になると税務署も区役所（？《ママ》）も血眼である。税務署では庶務課員属も雇も総動員する。之に加ふるに如何に賦課事務の多忙な時でも之と同数以上の直税課員を繰出して、区役所と協力して未納者を書抜いた小票を作成して、之によつて所謂納税督励なるものをやる。勿論税務署の出張員は区役所の補助としてやるので、従て区役所の名に於てやるのである」。こうした納税督励によっても、法定納期限である月末までの納付件数は半分程度で、最終的に区役所から税務署に報告される滞納件数は一〜三割程度であるという。岡田署長が納期限近くになると税務署は総動員で血眼になると記しているところで、区役所に対して「？」を付けているのは、区役所が税務署ほど納税督励に熱心ではないとの不信感の表明である。[*70] ここから税務署は一〇〇〇〜四〇〇〇通ほどの督促状を深夜十二時までかかって発送し、滞納処分に取り掛かるのである。ただ、庶務課員は朝から深夜まで滞納処分に従事しても、一日平均の整理件数は十件程度で、翌年度への滞納持越件数が増加していく。東京の市街地および横浜市内の税務署の滞納持越件数は、大正十一年度の一万六〇〇〇件から大正十二年度には約四万件に急増している。国税交付金は年々増加しているにも拘らず、東京市などは交付金を財源として意識するだけで、徴収事務の改善には無頓着であると批判している。

さらに岡田署長は、職員の間では納税督励廃止や納税組合勧奨などが提起されているが、どちらも現実的ではないと切り捨てている。納税督励をするから納税意識が高まらないとは言うものの、督励しなければ滞納は増加する一方である。また、納税組合の勧奨は農村部ならいざ知らず都市部では実行を期し難い。そこで現行の国税徴収委任制度を廃止して、都市部における税務署の直接徴収論が主張されるのである。徴収に熱心な町村も勿論あるが、いずれ市街地と同様に滞納が増加するだろうとしている。

税務職員による市街地の直接徴収論は、徴収方法の改善が叫ばれるとき、必ずと言ってよいほど登場する。[*71] たとえば丸亀税務監督局管内の税務職員は、明治四十二年に都市部における徴税成績の不振を改善するための四つの提言を行っている。まず、地租以外の税目の税務署による直接徴収、督促手数料の増額、法定納期限の整理、集金制度の実施である。市町村への徴収委任だと税務署は納期限後の滞納処分を行うに過ぎず、様々な納税施設の実施にも市町村長との協議が必要になる。税務署の直接徴収であれば、市町村との軋轢もなくなり円満に活動できるので、滞納矯正だけでなく脱税防止も可能となり徴収経費も節約できるとしている。税務署職員の徴収委任制度批判は、滞納の増加に対して税務署が間接的にしか関与できない点にある。制度の創設期とは異なり、郵便局や銀行などでの納税が可能になってくると、市町村へ徴収委任する利点よりも弊害の方が目につくようになる。法定納期限の整理とは、各税の納期限の減少により納税手数の煩雑さを解消しようとするものである。督促手数料の引き上げは、延滞金の導入以前には強く要請されていた。興味深いのは集金制度の実施で、税務署からも納付日を指定して近隣の学校や寺院などで出張徴収するというものである。出張徴収は、納税督励と同様あくまでも市町村の応援である。こうした施策により市町村の滞納数を減少させ、税務署は増加する滞納処分事務の軽減を図ろうとしていたのである。

丸亀税務監督局の機関誌には、明治四十四年改正後にも地租以外の直接徴収論が掲載されている。[*72] ここでは、個人別の納税額を税務署が決定し、徴収だけを市町村が行う所得税などと異なり、地租には土地台帳整理や納税額の計算などの複雑な事務が必要で、戸籍や兵事事務に匹敵する重要事務であると強調されている。都市部の商工業地に多い所得税や営業税の交付金を廃止し（直接徴収）、その分を地租の交付金に振り向けるというものである。そして交付金の増額にあたり、交付金を地租事務の整理に支出する条件を付与することや、交付金の使途に関して所轄税務署長に指揮監督権を付与することが求められている。交付金の較差是正や増額を前提に、市町村に対して交付金を徴収方法の改善に支出させる制度的保証が要請されるようになったのである。

大正期になると、全国税務監督局長会議の開催にあたり、税務署から諮問事項への答申が徴せられるなど、税務の現場の意見が広く聴取されるようになる。大正十三年五月の第一回全国税務署長会議では、市町村の国税事務全般に対する税務署長の監督権限付与や、税務署所在地における地租以外の直接徴収、督促手数料の引き上げ、督促状の廃止（納期限後は直に滞納処分を執行）、国税滞納者の公権制限（滞納処分決行前でも選挙権などの失効）など、様々な意見が出されている。[*73] そのなかには国税交付金の一部を納税奨励費に指定して交付するとの意見もあり、交付金の使途が問題となっていることがわかる。

なお、この会議で、一納期の納税額が一銭の滞納者に対する徴税免除が求められていることは注目される。大正三年改正で納税告知書一通につき二銭の交付金となったのであるが、これは交付金額以下の税金滞納者に対しては不要な失費になるとの意見である。一納期の納税額が一銭の滞納者は、主に他町村の住民で、しかも雑地租が多いという。[*74] 僅か一〜二銭の納税のために納税管理人を置く訳もなく、また遠方の役場に納税に行くにも費用と手間がかかる。自然、納税は遅れがちになるが、役場から葉書で督促すると納税額を上回る経費がかかる。そこで町村は一銭を立替納税することで二銭の交付金を得、差引一銭の収入を得ているというのである。少額の徴収税額と交付金の不均衡が指摘されているのであるが、徴収方法改善のなかで徴税手数の軽減という視点が出てきていることは注目される。

## 小括

大正三年の国税徴収法改正により交付金は大幅に増額され、これを財源に市町村の納税施設は大幅に改善されていく。日露戦後は国税や地方税の滞納が増加し、市町村における納税施設の改善は、府県や郡、それに税務協議会などによる国税当局との連携のもとで進められていった。だが、円滑な徴収には課税の改善が不可欠となる。日露戦後の徴税方法の改善では、公平な課税の実現のため直接税の調査能力の向上が求められた。しかし所得税の調査権は認められず、納税者の正直な申告を是認する申告奨励策が提起されたのである。申告奨励策は、大正初年の減税や諸控除制度の導入などの社会政策的税制を追い風に進められ、大正九年法でその制度化が図られた。「苛斂誅求」の代名詞ともいえる営業税も、減税や調査委員会の導入などにより批判は和らでいった。こうした課税面の改善は、直接税の納税意識の高揚にも大きく寄与し、一程度の円滑な課税と徴収を実現したと評価できよう。

大正期は、こうした課税と徴収における改善により、徴税システムの安定が実現した時代と言える。社会政策的税制を背景にして、申告—税務署の調査—調査委員会の調査—税務署による決定という、直接税の賦課課税のシステムが、市町村への徴収委任システムの財政面での梃子入れと相俟って、より安定的に機能するようになったのである。

## 第四節　昭和戦前期の納税奨励

### 1　昭和前期の交付金と納税奨励策

大正十五年（一九二六）の税制改正は、所得税を中心に据え、その補完税として地租と営業税を位置づけ、新たに資本利子税を創設するものであった。そして、課税標準が地租は土地賃貸価格に、営業税は営業収益税となり営業純益に改正され、さらに軽減されたのである。各税の免税点も、個人所得税は八〇〇円から一二〇〇円に引き上げられ、個人の営業収益税は四〇〇円とされた。営業収益税は、市町村に徴収委任されるのは個人のみである。また、地租についても、自作農保護の観点から一市町村内に同一人が所有する田畑については、地価二〇〇円未満の地租が免除されることとなった[*75]。地租の課税標準を法定地価から賃貸価格に改正するのは、調査完了後の大正十七年度からとされていたため、賃貸価格の免税点は施行時に設定されることになった。

大正十五年二月の税制法案の衆議院委員会においては、大都市と農村の交付金の較差が指摘され、本会議に建議案が提出されるなど、改めて交付金の較差是正問題（農村への増額）が提起された[*76]。このときの帝国議会での交付金の議論は、もっぱら農村救済の観点からなされていた。ただ貴族院では、地租一円以下を免税すると約六〇〇万人が対象となり、それだけ町村の徴収手数が軽減されるとの意見が出されている。減税案が地租の負担軽減だけでなく、徴税手数の減少面からも論じられていることは重要である。これに対して政府は税制改正後の実態をみて検討すると回答し、交付金問題は二年後の地租の課税標準改正後に持ち越されることになったのである。

主税局は改正の準備として交付金の実態調査を実施するが、その結果は表42の通りである。昭和三年度の国税徴収実費の総額は約六五〇万円で、大正十三年度に比して約五%の増加であった。これに対して交付金総額は約六九〇万円で、市町村の徴収実費を超過する交付金額と、市町村較差の実態が明らかとなった。昭和三年度の徴収実費に対する交付金の割合は、大体、市は二九〇%、町は九四%、村は六八%となっている。市でも一〇五市のうち交付金不足の市は十二市あり、大都市と小都市との間にも較差が広がっていた。[*77] 交付金の割合は徴収税額分が八六%、納税告知書分は一四%と、圧倒的に徴収額の割合が高い。さらに、納税告知書一通当たりの実際の交付金額を算出すると、市が六十五銭七厘、町が十七銭一厘、村が七銭九厘となる。現行の交付基準では大都市への交付金の集中が避けられず、較差是正のためには交付基準の改正が不可避であった。また、徴税費の使途をみると、町村では事務員費がかなりの割合を占めている割には、実際の徴収督促費が少ないことが分かる。表42の下段の数値は徴収督促に直接に使われた実費で、滞納防止のための督促費用は意外に少ない。交付金の較差是正とともに、その使い方が問題とされるようになるのである。

大正十五年に成立した地租の課税標準改正の実施は、地租の地方委譲をめぐる対立により昭和六年の地租法成立まで延期された。地租法により地租の課税標準である地価は土地賃貸価格に改訂された。地租法案が提出された第五十九回帝国議会では、地租軽減による農村部の交付金減額についての質問もなされている。[*78] 地租軽減に伴う交付金の減額が、農村の負担面で懸念されたのである。地租減税の別の一面である。

**表 42　昭和 3 年度の国税徴収費の使途**

| 市町村別 | 事務費 | 使丁費 | 帳簿用紙 | 送達費 | 出張費 | 納税施設費 | その他 | 合　計 |
|---|---|---|---|---|---|---|---|---|
| 市　部 | 620,741<br>121,328 | 117,395<br>10,671 | 38,111<br>3,927 | 29,573<br>5,485 | 23,328<br>19,422 | 76,618 | 38,289<br>4,382 | 944,059<br>165,217 |
| 町　部 | 1,018,227<br>96,090 | 216,538<br>31,184 | 66,083<br>2,285 | 32,008<br>1,863 | 46,594<br>18,247 | 105,979 | 38,023<br>2,249 | 1,523,454<br>151,921 |
| 村　部 | 2,539,236<br>123,751 | 521,833<br>62,563 | 244,491<br>6,008 | 97,449<br>4,737 | 212,183<br>55,663 | 288,041 | 111,339<br>4,705 | 4,014,574<br>257,430 |
| 合　計 | 4,178,204<br>341,170 | 855,768<br>104,419 | 348,685<br>12,221 | 159,031<br>12,086 | 282,106<br>93,333 | 470,640 | 187,651<br>11,337 | 6,482,089<br>574,569 |

※『徴収』135．下段は徴収督促費用である（円以下は切り捨て）．

そこで地租法成立後、主税局は昭和六年の税制整理準備調査の過程で、国税徴収交付金改正案の検討を行うこととした。[*79] 現行法では交付基準は一律なので、交付金総額は実際の徴収実費を上回るものの、「交付金ト徴収費用トノ割合著シク不公平ニシテ、大都市ハ其ノ交付金ニ依リ徴収費用ヲ償フテ尚多額ノ剰余ヲ見ルニ不拘、其ノ他ノ市町村ハ概シテ不足ヲ告ケ、之ヲ負担セサルヘカラサルノ状態ニ在リ」と指摘されている。分析対象となったのは昭和三年度の実績であるが、市町村のレベルだけでなく人口一〇万人以上の大都市とそれ以外の市との比較など、より詳細な分析がなされている。その結果作成された主税局の改正案は、人口一〇万人以上の大都市については徴収額の交付基準を三%から二%に引き下げ、納税告知書は一通につき一律二銭から三銭に引き上げるというものであった。昭和六年度の実績でも、徴収実費に対する交付金の割合は、市が二三七%、町が八一%、村が五一%である。交付金不足の市も二十七市に増加しており、昭和三年度より較差は広がっていた。[*80] 交付基準の改正は急務であった。

交付基準の改正が実現するのは、昭和十一年九月のことである。この改正により、徴収額に対する交付金の割合は、人口二〇〇万人以上の市が一%、一〇〇万人～二〇〇万人の市が一・五%、五〇万人～一〇〇万人の市が二%、二〇万人～五〇万人の市が二・五%、二〇万人未満の市および町村が三%となった。また、納税告知書は一通につき、市が二銭、町村が六銭となった。このときの交付基準改正は、人口が集中し、なおかつ多額納税者も多い大都市を削減し、その削減分を町村に交付する方針のもと、現行の交付金総額の範囲内での見直しとなった。なお、交付金は税制により増減するため、その都度見直しが必要となる。そこで、実情に応じた速やかな改正が実現できるよう、交付基準規定を国税徴収法から勅令の国税徴収法施行規則に移した。[81]そして主税局は、交付金の増加分を「徴税改善施設費」に支出するよう地方長官会議において特に注意を促し、管内の市町村への通達を依頼したのである。[82]

**表43　納税組合数一覧**

| 年　度 | 納税取纏組合 | 納税貯金組合 | 納税督励組合 | その他 | 合　計 |
|---|---|---|---|---|---|
| 昭和9年度 | 116,029 | 39,153 | 20,937 | 6,084 | 182,203 |
| 昭和10年度 | 126,027 | 43,559 | 24,073 | 4,959 | 198,618 |
| 昭和11年度 | 131,714 | 50,900 | 26,911 | 4,914 | 214,439 |
| 昭和12年度 | | | | | 232,152 |
| 昭和13年度 | 159,139 | 60,636 | 30,287 | 6,046 | 256,108 |
| 昭和14年度 | 169,068 | 65,887 | 31,678 | 6,318 | 272,951 |
| 昭和15年度 | 185,903 | 70,962 | 30,254 | 6,231 | 293,350 |
| 昭和16年度 | 195,068 | 72,337 | 30,391 | 12,293 | 310,089 |
| 昭和17年度 | 198,617 | 65,228 | 27,525 | 4,901 | 296,271 |

※各年度の『主税局統計年報書』より作成．但し，昭和12年度の内訳は不明．

　大正期に奨励された納税組合は、昭和期においても重要な納税施設とされていた。昭和三年九月の東京市税務協議会の席上、東京税務監督局長は、大都市部においては困難ではあるがと断りながらも、優良な納税組合の発達は「徴税上の凡ゆる難問題を解決すべき最良の方策である」とし、その普及方法の討議を提案している。[83]表43に、全国の納税組合数の一覧を掲げた。納税組合のなかで最も多いのは納税取纏組合であるが、納税貯蓄（貯金）組合も着実に増加していることがわかる。

　この当時の、徴税成績優良な市役所における施策の実況を、それぞれの市の税務課長に照会したレポートが紹介されている。[84]これによれば、桐生市や足利市は納税組合の維持奨励を図り、組合への交付金や納税奨励金の交付により好成績を収めている。また、納税組合加入者以外については納税督励を行っている。京都市では、市と税務署の共同で不在地主への宅地租の督励を実施し、六大都市で初めて宅地租の完納を実現した。その際、隣接町村居住者へは電話や出張による督励を行っている。金沢市もまた交付金全部を支出して納税貯蓄組合を奨励し、八〇%の納税者の組合加入を実現している。同市では、市の電灯料金取り纏めにも二割の交付金を支出している。他にも青森市や戸畑市では、納税組合の奨励と納税貯金の励行を行っており、納税組合のなかでも納税貯金組合が奨励されていることが分かる。昭和八年の東京税務監督局長通牒は、こうした納税組合の奨励にあたり、市区町村に納税施設改善予算を計上することを当局者に求めている。[*85] しかし、納税成績不良にも拘らず「之ヲ放任シ置ク向尠ナシトセス」と、まったく改善を試みない市町村も少なくなかった。税務職員から交付金の使途に関する市町村への指揮監督権の要求が再三出されるのは、そのためである。

昭和期に入ると、納税組合未設置の市町村では納税督励や納税デーの開催が奨励されるようになる。納税デーは、昭和三年十一月に福岡県が最初に実施した施策である。[*86] 福岡県が主導し、市町村や税務監督局および税務署と協議して実施されたようで、昭和五年には規模を拡大して実施されている。福岡県の場合、十一月下旬の三日間を納税デーとし、懸賞募集のポスターやビラの配付、納税奨励の講演会や映画上映会の実施など、各地で様々な宣伝が行われている。そして、滞納者への督促や完納者の表彰、納税組合加入の督励などがなされ、後に各地で実施される納税デーや納税週間などの原型になった。

## 2　戦時下の納税奨励策

満州事変から日中戦争、そして太平洋戦争の時期は、度重なる増税により滞納が急増した時期で、なかでも所得税の滞納は顕著であった。市町村に徴収委任する税目には、昭和十年（一九三五）の個人の臨時利得税と昭和十二年の北支事件特別税が追加される。このときの所得税の増税は、本法の税率に昭和十二年の臨時租税増徴法と北支事件特別税の増税分が上乗せされたため、「所謂三階建の税法」と称されるほど所得に対する負担が過重になったのである。[*87] 増税により市町村が徴収する税額は増加し、それに伴って交付金額もまた増加した。とりわけ昭和十二年度以降の交付金額の増加は著しく、同十三年度には約九〇〇万円から一一〇〇万円台に突入している。そのため主税局長は内務省地方局長との連署による昭和十三年四月の通牒で、国税徴収交付金の増額にあたり税務署等と協議のうえ納税施設の拡充・改善を図るよう市町村に指示している。[*88] 増税は交付金とともに滞納を増加させ、結果として国庫収入を減少させることになったのである。

昭和十三年の所得税法改正では第三種所得税の免税点が一二〇〇円から一〇〇〇円に引き下げられ、これにより約四〇万人の所得税納税者の増加が見積もられた。[*89] 免税点引き下げの理由として、増収はもとより広く国民に「分に応じて戦費の一部を負担」させると説明されているが、不馴れな納税者の増加は納税手数を増加させた。増税による滞納や納税手数の増加は、従来の納税奨励策に加えて、納税手数の簡素化を必然化することになる。

昭和十五年の税制改正は、大正十五年以来の抜本的な税制改正であった。本章に関係する部分に限れば、まず勤労所得の源泉徴収が挙げられる。源泉徴収の対象となる納税者は約二〇〇万人と見積もられ、主税局員の説明では、「従来も徴収の便宜を有する者に徴収を委託せられた例は」あるが、勤労所得のような広汎な制度の導入は画期的な大改革であるとされている。[*90] 徴収義務者が徴収した国税は郵便局で納入できるようになり、勤労所得の源泉徴収は「納税方法の簡易化」において、まさに画期的な制度であった。

また、同年の地租法改正で納期の整理がなされた。従来の地租の納期は、田租四期、宅地租二期、畑租などのその他が二期であった。これを田租二期、宅地租とその他を併せて二期の、合計四期に整理したのである。一月は田租およびその他の納期限なので、納期そのものは三期に整理されたことになる。納期を動かす場合、納税者の負担が問題となるが、地租負担が軽減されているので「左程大きな負担」ではないとされている。これにより、「千数百万人に上る地租納税者に対する市町村の徴収事務の簡易化」が図れるとされている。なお、徴税事務の簡易化を目的とする諸税の納期整理の一覧を表44に掲げた。これについては後述する。

さらに同年の改正では、少額地租の免税範囲が拡大された。従来は同一地目の賃貸価格の合計金額一円未満を免税

**表 44　諸税納期一覧**

| 改正年 | 所得税 | 地租 | 営業（収益）税 | 臨時所得税 | 家屋税 |
|---|---|---|---|---|---|
| 大正 15 年 | 7 月, 11 月, 1 月, 3 月末 | | 8 月, 11 月 | | |
| 昭和 6 年 | | 宅地租　7 月, 1 月<br>田　租　1 月, 2 月, 3 月, 5 月<br>その他　9 月, 11 月 | | | |
| 昭和 10 年 | | | | 8 月, 10 月, 1 月, 3 月 | |
| 昭和 13 年 | | | | 7 月, 10 月, 1 月, 3 月 | |
| 昭和 15 年 | 7 月, 9 月, 11 月, 2 月末 | 田　租　1 月, 3 月<br>その他　8 月, 1 月 | 8 月, 1 月 | 8 月, 10 月, 1 月, 3 月 | 6 月, 11 月 |
| 昭和 18 年 | | 田　租　2 月<br>その他　8 月, 1 月 | | | |
| 昭和 19 年 | 6 月, 9 月, 11 月, 2 月末（年間税額 300 円未満は 2 期と 4 期） | 田　租　1 月<br>その他　10 月 | | | 7 月 |
| 昭和 20 年 | 8 月, 1 月末 | 11 月 | 9 月, 2 月 | 11 月, 3 月 | |
| 昭和 21 年 | | | | 廃　止 | |
| 昭和 22 年 | 4 月末 | 廃　止 | 廃　止 | | 廃　止 |

※『内国税の課税標準・税率及び納期等に関する沿革摘要』による（改正年は法律の公布年）．家屋税の賦課・徴収は昭和 17 年度から．

としたが、田と田以外の地目に区別し、それぞれの賃貸価格の合計金額五円未満に免税範囲を拡大したのである。これによる地租納税者の減少は二〇〇万人と見積もられているが、地租減税額はわずか一〇〇万円未満に過ぎなかった。これ以外にも、自作農保護の観点から実施されていた田畑賃貸価格二〇〇円未満の自作農地の免租規定が自作農地以外にも拡大され、納税者の減少が見込まれている。

昭和十五年の税制改正で注目すべきは、勤労所得の源泉徴取や地租の納期整理、少額納税者の免税範囲の拡大が、納税者の負担軽減という観点からだけでなく、納税告知書の作成や発付手数の軽減による、市町村の「徴収上の簡易化」を意識した措置だったということである。主税局は、「最近に於ける市町村の事務増加の状況に顧る時は、啻に納税上の簡易化のみならず、徴収上の簡易化も慮外に置く訳にはゆかぬ」とし、これらの措置による手数の省略は「莫大なもの」と説明している。

しかし、徴収方法の改善を実施しても滞納は減少しなかった。昭和十六年の大阪税務監督局長通牒では、昭和十五年の税制改正により前年と比較して滞納件数が約四倍、滞納額が約六倍に急増したとされている。[*91] しかも、その九割は東京市や大阪市などの大都市とその周辺に集中しており、税務署長には滞納処分未済件数の一掃計画を作成して実行するよう指示が出されている。

同じ昭和十五年には、税制改正にともなう交付基準の見直しも行われた。この改正は、昭和十一年改正時より拡大した大都市とそれ以外の市町村の交付金の較差を是正するためのもので、徴収額に対する交付金割合が再改定された。その結果、人口二〇〇万人以上は一％から〇・四％、一〇〇万人～二〇〇万人は一・五％から〇・七％、五〇万人～一〇〇万人は二％から一％、二〇万人～五〇万人までは二・五％から一・五％、二〇万人未満は三％から二％へと、それぞれ交付金の割合が引き下げられた。ただし、納税告知書数の割合は据え置きとなった。[*92]

昭和十七年の所得税法改正は税率引き上げだけでなく、分類所得税の免税点および基礎控除の引き下げ、それに諸控除の引き上げを伴うものであった。この改正による納税者の増加は、諸控除の引き上げ分を差し引いても約一八〇万人と見積もられた。[*93] 太平洋戦争遂行のための「未だ曾て見ない」増税について、主税局長松隈秀雄は「銃後国民各位」に対して「従来に比し一段と納税報国の決意を強化」するよう協力を要請しているが、度重なる増税と課税範囲の拡大は滞納を増加させていった。東京市の納税組合運動の指導者は、戦時下においては「納める金に困って滞納する数が非常に多」く、滞納の増加により町の財政が窮乏したため、納税に備えた日掛・月掛貯金を推進してきたという。[*94] こうした状況は全国同様であったと推測できるが、全国の納税貯金組合数は、先に表43に掲げた通り、昭和九年度の三万九一五三から昭和十三年度には六万六三六に急増し、昭和十六年度には七万二三三七と増加している。

そして昭和十八年に、「皇国本来ノ納税観念ニ立脚セル国民納税体制ヲ確立・整備」する目的で納税施設法が成立した。[*95] これまで任意であった納税団体を法制化して納税資金の管理と納税を義務付け、市町村に徴収委任してきた国税や地方税、それに市町村税などを確実に納付させようとしたのである。納税団体には補助金や奨励金が交付され、納税団体が積み立てた納税資金は納税準備預金とされ、市町村が徴収すべき国税や地方税納付のために管理された。

表45　納税団体数一覧

| 年　度 | 納税資金蓄積 | | 納税取纏 | | 納税確認 | | 混　合 | | 合　計 | | 総　計 |
|---|---|---|---|---|---|---|---|---|---|---|---|
| | 地域 | 職域 | 地域 | 職域 | 地域 | 職域 | 地域 | 職域 | 地域 | 職域 | |
| 昭和18年度 | | | | | | | | | 218,074 | 2,652 | 220,726 |
| 昭和20年度 | 44,729 | 505 | 169,540 | 1,415 | 6,804 | 18 | 6,281 | 63 | 227,354 | 2,001 | 229,355 |
| 昭和21年度 | 28,828 | 482 | 156,530 | 2,848 | 4,712 | 53 | 5,505 | 58 | 195,575 | 3,441 | 199,016 |

※各年度の『主税局統計年報書』より作成．納税確認は納税督促を含む．昭和18年度の内訳，同19年度は不明．

納税以外への預貯金の引出制限はあるが、利子の分類所得税免除などの特典が付与された。納税団体は町内会・部落会などの地域組合と、職場や同業者組合などを単位とする職域組合に大別され、職域組合以外の納税組合は町内会や部落会の納税部への統合が指導された。表45に納税団体数の一覧を掲げたが、職域組合が地域組合に統合されていることが窺える。なお、納税組合数については、納税施設法成立以前の納税組合は約五一万五千組あり、およそ官公署や学校が六万二千、軍需関係の会社が一万六千、その他の会社が三万、そして町内会や部落会を単位とするものが三〇万、それ以外が一〇万六千という政府委員の発言がある。[*96] 表41や表43の数値とは大きくかけ離れているが、納税組合のおおよその内訳がわかるので、そのまま記しておく。

これまで納税組合の普及には、府県や市町村から助成金や奨励金などの補助金が交付されてきた。しかし、国からは補助金が出ないという理由で、国税を取り扱わない納税組合もあった。そのため納税組合法を制定して、国や府県から奨励金や交付金を直接交付し、優良組合等の表彰などの規程を作ることが要請されていた。納税施設法は、こうした要請を受けて、既存の納税組合を町内会や部落会を単位とする納税団体に再編し、国税徴収委任制度を梃入れすることを意図したのである。

昭和十五年に内務省が行った部落会・町内会整備の際は、主税局通牒により既設納税組合の町内会・部落会への強制的な統合は制止されていたが、[*97] 納税施設法により地域組合は町内会・部落会に積極的に統合されることになった。[*98] 納税組合の法制化により組合員の納税告知書は一括して組合に送付できるようになり、市町村の徴収手数は格段に軽減された。なお、地域組合は管轄する市町村長に、職域組合は税務署長に組合規約の届出が必要で、税務署長による帳簿の検査や事業内容についての監督が可能になった。昭和二十年度の納税組合数は、地域組合が約二二万七千組、職域組合が約二千組であった。ただし、納税施設法による納税団体の活動実態は不明である。

納税施設法は、「皇国」すなわち日本独自の納税観念に立脚する「国民納税体制」の確立・整備を目的としていた。国家総動員法のもと国民税[*99]や納税翼賛運動[*100]なども提唱されており、ここには税務職員だけでなく、それまで府県や市町村において納税組合運動を推進してきた人々も少なからず参加していったようである。先述した東京市の納税組合運動では「納税は貢物」であるとの精神が強調され、それがなかなか理解されないことを嘆いている。[*101]こうしたなか、昭和十九年には大蔵省内に大蔵次官を会長とする皇国租税理念調査会が設置され、「納税は貢ぎであり、初穂の精神である」とする特殊な納税観念が提唱されるのである。[*102]もっとも、このような納税観念の提唱で滞納が解消されるはずもなく、東京などの大都市部では徴収を担当する庶務課員に区内各署の兼務を命じて滞納処分の執行に当たるなど、徴税体制の強化が図られている。[*103]

さらに、「決戦下における行政事務簡素化」の方法として、昭和十九年の所得税法改正では分類所得税額が年六〇円未満の場合は、四期ある納期限のうち九月と二月の二期に納税することとされた。これにより所得税の納税告知書数は、三割程度削減されるという。[*104]さらに、昭和二十年の改正では所得税の納期が四期から二期に、地租は二期が一期に、個人の臨時利得税は四期が二期に減少された。いずれも徴税事務の簡捷化によるものである。また、地租と家屋税の免税点は賃貸価格の合計五円未満から一〇円未満に引き上げられた。[*105]しかし、それでも所得税を中心とする滞納の増加には歯止めがかからなかった。昭和十八年度と昭和十九年度の所得税滞納者数を比較すると、実に三倍にも急増しており、滞納者は一〇〇万人を大きく上回ったのである。

## 小括

昭和期、とりわけ昭和十二年以降の準戦時体制、そして戦時体制のもとでは、大都市部での所得税の滞納が顕著となった。税制改正に伴う交付金の較差是正を意図する改正も実施されたが、滞納は増加し続けた。昭和期の納税施設では、納税組合のなかでも、納税のための日掛貯金等を行う納税貯蓄組合が奨励された。納税貯蓄組合は都市部の会社などでも設立され、給料から税金分を天引預金する方法がとられた。しかし、都市部での納税組合設立は困難な面が多く、福岡県を嚆矢とする納税デーや納税週間などのイベントが行われるようになる。なお、会社等の納税組合の機能は、給与所得の源泉徴収制度導入により代替された。

昭和期に特徴的なのが、市町村における徴収事務や納税手数の軽減が意識されるようになったことである。昭和十五年の勤労所得税の源泉徴収制度が、納税の簡易化を目的に導入されたことはよく知られている。それ以外にも少額納税者の免税などが、税負担の軽減というだけでなく、徴税手数の削減の観点から実施されたのである。

しかし、戦時下における滞納の急増により、市町村への国税徴収委任だけでは徴収が困難になっていく。そのため、昭和十八年の納税施設法により、それまで任意の団体であった納税組合を利用した徴税体制の強化が図られるのである。町内会や部落会を単位にした、納税組合の再編成が押し進められる。納税施設法は、皇国独自の納税観念に基づいたもので、昭和十九年には皇国租税理念という特異な納税観念も宣伝されるが、ここに至って国税徴収委任制度は実質的に機能不全に陥ったと言えるのである。

## おわりにかえて

昭和二十二年（一九四七）の所得税法改正により、分類所得税と綜合所得税の二本立てであった所得税は一本化され、申告納税制度が導入された。また、同年の税制改正で、地方分与税であった地租・営業税・家屋税は地方税に移管された。臨時利得税は昭和二十一年に廃止されており、昭和二十二年の改正時点で市町村に徴収委任された国税は所得税だけになっていた。しかも所得税は申告納税制度となり、四月三十日までに年間の所得額を見積もって予定申告し、同時に税額の四分の一を政府に納付することとなったのである。

これにともない、国税徴収法が改正され国税徴収委任制度は廃止された。当時の帝国議会の議事録には、国税徴収法改正に関する質疑はまったく掲載されていない。そのため、同年の税制改正を解説した主税局長前尾繁三郎による、「国税徴収法については、申告納税制度の採用に伴い、市町村徴収の規定を削除する」との簡単な説明があるだけである。[*106] 徴収委任する税目が所得税だけとなり、しかも申告納税制度により直接国に納税することになれば、市町村への徴収委任を存続する必要はない。また、市町村における国税徴収機能そのものも機能不全に陥っていた。こうして明治期以来の国税徴収委任制度は廃止となったのである。[*107]

## 註

＊1　明治財政史編纂会編『明治財政史』第五巻、一〇八頁（丸善、明治三十七年）。大蔵省編『明治大正財政史』第七巻、一〇二七頁（財政経済学会、昭和十三年）。

＊2　大蔵省財政史室編『昭和財政史─終戦から講和まで─』第八巻、三二〇頁（東洋経済新報社、昭和五十二年）。平田敬一郎他編『昭和税制の回顧と展望』下巻、一〇四頁（大蔵財務協会、昭和五十四年）。

＊3　明治期の主税局では、市町村の「国税徴収事務ハ国家ノ委任ニ基ク事務」（水沢謙三郎『国税徴収法釈義』八七頁、大成会、明治四十一年）とされている。

＊4　この制度について、筆者は過去の論文において「国税徴収委託制度」としていたが、以後は「国税徴収委任制度」と訂正する。

＊5　地方改良運動は、「日露戦争後の経済不況期に内務省が進めた町村財政と生活習俗の改良促進政策」で、明治四十一年十月の戊申詔書発布後に促進されたとされる（『日本史広辞典』一四〇〇頁、山川出版社、平成九年）。

＊6　渡部照雄「納税奨励策について―大正時代を中心に―」『税務大学校論叢』33（税務大学校、平成十一年）。同論文は、本章でも利用した国税当局の史料をいち早く利用した労作で、大正期における丸亀税務監督局管内の四国四県を中心に多様な事例を分析している。また、小川望「『納税／完納賞』の銘を有する碗―小平市鈴木遺跡出土近現代考古資料の一例―」『考古学が語る日本の近現代』（同成社、平成十九年）のような、考古学からのアプローチもある。

＊7　税務大学校税務情報センター租税史料室『国税徴収関係史料集』史料3（平成二十八年）。以下『徴収』三と記す。

＊8　『徴収』一。

＊9　税務大学校租税資料室『明治前期国税徴収沿革』参考法令編、八二～八八頁（昭和六十三年）。

＊10　松沢裕作『町村合併から生まれた日本近代』（講談社、平成二十五年）。当該期の地方制度形成史研究における最新の成果である。

＊11　奥田晴樹『地租改正と地方制度』（山川出版社、平成五年）。奥田氏は、町村制以前の町村を「前期的町村」と総称し、三新法以前を「村請制町村」と明確に規定している。地租改正による村請制の揚棄を画期として、自治団体化していくとの指摘は重要である。また同書では、町村制準備過程における井上毅とモッセの問答で、旧慣としての村請制の存続・利用が検討されていたことも明らかにされている。井上の問いの根底に、国家（府県）が一人別の地租額を町村レベルでしか掌握できないという現実を据えてみると、改めて地租改正以降の地租徴収の実態解明が必要であることがわかるのである。

＊12　税務大学校租税資料室『明治前期国税徴収沿革』七八頁（昭和六十二年）。

＊13　『徴収』二。

＊14　なお、本章では特に触れないが、明治二十三年九月の府県税徴収法により、市町村は府県税の徴収を義務付けられ、地租割以外の府県税については徴収額の四％の交付金が交付されることとなった。

＊15　小柳春一郎「明治期の国税滞納処分制度について」『税大ジャーナル』14（税務大学校、平成二十二年）。

＊16　『明治大正財政史』第六巻、一二頁（財政経済学会、昭和十二年）。

＊17　『徴収』三六。

＊18　『徴収』三七。

＊19　『徴収』四一。

＊20　『徴収』三九。

＊21　『徴収』四六。

＊22 『帝国議会衆議院議事速記録』二二、二三頁（東京大学出版会、昭和五十五年）。
＊23 国立公文書館所蔵「水町家文書」第三号。
＊24 税務大学校税務情報センター租税史料室『営業税関係史料集』史料23（平成二十五年）。以下『営業税』二三と記す。
＊25 『営業税』二四。
＊26 『営業税』二七。
＊27 『営業税』二九。
＊28 「例規録」（平一二名古屋四一三）。
＊29 『帝国議会衆議院議事速記録』二三、一一三頁（東京大学出版会、昭和五十五年）。
＊30 『営業税』二九。
＊31 租税史料室所蔵「内訓内達綴」（昭和五三大阪三三）。東京税務監督局でも、慎重ながら直接税の犯則取締強化が指示されている（『徴収』六五）。
＊32 『徴収』三〇。以下、とくに断らない限り租税史料室所蔵「主税局報告」（平一八関信六六七）による。
＊33 『徴収』一九。府県知事への通牒は、大蔵省主税局長と内務省地方局長の連名でなされている（東京都公文書館所蔵史料六〇二―D五―二〇）。
＊34 租税史料室所蔵「局報　経理編」（平一一東京二三）。
＊35 『徴収』五九。
＊36 以下は、各年度の『主税局統計年報書』による。
＊37 国税当局においては、明治三十六年に仙台税務監督局管内で納税準備貯金規定が局署に訓示されている。税務官吏は一般に模範を示す必要があるとして、国税は勿論、地方税の滞納防止策が指示されたのである。同四十三年には東京税務監督局においても、勤倹貯蓄奨励に併せて納税貯金が職員に指示されている。東京局において局署を挙げて納税貯金会の設立が指示されるのは、大正十三年のことである（以上は、『徴収』二八・七二・一二七による）。
＊38 『徴収』五二。
＊39 『徴収』六〇および六一を参照のこと。戊申詔書は明治四十一年十月に出された日露戦後の国民の心構えを論した詔書で、地方改良運動のなかで教育勅語とともに国民の拠るべき価値規準とされた（『国史大辞典』第一一巻、七二五頁、吉川弘文館、平成三年）。

＊40　『郵政百年のあゆみ』九八〜一〇一頁（郵政省、昭和四十六年）。
＊41　横浜市告示第七十一号「郵便振替貯金ニ依ル公金収納規程」。同史料は、横浜市史資料室の松本洋幸氏（現大正大学文学部准教授）の提供を受けた。記して感謝したい。
＊42　『明治大正財政史』第二巻、一〇〇〜一〇四頁（財政経済学会、昭和十一年）。ここでは、税務署に納付された税金を郵便局に振り込む、大正四年の公金取扱制度に関する説明がなされているのみである。
＊43　東京大学法学部付属明治新聞雑誌文庫所蔵『税務行政』第四巻第六号（明治三十七年六月三十日）。渡辺義郎は旧高島藩士で、明治三十二年から大正二年まで大阪税務（管理）監督局長を務めた。
＊44　「東洋経済新報」明治四十年七月五日。
＊45　『税務行政』第十一巻第五号（明治四十四年五月三十日）。
＊46　「東洋経済新報」明治四十三年五月二十五日。
＊47　『徴収』七三。
＊48　『徴収』八五。
＊49　『帝国議会衆議院議事速記録』二五、四三頁（東京大学出版会、昭和五十六年）。
＊50　以下は、『帝国議会衆議院委員会議録』明治篇六五、八一〜九一頁（東京大学出版会、平成元年）による。
＊51　『徴収』八三。
＊52　『主税局第三十九回統計年報書』五〇三頁。
＊53　以下は、大蔵省編纂『明治大正財政史』第六巻、一七三〜二一四頁（財政経済学会、昭和十二年）による。
＊54　『徴収』八八。
＊55　国庫金の受け払いに関する振替貯金制度の利用は、まず明治四十二年に市の公金、同四十四年に市町村が納入する府県税と段階的に進められ、国税収納金の取り扱いが実現するのは大正四年である。この大正元年案の段階では、国庫金の取り扱いについても制度改正が検討されていた（『明治大正財政史』第二巻、一〇〇〜一〇四頁）。なお、『徴収』九四を参照のこと。
＊56　『徴収』八八。明治二十二年の国税徴収法制定については、基本史料が欠如していることもあり充分な検討がなされていない。
＊57　国立公文書館所蔵「公文別録」一五九―五（ゆまに書房版マイクロフィルムによる）。
＊58　『帝国議会衆議院議事速記録』二七、一九四〜一九五頁（東京大学出版会、昭和五十六年）。

＊59 『帝国議会貴族院議事速記録』二八、一六五～一六六頁および三〇八～三〇九頁（東京大学出版会、昭和五十六年）。
＊60 『徴収』九四。
＊61 『帝国議会衆議院議事速記録』二八、一六五～一六六頁（東京大学出版会、昭和五十六年）。
＊62 『帝国議会衆議院議事速記録』二八、一三〇頁および三〇九頁。
＊63 『帝国議会衆議院議事速記録』二八、三〇九頁。
＊64 『帝国議会貴族院議事速記録』三〇、一六五頁（東京大学出版会、昭和五十六年）。第三十一回帝国議会に二つの国税徴収法改正案を議員提案したのは、いずれも立憲政友会の議員であった。同議会で政友会は、立憲国民党が提案した〇・七％の地租軽減法案に反対して〇・二％の軽減案を修正可決した。交付金の増額が間接的に農村の負担軽減になるという説明は、地租軽減割合の下方修正に対する釈明でもある。
＊65 『徴収』九九。
＊66 『徴収』七三。
＊67 『納税施設概要』東京税務監督局（大正十五年四月）。筆者所蔵。
＊68 『徴収』九一。
＊69 『財務協会雑誌』第四巻第二号（大正十二年八月）。同誌は東京税務監督局の機関紙である。
＊70 もっとも、このような批判には町村吏員からの反論が出されている（『財務協会雑誌』第五巻第三号、大正十三年四月）。税務署と町村、さらに東京市内のように市と区の徴税に対する温度差などが課題とされている。
＊71 『税務協会叢誌』第一二二号（四国税務協会、明治四十二年十二月）。同誌は丸亀税務監督局の機関誌で、寄稿者は「香川虎四郎」なるペンネームである。
＊72 『徴収』九〇。寄稿者の脇町税務署「四万十川生」は、かつて地租以外の交付金撤廃論を主張したとあるので、明治四十二年に直接徴収論を主張した職員と同一人物の可能性もある。
＊73 『財務協会雑誌』第六巻第一号（大正十三年七月）。
＊74 『財務協会雑誌』第六巻第五号（大正十三年十一月）。
＊75 大正十五年の税制改正の概要については、大蔵省主税局調査課編『昭和の税制改正』（大蔵財務協会、昭和二十七年）を参照のこと。ただし、自作農地の地租免除により、市町村は従来の一人別の納税額とともに地租免除分についても税務署に報告する必要が生じ

た。市町村から見れば、自作農の地租免除は手数が増すだけでなく地租交付金を減少させる、歓迎されざる改正であった（『税』第四巻第十二号、大正十五年十二月）。そのため、昭和元年度から昭和三年度まで、地租名寄帳整理の補助金が市町村に交付された。

＊76 『帝国議会衆議院委員会議録』四八、二三二頁および三二六〜三二七頁（臨川書店、昭和六十三年）。『帝国議会衆議院議事速記録』四七、四五七頁（東京大学出版会、昭和五十七年）。

＊77 『徴収』一三五。

＊78 『帝国議会衆議院委員会議録』昭和篇二〇、二六〇頁（東京大学出版会、平成三年）。

＊79 『徴収』一三七。

＊80 『財務協会雑誌』第十七巻第七号（昭和八年七月）。

＊81 『帝国議会貴族院議事速記録』六二、一五頁（東京大学出版会、昭和五十九年）。

＊82 『徴収』一四六。

＊83 『財務協会雑誌』第十二巻第十一号（昭和三年十一月）。

＊84 『財務協会雑誌』第十四巻第四号（昭和五年四月）。

＊85 『徴収』一三九。

＊86 『納税奨励の理論と実際』久保太助（百道刊行社、昭和八年）。本書は、著者が「かねて市町村及福岡県自治研究会に於て講演したもの、又は新聞雑誌等に登載したもの」等をまとめたと記されている（七頁）。この福岡県の事例は、東京税務監督局の機関誌『税務協会雑誌』第十八巻第一号（昭和九年一月）でも取り上げられている。なお、『徴収』一三四・一三六を参照のこと。

＊87 『税務署七十年のあゆみを語る』九頁（国税庁、昭和四十二年）。

＊88 『徴収』一五六。

＊89 『税』第十六巻第三号（昭和十三年三月）。

＊90 『税』第十八巻第七号（昭和十五年七月）。ちなみに、ここで徴収委託している税とは通行税や入場税などで、徴収義務者は、それぞれ運輸業者、催事の主催者および劇場等の経営者である。

＊91 『徴収』一六九。

＊92 『徴収』一六一。

＊93 『財政』第七巻臨時増刊号（昭和十七年四月）。

＊94 『税』第二十一巻第三号（昭和十八年三月）。
＊95 『徴収』一七四。納税施設法には、納税団体制度以外にも戦時納税貯蓄制度などが含まれているが、ここでは省略する。
＊96 『帝国議会衆議院委員会議録』昭和篇一三二、二三三頁（東京大学出版会、平成十年）。
＊97 『徴収』一六五。
＊98 『徴収』一七三。
＊99 税務大学校税務情報センター租税史料室『所得税関係史料集』史料70（平成二十年）。以下『所得税』七〇と記す。
＊100 『徴収』一六六。
＊101 『税』第二十一巻第三号（昭和十八年三月）。
＊102 『徴収』一七八。皇国租税理念調査会については、井上一郎『税務行政史～終戦から占領初期まで～』七～一四頁（中央経済社、昭和五十五年）を参照のこと。なお、吉牟田勲「皇国租税理念調査会小史」『東京経営短期大学紀要』第十巻（平成十四年三月）に関係史料が紹介されている。
＊103 『徴収』一八三。
＊104 『帝国議会衆議院委員会議録』昭和篇一五一、一八七頁（東京大学出版会、平成十一年）。
＊105 『財政』第十巻第二号（昭和二十年二月）。
＊106 『財政』第十二巻第五号（昭和二十二年六月）。
＊107 なお、国税徴収委任制度の廃止については、新憲法や新たな地方自治制度との関係も検討する必要があると考える。

# 特論　災害と国税の減免——災害減免法の沿革——

## はじめに

近年、大規模な自然災害が多発している。平成二十七年の関東・東北豪雨や平成二十八年の熊本地震は記憶に新しい。このような自然災害に直面して、災害の歴史にも大きな関心が寄せられるようになっている。本項は、大規模災害に対する国税の減免について法制面から考察するものである。

国税の減免については、それぞれ個別税法に規定がなされている。しかし、これらの税法で対処できない大規模な災害の場合には、災害減免法により被災者の租税の減免・猶予等の措置が講じられ、被災者の救済がなされてきた。こうした、明治以降の災害減免法令は、昭和二十二年（一九四七）十二月の災害被害者に対する租税の減免、徴収猶予等に関する法律（昭和二十二年法）に引き継がれ、その後の改正を経ながら、今日に至っている。さらに、平成七年（一九九五）二月制定の阪神・淡路大震災や同二十三年（二〇一一）四月制定の東日本大震災の被災者等に係る国税関係法律の臨時特例に関する法律により、所得税の雑損控除の特例が設けられるなど、さらなる被災者救済のための法令が制定され、今日に至っている。

本章は、帝国議会開設から昭和二十二年法成立までの災害減免法の沿革を明らかにすることを課題としている。

| 減　免　税　目 | 対　象　災　害 |
| --- | --- |
| 地租，酒造税，醤油・菓子・売薬・煙草・度量衡税 | 明治24年10月濃尾震災 |
| 地租，酒造税，醤油・菓子・売薬・煙草・度量衡税 | 明治27年10月庄内震災 |
| 地租，酒造税，醤油・菓子・売薬税 | 明治29年8月陸羽震災 |
| 地租 | 明治29年7～10月各地の水害 |
| 地租 | 明治30年7～10月各地の水害 |
| 地租 | 明治31年8～10月各地の水害 |
| 地租 | 明治32年7～10月各地の水害 |
| 地租 | 明治32年徳島県那賀郡3か村の虫害 |
| 地租 | 明治34年以降の水害，施行1年以内の水害・虫害・風害・旱害 |
| 地租 | 明治34年中各地の虫害 |
| 地租 | 明治34年中各地の雹害 |
| 3年以内の地租延納 | 明治35年以降の震災・虫害・雹害 |
| 地租延納（10年賦） | 災害又は天候不順 |
| 地租 | 明治38年中の災害又は天候不良 |
| 地租 | 災害又は天候不順 |
| 所得税，営業税 | 大正12年9月関東大震災 |
| 地租 | 同　上 |
| 所得税，地租，営業収益税，資本利子税 | 昭和2年3月の北丹後震災 |
| 所得税，営業収益税，資本利子税，地租 | 昭和5年11月豆相地方震災 |
| 所得税，地租，営業収益税，資本利子税 | 昭和8年3月三陸地方震災 |
| 所得税，地租，営業収益税，相続税，資本利子税 | 昭和9年3月函館市の火災 |
| 所得税，営業収益税 | 昭和9年7月及び9月の北陸・関西地方風水害 |
| 所得税，営業収益税，臨時利得税 | 昭和13年6月及び7月の兵庫県・茨城県等の水害 |
| 所得税，臨時利得税 | 昭和15年1月静岡市の火災 |
| 所得税，営業税 | 昭和16年7～8月茨城県等の風水害 |
| 所得税，営業税，臨時利得税，地租，家屋税 | 昭和17年8月山口県等の風水害 |
| 所得税，営業税，臨時利得税，地租，家屋税 | 昭和18年7月愛媛県・岡山県等の水害 |
| 所得税，営業税，臨時利得税，地租，家屋税 | 昭和18年9月鳥取県の震災，中国・九州の風水害 |
| 所得税，営業税，臨時利得税，地租 | 昭和19年12月の東南海地震 |
| 所得税，営業税，臨時利得税，地租 | 昭和20年1月の三河地震 |
| 所得税，営業税，臨時利得税，地租 | 昭和20年9月及び10月の風水害 |
| 所得税，増加所得税，営業税，臨時利得税，相続税 | 昭和21年12月の南海地震 |
| 所得税，増加所得税，相続税 | 昭和22年4月の飯田市大火 |
| 所得税，相続税 | |

### 表 46　災害租税免除関係法令一覧

| 公布年月 | 法令番号 | 法　　律　　名 |
|---|---|---|
| 明治 25 年 6 月 | 法律第 1 号 | 震災地方租税特別処分法 |
| 明治 28 年 4 月 | 法律第 29 号 | 震災地方租税特別処分法 |
| 明治 30 年 3 月 | 法律第 22 号 | 震災地方租税特別処分法 |
| 明治 30 年 3 月 | 法律第 30 号 | 水害地方地租特別処分法 |
| 明治 31 年 7 月 | 法律第 22 号 | 水害地方地租特別処分法 |
| 明治 32 年 2 月 | 法律第 3 号 | 水害地方地租特別処分法 |
| 明治 33 年 1 月 | 法律第 1 号 | 水害地方地租特別処分法 |
| 明治 33 年 3 月 | 法律第 24 号 | 虫害地地租特別処分法 |
| 明治 34 年 4 月 | 法律第 27 号 | 水害地方田畑地租免除に関する法律（一般法） |
| 明治 35 年 3 月 | 法律第 25 号 | 虫害地地租特別処分法 |
| 明治 35 年 3 月 | 法律第 26 号 | 雹害地地租特別処分法 |
| 明治 36 年 2 月 | 緊急勅令第 8 号 | 災害地地租延納に関する件 |
| 明治 36 年 6 月 | 法律第 3 号 | 災害地地租延納に関する法律（一般法） |
| 明治 39 年 3 月 | 法律第 10 号 | 災害地方田畑地租免除に関する法律 |
| 大正 3 年 2 月 | 法律第 1 号 | 災害地地租免除法（一般法） |
| 大正 12 年 9 月 | 緊急勅令第 410 号 | 震災被害者に対する租税の減免等に関する件 |
| 大正 13 年 7 月 | 法律第 4 号 | 震災被害地の地租免除等に関する法律 |
| 昭和 2 年 3 月 | 法律第 17 号 | 震災被害者に対する租税の免除猶予等に関する法律 |
| 昭和 6 年 4 月 | 法律第 46 号 | 震災被害者に対する租税の減免猶予等に関する法律 |
| 昭和 8 年 3 月 | 法律第 13 号 | 震災被害者に対する租税の免除猶予等に関する法律 |
| 昭和 9 年 3 月 | 法律第 21 号 | 函館市の火災被害者に対する租税の免除猶予等に関する法律 |
| 昭和 9 年 12 月 | 法律第 51 号 | 風水害に因る被害者に対する租税の減免猶予等に関する法律 |
| 昭和 14 年 3 月 | 法律第 39 号 | 災害被害者に対する租税の減免，徴収猶予等に関する法律（一般法） |
| 昭和 14 年 4 月 | 勅令第 220 号 | 昭和 13 年の災害被害者に対する租税の減免等に関する件 |
| 昭和 15 年 2 月 | 勅令第 69 号 | 静岡市の火災被害者に対する租税の減免及徴収猶予に関する件 |
| 昭和 16 年 9 月 | 勅令第 879 号 | 昭和 16 年の災害被害者に対する租税の減免及徴収猶予に関する件 |
| 昭和 17 年 10 月 | 勅令第 671 号 | 昭和 17 年の災害被害者に対する租税の減免及徴収猶予に関する件 |
| 昭和 18 年 9 月 | 勅令第 717 号 | 昭和 18 年の災害被害者に対する租税の減免，徴収猶予等に関する件 |
| 昭和 18 年 11 月 | 勅令第 881 号 | 同上勅令第 717 号中改正の件 |
| 昭和 19 年 12 月 | 勅令第 674 号 | 昭和 19 年の震災被害者に対する租税の減免，徴収猶予等に関する件 |
| 昭和 20 年 2 月 | 勅令第 51 号 | 同上勅令第 674 号中改正の件 |
| 昭和 20 年 12 月 | 勅令第 720 号 | 昭和 20 年の災害被害者に対する租税の減免，徴収猶予等に関する件 |
| 昭和 22 年 2 月 | 勅令第 42 号 | 昭和 21 年の災害被害者に対する租税の減免，徴収猶予等に関する勅令 |
| 昭和 22 年 7 月 | 政令第 144 号 | 昭和 22 年 4 月 20 日の飯田市における火災の被害者に対する租税の減免及び徴収猶予等に関する政令 |
| 昭和 22 年 12 月 | 法律第 175 号 | 災害被害者に対する租税の減免，徴収猶予等に関する法律（一般法） |

※『災害関係租税法令』大蔵省主税局，昭和 19 年（平 12 東京 1027）．各年の『法令全書』および『日本歴史災害事典』による．

表46が関係法令の一覧である。当初は個別の災害に伴う特別法が制定されるが、減免対象が地租に特化するなかで、水害地地租免除法（明治三十四年法）と災害地地租延納法（明治三十六年法）が並立する状態となる。これを一本化したのが、自然災害による収穫皆無地の地租を減免する災害地地租免除法（大正三年法）である。

災害減免法の対象が地租から所得税や営業税に転換する契機は、大正十二年の関東大震災で、その内容はその後の災害減免法に引き継がれていく。そして、昭和十四年（一九三九）三月に災害被害者に対する租税の減免、徴収猶予等に関する法律（昭和十四年法）が成立する。昭和十四年法は国税の減免や徴収猶予に関する一般法で、具体的な内容は勅令で定めることとなった。昭和二十二年法は、昭和十四年法を全文改正し、災害発生のたびごとに政令（勅令）で租税の減免や徴収猶予等の具体的内容を定めるのではなく、事前に諸規定を整備することにしたのである。なお、所得税については、昭和二十五年（一九五〇）三月の改正で、災害や盗難等により総所得の一割以上の被害があった場合の雑損控除の規定が新設され、災害減免法と雑損控除のどちらかを選択できることになった。

以下、こうした災害減免法の変遷について具体的に検証していくが、本稿は租税の減免を主とし、徴収猶予については必要な範囲で触れるに留めたことをお断りしておく。

## 第一節　濃尾震災租税減免法の成立過程

### 1　明治二十五年震災地方租税特別処分法の制定

帝国議会開設後、最初の災害減免法は、明治二十四年（一八九一）十月二十八日に発生した濃尾震災による震災地方租税特別処分法である。この法律の適用対象は、愛知県と岐阜県、それに三重県・福井県・滋賀県の五県にわたった。濃尾震災は、死者約七三〇〇名、建物の全壊が十四万余に及ぶ大きな被害をもたらした。[*1] 震災被害が甚大で「減税免租処分」においても通常の法規だけでは不充分との理由により制定されたもので、明治二十七年十月の庄内震災、同二十九年八月の陸羽震災による災害減免法に引き継がれていく。

まず、政府が第三回帝国議会に提出した震災地方租税特別処分法案（明治二十五年五月七日提出）を、税目ごとに検討しておきたい。[*2]

地租については、地目変換と荒地の規定である。まず、第二条の地目変換については、「水源涸渇水路破壊等ノ為メ」地目変換し地価修正した土地は、明治二十四年分から修正地価による地租を徴収するとされた。地租条例第十条は、地目変換した土地は五年間元の地価で課税するとなっている。地租条例が想定している地目変換は、開墾等の人為的行為による地目変換なので、この規定は適用できない。そのため、明治二十四年分から地目変換後の修正地価に課税できる特例が必要となったのである。第三条の荒地については、震災被害による土地の変化は地租条例による荒地とは認められないため、大幅に収益が減損（七割）した土地については、被害の実況により荒地に準じて明治二十四年度から十年以内七割以下の低価年期を付与するとした。地租条例による荒地とは土地の形状変化と収穫皆無であり（第二十条・第二十一条）、被害の年より十五年以内の免租年期を定め、年期明けにより元の地価に復すか、それができない場合は、さらに十年以内七割以下の低価地価を付与する規定である。地租条例は、洪水や土砂崩れ等で土地が流されたり土砂に埋もれたりする状況を荒地と規定しているため、震災で隆起又は沈降しても形状が大きく変化したわけではなく、収穫物も残存しているので荒地とは認定できないのである。

また、第四条で、家屋の倒壊や焼失に見舞われた市街地（準市街を含む）で、営業の景況が容易に回復しないほど被害が大きかった宅地には、七年以内七割以下の低価地価を付与するとなっていた。さらに、七年の年期が明けても元の地価に復しない土地については、現況により地価修正するとされた。そして、被害地の地租延納年賦金の免除や、被災者の地租未納金の五年以内延納許可の規定も付け加えられた。ただし、地租未納金の延納期間は、衆議院の修正により政府案の五年以内から三年以内に短縮された。

第八条は所得税である。所得税法では、納期前に所得金高の五〇%以上を減損した場合は減免となったが（第二十三条）、減損高が五〇%未満であっても、その資力を斟酌して所得税を減免し、減免の結果、年間所得金高が免税点の三〇〇円を下回れば、所得税そのものを免除するとした。しかし、衆議院は、所得税納税者は「富民」であるとして第八条を削除したのである。

第九条は、酒造税と醤油税の未納造石税の減免である。両税とも本法に皆造前に非常の損害を蒙った場合の減免規定があるので、震災による損害は本法で対応することとなった。最後の第十条は、醤油・売薬・煙草・菓子営業税の明治二十五年前期分（納期は一月）の全額免除である。菓子製造税と度量衡税は、明治二十四年分後半期分が減免されることとなり、申請期限は明治二十五年八月三十一日とされた。

濃尾震災を理由とする本邦初の災害減免法の内容は、以上の通りである。地目変換や荒地の規定など地租条例の適用は厳密で、そのため特別処分法による救済が図られていることが分かる。また、都市部の被災者救済のため、営業税の免除だけでなく、市街宅地の低価年期付与がなされていることに注意しておきたい。濃尾震災の被災地には岐阜や大垣などの市街地と準市街地が含まれており、都市住民の救済策も不可欠だったのである。ただし、このときは都市部に多い所得税納税者の減免は衆議院で否決された。まだまだ、所得税は補助税の位置にあったといえる。

## 2　濃尾震災租税減免法の大蔵省原案

濃尾震災による租税特別処分法の成立以前、第二回帝国議会には租税特別処分法案が政府から緊急提出されていた。本項では災害減免法成立の事情を探るため、このときの大蔵省案を巡る動きを検討しておきたい。

明治二十四年十二月十六日に緊急提出された、濃尾震災被害者救済のための租税特別処分法案の全文は以下の通りである。[3]

地震洪水其他、抗拒スヘカラサル災害ニ依リ非常ノ損害ヲ受ケタル地方ニ対シ、其土地ノ収利又ハ人民ノ生産ヲ回復セシムル為ニ特別ノ処分ヲ要スルトキハ、行政命令ヲ以テ期限ヲ定メ、免税減税又ハ延納ノ処分ヲ行フコトヲ得

この大蔵省案は、第三回帝国議会に提出された案とは異なり、非常の災害の場合には行政命令により国税の減免や延納の措置をなし得るもので、とくに濃尾震災に限定した特別法ではなかった。ただ、第二回帝国議会は政費節減を求める民党と政府が激しく対立し、議会開会後約一か月後の十二月二十五日に解散となり、この政府案は廃案となった。衆議院では、特別法ではなく地租条例そのものを改正すべきとする意見や、備荒貯蓄法との関係、さらには「漠然ト斯様ナル特令」を提出するのは「特権ヲ政府ニ与ヘテ呉レト云フ」請求であるとの意見まで出された。衆議院は政府案に対し、「恰モ政府ノ人望ヲ博スル」目的（人気取り政策）とか、議会のチェック機能（議会の権限）低下などを理由に反対を唱えたのである。

もっとも、大蔵省が当初考えていたのは上記のような包括的な案ではなかった。最初の租税特別処分法原案とほぼ同一の十か条からなる原案が、明治二十四年十二月に閣議提出されていたのである。[4] しかし、この大蔵省案には農商務大臣陸奥宗光の強い反対があり、容易に閣議決定できなかったのである。陸奥の反対理由は、大蔵省案は濃尾震災を対象とする「一時限リノ処分法」ではあるが、これが公布されれば「其災害ノ大小ヲ論セス」租税減免の恩典を与えなければならなくなるという強い危惧であった。陸奥も議会への提出期限が切迫していることは理解しているものの、「今夕中ニ決定スルニ及ハサルベシ」と、閣議での再審議を求めたのである。陸奥の意見が書かれたのは、明治二十四年十二月十一日午前一時二十分である。陸奥以外の大臣は同案を了承していたが、大蔵省は急遽別の案を作成して十二月十六日に緊急提出せざるを得なかったのである。

このときの大蔵大臣は松方正義で、内閣総理大臣の兼任である。『明治天皇紀』によれば、濃尾震災の翌日、天皇は侍従北条氏恭を愛知・岐阜両県に派遣して被害状況を視察させ、十月三十日には天皇・皇后より救恤金各三〇〇〇円が両県に下賜されると発表された。[*5] 皇室は、侍従や侍医などを派遣して積極的に被災者の慰問や救護にあたったのである。そして三十一日、内閣総理大臣松方正義は天皇に拝謁し、その日のうちに愛知・岐阜両県への出張を命じられている。松方の伝記にはこのときの様子が、「聖旨ヲ奉シテ直ニ実地ヲ巡検シ、普ク酸鼻ノ現状ヲ目撃シテ復奏セラレタルノ結果」、十一月十一日、緊急勅令を発して臨時費より愛知・岐阜両県へ二二五万円の救助費の支出を行ったと記されている。[*6] 松方の視察報告書は枢密院議長伊藤博文にも送付され、伊藤は第二回帝国議会で紛糾した政費節減による余剰金を被災者救済に使用することを提起している。[*7] この緊急勅令による臨時支出は、十一月二十一日に召集される第二回帝国議会において両院の承諾を得なければならなかったが、予算問題をめぐり政府と議会が対立した同議会では、衆議院の特別委員会に付託されたまま進展を見なかった。こうして租税特別処分法案は、被災地救済の第二弾として提出される筈が、前述のように閣議で再審議となったため、十二月十六日、行政判断で自然災害に対処できる特別処分法案として緊急提出されることになったのである。しかし議会の解散により、それも廃案となった。

第二回帝国議会は、議会が行政と立法の「勢力競争」の場となり早期解散となったが、政府の解散奏議には、濃尾震災救済の臨時支出案などの審議が衆議院で進まなかったことが挙げられている。[*8] あまり注視されることがないようであるが、第二回帝国議会における濃尾震災救済策の重要性が問われてもよいように思われる。それはともかく、濃尾震災後の災害減免法は、風水害や震災などを理由に毎年のように衆議院に議員提案され、その多くが成立することになる。陸奥の危惧は杞憂ではなかったのである。

## 第二節　大正三年災害地地租免除法の成立

### 1　明治三十四年水害地地租免除法の制定

明治三十四年（一九〇一）四月、第十五回帝国議会において水害地方田畑地租免除に関する法律（明治三十四年法）が成立する。このときの衆議院には、水害地方田畑地租免除に関する法律案（政府提出）と、水害地方地租特別処分法案（議員提案）の二つの法案が提出された。[*9] 議員提出案は、これまでの法律の形式を、そのまま明治三十三年七月から十月までの洪水被害地に書き換えただけのものであるが、政府案は違っていた。政府案は、水害による収獲皆無地について、その年分の地租を免除するもので、罹災後三十日以内の申請が必要とされた。そして前年分にも対応できるよう、附則で施行後一年以内の水害も対象としたのである。明治二十九年の大水害に伴う水害地方地租特別処分法の成立後、毎年のように水害による地租免除法が議員提案により成立しているが、それでは「適当ノ調査」が出来ないので「恒久ノ法律」とするというのが法案提出の理由である。[*10] 以下は、貴族院委員会での政府委員の説明である。[*11]

水害ノアッタ翌年ノ議会ニ於テ此法案ヲ決議スルコトニナッテ、殆ド水害ガアッテカラ一年有余ノ歳月ヲ経過シテカラ後ノコトデアッテ、当局者ニ於テ其現場ヲ調査スルト云フテモ、既ニ一年有余モ経過シタ暁デアルカラ、其区域モ判明セズ調査ヲスルニ苦シム、ソレ故ニ最初ノ見込額ヨリ免租ノ区域ガ余程大キクナル、金額モ殆ド予算ヨリ常ニ倍スルト云フ有様デアル

水害地の地租免除の慣例化は、地租免除額の増大を招く。表47は、災害減免法による地租免除額の一覧である。明治三十四年法以前の水害による地租免除額の増大がみてとれよう。地租条例は地租免除しないのが立法趣旨であるが、水害による地租免除の特例が慣例化するなか、水害地地租免除法を一般法とすることで、より迅速な実地調査を行い

不正な地租免除を防止することにしたのである。

衆議院の委員会は、水害に限定した政府案を「虫害・風害・旱害」にまで拡大する修正決議を行った。[12] 水害以外であっても収獲皆無の事実は同じであり、水害に限定する理由はないとの意見である。実際、第十五回帝国議会には潮風（塩害）や虫害、旱害・霜害による地租免除法案が議員提出されており、その背後には被災者の様々な陳情や議会への請願運動などが存在した。これに対して大蔵大臣渡辺國武が修正案に同意し、委員会修正案は本会議に上程された。衆議院本会議では、霜害を加える修正意見等もだされたが、委員会修正案が可決され貴族院に送付された。しかし、貴族院は衆議院の地租免除拡大案に反対し政府原案を支持した。そこで両院協議会の開催となったが、ここで貴族院修正通り虫害等を削除して水害のみとするが、附則では衆議院修正を入れて昨年分に限定した虫害・風害・旱害による地租免除を認めることになったのである。[13]

**表 47　災害減免法による地租免除額一覧**

| 罹災年 | 根　拠　法　令 | 理由 | 免租額 |
|---|---|---|---|
| 明治 24 年 | 明治 25 年法律第 1 号 | 震災 | 208,463 |
| 明治 27 年 | 明治 28 年法律第 29 号 | 震災 | 3,826 |
| 明治 29 年 | 明治 30 年法律第 22 号 | 震災 | 3,355 |
| 明治 29 年 | 明治 30 年法律第 30 号 | 水害 | 1,922,208 |
| 明治 30 年 | 明治 31 年法律第 22 号 | 水害 | 565,597 |
| 明治 31 年 | 明治 32 年法律第 3 号 | 水害 | 450,893 |
| 明治 32 年 | 明治 33 年法律第 1 号 | 水害 | 333,630 |
| 明治 32 年 | 明治 33 年法律第 24 号 | 虫害 | 4,803 |
| 明治 33 年 | 明治 34 年法律第 27 号 | 水害 | 62,615 |
| | | 虫害 | 27,837 |
| | | 風害 | 59,682 |
| | | 旱害 | 27,964 |
| 明治 34 年 | 明治 34 年法律第 27 号 | 水害 | 11,531 |
| 明治 34 年 | 明治 35 年法律第 25 号 | 虫害 | 48,984 |
| 明治 34 年 | 明治 35 年法律第 26 号 | 雹害 | 8,232 |
| 明治 35 年 | 明治 34 年法律第 27 号 | 水害 | 190,535 |

※国立公文書館所蔵「目賀田家文書」第 8 号による（免租額の単位は円）.

明治三十四年法成立の突破口となったのは、明治三十年法律第三十号による水害地地租免除であった。そこで、以下にその経緯を検討しておきたい。

明治三十年三月の水害地方地租特別処分法の成立理由は、明治二十九年七月から九月にかけて、複数の台風により各地で河川の決壊などによる大きな洪水被害が出たことによる。[14] そのため、第十回帝国議会に水害地方地租特別処分法案が議員提案された。[15] 法案の内容は、水害による収獲皆無地に限り、明治二十九年分の地租を免除するものであった。同じ議会では、明治二十九年八月の陸羽震災による震災地方租税特別処分法（政府提出）が成立しているが、水害については大蔵省と衆議院の見解は一致を見なかった。

大蔵省が法案に同意しなかった理由は、①明治十七年に制定された地租条例の「地租は年の豊凶に依り増減せず」という規定と、②国税徴収法の非常の災害における徴収猶予規定、③備荒儲蓄法の存在である。①は地租改正の原則ともいうべき規定で、凶作時における検見制度を廃止することにより、その手数を省くとともに安定的な地租の確保が可能となった。③は明治十三年六月の制定で、災害罹災窮民に対する食料や小屋掛料・農具等の生活必需品の支給、それに地租の補助や貸与を規定したものである。これは地租条例とセットになって、災害時における地租納税者の救済を図るものであった。②は明治二十七年改正で追加された、非常の変災による税金の徴収猶予規定である。震災は備荒儲蓄法の想定外であるから特別法による減免が必要とされたが、水害による地租減免には同意できないとしたのである。

衆議院は、備荒儲蓄法は自力での生存が不能とか、納税のために土地家屋を売却せざるを得ないなどの、極めて限定的な窮民救済策に過ぎないと反論した。大蔵省は備荒儲蓄法の拡大適用を検討するとともに、将来における備荒儲蓄法改正に言及しつつも、地租減免を認めることは検見制度への回帰であると訴えた。しかし、大規模かつ広範囲な現実の被害状況に対して説得力は乏しかった。衆議院の決議案は貴族院でも可決され、ここに最初の水害地租減免法が成立するのである。水害による明治二十九年分の地租免除額は、史上最高の一九二万円余に上った。[*16]

一旦成立すると、水害地租特別処分法は毎年のように議員提案され、両院では読会も省略され委員会にも付託されず当然のように成立していった。水害による地租免除の慣例化は、別の視点からすれば地租条例の不備を認めたことと同義である。衆議院は、特別法ではなく地租条例そのものの改正要求を強めた。明治三十四年法が成立した次の第十六回帝国議会には、災害による地租免除規定を盛り込む地租条例改正案が議員提出される。[*17]特別法である明治三十四年法を廃止して、その内容を地租条例に盛り込み、さらに対象を水害から災害一般に拡大する内容である。後者については前回議会で大蔵大臣も同意しているから、問題は災害による地租免除規定を、特別法である明治三十四年法のまま存続させるか、地租条例に組み込んで恒久法とするかにあった。この恒久法案は、政府も同意したため衆議院で簡単に可決された。

しかし、貴族院委員会では明治三十四年法の対象を災害に修正すれば充分であり、これを廃止して地租条例を改正するのは「無益」な法律を作ることになるとの反対意見が出された。[*18] もっとも、より正確にいえば、地租条例に免租規定を組み込むことは「甚ダ条例ノ精神ニ対シテ面白クナイ」、つまり豊凶により地租を増減しないという地租条例の原則を否定することになると反対したのである。衆議院案に対する賛成もあったが、貴族院の多数は地租免除規定の恒久化を否決した。そして、次の第十七回帝国議会で明治三十四年法の改正（水害を災害に修正）を行うとしたのである。

しかし、この貴族院決議は次の第十七回帝国議会で大きな議論を呼ぶことになる。

## 2　明治三十六年災害地地租延納法の制定

第十七回帝国議会（明治三十五年十二月召集）には、災害地地租延納に関する法律案が政府提出された。法案の内容は、災害又は天候不順による収獲皆無地を対象に、納税資力なしと認められた者に地租の三年以内の年賦延納を認めるものである。水害については地租免除を認める明治三十四年法があるので、ここで地租延納の対象となるのは水害以外の災害と冷害などの気候不順である。しかし、同議会は地租増徴案等の審議を巡って紛糾し、十二月二十八日に解散となったため審議未了となった。そこで政府は、明治三十六年二月二日、この法案と同じ内容を緊急勅令第八号として公布した。[*19] すでに各地に虫害や旱害・雹害、天候不順等による被害が出ており、田租第四期納期限の二月二十八日が迫っていたのである。

この緊急勅令は、憲法第八条第二項により帝国議会の事後承認が必要なため、明治三十六年五月召集の第十八回帝国議会（臨時会）に提出された。そして、議員提案による災害地地租免除に関する法律案と一緒に審議された。両案とも災害と気候不順を理由とする点では同一であるが、水害以外の自然災害による収獲皆無地の地租を、延納とするか、免除とするかで対立した。

大蔵省の立場は、地租条例の原則を堅持しつつ、特例として水害地の地租免除を認めるも、それ以外は延納とするものであった。一旦は、地租免除の対象を自然災害一般に拡大することに同意していた大蔵省が、地租延納に転じた理由はどこにあったのであろうか。理由の第一は地租条例の原則であるが、地租条例とセットになっていた備荒儲蓄法廃止と、それにかわる罹災救助基金法の成立という新たな状況があった。[*20] 罹災救助基金法の制定は明治三十二年三月で、非常の災害罹災者を救済する基金の貯蓄を府県に求めるものである。備荒儲蓄法廃止により地租の貸与や延納規定がなくなったので、水害以外の場合には地租延納を認めることにしたというのが大蔵省の説明である。要は、地租免除の範囲が拡大していくなかで、地租条例の原則からこれを抑制しようとするのが大蔵省の本音であった。これに対して衆議院は、当然のことながら水害以外の地租延納を認める緊急勅令を不承認とし、なおかつ水害地地租免除法も廃止して、かわりに災害地地租免除法を決議したのである。

これに対して貴族院は、衆議院の災害地地租免除法案を地租延納に修正可決し、延納期間を十年以内とした。[*21] 貴族院の反対意見は強硬で、地租免除法は「地租条例ノ精神ヲ破壊スルヤウナモノ」とまで言っている。地租免除の対象も水害以外の災害だけでなく、天候不順も加わるので免除範囲が拡大し、地租条例の精神が阻害されるというのである。貴族院の強硬な反対により、衆議院は止むなくこれに同意した。衆議院は緊急勅令第八号を不承認としたので、貴族院の修正決議を否決すると、水害以外による地租三か年延納の救済措置をも失うことになるからである。こうして、明治三十六年六月、災害および天候不順による十年以内の地租延納を認める明治三十六年法が成立したのである。

## 3　大正三年災害地地租免除法の制定

自然災害による被災地の地租について、水害の場合は免除、その他の場合は延納という二つの異なる法律が成立したのであるが、その後も衆議院は災害一般への地租免除拡大を要求し続ける。水害だけに地租免除を認めるのは、他の災害との権衡上不公平というのが衆議院の多数意見である。これに対して地租条例の原則から、地租免除範囲の拡大に強硬に反対したのは貴族院であった。大蔵省は水害地地租免除を災害一般に拡大することに同意していたが、貴族院はそれをも否定した。こうした貴族院の動向を背景としたものか、第二十一回帝国議会において大蔵省はより強硬な態度に転じていく。

第二十一回帝国議会（明治三十七年十二月召集）において、衆議院に二つの災害地地租免除法が議員提出された。両者ともに第十八回帝国議会の衆議院可決案と同じである。委員会で大蔵省は、衆議院が明治三十四年法との権衡を理由に災害地一般の地租免除を要求するなら、明治三十四年法そのものを廃止するとの強硬な意見を発した。[*22] 大蔵省は、これ以上の地租免除範囲の拡大を認めないと宣言したのである。さすがに主税局長若槻礼次郎は明治三十四年法の否定までは言及しなかったが、大蔵省の強硬な態度の背景にあったのは地租免除拡大への危惧であった。豊凶により増減しないとする地租改正法が、金納の規定とともに、わが国の財政基盤の確立をもたらしたことは周知の事実である。地租免除の増大は、地租制度そのものを不安定化する要因と看做されたのである。しかし、被災地の状況をみれば何らかの救済措置は必要である。そこで、地租改正において認めていた延納法を採用したというのである。[*23]

衆議院が可決した災害地地租免除法は、貴族院で否決された。勿論、貴族院でも地租免除法に賛成する意見は存在し、地租免除を水害から災害一般に拡大することに同意した政府が、何故緊急勅令として地租延納法を公布したのかとの質問も出された。若槻主税局長は、この理由を財政上の問題と免租による「惰農」の弊害の二点を挙げて答弁しているが、あまり説得的とは言えなかった。ただ、災害地地租免除法を否決して延納法を成立させたのは貴族院であることが強調されると、同院の反対意見は少数となった。こうして、衆議院が要求する災害地地租免除法は、当面成立する見通しは立たなくなったのである。

しかし、明治三十八年(一九〇五)の東北地方を中心とする凶作が貴族院の態度を変化させる。第二十二回帝国議会(明治三十八年十二月召集)において衆議院に議員提出された地租免除法の内容は、天候不順により凶作となった福島・宮城・岩手の東北三県をはじめとする各地の地租免除を認めるだけでなく、被災地で年賦返済中の地租未納分も免除するものである。[*24] 福島・宮城・岩手の三県は明治三十五年にも凶作に見舞われており、地租延納が認められた人々も少なくなかった。[*25] 衆議院は、こうした地租延納期間中に再度被災した人々の救済項目を追加したのである。これに対して政府は大蔵大臣阪谷芳郎が法案への同意を明言したため、徴収済の地租を還付する条項を加えて、すんなりと衆議院を通過した。大蔵省の同意理由は、日露戦争従軍中の災害であるという「特別ノ事情」によるものであった。貴族院もまた、東北農村の窮状を救済するという観点から、それほど異論もなく可決した。[*26] こうして、明治三十九年三月、災害地方田畑地租免除に関する法律が公布されたのである。

災害地方地租免除に関する法律は、日露戦争の影響を考慮した特例として成立した。日露戦後、政府は時限立法であった非常特別税法の廃止を含む税制改正の必要に迫られた。明治三十九年五月に開会された税法審査委員会には、水害地地租免除法(明治三十四年法)と災害地地租延納法(明治三十六年法)を統一する意見が出されている。[*27] 最初に出された意見は延納法への統一で、次に延納法を認めつつも延納期間中に再度被害にあった場合は地租免除とする意見が出されている。税法審査委員会は、災害地の地租延納を基本に、延納中に再び罹災した場合は未納分を免除するとの改正を行うことと決定した。税法審査委員会の改正案は、明治四十年の税法整理案審査会でも多数によって支持されたのである。[*28]

この間、明治三十九年十二月召集の第二十三回帝国議会で、衆議院に地租免除と延納の一本化を図る災害地地租免除法が特別法として議員提案されている。[*29] 衆議院は、政府や貴族院の反対を前提に、同法案を毎回提出することを決定し手続も簡略化した。予想通り、貴族院の反対で法案は否決された。次の明治四十年の第二十四回帝国議会には、税法整理案審査会による地租延納法案が政府提出されるが、今度は衆議院の反対で否決される。こうして災害地地租減免法の一本化をめぐる議論は、政府および貴族院の延納法と衆議院の免除法とで平行線を辿り、事実上一本化は不可能となったのである。

ただ、衆議院が延納法を免除法に修正したいという理由はわかるが、政府が免除法を延納法に修正しようとする理由は何であろうか。第二十三回帝国議会の衆議院委員会での主税局長桜井鉄太郎の答弁から、大蔵省の本音を垣間見ることができる。[*30] すなわち、「特別ノ事情」により災害地の地租免除を認めた明治三十九年法律第十号の執行状況について、以下のような説明がなされているのである。法律の施行により一部地域の地租免除が認められると、「一方カラモ彼所ガ免租ニナル位ナラ、此方ハ収獲皆無ノ程度ガ甚シイ、是ガ這入ラヌノハ不公平ダ」という声が起こる。しかし、もはや被害の現状は残っておらず調査しても実態はわからない。ただ、そのままにしてはおけないので、付近の被害程度や土地の類似性などから推測し、また郡役所の調査なども参考にして判断するという。免除申請は法律施行後三十日以内となっているが、申請期限後に上記のような声があがると、税務署はそれに対応せざるを得なかったのであろう。被災者の救済を基本とする以上、何らかの対応をせざるを得ないのであるが、それが逆に公平性を損なうとすれば、免除法そのものの廃止も止むを得ないと考えられたのである。

第二十六回帝国議会でも、以下のようなやり取りがあった。[*31] 免除法により「甲モ乙モ総テ争ウテ収獲皆無ノ申告」をするので、なかには「土地台帳ニ掲ゲテアル筆数ヲバ頭カラ先キマデ唯之ヲ書写シテ」免租の申請をする。しかし収獲皆無と認定されなければ、そこで官民の衝突が起こり、それが税務行政全般への支障となる。これが延納だと地租の負担額そのものは変わらないので、濫りに出願するなどの乱暴な態度に出る者も少ないというのである。災害地地租免除法の最前線では、このような免租を巡る官民の攻防があったのである。

その後も衆議院は第二十七回、第二十九回、第三十回と災害地地租免除法案を提出し続けた。そして第三十一回帝国議会の災害地地租免除法（大正三年法）により地租減免法の一本化が実現する。同法律は災害および天候不順による地租免除を認める法令で、災害地地租延納法による年賦未納金も免除されることとなった。

この法案は、地租延納への一本化が事実上困難と判断した大蔵省の方針転換により提出され、衆議院に議員提案された地租免除法とともに審議された。[*32] 大蔵省は、「昨年東北地方北海道地方ニ亘ッテ非常ナル災害ヲ見ルコトニナリマシテ、（中略）茲ニ寧ロ地租条例ノ精神ニハ一致シマセヌ廉ガアルニシテモ、其例外トシテ此地租ノ免除ヲバ計画スルコトガ必要デアルト云フコトヲ考ヘテ、今回之ヲ提案スルコトニナッタ……」と説明している。

同議会では、所得税や営業税の軽減が実現したこともあり、地租についても負担軽減を求める声が高まっていた。そこに東北・北海道の凶作となったため、その救済や復旧に関する法案、建議・質問書なども多数提出されていた。こうした状況のもと、衆議院は政府案をそのまま可決し、貴族院も北海道や東北の惨状を理由に可決したのである。こうして成立した大正三年法は、その精神を含めて昭和六年の地租法にそのまま継承されることになる。[*33]

## 第三節　災害国税減免法の成立

### 1　関東大震災と租税の減免

大正十二年（一九二三）九月一日の関東大震災は、これまで地租に限定されてきた災害減免法を転換させる大きな画期となった。震災翌日には戒厳令が敷かれ、首都は厳戒態勢に入った。東京市内の火災が鎮火するのは、三日の朝である。こうした未曾有の災害に対して、九月十二日の緊急勅令により租税減免措置が打ち出される。大蔵省は緊急勅令の背景について「公共の安全を保持する為」の緊急措置と説明している。その内容は、第三種所得税と営業税の減免、地租・所得税・営業税・相続税の徴収猶予である。

さらに、九月三十日の勅令第四三三号や大蔵省令第二十六号で詳細が公表された。第三種所得税と営業税の減免はすべての震災被害者を対象とし、地租・所得税・営業税・相続税の徴収猶予は震災被害地に指定された一府五県の市区町村居住者に適用された。九月三十日は第三種所得税など、震災後最初の国税の納期限にあたる。減免対象となるのは、震災（余震も含む）およびこれにともなう火災や海嘯により住宅や家財を失った人々で、その数も桁違いに多かった。地租条例の不備が指摘されていた震災への対応が、これ以降の災害減免法の転機となったことは象徴的である。

関東大震災による租税減免の特徴は、第三種所得税と営業税の控除を幅広く認めたことにある。[*34] この両税については、居住の如何に拘わらず震災被害者を対象としている。第三種所得税の減免措置は、被害の程度により三分類できる。第一は、住宅や家財に甚大な被害（全損）があった場合、所得金額一万円以下の者の所得税を全額免除し、一万円以上の場合は、まず一万円を免除し、それを超える分は損害の程度と所得の等級に応じた控除が認められた。自己所有の住宅や家財だけでなく、借家人の家財の損害も控除できる。第二は、所得の基因となる家屋や商品などの損害見積額の控除である。控除できるものとして、貸家や営業場、医師・弁護士などの事務所・病院、それに事務所・病院等に付属する機械・器具などが例示されている。これらの損害を甲乙丙の三段階に分け、所得金額の等級により控除額が認められる。第三は、震災により収入が断たれた被災者について、九～十二月までの収入予算額を控除するのである。これは、収入予算額の四分の一以上を減損した場合には減損更訂を請求できるとする所得税法第六十四条の規定を拡大したものである。九〜十二月までなら三分の一の減損更訂となり、所得税法より控除額が大きくなる。以上の減免については、被害の状況と損害見積額を大正十三年一月三十一日までに税務署に申請するとされた。

大正十二年三月に改正されたばかりの営業税法では、前年実績に基づいて決定された課税標準額より、その年の実績が二分の一以下の場合は減損更訂が認められた（第二十八条四項）。また、その年の営業利益が営業税額に達しない場合には、不足額に相当する営業税が免除された（第二十九条）。しかし、緊急勅令により震災による家屋や機械・器具、商品などの損害が甚大な場合、第二期分の営業税が全額免除されることになったのである。また、震災で毀損した家屋や機械・器具等の損害を経費と看做し、これにより営業利益が皆無となった場合は大正十二年分の営業税額の全額免除や、利益の減少に応じた減税もなされた。営業税第一期分の納税額については、減損更訂により免除となった場合には還付された。

これらの措置について大蔵当局は、商品の損害や収入の道が断たれた者に対する控除は当然であるが、所得に関係のない住宅や家財の控除、所得の基因たる固定財産の損害額の全額控除は、「通常の所得税算定の方法に対する破天荒の例外」であると述べている。そして、これにより東京市や横浜市の焼失区域の納税者の大多数は免税の恩典に浴するだろうと続けている。事実、大正十二年度の東京府の第三種所得税納税者総数のうち、所得額一万円以下の納税者数は九五・一％で、同十三年度は九六・〇％である。神奈川県の場合は、大正十二年度が九七・三％、同十三年度は九七・九％であった。[*35] 免税点が八〇〇円の時代、所得金額一万円以下というのは、大多数の被災者が免税となる金額だったのである。また、営業税についても、「通常ならば控除すべきでない所の営業用の建物や機械器具等の損害見積額をも全部控除すると云ふことは、今回の勅令に依て定められた例外」で、所得税と同様の「特別の恩典」とされている。なお、所得税および営業税は、法人については損益の控除ができるので、対象は個人に限定された。

徴収猶予の期限は、九月三十日の勅令第四三三号では一律に十月三十一日とし、さらに十月三十日の大蔵省令第二十六号により、税目ごとに設定し直された。対象となるのは、地租・所得税（第二種を除く）・営業税・相続税である。

地租については、市区町村の土地台帳が焼失したこともあり、大正十三年七月の震災被害者の地租減免等に関する法律（法律第四号）の制定を待って対処することとなった。地租条例第二十条の荒地条項適用外についても、震災によって「著しく利用を妨げられた土地」は五年以内の免除となった。免除対象は、震災による水路破壊などにより収穫減損した田畑である。また宅地は、建物の滅失や倒壊、交通障碍等により、震災以前と比較して土地の収益が著しく減少し、且回復が困難な地方は五年以内の免除となった。[*36] 地租免除は税務署への申請が必要であるが、東京市や横浜市など指定された地域内の焼失宅地についての申請は不要とされた。なお、すでに七月の納期限が過ぎている市街宅地租は地租免除の対象外である。

また、震災被害地の大正十三年九月一日以後に納付すべき地租については徴収猶予されることとなった。地租の徴収猶予の理由は二つあり、一つは所得税などの徴収猶予との権衡、もう一つは地租を徴収委任している市町村において焼失した地租名寄帳の復元に時間を要したためである。後者については、地租名寄帳復元後一年以内に税務署長が適当な納期限を定めることとなった。

相続税については大正十二年の大蔵省令第二十六号で五年以内の延納が認められるなど、延納措置がとられた。また、大正十三年四月の通達で、震災により焼失した相続財産を課税価額から除外し、著しく価格が低落した場合は現況により斟酌することとされた。[*37] 相続税にも、延納や減税措置がとられたのである。

関東大震災後の帝都復興には巨額の国費が投入された。そのため帝国議会では、被災者救済のための国税減免措置に止まらず、被災地復興資金の投入要求が、これまで以上に大きくなっていく。

## 2　昭和十四年災害租税減免法の制定

昭和二年（一九二七）三月の北丹後地震に対しては、開会中だった第五十二回帝国議会において震災被害者の地租減免等に関する法律が制定された。大蔵省の説明では、「法律案ハ甚ダ簡単デアリマスルガ、詳細ナル規定ハ、災害状況ノ調査ガ完了イタシマシタ上デ、其事情ニ適応スルヤウニ、関東震災ノ場合ニ於ケル方法等ヲ参照イタシマシテ、命令ヲ以テ適当ニ規定スル見込デアリマスル」と、三月が納期限である大正十五年分第三種所得税第四期分を免除し、それ以外は調査に基づいて省令により具体的に規定することとしたのである。[*38] 昭和二年分の所得税や地租についても関東大震災に倣った減免措置がとられた。以後、災害ごとに租税免除法が制定され、具体的な内容については調査に基づいて大蔵省令で規定されるという形式が踏襲されていく。対象となる主な税目は所得税と営業収益税、それに地租・資本利子税・相続税などである。地租も大正三年法律第一号の対象外である宅地租が主体となる。

ただ、これ以降の災害減免法の審議過程を見ると、政府と議会が救済内容について議論する場面はほとんどなくなる。租税減免の特別法の成立は前提とされ、むしろ被災地への補助金や低利資金交付を希望する意見が出されるようになる。大正三年法以降、災害地地租免除法案が議員提案されたのは、第四十五回と第四十六回の帝国議会であるが、その内容は災害後の収獲皆無地に再植して少しの収穫があったとしても収獲皆無と認定するというものである。[*39] しかし、どちらも貴族院で審議未了により廃案となった。提案理由には産業奨励や農村復興が掲げられ、災害による租税減免は前提で、被災地の復興や農村復興への資金融通に比重が移っていることが分かる。

第五十回帝国議会（大正十三年十二月召集）には、関東大震災被災地の営業税を四年間免除する法案が議員提案された。[*40] これは被災地の復興を理由に、地租の五年以内減免と同様に営業税を免除するというものである。この法案は貴族院で否決されたが、大正十一年頃からの営業税全廃運動の系譜を引き継いでおり災害減免法とは別の検討が必要である。ただ、租税減免法の審議過程において、被災地の復興という別の要素が強く働くようになっていくのは確かである。

昭和十四年（一九三九）三月、災害被害者に対する租税の減免、徴収猶予等に関する法律（昭和十四年法）が公布された。関東大震災以降、地租以外の減免については、まず特別法を制定し、その具体的内容を省令により規定するという形式が取られてきた。それに対して、災害被害者の租税減免に関する一般法を制定することで、省令による迅速な被災者救済が可能となるとされたのである。提案理由は、「災害発生ノ場合ニ対処スル為ノ根拠法ヲ制定致シテ置キマシテ、被害甚大ナル災害ノ発生致シマシタ場合ニ於テハ、命令ノ定ムル所ニ依リ、直チニ租税上適切ナル救済措置ヲ講ジ得ルヤウニ致シテ置クコトヲ適当ト認メタ次第デゴザイマシテ……」と述べられている。[*41]

災害租税減免法（一般法）の必要性については、既に昭和六年の税制調査会において検討されていた。若槻内閣（井上準之助大蔵大臣）が設置した行財政税制整理準備委員会の資料では、「災害は震災に限定」し、対象の税目も第三種所得税・地租・営業収益税（個人）・乙種資本利子税・相続税に限定するとしている。[*42] 具体的な減免の内容等は、それぞれの災害の実態に応じて勅令で規定することとされた。このときの税制整理案は議会には提出されなかったものの、災害減免法の一般法化については昭和九年の第六十六回帝国議会衆議院において取り上げられた。同議会には、前年六月の北陸や九月の関西地方の水害を対象とする租税減免法が上程され、その審議過程で、当時の大蔵大臣高橋是清も「減免税規則ノ根本的樹立」に同意していたという。

こうした経緯を経て、一般税制改正が昭和十五年度に持ち越しとなった昭和十四年の第七十四回帝国議会に法案が政府提出され、一般法である昭和十四年法が可決されたのである。[*43] 租税減免等の具体的な内容は、勅令や省令で定めることとなった。

昭和十四年法は、昭和二十二年（一九四七）十二月の災害被害者に対する租税の減免、徴収猶予等に関する法律（昭和二十二年法）により全文改正となる。これまでは勅令で具体的な内容が規定されたが、この法律により所得税や相続税の減免や徴収猶予の範囲が明示された。[*44] たとえば所得税については、住宅や家財に甚大な被害があった場合、所得額が二万五千円以下の者は税額を全額免除されることとなった。また、所得の基因たる資産または事業用の資産の被害については、損害金額を必要経費と看做すこととした。相続税の場合、課税価格決定後または申告書提出後の被害については、相続財産価額より被害価額が控除されることとなったのである。

## おわりに

帝国議会開設後、濃尾震災の救済を嚆矢とする租税減免法は、災害ごとの特別法として制定された。そして、租税免除の対象は、明治二十九年を境に水害による地租免除にシフトしていく。これは、明治二十九年の陸羽震災以降に大きな震災被害がなかったことと、同年の洪水により水害地地租免除法が制定されたことによる。震災の場合には、実現はしなかったものの所得税の減免が議論されたが、水害の場合は田畑の地租免除に限定されることになった。

特別法により毎年地租減免法が成立するようになると、その弊害に対処するため明治三十四年に水害地地租免除法(明治三十四年法)が制定される。これにより迅速で正確な被害状況の把握が可能となり、収穫皆無の認定における官民の争論などの弊害が除去されることになる。しかし衆議院は、水害による地租免除を災害一般や天候不順にも拡大し、さらに本法である地租条例に免除条項を盛り込むことで災害による地租免除の恒久化を図ろうとした。地租免除の恒久化は、地租条例の原則を巡り議会において論争となった。その結果、災害地地租延納法(明治三十六年法)が成立し、地租については明治三十四年法と明治三十六年法の並立状態が続くことになる。

地租条例は地租改正の成果を固定化する法律であったが、特例とはいえ水害地の地租免除を認めた以上、災害一般を理由とする地租免除要求も強くなる。こうした要求は決して個人的なレベルに止まるのではなく、被災地の町村単位で地租免除運動が展開されるのである。議会への請願なども、こうした町村ぐるみの運動の結果であった。[*45] 地租免除法と地租延納法の一本化を巡り、大蔵省は延納法への一本化を主張するが、そこには財政の根幹とされた地租制度堅持への強い危機感があった。地租免除が運動や交渉により左右されるのであれば、地租制度は根幹から揺らぐことになる。地租が租税収入において重要な位置を占めている時代、地租改正事業の原則を強調し、地租減免を地租改正以前の封建制（検見）への後退とする批判がなされた理由でもある。

大正三年法は、東北・北海道の凶作への対応を主な理由に成立したが、これにより地租免除法と地租延納法の一本化が実現した。連年の凶作に見舞われた東北地方では、地租延納法のもとでも地租免除となるため、実質的には延納と免除の差異は少なくなるのである。そして大正三年法は、昭和六年の地租法にそのまま継承されていく。

地租の減免に限定された災害減免法を大きく転換させたのは、大正十二年の関東大震災であった。都市部を直撃した未曽有の大震災により、田畑の地租減免から所得税や営業税の減免へと質的な転換がなされた。所得税や営業税の減損更訂を広く認める方法は、北丹後震災など、それ以降の災害減免法にも継承されていった。ただ、災害減免法は特別法として災害ごとに制定されたため、租税減免の一般法として昭和十四年法が成立する。これにより、特別法の成立を待たずに勅令で具体的な救済内容を決定できるようになり、被災者の迅速な救済が可能となった。戦時下で報道統制が敷かれた、昭和十九年十二月の東南海地震や同二十年一月の三河地震においても、当然ながら災害減免法は発令されている。

昭和十四年法を全文改正して成立したのが昭和二十二年法である。主な改正点は、勅令（政令）により具体的な減免内容を規定するのではなく、あらかじめ所得税や相続税の減免範囲を明示することにあった。昭和二十二年法公布後、昭和二十五年の所得税法改正により、総所得額の一割以上の被害にあった場合の雑損控除規定が設けられた。これにより、災害等による租税の減免については、災害減免法か所得税法の雑損所得控除のどちらかを納税者が選択できるようになった。[*46] なお、雑損控除の規定については、所得税法（昭和二十二年法）第五十二条で、災害等により納税困難となった際の所得税の減免規定の規定が設けられていたが、これがシャウプ勧告で「あいまいな規定は好ましくない」[*47]とされたため具体的な規定となったのである。勧告書は、納税者の権利として救済を請求できない点を「あいまい」と指摘したのであり、これにより災害等による減免は政府の「恩典」から納税者の「権利」になった。[*48]

**註**

＊1　以下の災害による被害等の記述は、国立天文台編『理科年表』や『日本歴史災害事典』北原糸子他編（吉川弘文館、平成二十四年）などによる。

＊2　以下は、『帝国議会衆議院議事速記録』四、四四〜四五頁（東京大学出版会、昭和五十四年）による。

＊3　『帝国議会衆議院議事速記録』三、二一七〜二一八頁（東京大学出版会、昭和五十四年）。

＊4　国立公文書館所蔵「松方家文書」第二三号。

＊5　宮内庁『明治天皇紀』第七、九一一〜九一六頁（吉川弘文館、昭和四十七年）。

＊6　『松方正義関係文書』第三巻、六〇八〜六〇九頁（大東文化大学東洋研究所、昭和五十六年）。

＊7　『松方正義関係文書』第六巻、四九七頁。

＊8　『帝国議会史』上巻、三一一〜三二二頁（衆議院・参議院、昭和三十七年）。

＊9　『帝国議会衆議院議事速記録』一七、七〜九頁（東京大学出版会、昭和五十五年）。

＊10　国立公文書館所蔵「公文類聚」第二十五編、巻十三。

＊11　『帝国議会貴族院議事速記録』一八、一五九頁（東京大学出版会、昭和五十五年）。

＊12　『帝国議会衆議院委員会議録』明治篇一八、一四九〜一五九頁（東京大学出版会、昭和六十二年）。

＊13　『帝国議会衆議院議事速記録』一七、三三一〜三三二頁。

＊14　『日本歴史災害事典』三八七〜三八八頁。

＊15　以下の記述は、『帝国議会衆議院議事速記録』一二（東京大学出版会、昭和五十五年）、『帝国議会衆議院委員会議録』明治篇九（東

京大学出版会、昭和六十一年）による。
＊16　大蔵省『明治大正財政史』第六巻、九七五～九七六頁（財政経済学会、昭和十二年）。
＊17　『帝国議会衆議院議事速記録』一八、三九～四〇頁、一一三～一一四頁。
＊18　『帝国議会貴族院議事速記録』一九、三四一頁。
＊19　『公文類聚』第二十七編、巻十二。『枢密院会議議事録』第九巻、二四一～二四七頁（東京大学出版会、昭和五十九年）による。
＊20　『帝国議会衆議院議事速記録』一九、七八頁（東京大学出版会、昭和五十五年）。
＊21　『帝国議会貴族院議事速記録』二〇、一三〇頁（東京大学出版会、昭和五十五年）。
＊22　『帝国議会衆議院委員会議録』明治篇三〇、三一～三九頁（東京大学出版会、昭和六十三年）。なお、この強硬な意見を述べたのは、のちに地租委譲絶対反対論を展開する菅原通敬（大蔵書記官兼主税局内国税課長）である。
＊23　地租改正法における延納法とは、明治十年九月の凶歳租税延納規則のことで、収獲皆無の場合は翌年から十か年賦の延納が認められた。これと明治八年七月の窮民一時救助規則を合して成立したのが、明治十三年の備荒儲蓄法である（『明治財政史』第五巻、四九二～四九三頁）。
＊24　『帝国議会衆議院議事速記録』二一、九七～九八頁（東京大学出版会、昭和五十五年）。
＊25　『明治三十五年管内凶荒顛末』仙台税務監督局（明治三十七年）を参照のこと。
＊26　『帝国議会貴族院議事速記録』二三、一四九～一五一頁（東京大学出版会、昭和五十五年）。
＊27　税務大学校税務情報センター租税史料室『地租関係史料集Ⅰ』史料19（平成十八年）。以下『地租Ⅰ』一九と記す。
＊28　『地租Ⅰ』二〇。
＊29　『帝国議会衆議院議事速記録』二三、二〇七～二〇八頁。
＊30　『帝国議会衆議院議事速記録』二二、三〇四～三〇五頁。
＊31　『帝国議会衆議院委員会議録』明治篇五八、二八二頁（東京大学出版会、平成元年）。
＊32　『帝国議会衆議院委員会議録』四、一二一頁（臨川書店、昭和五十六年）。
＊33　伊東久太郎他『地租法釈義』二九六頁（自治館、昭和六年）。
＊34　以下の解釈は、渡辺善蔵「震災に依る租税の減免と徴収猶予の説明」（『税』第一巻、第四号、大正十二年十一月）による。
＊35　両年度の『主税局統計年報書』による。

＊36 『帝国議会衆議院委員会議録』四〇、一～三頁（臨川書店、昭和六十一年）、および『税』第二巻第九号（大正十三年九月）。

＊37 税務大学校税務情報センター租税史料室『相続税関係史料集』史料54（平成二十六年）。以下『相続税』五四と記す。

＊38 『帝国議会貴族院議事速記録』五〇、五九〇頁（東京大学出版会、昭和五十八年）。

＊39 『帝国議会衆議院会議録』三三、二九二頁（臨川書店、昭和六十年）。『帝国議会衆議院委員会議録』三五、四九七頁（臨川書店、昭和六十一年）。

＊40 『帝国議会衆議院会議録』四六、五一六～五一七頁（東京大学出版会、昭和五十七年）。

＊41 『帝国議会衆議院議事速記録』七三、五四六頁（東京大学出版会、昭和六十年）。

＊42 『税制整理準備調査概要』上巻、一九八～一九九頁（大蔵省主税局、昭和六年）。

＊43 『帝国議会衆議院議事速記録』六三、一四一頁（東京大学出版会、昭和五十九年）。『帝国議会貴族院委員会速記録』昭和篇八六、三頁（東京大学出版会、平成九年）。

＊44 『財政』第十二巻第十一号（昭和二十二年十一月）。

＊45 帝国議会への請願については、今村千文「帝国議会における租税の請願―衆議院を事例として―」『近代日本の租税と行財政』近代租税史研究会（有志舎、平成二十六年）が全体的な分析を試みている。地租については地租軽減や地価修正関係が指摘されているが、初期議会以降は災害減免の請願が多いことは今村氏が作成された請願の一覧表に明らかである。

＊46 『財政』第十五巻第十一号（昭和二十五年十一月）。

＊47 『シャウプ使節団日本税制報告書』巻一、一〇二頁（昭和二十四年）。

＊48 金子宏『所得課税の法と政策』三八頁（有斐閣、平成八年）。大正十五年法では、実績課税分の減損更訂は認められなくなったが、予算課税分については二分の一以上の場合の減損更訂が認められていた。その後、昭和十五年法は原則実績課税となったため、所得税法から減損更訂規定が削除されたのである。そこで昭和十五年法では、減損更訂規定の代わりに災害や失業等、「其ノ原因如何ヲ問ハナイ、広ク認メヨウ」という趣旨のもと、むしろ法令で限定すると「窮屈ニナル」として具体的な規定を意識的に避けたのである（『帝国議会衆議院委員会議録』昭和篇一一九、四三六頁、東京大学出版会、平成九年）。昭和二十二年法は、昭和十五年法の条文をほぼそのまま引き継いでいた。

# 終章——まとめと課題——

本書は、「近代日本の課税と徴収」と題して、戦前期日本における国税の課税のあり方と徴収の実際について、所得税と営業税を中心に考察したものである。それぞれの章節については個別にまとめたので、ここでは改めて全体のまとめを試みるとともに、残された課題に論及してみたい。

第一編第一章では、明治二十年所得税法の導入過程を、当該期の予算編成との関係から再検討した。わが国における所得税は、松方財政下における新税構想のなかで検討された税目であった。最初の所得税法案である明治十七年の所得税則は、三か年の定額制が終了する明治十八年度予算編成に向けた大蔵省の新税法案であった。大蔵省案はイギリス型の分類所得税であったが、伊藤博文もまた独自にプロシア型の収入税法案を検討していた。この時期は、松方デフレ政策による不況で農民や酒造業者などの負担が増していたため、地租と酒税を中心とする現行税制の補助税・補完税として、中流以上の国民への軽微な課税として所得税が検討されたのである。所得税は、収入に応じた負担を国民に求めることが可能な税であり、この時点では最も適当な税目と考えられた。

その後、定額予算制は幾度か延長され、所得税導入が決定されたのは明治二十年度予算編成においてであった。しかし、この間に大蔵省が検討していた新税案は所得税だけではなかった。定額制終了後の各省の予算増額要求に対応するため、大蔵省では賦課・徴収が容易で且つ税収が大きい新税として家屋税や営業税などの複数の新税案が検討されていた。明治十七年から同十九年の大蔵省の新税構想において、所得税の導入は既定路線ではなかったのである。この点は、第二編第一章の営業税の導入でも述べたところである。ただ、家屋税や営業税の国税化は、国税と地方税を通した税制改革に踏み込むものであり、内務省との権限問題を惹起するものであったため、すぐには実現できなかったのである。

明治二十年の所得税法は、これまでイギリス型からプロシア型への「転換」として注目されてきた。ただ、大蔵省はもともと調査の困難性から分類所得税の導入には慎重であった。そのため所得税導入が不可避となった明治十九年の法案では、わが国の現状では所得の種類ごとの把握は不可能であり、またその必要もないとして、「類別課税法」を否定するに至ったのである。つまり、プロシア型への「転換」は、国制はもとより、税法上の優劣でもなく、直接には執行面の容易さからなされたのである。いかなる税制も、それが執行できなければ意味がないのである。

所得税は収入に応じた負担を可能とする税であるが、それは正確な所得の把握を前提として初めて実現されるものである。地租が町村戸長による上納が不可欠な税であったことは第三編で述べたが、所得税もまた居住町村の戸長を経由して郡区役所に申告させることで納税者と所得額の把握を容易にしようとしたのである。ただ、官による調査には納税者の反発が予想されるので、調査は納税者の代表で構成される調査委員会に委ねられたのである。納税者の代表で地域の事情精通者である調査委員に調査権限を与えることで、所得額の決定を巡る官と民の紛争を避け、円滑な課税が期待されたのである。調査委員会制度の導入は、当該期における国税徴収機構の現状を前提に、その不備を補完するものであった。

所得税は明治二十年度の導入が必須とされていたため、課税対象や帳簿検査、関係者への尋問などの調査法を始め、元老院で議論となった項目については二・三年後に見直すことで早期導入が図られた。しかし、その結果、所得税の税収は脱税や虚偽の申告などで少額に止まることになる。所得税法が全文改正されるのは明治三十二年で、ここから所得税の取り扱いが税務署の職掌となるが、調査権については大正・昭和期を通して法改正が試みられることになる。

第二編では、国税営業税の導入を所得税と並行する明治十年代から検討した。営業税導入が現実化したのは、帝国議会開設前後と日清戦後の二つの時期である。前者は当時の世論や議会が要求する地租軽減の代替財源として、後者は日清戦後経営の財源として導入が検討された。二つの営業税法案に共通するのは、地方営業税の統一と不適当な国税の廃止、それに参政権にかかわる酒造税等の間接税に属する営業税の取り扱いである。地方営業税の国税委譲は、国税営業税により国税収入の増加を図るだけでなく、地方に国税営業税の付加税を認めることで不統一な地方営業税の課税の統一と地方税収の確保を意図したのである。また、不適当な営業税を整理して地方の財源とするとともに、営業税を国税とすることで国政参政権の拡大を図ったのである。

帝国議会開設期の営業税法案は、地方営業税やフランスなどの西欧の税制が参考とされ、売上高・建物の賃貸価格・従業員数の三つの外形標準により課税額を決定するものであった。そして所得税に倣った調査委員会制度を採用しているのが特徴である。ただし、このときは国税営業税の導入は断念され、国税営業税が実現するのは明治二十九年のことである。明治二十九年法と帝国議会開設期の法案を比較すると、三つの外形標準は基本的に同じであるが、調査委員会制度の有無が大きな違いである。導入された国税営業税は、営業名と課税標準を申告するが、課税標準の決定は政府すなわち税務官吏の調査により決定された。そのため、税務官吏には帳簿・物件の検査と営業者への尋問が認められたのである。営業税における調査権は、「不完全」な所得税の不振を意識して設定されたのである。また、明治二十九年法から調査委員会制度が削除されたのは、当時の所得調査委員会がもっぱら政府の調査額を削減する機関として機能していたからである。もっとも、その一因は府県収税部が所得税を管掌できなかったことにあった。導入時の営業税は調査権が認められていただけでなく、個人だけでなく法人も対象としたため、個人のみを対象としていた所得税よりも税収が期待された税目で、実際に導入時は所得税収入を上回った。営業税の導入は、明治三十二年の全文改正により税務署の管掌となる所得税の執行にも大きな役割を果たすことになる。

営業税の執行は、府県収税部機構を再編した税務管理局—税務署のもとで実施された。しかし、不正確な申告や取り扱いの不統一などで混乱を招き、全国的な反対運動を引き起こした。とりわけ税務官吏の調査による認定が、「苛斂誅求」であると営業者の反発を招いた。ただ、当時の府県営業税の多くは外形標準を課税標準としており、新聞・雑誌などのマスコミも外形標準課税を認めていたから、外形標準課税そのものが問題だったのではなく、その執行のありかたに批判が集中したといって良い。営業税については、課税標準の見直しや所得税と同様の調査委員会の設置が要求されていく。そして、営業税調査委員会制度導入は大正三年、課税標準を外形標準から営業純益に改正した営業収益税法は大正十五年に実現するのである。

所得税や営業税の執行は日露戦後に大きな転換を遂げた。日露戦後は非常特別税の廃止や税制整理、減税要求などが政治問題化した時期である。とりわけ、明治四十一年度の予算編成において政府の税法整理案が否決されたことで、徴税方法の改善が進められた。徴税方法の改善は単なる増収策に留まるものではなく、同時に直接税における調査体制の改善と強化を推し進めた。調査体制の強化は、負担の増加や税務官吏への不信感から所得税や営業税の不服申立や滞納の急増を招いた。納税者と税務官吏の紛争や不服申立の急増は事務の渋滞を招き、税務当局はその対応を余儀なくされたのである。そしてその対応策として、正直な申告を是認する申告奨励策が打ち出されてくるのである。公平な課税の実現が不服申立や滞納を減少させる近道であり、所得税や営業税における正確な申告の重要性が再確認されたのである。申告奨励策は、大正初年の減税路線や所得税への諸控除制度の導入、営業税調査委員会制度の導入のもとで定着が図られていくが、その前提として延滞税の導入や国税交付金制度の拡大など、国税徴収の制度面での改善がなされたのである。

大正期以降、営業税も所得税と同様に、納税者の申告—税務署の調査—調査委員会の決議に基づく決定という手順での賦課課税システムが確立する。正直な申告であれば個々の事例については是認することとし、全体の課税の衡平については調査委員会が関与することで、わが国の所得税と営業税の賦課課税を安定させたと評価することが出来る。このような調査委員会制度を基礎とする賦課課税システムが、わが国の賦課課税の特徴であり、それはこうした歴史的過程を経て成立されたのである。戦争などによる経済変動が大きい時期には、調査委員会と税務署との摩擦は大きくなった。それでも、大正十二年の税務行政の民衆化方針により、この課税システムは官民協調路線として再確認され、戦前期における税務行政の基本路線となっていったのである。

このような賦課課税システムに対応する徴収システムは、明治二十二年の国税徴収法により正式に発足した国税徴収委任制度である。同制度は、さまざまな課題を抱えながらも、昭和二十二年に廃止されるまで戦前期を通して維持された。

わが国の国税徴収は当初から府県知事に任されており、地方三新法により郡区長にその一部が分任され、大蔵省租税局はそれを監督する立場にあった。また、地方三新法のもとでは、近世の村請制が廃止され、国税は町村戸長が纏めて郡区役所に上納する体制となった。村請制廃止により納税は法的には個人の責任となったが、わが国の「慣習」から町村戸長が取り纏めて上納することとなったのである。もっともその最大の理由は、町村以外に地租の個人別の納税額が把握できなかったことにあった。この当時の府県および郡区は、町村単位での地価や地租の総額は把握できたが、それを個人別に名寄せする能力はなかったのである。以後、国税徴収機構は、松方財政のもとでの予算定額制や内閣制導入などによる大蔵省の機構改革と、府県制、郡制、市制・町村制などの地方制度の整備と絡み合いながら形成されていくのである。

松方デフレにより地租負担が過重となるなか、政府は海軍力増強のため間接税増税を図るが、酒税や煙草税などの犯則取締強化のための組織改革が必要となった。明治十七年に主税局を創設し、租税局の収税委員派出所と租税局出張所を国税専担機構である府県収税課に統合したのである。府県収税課は府県国税徴収費の配賦により整備・拡充され、府県における一般事務から国税事務を分離して府県収税長・収税属に分任する、大蔵省主税局—府県収税課体制が成立するのである。その後、明治二十年初頭の府県制・郡制公布による地方自治制の拡大にともない、国税徴収機構の地方機関からの分離が図られていく。明治二十二年には、郡区役所の一般事務から国税事務が分離されて府県収税部出張所が設置され、そこに租税検査員派出所を併置する体制が成立するのである。そして明治二十二年の国税徴収法で、国税徴収の最前線である市町村に国税徴収を委任する体制が法的に整備され、ここに戦前期における国税徴収システムが確立したのである。

府県の一般事務から分離された府県収税部出張所と租税検査員派出所は、間接国税犯則者処分法により直税署・間税署—直税分署・間税分署となった。府県知事からは直税署—直税分署機能の府県移管の動きもあったが、主税局は直税と間税からなる国税全般を管掌できる体制を維持したのである。そして明治二十九年、内閣総理大臣松方正義が大蔵大臣を兼任したタイミングで、府県収税部の再編により税務管理局が創設され、収税署はそのまま税務署と改称されたのである。本書が、直税・間税・庶務（徴収）を併せ持つ収税署の成立をもって、実質的な税務署の創設とする理由である。収税署を直接的に継承した税務署の三部門体制は、平成になって税目別の組織から納税者別の組織に改編されるまで基本的に継続することになる。

所得税や営業税などの直接税は市町村に徴収が委任され、市町村には国税交付金が交付された。税務署は市町村が徴収した税金の収納や納期限までに完納されなかった税金の滞納処分にあたった。市町村への徴収委任は、納税の手数を省いて徴収を容易にするためであったが、その根本の理由は、前述のように個人別の地租納税額を市町村以外には把握できなかったからで、それは地租が廃止されるまで変わらなかった。ただ、国税徴収委任制度は、必ずしもうまく機能した訳ではなかった。国税交付金そのものも、当初は明確に国税徴収の費用弁償と位置付けられていた訳ではなく、市町村の基本財産に組み入れることが指示されていた。

大正期の社会政策的税制のもとで賦課課税システムは安定化していくが、それにともなって徴収システムの整備が図られていく。大正三年に国税交付金制度が拡大され、これを財源とする市町村や府県・郡における様々な納税奨励策が展開される。徴収において問題となったのは滞納である。それも、租税負担の過重による滞納ではなく、法定納期の順守観念の希薄さが問題となった。徴収の改善には市町村の努力が不可欠であったが、税務署もまた市町村との税務協議会などの間接的な関与だけでなく、納税督励など直接的な支援も行っていた。国民としての納税義務が強調され納税観念の向上が説かれる一方で、効果的な施設として納税組合の設立が奨励された。納税組合は市町村や、字・組・区などの身近なコミュニティーを単位とする多様なものであった。地域においては近世社会にルーツを持つものもあるが、近代において再編されたものといえる。このような納税組合は、日露戦後の地方改良運動において注目されたが、国税当局と地方当局との協力のもと、国税交付金制度という財政的な裏付けのもとで広範に展開されたのである。そして多様な納税組合のなかでも、納税貯蓄（貯金）組合は政府の勤倹貯蓄奨励策と歩調を合わせた最適の納税施設とされた。一般に納税組合は人的関係が密接な農村部に適合的とされたが、都市部では官庁や諸会社などで設立が奨励されていく。国税当局もまた、国税はもとより地方税の滞納防止のため、職員の納税額の十二分の一相当の金額を毎月の俸給から天引き貯金して納税する組合を作っている。また、納税組合の設置が困難な大都市部などでは、昭和四年に福岡県が開催した納税デーにみられるような広報宣伝活動が実施されるようになるのである。

このような徴収システムもまた、市町村の財政事情が悪化し、さらに国税徴収事務の負担が増加するにつれて修正が必要となった。交付金の較差是正問題である。税務署は主に調査に主力を投じて課税の公平を図り、徴収は市町村が主体となって執行するのが理想である。市町村における徴収率の低下は、そのまま税務署の滞納処分事務の増大となる。そのため昭和期には徴税の手数を省くことが大きな課題となり、地租の免税点の設定などがなされるのである。そして、戦時体制下において税負担の過重が滞納の主因となる段階になると、勤労所得の源泉徴収制度導入や納期の削減などの納税手数の簡易化が一層進められるのである。納税組合もまた、それまでの任意団体から納税施設法による納税団体へと強制的に再編させられていく。納税施設法による納税組合の強制化は、わが国の国税徴収システムの特徴である国税徴収委任制度の限界を示すものといえる。

こうして、昭和二十二年の税制改正により、調査委員会制度と国税徴収委任制度からなる近代日本の課税と徴収のシステムが廃止され、戦後日本の新たなシステムとして申告納税制度が導入されることになるのである。

以上が、本書の簡単な概要であるが、残された課題は少なくない。というより、ようやくスタート地点に立ったことにより、やっと課題が見えるようになったと言った方が正確かも知れない。以下、最低限の課題について記しておきたい。

第一の課題は地租の考察の必要性である。本書では所得税と営業税については税制の導入から課税・徴収までを考察したが、地租については主に徴収面から考察するにとどまった。国税徴収委任制度そのものが地租に由来するものであったことからもわかるように、近代日本の国税を考えるとき、やはり地租の考察は不可欠であると考えている。私はかつて、「地租改正の研究はあっても、地租の研究はない」と書いたことがあるが、地租はわが国近代の「税」の原点である。[*1]

第二の課題は調査委員会制度や納税組合、市町村による国税徴収などの実態の解明である。調査委員選挙や課税を巡る調査委員会と税務署の攻防などは、当時の地域の新聞を賑わせるニュースである。地域における調査委員選挙の実態は、税と政治の問題を考えるうえでも重要であると考えている。これに関しては、近年、都道府県の行政文書だけでなく、市町村役場文書の保存と利用が進められており、これらをもとにした市町村史の編纂も進められている。本書で述べてきた国税の賦課・徴収システムを前提とすることにより、市町村の視点から新たな知見が得られるのではないかと期待している。

もとより、間接税の問題を始め、所得税や営業税においても解明しなければならない課題は少なくない。これらの多くの課題について、税制と課税・徴収までを一体的に解明していくことが必要であると考えている。そうした地道な研究の蓄積により、近代日本の租税の歴史が解明されていくことを期待したい。

**註**

＊1　たとえば、近代的な租税の定義を初めて政府が検討した、地租改正法のなかの「人民告諭書」に見られるように、地租は税の出発点に位置している。なお、牛米「地租改正『人民告諭書』について」『租税史料年報』平成20年度版（税務大学校税務情報センター租税史料室、平成二十一年）を参照のこと。

# あとがき

本書は、税務大学校税務情報センター（租税史料室）の業務の過程で蓄積してきた知見を、ひとりの研究者として纏めたものである。

私のもともとの研究分野は明治維新史であり、明治維新史学会や地方史研究協議会などを中心に研究活動を続けてきた。昭和六十年（一九八五）から、東京都新宿区若松町の税務大学校租税資料室の非常勤嘱託として租税史料の整理や保存、展示、閲覧等に従事してきたが、自らが税の研究に本格的に着手するには至らなかった。しかし、部内の職員や一般の方々からの問い合わせ等に対して史料を調べる機会が増すにつれ、史料に基づいた歴史研究が必要であると思うようになった。その後、租税資料室は埼玉県和光市移転とともに租税史料館となり、新たに租税史研究が業務に付け加えられることになった。

こうして、歴史研究の機会が与えられたのであるが、当初は何をテーマにしてよいのかさえわからず、手探りの状態が続いた。そんななか知人からは、税の基本的知識もなく財政学なども勉強したこともない人間には、税の研究は無理であると言われたこともあった。また、同業者である近代史研究者からは、税がまともな歴史研究のテーマとは思えないという反応を示されもした。この点は、歴史学に限って言えば、現在でもあまり変わっていないように思える。

租税資料室は、国税を中心とする租税資料を収集・保存し、租税史の研究等に供することを目的とする機関である。これまでも史料目録の刊行や史料展示、資料集の刊行等を行ってきたが、租税史料館では、新たな史料集の刊行や研究、そしてその成果にもとづいた特別展示など、より一層の租税史料の活用が企図されたのである。

本書のもとになった論文の初出は、以下のとおりである。一書に纏めるにあたり、休日の時間をやり繰りして必要な加筆訂正を行ったが、基本的な論旨は変わっていない。

本書は税制というよりは、税の執行面に着目する内容である。基本的な史料は、租税史料室が長年にわたって収集・整理してきたもので、なかでも税務署に保存されてきた歴史的な公文書を多く使用している。歴史的な公文書保存というと、法律の制定や重要政策の決定に関する史料が重要視される。しかし、本書の視角からすると、それらの史料だけではなく、法の執行に関する史料も重要であり、その史料無くして本書は成立しなかったと言っても過言ではない。敢えて、強調しておきたい。

研究成果は論文として税務大学校の研究誌に発表したが、発表に先立って租税史研究会の諸先生方には多くの貴重な助言をいただいた。心より感謝を申し上げる次第である。専門家の先生方のまえでの発表は、大変ありがたい経験であり、研究内容に対する自信となった。もとより、本書の内容は研究者としての私個人の見解であり、その責任はすべて私にあることは言うまでもない。

ただ、歴史研究者ではあっても、必ずしも専門ではない税をテーマにしているため、基本的な事実の間違いや史料の理解の不充分な点があることを恐れている。すべて、私の力量不足によるものであり、ご指摘、ご教示を頂ければ幸いである。本書が、租税史研究のひとつの契機となり、租税史料室所蔵史料のさらなる活用が進むことを願うものである。

第一編　所得税の導入と課税

第一章　所得税の導入

「明治二十年所得税法導入の歴史的考察」『税務大学校論叢』56（平成十九年七月）

第二章　所得調査委員会にみる賦課課税
「所得調査委員会の研究」『税務大学校論叢』65（平成二十二年六月）
第三章　大正期における所得の申告奨励策
「大正期における所得の申告奨励方針について」『税大ジャーナル』12（平成二十一年十月）
第二編　営業税の導入と課税
第一章　営業税の導入
「営業税と徴収機構」『税務大学校論叢』48（平成十七年六月）
第二章　営業税調査委員会の成立
「営業税調査委員会の成立」『税大ジャーナル』20（平成二十五年一月）
第三編　徴収機構と徴税
第一章　税務署の創設
「国税徴収機構形成史序説」『税務大学校論叢』39（平成十四年六月）
第二章　国税徴収委任制度の研究
「日露戦後の納税奨励策について」『税大ジャーナル』23（平成二十六年五月）および「大正・昭和期の納税奨励について」『税大ジャーナル』26（平成二十八年八月）
特論　災害と国税の減免～災害減免法の沿革～
「災害と国税の減免」『税大ジャーナル』25（平成二十七年四月）
最後に、租税史研究に取り組むにあたり、近代租税史研究会の会員諸氏、とりわけ会を主宰してこられた立正大学文学部教授奥田晴樹氏との議論は大きな活力となった。最初に研究会立ち上げの相談したのは、平成十六年（二〇〇四）の地方史研究協議会の高崎大会であった。大会の総会の最中に中越地震を経験したことは、いまでも記憶に鮮明である。小さな研究会ではあるが、歴史学の立場から税を研究する視角や意味を考えるうえで大きな刺激となっている。なによりも、租税史研究の重要性を共有できる同志の存在は心強いものである。また、面倒な原稿のチェックを引き受けていただいた黒井茂氏と、索引の作成に力を貸していただいた清水裕介氏（首都大学東京非常勤講師）には、心よりの感謝を申し述べたい。そして、昨今の厳しい専門書の出版事情にもかかわらず、租税史の研究に理解を示され、本書の出版をお引き受け頂いた、有志舎の永滝稔氏に御礼を申し上げたい。永滝氏には、近代租税史研究会の論文集の出版も引き受けていただいている。感謝の言葉もない。多くの方々のご支援により刊行に至った本書が、少しでも租税史研究や日本近代史研究に寄与できるのなら、それは望外の喜びである。

平成二十九年八月一日

牛米　努

# 索　引

## 〈事　項〉

### あ 行



### か 行



### さ 行

## た　行

### な　行



### は　行



### ま　行



### や　行



### ら　行



## 〈人　名〉

### あ　行



### か　行



### さ　行

## た　行



## な　行



## は　行



## ま　行



## や　行



## わ　行

牛米　努（うしごめ　つとむ）
1956年福島県生まれ。中央大学文学部卒業。日本大学大学院文学研究科博士後期課程単位修了退学。
現在　税務大学校税務情報センター（租税史料室）研究調査員（非常勤嘱託）。
明治大学・立正大学非常勤講師。
主要論文：「松方税制下の税制構想」（近代租税史研究会編『近代日本の形成と租税』有志舎、平成20年）
「首都東京の形成と民費」（明治維新史学会編『講座明治維新　第7巻　明治維新と地域社会〈改訂版〉』有志舎、平成26年）
「文久3年の中山道板橋宿助郷免除運動と村」（白井哲哉・須田努編『地域の記録と記憶を問い直す〜武州山の根地域の19世紀〜』八木書店、平成28年）

# 近代日本の課税と徴収

2017年11月30日　第1刷発行

著　者　牛米　努
発行者　永滝　稔
発行所　有限会社　有　志　舎
〒166-0003　東京都杉並区高円寺南4-19-2、クラブハウスビル1階
電話　03-5929-7350　　FAX　03-5929-7352
http://yushisha.sakura.ne.jp
振替口座　00110-2-666491
DTP　言海書房
装　幀　伊勢功治
印　刷　中央精版印刷株式会社
製　本　中央精版印刷株式会社


ISBN978-4-908672-16-3